기술경영학개론

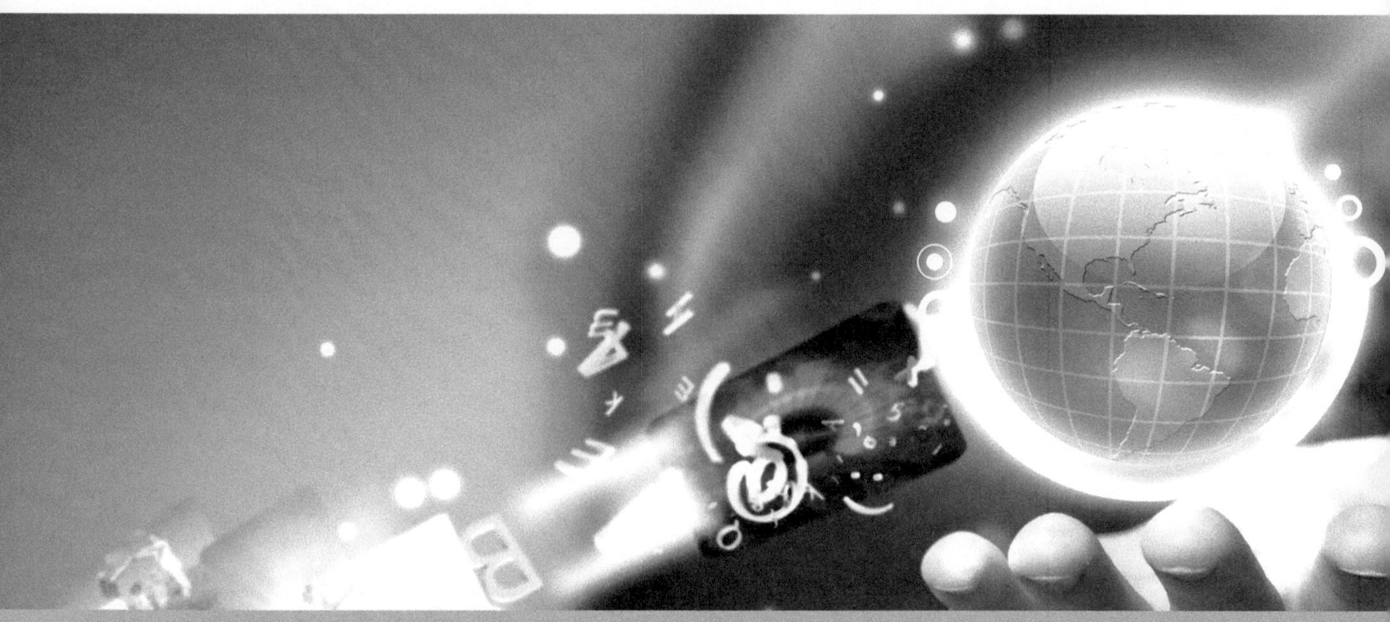

INTRODUCTION TO MANAGEMENT OF TECHNOLOGY

김영준
송경모
민재웅
윤지환
조용덕

www.tamjin.co.kr

머리말

기술지식과 경영능력을 결합해 기술경영 핵심 인재를 키우는 기술경영(Management Of Technology, MOT) 교육이 각광받고 있다. 기술경영에 대한 관심이 늘어나면서 기술경영을 가르치는 대학이 늘어나고 있고, 특히 정부(산업통상자원부, 한국산업기술진흥원 등)의 지원으로 직장을 다니면서 공부할 수 있는 '기술경영전문대학원'이 설립되면서 매년 많은 이들이 기술경영을 공부하기 위해 학교로 몰리고 있다.

하지만 기술경영에 대한 높은 인기와 수요에 비해 대학에서 기술경영 분야를 가르치는 선생님들이 사용할 수 있는 교과서는 많지 않은 실정이다. 그나마 일부 시중에 나와 있는 기술경영 관련 책은 특정 학문 분야에 편중되고 단편적이며 전문적인 지식 전달에 치중한 경우가 많고, 기술경영 전체를 아우르는 개론교재는 찾기 힘들다. 융합 학문인 기술경영학, 특히 개론 교과서 집필의 어려움에도 불구하고 기술경영학개론 교과서를 발간해야겠다는 결심을 하게 된 이유이다.

이 책은 기술경영 각 주제별로 깊게 들어가기 보다는 기술경영을 접해보지 못한 사람들에게 기술경영학이란 무엇이고 기술경영학에선 어떤 주제들을 다루며 기술경영학을 공부하는 학생들이 배워야 할 것들이 무엇인지를 알려주는 데 목적이 있다. 또한 필자는 공학적 전문 지식을 가진 학생뿐 아니라 경영학 등 사회과학 백그라운드를 가진 이들도 쉽게 이해할 수 있는 책을 쓰려고 노력하였다. 따라서 이 책은 기술경영 전공자뿐 아니라 기술경영에 관심이 있는 일반 경영대와 공대를 비롯한 여러 학부와 대학원에서도 널리 읽히는 기술경영 입문서가 되었으면 한다.

이 책의 구성은 다음과 같다.

1장 **기술경영학이란 무엇인가**에서는 기술경영학의 개념과 더불어 기술경영이 융합 학문으로 형성되어 온 역사적 배경을 살펴봄으로써, 기술경영이 다루는 대상을 이해하도록 하였다. 또한, 기술경영이 일반경영과 구분되는 특수성에 대해 논하고, 이를 담당하는 사람의 중요성에 대해 다루었다. 마지막으로 기술경영 환경의 특성에 대해 살펴보았다.

2장 **기술혁신**에서는 기술 및 기술혁신의 개념과 더불어 급진적 혁신과 점진적 혁신, 아키텍쳐 혁신과 컴포넌트 혁신, 존속적 혁신과 파괴적 혁신 등 혁신의 유형과, 기술주도와 수요견인, 거시적 · 미시적 선형모형과 상호작용 모형 등 기술혁신의 모형과 과정 등을 알아보았다.

3장 기술전략에서는 경영전략과 연계된 기술전략의 목표와 추진 방법에 대해서 살펴보았다. 그리고 필요한 기술 확보를 위한 자체개발전략과 외부기술획득전략에 대해 알아보았다.

4장 기술사업화에서는 기술사업화의 개념, 모형과 유형에 대해서 먼저 살펴보고, 사업화 성공을 위한 비즈니스 모델의 개념과 구성요소, 그리고 그 유형에 대해서 정리하였다. 이 후 플랫폼 운영 등 기업 생태계 구축을 위한 전략과 기술의 이전, 스핀오프에 관한 내용으로 구성하였다.

5장 기술마케팅에서는 일반적 마케팅과 다른 기술마케팅의 차별화된 특성을 정리하였고, 캐즘을 극복하고 하이테크 환경에서 살아남을 수 있는 기업의 마케팅전략을 제시하였다. 그리고 기술의 시장진입 타이밍 전략도 살펴보았다.

6장 기술금융에서는 주식, 채권 등 금융시장을 통한 재무자원 조달에 관해 기업금융과 기술금융으로 나뉘어 정리하였고, 재무와 회계에 대한 기본적 개념을 소개한 이후 기술재무의 차이점과 구성요소들을 살펴보았다. 금융기관에서 기술금융 의사결정 시 활용하는 정보생성 활동으로서 신용평가와 가치평가의 기본 개념도 다루고 있다.

7장 기술인사조직에서는 기본적 개념을 소개한 후, 연구개발 조직을 포함한 기술인사조직의 유형과 유형별 특성을 정리하였다. 그리고 기술인사조직 문화, 동기부여, 갈등관리와 더불어 조직혁신의 종류와 방법을 살펴보았다.

이 책은 공동 저자이자 고려대학교 기술경영전문대학원에서 함께 강의하고 계시는 동료 교수님들의 도움 없이는 탄생할 수 없었다. 또한 원고의 가치를 일찌감치 알아봐주시고, 신속한 출판을 위해 노력을 아끼지 않으신 도서출판 탐진 관계자 분들께도 감사를 드린다. 비록 기술경영학의 광범위하고 다양한 주제를 다 포함시키지 못하고 내용과 구성에서 미흡한 부분이 있을 수 있지만, 본서가 기술경영에 대한 학생, 연구자 및 일반인들의 관심을 높이고 기술경영 교육의 확산에 기여했으면 하는 바람이다.

2017년 2월

안암동 연구실에서 저자를 대표하여 김영준 씀

차례

Chapter 1 • 기술경영학이란

Chapter 2 • 기술혁신

Chapter 6 · 기술금융

INTRODUCTION TO MANAGEMENT OF TECHNOLOGY

제1장

기술경영학이란

제1장

기술경영학이란

■학·습·목·표■

- 공학과 경영학의 발전과정에서 기술경영이 융합 학문으로 형성되어 온 역사적 배경을 살펴봄으로써, 기술경영이 다루는 대상을 정확히 이해한다.
- 기술경영이 일반경영과 구분되는 특수성을 이해하고. 또한 일반경영과의 접점을 이루는 공통성을 이해한다.
- 기술경영의 기법과 원리에 대한 이해에 앞서 이를 담당하는 '사람', 즉 기술경영자의 중요성을 이해한다.
- 기술경영이 수행되는 하이테크 환경의 특성에 대해 이해한다.

1. 개요

1.1. 기술경영학의 개념

기술경영(management of technology)은 '기술' 자원을 효과적이고 전략적으로 획득, 관리, 활용하여 새로운 고객과 사업기회를 창출하는 것을 목적으로 하는 일체의 활동을 의미한다. 그 결과 기술이 사업화하는 과정에서 경쟁우위를 확보한 기업은 이익을 창출해 가면서 성장한다. 기술의 불확실성(예: 기술변화의 가속화 및 기술수명주기의 단축으로 인한 기술 변화의 불확실성 증대), 시장의 불확실성(예: 특정 기술로 만족 시킬 수 있는 고객의 유형과 규모가 모호한 시장의 불확실성), 경쟁의 역동성(예: 미래의 경쟁환경이 어느 정도 변화할지, 경쟁자의 전략이 어떻게 변화할지 불확실) 등으로 대변되는 현대 하이테크 환경에서, 기업이 지속적으로 경쟁우위를 확보하기 위해 기술(technology)을 전략적으로 경영(manage)하고 기술 활동과 관련된 합리적 의사결정을 내릴 필요성을 강조한 기술경영의 중요성이 더욱 커지고 있다.

기술경영학은 성격상 융합(convergence)의 성격을 띤 학문, 또는 학제(interdisciplinary) 학문이다. 이는 경영학 자체가 그러한 것과 같다. 경영학은 19세기에 이르기까지 서구에서 독자적으로 형성되어 온 지식의 여러 분야, 즉 상업, 회계, 유통, 조달, 공학, 자금, 전략, 군사학, 법학, 행정학, 경제학 등의 지식이 융합하면서 탄생했다. 경영학은 사업(business)이라는 전체 활동에 이들 분과 지식들을 체계적으로 융합한 것이다. 그런 이유로 경영학의 필요성은 사업가(business-person), 또는 기업가(entrepreneur)의 관점에서 출발했다.

기술경영학도 일반 경영학과 마찬가지의 융합 성격을 지니고 있지만, 사업가가 아니라 공학자(engineer)나 발명가(inventor), 또는 과학자(scientist)의 관점에서 출발했다. 공학 또는 과학에서는 발명, 생산, 제품화, 그리고 연구의 모든 측면에서 독자적인 문제 해결 방식을 개발해 왔다. 그러나 이런 방식을 공학이나 과학 자체의 성과 영역에 국한시키지 않고 사업이라는 전체의 성과에 의미 있게 기여하는 활동으로 재정립할 필요성에서 기술경영학이 탄생했다. 그런 의미에서 기술경영학은 산업공학(industrial engineering)과 구분된다.

기술경영은 공학 및 과학 지식을 결합해 사업 전체의 목적에 기여하기 위해 조직 내 다양한 의사결정자, 즉 CEO, CTO, CGO 등 최고 의사결정자를 포함하여 각 계층에 속한 여러 의사결정자들이 각각 자신의 지위에서 적절한 전략을 수립하고 합리적인 의사결정을 수행하는 체계적인 원리들을 연구한다.

보다 구체적으로는 다음과 같은 일련의 과정을 다룬다.

(1) 연구개발(R&D) 전략수립과 기술의 개발 획득 및 혁신에서 출발해서
(2) 개발된 기술자원과 혁신을 효과적으로 관리하고, 조합 또는 활용해 제품화하고,
(3) 제품을 마케팅, 재무, 금융기법 등 적절한 경영기법과 전략을 활용해 시장에 도입하고 사업화함

1.2. 기술경영학의 역사

1.2.1. 근대 이전 공학과 상업의 지위

사농공상(士農工商)이라는 표현에서도 알 수 있듯이 근대 이전에 사람들은 서구는 물론이고 동아시권에서도 크게 관료와 농인과 상인과 공인 계급으로 나뉘었다. 그러나 20세기에 이르기 전까지 통치자, 관리자, 감독자는 있었을지 몰라도 경영자는 없었다. 경영자는 19세기말부터 등장하기 시작한 전혀 새로운 집단이었다.

그 전까지 상업은 사물을 파는 활동이고 공업은 이를 만드는 활동이었지만, 조직적으로 그 결과를 내는 행동으로 '경영'이 19세기 말부터 등장했다. 예를 들어, 시어스 로벅(Sears, Roebcuk, and Company)의 창업자 시어스(Richard W. Sears, 1863-1914)와 로벅(Alvah C. Roebuck, 1864-1948)은 단순히 상업을 했지만, 그들을 계승한 CEO 로젠월드(Julius Rosenwald, 1862-1932)와 우드(Robert E. Wood, 1879-1969)는 이를 경영으로 발전시켰다.

창업주는 상인으로서 단순히 사람들이 필요로 할 만한 시계나 가정용품들을 구해다가 정해진 자리에서 또는 돌아다니면서 판매했다. 반면에 이들을 계승하는 경영자들은 이 물건을 보다 좋은 조건으로 구매하기 위해 거래처를 체계적으로 탐색하고, 우편 카탈로그를 이용해서 통신 판매 전략을 구사하고, 하자 있는 물건에 대해 무조건 환불하는 정책을 도입하고, 인구 구조와 생활양식 변화를 수시로 관찰하면서 매장 구조와 도입 상품의 종류를 변경했다. 상인이 아니라 경영자가 비로소 등장한 것이다.

한편, 중세 유럽이나 근대 동아시아에 이르기까지 경영은 고사하고 상업과 공업은 엘리트 교육의 대상조차 되지 못했다. 중세의 대학 교과목은 기본적으로 사람과 자연 현상에 대한 기본 교양을 다루었다. 14세기에 이르러 파리, 옥스퍼드, 케임브리지 등 주요 대학에서는 교양학부, 의학부, 법학부, 신학부의 4개 학부가 표준으로 정착했다. 교양학부란 앞에서 말한 리버럴 아트의 3학(trivium), 즉 문법, 수사학, 논리학(변증법)과 4학(quadrivium) 즉, 산술, 음악, 천문학, 기하학을 포함했다. "육체노동과 금전적 이익에 대한 이중적인 멸시의 대상이 된 반복적인 기예나 돈벌이가 되는 학문들"[1]은 포함되지 않았다. 즉 상업과 공업은 대학에서 가르칠 대상이 아니었다. 세월이 흐른 뒤 18세기 말에

---

1) 크리스토퍼 샤를과 쟈크 베르제르(1999).

이르러 비로소 상업과 공업이 대학에 교과목으로 추가되기 시작했다. 더 시간이 흐른 뒤 경영이라는 신생 전공이 등장했다.

1.2.2. 엔지니어링 교육의 진화

17세기에 근대 자연과학과 공학 기술이 도약하면서 고대 그리스-로마로부터 중세를 거쳐 유지되어 온 대학 교과로는 이 거대한 지식의 변화를 수용하기 힘들었다. 18세기에 이르러 유럽에서 전문기술학교가 등장하면서 비로소 이런 지식들이 교수되기 시작했다.

특히 토목공학이 발전했던 프랑스에 전문기술학교가 많이 설립되었다. 18세기에 등장한 프랑스의 토목학교(1743), 공병학교(1749), 수의사학교(1762-66), 광업학교(1783) 등은 이전의 교양과 정신 중심의 대학과는 분명히 차이가 있었다. 이들 학교는 중세 이전 대학의 휴매니티(humanity, 인문학)의 전통과 결별하고 철저히 세속화와 전문화의 길을 걸었다. 프랑스 혁명은 이 기관들을 고등교육의 새로운 모델로 삼았다. 혁명 직후였던 1794년에는 국가가 주도하는 공학 교육 전문대학, 에콜 폴리테크니크가 출범했다. 이후 나폴레옹은 군인 출신으로서 전쟁 목적이든 민생 목적이든 공학 교육의 중요성을 깨닫고 에콜 폴리테크니크 육성에 특별히 관심을 기울이기도 했다.

독일은 프랑스의 공학 교육 제도를 본받아 18세기 말부터 국가 주도로 전문 공학 교육기관을 설립하기 시작했다. 물론 18세기에도 이전에도 군대를 중심으로 공병 장교 양성 단체들이 있었지만 근대 초기에 등장한 신기술을 전수할 만한 체계적인 시스템은 갖추지 못한 상태였다. 1799년 베를린에 설립된 바우아카데미(Bau Academie), 빈에 폴리테크닉학교(Politechnisches Institute, 1815년)와 공병아카데미(Genieakademie, 1817) 등을 필두로 국가 주도의 전문학교들이 속속 등장했다.

산업혁명의 발원지였던 영국은 공학 교육 근대화에 오히려 한 발 늦었다. 영국 대학은 1870년대에 이르러서야 공학을 정식 교과목으로 채택하기 시작했다: 1870년대에 런던대학(London University)에 최초로 토목공학 강좌가 개설됐고 스코틀랜드 지역 글라스고 대학(Glasgow University)에서는 이론과 실기가 결합된 토목공학 교육 체계가 정착되었다. 영국에서 공학 교육 도입이 다소 늦었던 이유는 오랜 역사에 걸쳐 작동해 온 장인과 도제 시스템이 새로운 공학 교육 시스템에 강력하게 저항했기 때문이다. 당시 영국의 선구적 엔지니어들, 예컨대 운하와 교량 건설의 거장 텔퍼드(Thomas Telford, 1757-1834)같은 인물들이 협회를 조직해서 활동했지만 본질적으로 동업자조합, 즉 길드(guild)의 성격을 벗어나지 못했다. 텔퍼드가 창립을 주도해서 1818년에 설립된 토목공학협회(ICE: Institution of Civil Engineers)도, 그 회원이 되기 위해서는 도제제도를 마친 후 적어도 5년 이상의 실무 기간을 거쳐야만 했다. 그는 제도권 교육에는 관심이 별로 없었다[2]. 영국은 19세기 후반 유럽 각지에서 신산업이었던 전기와 화학 산업이 융성하는 것을 보고서야 뒤늦게 공학을 대학 과정에 포함시켰다.

당시 기준으로는 모든 면에서 유럽 대비 후발국이었던 미국은 공학 교육 도입에서 프랑스보다는 늦었지만 영국보다는 확실히 앞섰다. 1776년 독립선언이 이루어진 뒤 토목과 기계 분야에서 뛰어난 장인들이 단체를 만들어 활동하기 시작했다. 1817년 미국의 군사학교에서 처음으로 기계공학이 교과목으로 채택되었다. 1862년에 연방정부는 일명 모릴 법, 정확히는 모릴 토지기증대학법(Morril Land-Grant Colleges Act)을 통해 주립대학이 공과대학을 설립하기 위해 국유지를 기증받을 수 있도록 허용했다. 이 법에 힘입어 100여 개의 주립대학이 설립되었고 미국의 대학 교육은 비약적으로 성장하기 시작했다.

프랑스는 혁명 이후 중세와 르네상스 이래 유지되어 오던 학교들을 폐지하고 특수학교들만 유지시켰다. 프랑스 혁명 이후 유럽과 미국에서 지역마다 대학의 발전 양상은 조금씩 차이가 었었지만[3] 19세기에 공학은 서서히 대학 교육의 대상으로 자리잡았다.

1.2.3. 경영 전문대학의 등장

근대 공학뿐만 아니라 상업에 대한 전문적인 교육을 최초로 개척한 나라도 프랑스였다. 1819년에 파리에 설립된 ESCP Europe은 세계 최초의 경영 전문대학이라고 알려져 있다. 이 학교도 역시 에콜 폴리테크니크와 같은 프랑스 국립 학교의 운영 방식을 본받았다. 아담 스미스의 자유 경제 사상에 심취하고 앙뜨러쁘러너(entrepreneur, 기업가)를 숭상했던 쎄(Jean-Baptiste Say, 1767-1832)와 사업가인 루(Viatl Roux, 1766-1846)가 이 학교의 설립을 주도했다고 알려져 있다.

---

2) 이내주(2011).

3) 이 시기 이후 2차 세계 대전 종전 시기까지 유럽 각국의 대학 제도 변화는 크리스토퍼 샤를과 쟈크 베르제르(1999) 제2부를 참조하라.

프랑스를 선두로 19세기에 중부 유럽 각지에 사업을 전문적으로 가르치는 학교들이 등장했다. 1881년 미국 최초의 경영대학인 펜실베니아 대학의 와튼스쿨(Wharton School of the University of Pennsylvania)이 설립되었고, 곧이어 1908년에 하버드비즈니스스쿨(Harvard Business School)이, 1919년에 창업기업 경영을 전문으로 하는 뱁슨칼리지(Babson College)가 설립되었다[4]. 이 시기에 MBA(Master of Business Administration) 학위도 등장했다.

와튼스쿨의 설립자는 베들레헴철강회사(Bethlehem Steel)의 회장이었던 조지프 와튼(Joseph Wharton, 1826-1909)이다. 그는 독실한 퀘이커 교도 집안에서 태어났고 젊은 시절에 광산업과 금속 제련업으로 부를 축적했다. 관세제도나 경기변동과 같은 경제 문제에 대한 논설은 물론이고 천문학과 금속학을 비롯한 자연과학 분야에서도 많은 연구를 행하기도 했다. 당시 미국에서는 경영 학습이 여전히 현장 실습이나 도제식 수업을 통해 주로 이루어지고 있었다. 그는 사업을 운영하는 방법을 보다 체계적으로 가르치는 전문 학교를 만들어야겠다고 생각했다. 1881년에 펜실베니아 대학(University of Pennsylvania)에 10만 달러를 기증하고 금융경제대학(School of Finance and Economy)을 설립했다.

1.2.4. 전문가 집단으로서 경영자의 등장

19세기 후반은 유럽과 미국 전역에서 철도, 전기, 전신, 전화, 자동차 등 신기술 산업과 그 대규모 시장이 성장하고 규제 받지 않는 자본주의가 극성하던 시기였다. 인류 문명사상 획을 그을만한, 전례 없는 대격변기였다. 오늘날 유한책임의 주식회사 제도가 1862년에 영국의 회사법을 바탕으로 확립되었고 이후 대규모 기업집단과 현대 전문경영자 집단의 원형이 등장했다.

처음에는 철도가, 나중에는 자동차가, 그리고 항공기가 사람의 이동과 물자의 수송 반경을 획기적으로 향상시켰다. 그리고 전신, 전화, 라디오, 텔레비전이 등장하면서 통신은 물리적인 거리의 제약을 뛰어넘게 됐다.

19세기 전반까지 흔했던, 작은 공장이나 매장에서 소유경영자, 즉 자본가(capitalist)로서 일하던 방식으로는 더 이상 이런 대규모 시장, 대규모 조직을 다루기 힘들었다. 소유경영자는 점점 일선에서 물러나고 이 복잡한 시장과 조직을 다룰 관리자의 역할이 중요

4) Wikipedia, ‘Business School’

해졌다. 이들에게는 시대 변화에 대처할 새로운 관리 기법이 필요했다. 경영 전문 대학을 설립하고자 했던 직접적인 동기는 와튼 자신이 이 격변의 시기에 사업가로서 느꼈던 절박감에서 나왔다.

동시에 당시는 주기적인 공황과 경기 변동의 공포가 어느 시기보다 극심했다. 학교 이름에 경영이 아니라 굳이 경제가 들어간 이유는 명확치 않지만, 당시 와튼은 경영의 성과가 경제 현상에 좌우된다고 생각했던 것으로 보인다. 이런 혼란스러운 세상을 헤쳐 나가면서 사업을 하려면 경제 현상에 대해 보다 체계적인 연구와 교육이 필요하다고 생각했을 것이다. 실제로 그는 펜실베니아 대학에 경영전문대학 설립을 제안하는 편지를 쓸 때 당시에 펼쳐지고 있던 전례 없이 복잡한 경제를 다룰 줄 아는 청년을 키워야 한다는 내용을 담기도 했다[5]. 하지만 1902년에는 학교 명칭에서 경제(economy)가 상업(commerce)으로 바뀌면서 경영에 보다 초점을 맞추게 되었다. 이후 다양한 프로그램과 교과목들이 추가되었고, 1972년에는 금융과 상업이라는 단어도 떨어져 나가고 현재와 같은 이름의 와튼스쿨(Wharton School)로 개명했다.

1880년대는 경영학의 윤곽이 전혀 잡혀있지 않았던 시기였던 만큼 경영학 교수로 칭할만한 사람 자체가 없었고 교과목의 편성도 정해진 기준이 없었다. 현직에 있는 변호사, 은행가, 사업가들, 그리고 본교의 경제학 교수들이 교수진으로 구성되었다[6]. 은행법, 자금관리, 행정관리, 철도관리, 상품관리, 공장관리 등 다양한 분야에서 현업 지식들이 교과목을 구성했다. 1884년 펜실베니아 대학 금융경제대학원의 1회 졸업생 5명은 경영학이 아니라 금융학으로 학사(Bachelor of Finance)를 받았다[7].

1.2.5. 공학과 경영학의 융합

이처럼 경영대학과 공학대학이 별도로 등장하는 와중에, 1870년에 미국 뉴저지 주에서 프랑스와 독일의 공과대학을 모방하여 스티븐스기술대학(Stevens Institute of Technology)이 설립됐다. 특이한 것은 공학 교육기관으로서 졸업생에게 Ph.D 학위를 부여했다는 사실이다. 이 기관은 기술자를 양성하는 공학 교육에 주력했지만, 무엇보다도 인문학을 포함한

5) 앞의 홈페이지 문서
6) 예를 들어 노벨경제학상 수상자였던 쿠즈네츠도 그 중 한명이었고 소속 교수였던 제임스(Edmund James)는 미국경제학회(AES)를 설립한 주역이기도 했다.
7) Wikipedia, 'Wharton School of the University of Pennsylvania.'

다양한 학제적 프로그램을 운영했다는 특징이 있다. 공학과 여타 학문이 융합되는 최초의 시도였으며, 스티븐스기술대학은 1908년에 비즈니스엔지니어링스쿨(Business Engineering School)을 설립했다.

1967년에 미주리과학기술대학(Missouri University of Science and Technology)에서 최초로 공학경영(engineering management)이라는 독립학과가 개설됐다. 이후 영국에서는 워윅대학(University of Warwick)이 1980년에 공학경영학위(MSc Engineering Business Management)를 부여하는 대학원과정을 개설했다. 이후 공학교육에 강점을 지닌 MIT, Stanford, CALTECH 등을 포함하여 전 세계 각지 대학에서 독립된 전공으로서 공학경영 과정이 확산되었다[8]. 우리나라에서도 2000년대 이후 고려대, 서울대, 연세대, 서강대, 성균관대, 한양대, KAIST, UNIST, 건국대, 부경대, 호서대, 한국기술교육대 등에서 융합학문으로서 기술경영의 중요성을 깨닫고 학부 또는 대학원에서 교육과 연구를 활발히 수행해 오고 있다.

참 고 **창업학(entrepreneurship)**

기술경영학과 유사한 성격을 지닌 융합학문으로서 창업학이 있다. 흔히 '기업가정신'으로 번역되는 단어 entrepreneurship은 사업을 최초로 일으킨 후 초기 경영에 대한 연구를 지칭하는 전공 분야를 의미하기도 한다. 일반적으로 기업가정신은 사업의 초기, 성장기, 안정기, 쇠퇴기, 또는 위기 단계를 막론하고 어디에서나 필요한 것이지만, 특별히 '초기'에 초점을 맞추는 학문 분과라는 의미를 지닐 때에는 창업학이라는 용어를 사용한다.

창업학도 기술경영학과 마찬가지로 경영학에서 많은 원리를 가져왔지만, 사업 '초기'의 경영 원리를 탐구하는 데에 초점을 둔다. 기술기반 창업, 비기술 일반 창업, 자영업 창업이 모두 그 대상에 포함된다. 흔히 벤처기업의 경영 원리도 창업학의 중요한 연구 대상이 된다. 사업이 초기를 지나 안정기에 접어든 이후에는 창업학이 아니라 일반 경영학의 대상이 된다.

국제적으로 창업학 연구를 가장 활발하게 진행하고 있는 단체 중 하나는 GERA(Global Entrepreneurship Research Association, www.gera.org)이며, 그곳을 중심으로 수행되는 활동이 GEM(Global Entrepreneurship Monitor, www.gemconsortium.org)이다. GEM의 보고서에 의하면, 사업이 처음 시작한 후 3.5년 이내인 맹아기(nascent stage)와, 3.5년이 경과했어도 아직 안정화 단계에 도달하지 못한 상태를 아울러서 초기 단계(early-stage)로 부른다. 이 초기 단계의 활동이 창업학의 중요한 연구 대상이 되며, 이를 총칭하여 TEA(total early-stage entrepreneurial

---

8) www.mempc.org (MEMPC: Master of Engineering Management Programs Consortium) 참조

Activity)라고 부른다9).

기술사업, 일반사업, 자영업을 막론하고 초기단계로부터 안정화 단계로 이행하는 과정에서 단절(discontinuation) 가능성이 매우 높다. 이 단절을 극복하고 안정화 단계에 원활히 도달하도록 사업 초기의 효과적 경영 원리를 탐구하는 것이 창업학의 중요한 과제가 되고 있다.

미국의 뱁슨 칼리지(Babson College) 등이 창업학 연구를 선도하고 있으며, 우리나라에서는 주요 대학에서 창업학, 벤처학, 벤처창업학, 벤처경영학 등 다양한 이름으로 학부 또는 대학원 과정이 개설되어 있다. 특히 성균관대, 연세대, 부산대, 중앙대, 경남과학기술대, 호서대, 건국대, 국민대, 숭실대, 계명대, 서울벤처창업대학원대학 등 다양한 대학에서 창업학을 교육, 연구해 왔다. 특히 미래창조과학부, 중소기업청, 산업통상자원부, 그리고 산하 과학기술기획평가원, 창업진흥원, 산업기술진흥원 등에서는 다양한 프로그램을 통해 대학 또는 민간에서 창업관련 교육과 연구를 지원해 오고 있다.

기술경영 교육 과정에서도 초기 기술창업기업, 즉 벤처기업 경영을 중요한 교과 내용의 하나로 포함시키고 있어, 창업학과 기술경영학은 이미 많은 주제를 공유하면서 협력 연구를 수행하고 있다.

그러나 초기의 공학경영은 산업공학(industrial engineering)의 패러다임에 초점을 둔 면이 있었으며, 조직, 사람, 심리, 시장, 고객, 자금과 같은 '비즈니스' 요소는 상대적으로 소홀히 다루었다. 그런 주제들은 산업 공학이 아니라 일반 경영학에 속하는 것이라고 간주됐다. 산업공학은 이른바 2차 대전 이후 경영과학(management science)의 등장과 궤를 같이 하여 기업 활동을 수량적으로 분석하는 데에 치중했다. OR(operations research), SCM(supply chain management), PERT나 CPM을 비롯한 프로젝트 관리 기법, QT(quality control), SD(system dynamics), CAM(computer-Aided manufacturing), MIS (management information system), KMS(knowledge management system)을 비롯하여 다양한 계량적 의사결정 기법(quantitative decision-making techniques)이 산업공학을 중심으로 발전했다.

이런 이유로 한때 사람들 사이에서는 기술경영이라고 하면 산업공학과 동일시하기도 했다. 기술경영은 최초에 산업공학과 많은 부분을 공유하기도 했지만, 공학 자체의 논리

9) Donna Kelly, Slavica Singer, Mike Herrington, Global Entrepreneurship Monitor 2015/2016 Global Report, 2016. p.13. GEM보고서는 전 세계 40여 참여국들이 창업 활동을 조사 분석하는데 국제판과 각국판으로 나뉘어 매년 발간된다. 우리나라에서는 2008-2013년까지 경남과학기술대학교 반성식 교수 연구팀이 중심되어 GEM의 한국보고서를 발간했다. 반성식, 서상구, 송경모, 박종해, 차민석, 조민선, 박종복, <글로벌기업가정신연구 2013 연구보고서>, 경남과학기술대학교, 한국글로벌기업가정신연구원.

보다는 '사업 경영'이라는 상위의 목적에 보다 중점을 두었다는 면에서 산업공학과는 다소 구별된다. 마케팅, 재무, 조직, 교육훈련 등 이미 일반 사업 경영에서 중시하던 주제를 공학 지식의 사업화에 본격적으로 적용했기 때문이다. 한편 기존 산업공학 교육과정도 최근에는 일반 경영학에서 중시하는 주제들을 많이 흡수하여, 이제 기술경영과 산업공학 사이에 내용 차이를 엄밀히 구분하기는 어려울 지경에 이르렀다.

변화하는 환경에서 조직이 지속적으로 경쟁우위와 성과 창출을 하는 원리를 탐구하기 위해, 기술경영에서는 전통적인 산업공학처럼 수량적 분석이 활용되기도 하지만, 방법론이 반드시 그런 유형으로 한정되는 것은 아니다. 태생이 경영학과 공학의 융합학문이었던 만큼, 기술경영학은 지금도 타 학문 분야에서 이루어지는 다양한 방법론과 연구 성과를 지속적으로 흡수하면서 진화하고 있다. 특히 혁신 기술의 사업화 및 진화 과정을 분석한 기술경제학과 진화경제학의 제반 연구 성과 및 기술사학, 기술철학, 기술사회학, 심리학 등 인문학적 연구 성과도 적극적으로 수용해 왔다.

경영 교육 분야에서 MBA 학위가 있는 것처럼, 공학 교육 분야에서는 MEM(Master of Engineering Management) 학위가 있다. 이는 엔지니어를 위한 MBA라고도 불린다. 이는 전통적인 엔지니어링의 관점에 사업의 관점을 더욱 부가한 것이다. 한편 1967년에 설립된 미국의 기술경영응용공학협회(ATMAE, Association of Technology, Management, and Applied Management, www.atmae.org)에서는 기술, 경영, 응용공학 분야에 대한 융합지식을 갖춘 인력을 양성하기 위한 다양한 교육 및 인증 프로그램과 자격증 제도를 운영하고 있다.

그림 1 융합 학문으로서 기술경영학

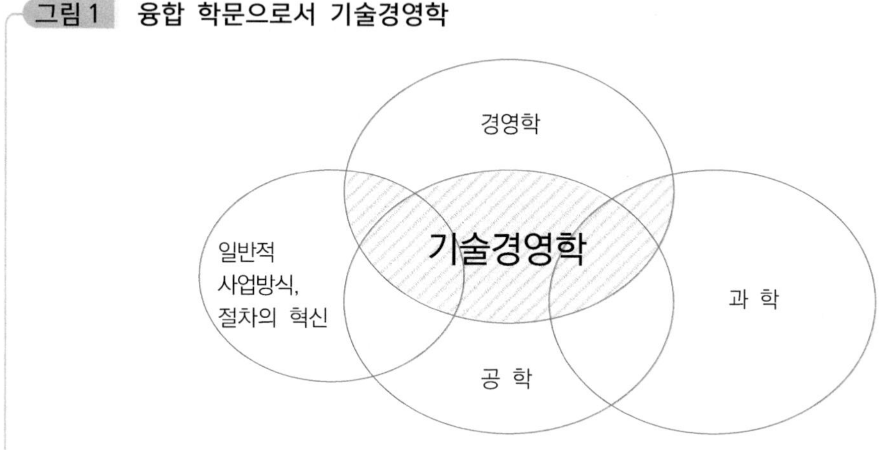

이처럼 서로 다른 방향에서 출발한 두 지식 체계는 오늘날 점점 구분이 없어지고 있다. 공학자들은 사업 경영의 원리를 알아야 하고, 사업가들은 공학과 과학 지식이 사업화되는 원리를 알아야 한다. 대기업에 근무하는 연구개발 전문인력은 물론이고, 벤처창업가나 벤처기업에 소속된 연구개발 인력은 자신이 전문적으로 추구하는 공학과 과학 지식을 '사업'이라는 전체상(configuration) 안에서 바라볼 수 있어야 한다.

빌 게이츠나 스티브 잡스는 이 두 가지 원리를 다 이해하는 인물이었다, 헨리 포드는 탁월한 엔지니어로서 초기에 경영의 원리를 잘 이해하여 자동차 사업을 성공시켰으나, 말년에는 변화한 시장 환경에 대응하지 못하여 사업을 위기로 몰아갔다. 천재 발명가였던 에디슨은 공학의 논리에 치중한 나머지 사업가로서 GE 경영에는 실패하여 회사를 보다 유능한 경영자에게 넘겨주어야 했다(본장 p28 사례 참조).

2. 기술경영의 대상

흔히 기술경영이 일반경영의 부분집합이라고 해석할 수도 있겠지만, 그 출발점이 사업 자체가 아니라 공학과 과학 활동이라는 면에서 원칙적으로는 일반 경영과 구별되는 독자적 성격을 갖는다. 통상적으로 기술경영이 일반경영과 다르다고 인정되는 특성은 다음의 두 가지로 요약될 수 있다.

- **통상적인 견해(1)**: 일반경영은 이미 판매가 이루어지는 제품과 서비스를 대상으로 하는 반면에, 기술경영은 생산과 매출 발생 이전 단계에서 이루어지는 기술혁신 및 신제품의 기획과 개발 단계부터를 연구 대상으로 한다.
- **통상적인 견해(2)**: 일반경영이 비기술 제품이나 서비스를 대상으로 하는 반면에, 기술경영은 하이테크에 기반을 둔 제품 또는 서비스를 대상으로 한다.

그러나 이런 통상적인 견해는 엄밀한 의미에서 타당하다고 볼 수 없다. 그 논거 중 한 가지는 기술이 전체 사업에 적용되는 공간, 즉 영역 차원에서 발생하고, 다른 하나는 기술의 확산과 진부화, 즉 시간 차원에서 발생한다.

2.1. 지식의 적용 영역 차원

먼저 영역 차원에서는 다음의 두 가지 기준으로 기술의 영역을 규정할 수 있다.

첫째, 기술을 사업의 결과를 달성하는 지식과 능력의 체계 일반으로 정의하는 한 극단과, 공학 또는 과학의 탐구 활동을 통해 생성된 지식으로 정의하는 또 다른 극단이 있다고 할 때, 좁은 의미의 일반경영은 전자에, 기술경영은 후자를 지향한다. 하지만 현실 경영에서 양자 사이에는 실로 기나긴 스펙트럼이 존재한다.
토요타 자동차가 부품 재고를 관리하던 고전적 JIT(just-in-time) 시스템은 기술 지식일까 일반 경영 지식일까? 아마존과 같은 전자상거래 기업이 창고 내에서 물품을 이송하는 로봇(키보) 시스템을 사용하는 것은 어디에 속할까?

둘째, 기술은 단지 주력 제품의 개발 또는 생산과정에만 적용되는 것이 아니라, 조달로부터 시작해서, 보관, 유통, 그리고 지원 업무의 전체 분야에서 적용되는 것이다.
제약회사가 신약 개발 과정이 아니라, 전국의 고객 데이터를 관리하는 독자적인 CRM시스템을 개발해서 활용한다면 이것은 제약 회사 입장에서 일반 경영 지식일까 기술 지식일까? 식품 제조회사가 보관용 냉동 창고를 보다 효율적으로 운용할 수 있는 기술을 개발했다면, 그것은 어디에 속할까? 유니클로 같은 의류회사가 화학회사와 공동으로 첨단 의류 소재를 개발하는 것은 기술경영이고, POS를 효율적으로 재고를 관리하는 주문생산 시스템을 개발하는 것은 일반경영에 속한다고 나눌 수 있을까?

결국 기술이 사업의 가치사슬(value chain) 전 과정에서 두루 적용되는 지식과 능력으로 범위가 확대되면, 기술경영은 일반경영과 거의 차이가 없어지게 된다. 포터(Michael E. Porter)에 따르면, 가치사슬을 구성하는 기술에는 단순히 주력 제품 기술만 있는 것이 아니라, 수송, 보관, 통신, 검사, 공구, 포장, 유지, 설계, 기록, 홍보, 의사소통, 그리고 관련된 행정관리의 모든 기술이 포함되기 때문이다.

이때 기술은 사업의 가치 사슬 모든 지점에서 목표하는 결과를 낳는 데에 기여하는 제반 지식, 숙련, 또는 인공적 구체물(매뉴얼, 도면, 데이터베이스, 소프트웨어 등)의 총체가 된다. 다시 말해서 조직 구성원의 두뇌에 저장된 기억, 노동자에게 체화된 기능, 그리고 이로부터 다시 새로운 지식을 낳을 수 있는 응용력과 창의력과 같은 무형의 조직능력, 그리고 이런 무형의 조직능력들의 일부를 유형물로 표현해 놓은 모든 것들이 넓은 의미에서 기술의 정의에 포함된다.

2.2. 기술의 시간 차원

모든 신기술은 시간이 경과하면서 확산되지만 동시에 일상화 되고 진부화된다. 새로운 공학 또는 과학 기술에 기반을 두고 출현한 신제품은, 반드시 어느 시기에 이르면 정형화되고 보편화된다. 이 단계가 되면 그 기술은 더 이상 혁신기술로 취급되지 않는다. 더 나아가 대체 기술 제품이 새로 등장하게 되면 기존 기술 제품의 매력도는 크게 떨어지기도 한다. 이제 더 이상 새로울 것 없는 제품이나 서비스는 일반경영, 심지어 단순한 관리(administration)의 대상이 된다.

불과 4~5년 전만 해도 세상을 바꿀 것 같은 기대 속에 등장했던 스마트폰이었지만, 오늘날 스마트폰을 혁신적인 기술이라고 말하는 사람은 아무도 없다. 지금 기차라는 수송 수단을 혁신적이라고 생각하는 사람은 아무도 없을 것이다. 하지만 19세기 중반 증기 기관차가 처음 등장했을 때 시속 20마일의 속도만으로도 사람들은 경악했다.

그러나 아무리 진부화된 기술 제품으로 보여도, 즉 일반경영의 대상인 것처럼 보여도 그 안에서 또 다른 새로움은 계속 출현하여 기술경영의 대상이 된다.

100여년전만 해도 참신했던 내연기관 자동차의 패러다임은 이미 한참 낡은 것이다. 그러나 차량을 구성하는 세부 기술에서는 끝없이 개선이 이루어져왔고 지금도 진행 중이다. 공기의 저항을 최소화하는 차량 외관 설계, 차체를 이루는 강판의 강도와 중량, 운행 소음을 최소화하고 안락성을 확보하는 기능, 충돌 사고 시의 안전성 통제, 운전자가 제어하는 계기판과 조작 장치의 편의성 등, 다양한 영역에서 개선이 이루어져 왔다. 이는 바로 크리스텐센이 말했던 존속적 기술(sustaining technology)이라고 말할 수 있다. 이런 종류의 기술 혁신은 이미 일반경영과 기술경영 어느 쪽에 위치시켜도 무방한 주제가 되어 있다.

한편 그가 말했던 파괴적 기술(disruptive technology)의 등장, 예컨대 유인 자동차에서 무인 자율주행 자동차로 이행하는 현상은 전혀 다른 차원의 새로움을 대상으로 하는 진정한 기술경영의 영역이 된다. LP음반이 지배하는 시장에서 CD를 처음 출시하려 했을 때, 또는 노트북 컴퓨터가 지배적인 상황에서 태블릿 컴퓨터를 출시하여 했을 때, 기술경영의 원리가 작용했다. 그러나 이런 주제는 일반 경영에서도 전혀 낯선 것이 아니다.

역사 이래 호텔 사업은 기술과는 전혀 무관한 사업으로 등장했다. 더구나 그 사업 모델은 이미 전통 산업이자 낡은 지식의 영역에 속한다고 보인다. 따라서 그것만 보면 일반경영의 대상이 되어야 할 것이다. 하지만, 사물인터넷(IoT) 데이터 기반으로 투숙객과 입장객의 선호와 반응 데이터를 수집해서 서비스 개선에 반영하는 시스템을 개발하고자 한다면 이것은 오늘날 기술경영의 영역에 보다 가까울 것이다.

한편 어떤 영역의 새로움이든 반드시 체계적이고 전문적인 공학 또는 과학 연구를 통해 등장할 필요는 없다. 그것은 단순한 사업모델 아이디어일 수도 있고, 제도나 업무 방식의 간단한 재조합 또는 변경일 수도 있다. 예를 들어서, 세상의 수많은 실용신안특허도 그 정도의 수준의 지식 노동을 통해 등장한 것들이다. 금융 산업에서는 블록체인(block chain)처럼 전문적인 암호학과 컴퓨터 과학에 기반을 두고 등장한 새로움도 있지만, 내구재 구매대금에 대한 할부금융 제도처럼 단지 아이디어와 기획을 통해 등장한 새로움도 있다. 음료 산업에서는 전문적인 생리학 지식에 기반을 두고 개발된 이온음료 같은 새로움도 있지만, 성분의 사소한 변화와 브랜딩 전략을 통해 등장한 새로움도 있다.

종합해 보자. 개념 측면에서, 그리고 그 기원(起源) 측면에서 기술경영은 일반경영과 구분되지만, 현실에서 양자의 역할은 정확히 구획짓기 어려운 경우가 많다. 특히 오늘날처럼 혁신의 역동성이 두드러진 세계에서는 더욱 그렇다. 첫째, 혁신은 결코 제조나 연구개발에 국한하는 것이 아니라, 사업의 가치사슬 전 과정에서 작동하는 유통, 행정관리, 의사소통, 교육훈련, 인사관리, 재무회계 모든 분야에서 발생하는 현상이다. 둘째, 새로움과 낡음이 평행선을 달리는 별개의 현상이 아니라 끝없이 변증법적 성장 과정을 거치며 연달아 등장하는 통일적인 과정이다. 이런 이유로 동일한 사업에 대해서도 때로는 일반경영 원리가, 때로는 기술경영 원리가 적용되어야 할 뿐이다. 그런 의미에서 양자는 대립이 아니라 보완 관계를 지닌다.

앞에서 살펴본 것처럼 기술경영은 소위 하이테크 사업, 즉 첨단 과학 또는 공학 지식에 기반을 둔 상품의 개발과 판매에 적용되기도 하지만 로우테크 사업, 즉 그다지 고도의 과학과 공학 지식이 요구되지 않을 것처럼 보이는 사업에도 항상 적용된다. 다음의 두 가지 예를 통해 그 가능성을 살펴보도록 한다. 하나는 코닝(Corning)의 광섬유 개발과 사업화에 대한 것이고 다른 하나는 커피와 패스트푸드 사업에 대한 것이다.

사 례 코닝의 광섬유 사업 진출에서 발견하는 기술경영

코닝(Corning)이 1970-1980년대에 기존에 영위하던 유리 제조 기술에 기반을 두고 통신 인프라(광섬유 optic-fiber) 사업에 성공적으로 진입한 것은 슘페터 식 창조적 파괴(creative destruction)의 대표적인 사례였다.

이미 강점이 있는 분야를 근거로 하는 사업 다각화, 현재의 현금흐름을 창출하는 기존 사업과 미래를 대비하는 혁신 사업을 균형 있게 유지하는 목표 경영, 조직 구성원의 자율성과 책임성을 부여하고 연구개발 부서와 여타 사업부서 간 효과적인 의사소통을 유지하는 조직 문화, 치밀한 지식재산 전략, 외부 파트너를 상대로 한 유연한 전략적 협력 및 재무 전략, 이 모든 기술 경영 요소들이 1970~80년대 코닝의 광섬유 사업 성공을 가능하게 했다.

코닝은 오랜 기간에 걸쳐 다양한 제품에 공급되는 특수 유리를 생산해오는 과정에서 여러 신규 사업 기회에 접촉할 수 있었다. 이 과정에서 전략적 제휴나 합작 벤처 운영 노하우를 축적했다. 코닝은 상대적으로 적은 자본과 인력만 가지고도, 자신이 보유하지 못한 지식을 외부로부터 조달하는 개방형 혁신에 익숙해져 있었다. 코닝은 다양한 제품군을 보유하고 있었지만, 자신이 강점이 있는 분야에 의거하여 인접 분야로 확장한 결과였으며 결코 무분별한 사업 확장은 아니었다.

1960년대에 이르러 전화 이용량이 날로 증가하자 전화회사들은 기존의 구리 또는 알루미늄 케이블로는 그 용량에 대응하는 데에 한계가 있다는 사실을 인식하기 시작했다. 이는 기술로드맵 상 자연스럽게 나타난 현상이었다. AT&T나 BPO(British Post Office) 등이 신기술 탐색에 시동을 걸었고 이 때 광통신이 주목을 받기 시작했다. 특히 1960년대에 레이저(Laser) 기술이 개발되면서 빛을 이용하여 정보를 전달할 수 있는 새로운 가능성이 발견됐기에 많은 연구자들이 광섬유 개발에 달려들었다.

BPO는 자신에게 특수 유리를 납품해왔던 코닝에게 광통신 매질로서 순도가 높은 광섬유 견본을 제작해 줄 것을 의뢰했다. 코닝은 이 우연한 사건을 그냥 지나치지 않았다. 거기에서 유망한 신사업 기회를 발견했다. 코닝은 자신이 이미 특허를 보유하고 있던 증기 침전(vapor deposition) 방식으로 이 새로운 기술에 도전하기로 결정했다.

사실 코닝은 이미 오랫 동안 주방용, 가전용, 산업용 제품에 부품으로 들어가는 유리를 제조해왔다. 이미 유리 제조에 대해서는 탁월한 강점을 지니고 있었다. 또한 1950-1960년대에 텔레비젼

용 CRT 모니터에 들어가는 유리관을 제조하면서 이미 통신사업과 관련된 지식을 익혔다. 특히 이 시기에 풍부한 내부 현금흐름을 창출함으로써 여러 고위험 연구개발에 충당할 수 있는 재원을 안정적으로 확보할 수 있었다.

1968년에 코닝의 주고객이었던 RCA가 TV용 유리관을 자체 생산하기 시작하면서 코닝은 큰 위협을 받을 수도 있었다. 그러나 이미 당시 미국의 TV 산업은 쇠퇴기에 진입해 있었다. 미국의 TV 제조사들은 일본 기업의 경쟁력 앞에서 무너지고 있었다. 하지만 당시 코닝은 매출액의 6%를 연구개발 비용으로 충당하고 있었을 만큼, 전통적인 유리 제조사의 단계를 넘어 이미 첨단 기술기업으로 변신해 있었다. 코닝은 현재 또는 과거의 성공에 안주하지 않고, 미리 신시장과 신기술을 탐색하는 노력을 게을리 하지 않았던 것이다.

광섬유 개발이 매우 유망한 사업이기는 했지만, 여러 면에서 코닝이 도전하기에는 어려움이 있었다. 무엇보다도 지식재산 측면에서 당시 아메리컨옵티컬(Americal Optical Company)이 중요한 관련 특허들을 선점하고 있었기 때문이다. 그러나 코닝은 자신이 이미 보유하고 있던 융해 실리카(fused silica)에 대한 특수한 제법 특허를 이용하여 기존 특허망의 제약을 돌파하기로 결정했다.

BPO의 제안이 있었던 그 당시, 코닝의 연구원 로버트 모러(Robert Maurer)는 증기 침전 방식으로 장거리 광손실율을 획기적으로 낮출 수 있다는 사실을 발견했다. 코닝은 연구를 보강하기 위해 물리학자 케크(Donald Keck) 박사를 영입했다. 또 코닝이 이미 내부에서 연구하고 있던 레이저 기술이 여기에 결합됐다.

당시 연구소장이었던 아미스티드(Armistead)는 광섬유 개발 프로젝트에 부정적이었다. 특허장벽도 문제였지만, 무엇보다도 AT&T가 지배하고 있던 케이블 시장에 진입할 자신이 없었기 때문이다. 그러나 이 사업의 잠재적 성공 가능성을 눈여겨보고 있던, 당시 TV사업 본부장 루시(Chuck Lucy)가 적극적인 지원 의사를 표명했다. 그는 외부의 잠재 고객으로부터 연구개발 자금을 지원 받아 공동 개발을 추진할 계획을 세웠다.

루시의 계획은 기술개발 차원에 머물러 있던 프로젝트를 고객 창조와 자금조달이라는 경영 차원의 활동으로 전환시키는 계기가 됐다. 루시의 계획이 수용된 이후, 개발팀의 목표는 단지 몇 킬로미터 길이에 불과한 시제품 내지 견본 개발이 아니라, 실제 고객이 사용할 수 있는 수준의 품질을 갖춘 장거리용 제품 개발로 수정됐다. 당시 AT&T도 이미 광섬유 개발을 추진하고 있었으나 그들은 코닝만큼 절박성을 느끼지 않고 있었다. 대기업이 이렇게 여유를 부리는 사이에 코닝은 자신의 고유 특허에 바탕을 두고 개발에 박차를 가했다. 그 결과 1970년에 케이블 1킬로미터당 광손실 16데시벨 수준의 제품을 개발하는 데에 성공했다.

1972년에 루시는 미국 내 시장에서 AT&T의 견제를 피해, 코닝의 케이블 기술을 필요로 하는 해외 기업들로부터 자금 지원을 얻어내고 그 댓가로 그들과 개발 성과를 공유하고자 하는 계획을 세웠다. 여러 기업들과 협상 끝에 독일의 지멘스(Siemens)를 파트너로 선정했다. 코닝과 지멘스는 미국과 독일에 각각 합작 벤처 지코(Siecor)를 설립했다. 미국 법인은 코닝의 광섬유를 받아서 케이블을 생산했고 독일 법인은 광섬유를 생산했다. 그러나 미국 시장에서 판매 역량이 부족하다는 것을 깨닫고, 미국에서 케이블 사업을 오랫동안 영위해 온 슈피리어케이블(Superior Cable)을 인수했다. 합작법인은 경영 자율성과 책임성이 보장됐고 성장을 거듭했다. 2000년에 코닝은 지코의 지멘스 지분을 전량 인수했고 합작은 성공리에 마무리됐다.

또한 코닝은 초기부터 전례 없이 공격적인 특허 방어 전략을 구사했다. 유능한 특허 법률가를 고용해서 침해 소지가 조금이라도 의심되는 기업들에 대해서 가차 없이 소송을 제기했다. 이는 단지 배상금을 노린 것이라기보다는 충분한 규모로 시장을 장악하기 전까지 경쟁사의 활동을 차단하고 시간을 벌기 위한 전략이었다. 막대한 소송비용 부담에도 불구하고 이 전략을 고수했다. 특허 방어와 동시에, 영업비밀 차원에서 타사가 모방 불가능한 기술들을 확보함으로써 코닝은 지식재산 가치의 확고한 우위를 점할 수 있었다. 그 결과 1987년 이후 코닝의 광섬유가 유럽 및 미국 주요 지역에 대규모로 가설되기 시작했다. 20여년에 걸친 노력 끝에, 잠재적인 기술이 비로소 안정적인 상품으로 탈바꿈한 것이다.

물론 어느 기업이나 한 때 효과적인 기술경영을 통해 이룩한 성공이 다시 이어지는 시기의 성공을 보장하지는 않는다. 21세기의 통신사업 패러다임은 전 시대와 전혀 달라졌다. 코닝이라고 해서 1960~70년대의 경직된 AT&T처럼 되지 말라는 법은 없을 것이다.

사례 커피와 패스트푸드 사업에서 발견하는 기술경영

맥도널드와 스타벅스는 얼핏 기술경영과 전혀 관련이 없는 사업처럼 보인다. 맥도널드는 2차 대전 이후 서구의 식품 사업 트렌드를 뒤바꾼 혁신의 주인공이었다. 하지만 세월이 흐른 뒤 이 거인은 신생 커피 사업자인 스타벅스의 또 다른 혁신 앞에서 점점 진부해졌다. 맥도널드와 스타벅스의 총매출액은 2005년에 각각 204억 달러, 64억 달러로서 3배 넘게 차이가 났다. 10년 후 스타벅스의 2015년 매출액은 190억 달러로서 맥도널드의 2005년 수준에 거의 임박했으며, 맥도널드의 매출액은 2013년 280억 달러에서 2015년 250억 달러로 연속 하락하는 추세를 보였다. 맥도널드는 머지않아 스타벅스에 추월당할 가능성이 높다.

그러나 이렇게 급성장한 스타벅스 역시 어느 날 갑자기 맥도널드와 같은 처지에 봉착할지 아무도 알 수 없는 일이다.

인간은 어떤 새로운 경험에 익숙해진 뒤 반드시 또 다른 새로운 욕구가 등장하게 되고, 그 틈을 타 또 다른 혁신 기업이 등장할 것이기 때문이다. 기술경영은 이 끝없는 새로움과 낡음의 순환 속에서 항상 작동해야 한다.

① 맥도널드

1950년대에 전통적인 햄버거 사업에서 통용되는 지식에 이종 산업의 지식을 응용하여 융합에 성공한 대표적인 사례다. 물론 공학 기술 사이의 지식 융합은 아니었다.

맥도날드 햄버거는 1937년에 캘리포니아 주, 샌 버나디로(San Bernadiro)에서 릭(Dick)과 맥(Mac) 맥도날드 형제가 운영하던 소규모의 지역 햄버거 레스토랑이 그 출발점이 되었다. 물론 이는 어디까지나 1954년에 레이 크록(Raymond Albert Kroc, 1902~1984)이라는 밀크 믹서 판매원이, 그에게 밀크 믹서를 주문한 그 매장을 방문하기 이전의 일이었다.

그는 가게를 방문한 뒤 맥도날드 햄버거의 전례 없이 혁신적인 공정, 뛰어난 맛과 품질, 그리고 그 저렴한 가격에 매료되었다. 평범한 사람이라면 그냥 지나쳐버릴 수도 있었을 법한 상황이었지만, 그는 여기에서 새로운 기회를 발견했다. 당시의 햄버거 가게들은 이렇게 동네 레스토랑 수준에 머물러 있었다. 가게마다 다른 맛, 다른 품질, 다른 가격을 지녔다. 물론 오늘 날에도 이런 차별적 요소가 경쟁력이 될지 모르지만, 당시 크록은 역발상을 했다. 미국 전역에서 이 좋은 맛을 똑같은 가격에 어디서나 맛볼 수 있으면 얼마나 좋을까 생각했던 것이다.

맥도날드 햄버거에 대한 권리를 당시 돈으로 950달러에 매입한 그가 도입한 것은 바로 포드 자동차 회사에서처럼 균일한 품질로 동일한 모델을 대량생산하는 방식이었다. 맥도날드가 포드와 달랐던 점은, 한 공장이 아니라 미국 전역에 산재한 여러 매장에서 동일한 맛과 품질을 유지할 수 있도록 모든 절차를 표준화하고 그 운영을 철저하게 관리했다는 사실이다. 그는 자동차에 적용되어 왔던 대량생산 모델의 철학을 그대로 햄버거에 도입한 셈이다. 크록의 혁신 이후, 동네 레스토랑의 햄버거 조리사의 솜씨가 대량 생산과 패스트 서비스 모델과 융합하여 전혀 다른 형태의 사업이 탄생했다.

초기 맥도널드의 융합형 혁신은 넓은 의미에서 기술 경영의 성과라고 볼 수 있다. 시간이 지나면서 이 방식은 현대 외식업 프랜차이즈 사업모델의 전형이 되었고 20세기 후반 미국을 중심으로 전 세계 외식 문화의 판도를 뒤바꾸어 놓았다. 동시에 일반경영으로, 더 나아가 관행이 돼버렸다. 오늘날에는 심지어 자영업 창업자가 누구나 손쉽게 접근할 수 있는 성격의 사업이 됐다(맥도날드 사업에 대한 자세한 사례는 본서의 제7장의 사례 참조).

② 스타벅스

스타벅스도 맥도널드처럼 작은 자영업 사업장 하나를 경영자 한 사람이 혁신적으로 변모시킨 것이다. 1971년에 볼드윈(Jerry Baldwin), 보우커(Gordon Bowker), 시글(Zev Siegl)은 시애틀에 작은 커피샵을 개장했다. 1981년 이 매장에 손님으로 방문했던 하워드 슐츠는 1년 뒤에 사업에 참여하기 시작했다. 1983년에 슐츠는 이탈리아에 여행했다. 그곳의 전통 커피샵의 분위기에 매료된 슐츠는 이를 미국에 도입하고 싶다는 생각이 들었다. 단순히 커피를 마시는 곳이 아니라 사람들 사이에 대화와 교류가 이루어지는 여유로운 공동체의 분위기를 만들고 싶었다. 1987년에 투자자를 모집해서 스타벅스 전체 지분을 사들였다.

스타벅스의 미션은 사람 하나, 컵 하나, 그리고 함께 하는 사람 하나, 이들이 함께 있는 곳에서 인간의 정신에 영감을 주고 고양시키는 것(to inspire and nurture the human spirit-one person, one cup, and one neighborhood at a time)이다[10]. 스타벅스는 커피 이상의 경험을 사람에게 제

10) https://www.starbucks.com/about-us/company-information

공하는 것을 사업의 목적으로 삼았다.

그러나 이 목적을 달성하기 위해, 단지 일반경영의 원리로만 사업을 운영하지 않았다. 전 세계에 산재한 사업장을 대상올 커피를 공급하고 운영을 체계적으로 관리하는 수준에 머물지 않았다. 그들은 기술경영을 도입했다. 예를 들어서 유나이티드항공에 커피를 납품하기로 했을 때, 자체 연구개발 조직은 항공기 기내와 동일한 기압과 온도 조건 하에서 최상의 커피 상태를 유지하기 위한 방법을 연구했다. 전 세계의 다양한 공간, 상이한 고객에 커피를 납품하면서도 최적의 품질을 유지할 수 있었던 것은 이런 연구개발 덕분이었다.

더구나 스타벅스는 사업 목적에 기여하는 IT 서비스를 개발했다. 이를 위해서 2010년 전후로 실리콘 밸리 등지 출신의 IT기업 전문가들을 임원으로 대거 채용했다. 사람들 사이에 교류하는 방식이 과거처럼 단순히 탁자를 앞에 두고 이야기하던 시절이 아니라는 것을 깨달았기 때문이다. 사람들은 이제 모바일 기기를 통해 정보를 얻고 소통한다. 커피 이상의 경험은 바로 그런 곳에서 이루어져야 한다는 사실을 알고 있었다. 일반 가정에서 사용하는 와이파이에 비해 성능이 후 훨씬 뛰어난 기가 와이파이를 매장에 제공하기 시작했다. 전원 콘센트의 수를 더욱 늘렸다. 일부 커피 프랜차이즈가 전통적인 사고에 매달린 채 와이파이 노트북 작업에 매달리는 고객들을 '성가신 존재'라고 생각하고 전원 콘센트를 차단했던 것과는 전혀 반대의 행보였다. 근거리 통신장비 비콘을 도입해 매장 방문 전에 주문과 결재를 진행하고 매장에서 커피를 직접 받을 수 있는 O2O(online to offline) 서비스도 신속히 도입했다. 온라인 구매 상품권과 각종 전자결재 수단을 다른 어떤 커피 프랜차이즈보다 앞서서 도입한 것은 물론이다.

③ 커피 추출 엔지니어링

스타벅스화(starbucksification)이라는 신조어가 등장할 정도로, 스타벅스는 전 세계 대중의 커피 문화를 바꿔놓았다. 여러 변화 중 하나는, 종전에 일부 커피 애호가 외에는 볼 기회가 드물었던 에스프레소 머신이 대중에게 비교적 친숙해졌다는 것이다.

에스프레소 기계는 커피가 생산되지 조차 않는 이탈리아에서 처음 등장했다. 이탈리아의 공학자 안젤로 모리온도(Angelo Moriondo, 1851-1914)는 1884년에 "커피 음료를 정제하는 경제적이면서도 즉시 생산이 가능한 새로운 증기 기계"로 첫 특허를 받았다. 그 전까지만 해도 생두에서 커피를 내리는 일은 아주 길고 지루한 절차를 거쳐야 했는데, 이 아이디어는 커피 추출 엔지니어링을 발전시키는 계기가 됐다. espresso는 이탈리아어로 '빠르다'는 뜻이다. 영어의 express에 해당한다.

모리온도의 이 발상은 밀라노의 주류 사업가였던 루이지 베체라(Luigi Bezzera)와 데시데리오 파보니(Desiderio Pavoin)가 계승하여 더욱 개량시켰다. 그들은 커피 산업의 스티브 잡스(Steve Jobs)와 스티브 워즈니악(Steve Wozniak) 같은 인물이었다. 그들은 1903년에 개량된 에스프레소 머신 특허를 등록받았다. 커피 한 잔을 45초만에 내릴 수 있었던 이 획기적인 발명품을 이용한 커피점이 이탈리아 전역, 더 나아가 유럽에 확산됐다. 에스프레소의 발명자를 배출한 이탈리아는 커피 산업의 종주국이 됐고 에스프레소, 아메리카노, 카페라떼 등 이탈리아어가 전 세계 커피 산업의 표준 언어로 자리 잡았다. 에스프레소 머신은 이후 개량에 개량을 거듭해서 오늘날에 이르렀다. 드롱기(DeLonghi), 세코(Saeco), 유라(Jura), 라 마르조꼬(La Marzzoco), 가찌아(Gaggia), 훼마(Faema), 시모넬리(Simonelli) 등 다양한 브랜드 등이 각출을 벌이고 있으며, 지멘스(Siemens)나 필립스(Philips) 등 전기회사들도 에스프레소 머신 시장에서 각축전을 벌이고 있다.

[안젤로 모리온도의 1884년 커피 기계 특허 청구 도면]

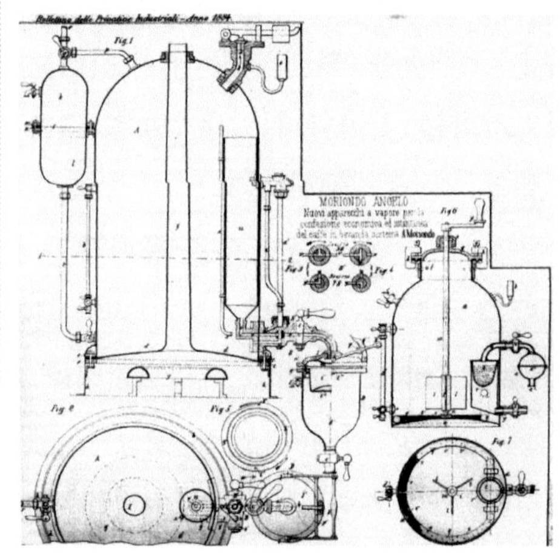

〈출처: Mr. Angelo Moriondo, Public domain via Wikimedia Commons.〉

[베체라의 에스프레소 머신을 이용한 이탈리아의 커피샵]

〈출처: 작자 미상, Public Domain via Wikimedia Commons, 원소장자 Bezzera Spa.〉

에스프레소는 고온의 수증기 압력을 이용하여 커피를 추출하는 방식으로 획기적인 생산성 향상을 이룩했지만, 저온수로 방울방울 내리는 더치 커피는 여전히 전통적인 방식에 머물러 있었다. 100그램 원두에서 더치커피 1000ml를 얻기까지 약 8~12시간이 걸린다.

서울대학교 화학생물공학부 이윤우 교수는 초임계 물질을 다루는 기술을 이용하여 커피원두를 곱게 갈 때 나오는 지방 성분을 제거하므로써 더치 추출 속도를 획기적으로 증대시키는 계기를 마련했다. 초임계 물질은 액체와 기체 등 두 가지 상태의 특징을 동시에 갖고 있는데, 공기처럼 빨리 확산되면서도 다른 물질을 잘 녹여낸다. 예를 들어서 초임계 이산화탄소를 참깨 입자의 작은 틈으로 들여보내 기름과 향 성분을 쉽게 녹여낸 초임계 참기름은 일반 참기름보다 빛깔이 맑고 쓴맛이 적다고 알려져 있다.

이교수는 원두를 15마이크로미터 수준의 미세한 크기로 분쇄한 뒤 이 기술을 적용함으로써 시중 더치커피 농도의 약 4,5배, 에스프레소의 약 3배 이상의 농도를 지닌 커피를 추출할 수 있었다. 전통적인 방식으로 더치커피를 추출하는 속도보다 4,000배 빠른 속도를 구현할 수 있었다. 이 기술은 콜드브루 대량생산이 이루어지는 계기가 됐고, 야쿠르트의 콜드브루가 그 기술로 탄생했고, 할리스커피 등 대형 커피사업자들도 이 기술을 채택하기 시작했다[11].

이 기술이 과거 맥도널드나 스타벅스가 형성시킨 패러다임을 극복하고, 다시 어떤 시장과 어떤 사업모델을 창출할지, 누가 새로운 강자로 부상할지는 아무도 모른다. 한 가지 확실한 것은 기술경영 마인드를 갖춘 사람만이 그 주역을 담당할 것이라는 사실이다.

여기 소개한 커피와 패스트푸드 사례를 포함하여 유사 이래 인류의 물질 및 정신 생활 전분야에서 형성되어 온 무한한 욕구들은 수많은 갈래의 비즈니스 모델을 낳았다. 맥도널드와 스타벅스도 그 중 한 부분에 불과했다. 고객들은 언제 어디서나 지금까지의 경험을 바탕으로 또 다른 욕구를 일으키게 된다. 기회를 찾아다니는 눈 밝은 경영자들은 새로이 등장한 고객욕구에 부응하는 또 다른 혁신 기술을 채택한다.

물론 신기술이 구기술을 항상 대체하는 것은 아니다. 느림과 투박함을 좋아하는 인간의 욕구는 빠름과 세련됨을 추구하는 욕구와 동등한 지위를 갖는다. 신기술과 구기술, 신방식과 구방식 사이에는 대체도 일어나지만, 공존과 축적도 함께 일어난다. 미래 속에서 과거는 언제나 다시 등장할 수 있고, 현재 속에는 항상 미래가 담겨 있었다. 세계는 기술경영을 통해 전시대보다 더욱 다채로운 만화경(萬畫鏡)으로 전개되어 왔다.

이 과정에서 공학과 과학의 목적은 궁극적으로 인간과 사회가 필요로 하는 제반 문제를 해결하고 삶을 풍요롭게 만들기 위한 수단을 제공하는 데에 있다. 하지만 공학과 과학에서 등장한 지식을 최종적으로 고객에게 가치를 부여하는 상품으로 변환시켜 제공하는 역할은 '기술경영'이 담당한다. 고객은 단지 적절한 댓가 지불을 통해 그 가치를 누리기만 하면 될 뿐 배후에서 누가 어떻게 고된 노력으로 그 기술을 개발했는지에 대해서는 아무런 관심이 없다.

그 결과가 그 자리에 도달하기까지 보이지 않는 자리에서 수많은 발명가, 공학자, 과학자, 연구자의 중간 성과들이 있었고, 기술경영이야말로 이 중간 단계 성과들을 고객가치 구현이라는 최종 성과로 탈바꿈시키는 역할을 한다.

기술경영은 기술에서 출발하되 고객 앞에서 기술이 사라지도록 하는 역할을 해야 한다. 스마트폰을 이용하는 고객들은 운영체제의 코드 구성이나 칩의 설계원리 따위에 대해서는 아무런 관심이 없다. 복잡다단한 기술성과들을 오로지 가치 있는 고객 체험으로

11) "1200만병 팔린 콜드브루, 참기름 짜다 고안", (2016.11.7.), 조선일보.

둔갑시키는 일, 그리고 이 과정에서 조직이 끝없이 자기 혁신을 하면서 지속하도록 하는 일, 이를 위해 기술경영은 필수적이다.

3. 기술경영자

우수한 기술력을 사업 성과와 동일시하는 일이 종종 있다. 등록 특허 수가 많다거나, 세계 또는 국내 최초로 기술을 개발하는 데에 성공했다거나, 성능이 가장 우수하다거나, 최고 권위의 연구자나 개발자가 포진하고 있다거나 하는 사실만으로 성공을 담보받은 것처럼 생각하곤 한다.

또한 자금을 풍부하게 확보하면 마치 성공이 눈앞에 온 것처럼, 아니 심지어 이미 사업이 성공한 듯한 느낌을 받는 벤처 사업가들도 있다. 대기업의 M&A 대상이 되거나, 유명 벤처캐피탈이나 펀드에서 투자를 받은 벤처들은 항상 언론에 대서특필되어 선망의 대상이 되곤 한다.

하지만 기술경영의 입장에서 보면 이 모든 것들이 착시 현상이다. 사업이 경영을 통해 최종의 성과를 창출하는 것은 이것들과 전혀 별개의 일이기 때문이다. 벤처캐피탈 업계에서 투자 대상을 선별하는 기준으로 자주 인용되는 격언으로 “첫째도 사람, 둘째도 사람, 셋째도 사람”이라는 말이 있다. 이 비유는 성공은 최종의 결과로 나타나기 전까지 그 어떤 요인으로도 미리 예단하기 어려운 복잡다단하고 불확실한 과정에 지배당한다는 사실을 암시하고 있다. 당장 떠오르는 요인인 기술력이나 보유 현금 유동성 규모는 둘째 치고, 최고경영자의 화려한 경력, 막강한 개발팀, 안정적인 특허 풀, 풍부한 유관 사업화 실적, 독점적 시장 지배력, 그 어느 것 하나만으로 현재 추진 중인 기술사업이 취할 최종 성과의 향방을 설명하지 못한다.

네이버의 메신저 서비스 자회사인 라인(LINE)이 2016년 7월 14일, 뉴욕 증시에 상장했다. 이후 이해진 의장의 소회를 들어보면, 새로운 기술사업의 성과를 창출하는 과정이 얼마나 불확실성과 위험에 지배당하는 것인지, 그리고 결국 사람이 그 모든 난관을 헤쳐나가는 동력이 될 수밖에 없는지를 잘 알 수 있다.

"사업 성공에 비결, 정답 이런 건 없는 것 같다... 정말 끊임없이 시도하는 것이고 성공은 하늘이 내려준다는 게 맞는 것 같다. 가장 적절한 때에 적절한 사람이 온다. 그 사람을 하늘이 내려주는 거 아닐까... 100건을 시도하니 그 중 하나가 가까스로 되더라."[12]

이런 이유로 탁월한 경영사상가들은 불확실성이 지배하는 경영 환경에서 과학적 인과관계라는 관점에서 성공과 실패를 결정짓는 특정 요인을 규명하려 하기보다는, 사람의 복합적이면서도 총체적인 의사결정과 행동 능력 자체에 보다 초점을 두게 됐다.

3.1. 기술과 사람의 역할

학제 연구로서 기술경영학의 방법론은 기존에 정립된 경영학, 공학, 자연과학 등에 주로 의거하지만, 그중에서도 특히 많은 개념적 기반을 경제학에서 받아들였다.

전통적으로 주류경제학에서는 기업 또는 국민경제의 생산량은 노동(L)과 자본(K)이라는 2대 생산요소의 투입량의 함수라고 가정했다. 한동안 기술(T: technology)은 명시적인 생산요소로 거론되지 않았으며, 경제 체제의 외부에 존재하는 외생변수로 고정되어 있다고 가정해왔다. 즉 기술변화의 원천, 기술진보의 속도와 방향, 기술변화의 비용과 메커니즘에 대하여 이른바 암흑상자(black box)로 취급하여 기술의 중요성을 과소평가했다.

이후 주류 경제학에서 내생적 성장이론(endogenous growth theory)나 인적 자본(human capital)의 이론이 등장해서 기술 또는 지식이라는 요인을 내생화했다. 주류 경제학과 다른 방향에서 발전해 온 진화경제학(evolutionary economics)에서도 기술을 내생변수로 취급했다. 이 이론들에 따르면 노동과 자본의 투입량 외에도 기술혁신으로 인해 경제는 계속 발전한다. 따라서 다른 자본과 노동 투입량의 증가 없이도 기술혁신을 통해 생산력이 증대되고 경제발전이 된다고 말하고 있다.

그러나 주류경제학이나 진화경제학이나 기술의 역할을 단지 기계론적 모형을 구성하는 변수로만 간주했을 뿐, 기술혁신과 사업화를 주도하는 경영자의 능동적 행동 원리에 대해서는 설명하지 못했다. 예컨대, 경제학에서는 1903년 라이트 형제의 비행기 신기술이 등장한 것을 계기로 항공 및 관련 수송 산업(군사 조달, 화물, 민간 여행 서비스 등)

12) 임원기, '제2의 창업' 나선 이해진 네이버 의장, 2016.10.26. http://limwonki.com/m/759. (네이버 이해진 의장이 라인 상장 직후 창업자들과 가진 간담회 내용을 한 블로거가 요약한 것이다.)

및 제조업(엔진, 특수소재, 부품 산업 등)이 발전해서 경제 성장에 큰 영향을 미쳤다는 논리적 관계만을 설명할 뿐, 결코 항공기 비즈니스를 육성하기 위해 사업가들이 어떤 방식으로 기회를 발견하고 만들며 조직을 새로운 시장을 창출해 왔는지에 대해서는 아무런 말도 하지 않았다. 말하자면 경제학은 기술을 더 이상 경제의 외생변수로 보지 않고 내생변수로 보는 단계에 이르렀지만, 기술로부터 사업의 기회를 탐색하는 사람의 행동은 여전히 외생변수로 보고 있는 것이다.

기술경영이 단지 이론에 그치지 않고 실무 차원으로 넘어가면 바로 이 지점의 원리, 즉 기술 사업화의 주체인 사람의 행동 원리 및 그 의미와 마주치게 된다. 하지만 경제학은 이 원리에 대해서는 잘 대답하려 하지 않는다. 기술경영은 항공기 제작 기술의 등장, 개량, 혁신이라는 공학적 과정에 그치는 것이 아니라 그로부터 시장과 고객, 그리고 이익을 창출하기 위해 조직 내 수많은 영역의 의사결정자들이 어떤 원리로 행동해야 하는가를 다룬다.

사업의 성과를 낳는 것은 언제 어디서나 물적 자본, 화폐 자본, 또는 노동력 자체가 아니다. 그것은 자본이나 노동력이 생산적일 수 있게끔 가동시킬 수 있는 무형의 지식과 조직 능력들이기 때문이다. 경제학은 이 무형의 블랙박스가 어떻게든 작동한다고 가정한 상태에서 자본과 노동의 투입을 강조한다. 그러나 이 무형의 능력이 제대로 발휘되는 것은 별도의 학습과 훈련을 통해 습득된 경영원리를 따를 때 뿐이다.

초고성능 컴퓨터를 최신 건물에 설치하고 이를 다룰 줄 모르는 사람들에게 맡겨 놓는다고 해서 그 컴퓨터가 생산적이 되는 것은 아니다. 더 나아가 컴퓨터 전공자들에게 맡겨놓는다고 해서 시장에서 가치를 인정받는 서비스가 자동으로 나오는 것은 아니다. 오직 올바른 사업 목적에 기여하는 방향으로 지식이 구사될 때에만 이 자본과 노동은 비로소 생산적일 수 있다.

그런 의미에서 구글 딥마인드가 알파고(AlphaGo)를 개발하기 위해 동원된 자원들은 과연 생산적인 성과를 낳았는가? 단지 일류 프로그래머와 과학자들이 대용량 컴퓨터 네트워크를 가지고 행한 하나의 흥미로운 기술적 시도에 그친 것은 아닐까?

구글 딥마인드의 CEO 데미스 하사비스(Demis Hassabis)는 인공지능을 통해 보건, 치안, 환경 등 사회가 아직도 해결하지 못한 여러 난제를 해결하는 것을 사업의 사명으로 설정하고 시스템을 개발하는 데에 몰두해 왔다고 한다. 이 사명을 달성하기 위해 필요한 기술 지식을 연구하고 결합하는 과정에서 인공지능 바둑 프로그램이 자연스럽게 개발된 것이다. 그들이 생각하는 사업의 목적은 인류가 갈망하고 사회가 필요로 하는 수단들을 제공하는 것이지 결코 바둑 소프트웨어 자체가 아니었다.

알파고의 완성이 궁극적 사업 목적에 이르는 과정에서 하나의 중간 목표라고 했을 때, 이 목표를 달성했다는 면에서만 보면 거기 투입된 자원은 분명 생산적이었다. 그러나 더 큰 생산성은 궁극의 사업 목적, 예컨대 질병 퇴치나 치안 개선에 기여하는 가치 있는 서비스가 시장에 제공될 때에 나온다. 그런 의미에서 구글의 기술경영은 아직도 진행형이라고 말할 수 있다.

사 례 **항공 기술의 도입과 시장 기회의 발견**

1903년 라이트 형제의 비행 실험이 성공한 이후 항공 기술이 인류의 생활 효용을 증대시키는 하나의 산업으로 성장하기까지 시간은 매우 오래 걸렸다. 자동차보다 더 많은 시간이 소요됐다.

사업가들은 오랜 기간에 걸쳐 항공기에 대한 대중의 공포감이 사라질 때까지 기다려야 했다. 그리고 그들은 적절한 시기에 대규모 자본을 동원하여 항공 산업에 적합한 수준의 조직을 창설함으로써 민간에게 체계적인 서비스를 제공할 수 있는 계기를 마련했다.

초기 항공 산업의 성장은 1차 세계 대전이 견인했다. 민간 여행이 주도하지 않았다. 1차 대전 중 미국 정부는 1917-1918 기간 중 약 4억 달러 이상 군사용 비행기 조달에 지출한 것으로 추정되고, 이 시기에 많은 항공사들이 탄생했다.

1차 대전 종전 후 항공 제조업은 유휴 시설화하고 시장은 침체했다. 그러다가 두 번째 성장을 견인한 계기는 항공우편(airmail) 시장에서 나왔다. 종전에는 군대에서 항공우편을 전담했으나, 1925년부터 미국 체신부(Post Office Department)에서 관할하게 되고, 1925년 항공우편법(Air Mail Act)이 제정되면서 민간 기업이 위탁을 받게 됐다.

당시 캐나다 출신의 언론인이자 금융가인 키즈(Clement M. Keys, 1876-1952) 가 항공 기술이 우편 시장을 넘어 민항 시장으로 성장할 가능성에 주목했다. 그는 1925년 1천만 달러의 자본을 조달해서 최초의 민간 항공사 내셔널에어트랜스포트(National Air Transport)를 설립했다. 그러나 그의 기업가적 행동에도 불구하고 민항 시장은 잘 열리지 않았다. 가장 큰 이유는 당시 비행은 모험가들이나 하는 스턴트(stunt)로 간주됐기 때문이다. 일반인들의 눈에 비행기를 탄다는 것은 군인들이 하는 위험한 행동이었다. 또한 항공 사고도 빈번했다. 일반 대중에게는 비행기를 탄다는 것이 매우 두려운 일이었다.

그러다가, 린드버그(Charles Lindberg)가 1927년 대서양 횡단에 성공한 이후 대중의 열광적인 관심이 일었다. 린드버그가 탔던 비행기 엔진의 제작사 주가는 1927년 한 해에 25$로부터 순식간에 94$ 상승했다. 항공 산업에 대한 관심이 폭증하면서 1927년 보잉(Boeing)사가 채권으로 자금을 공모했을 때, 6% 표면금리에 60만 달러를 조달하는 데에 1시간 만에 신청이 마감될 정도였다.

1920년대 후반부터 항공기 제조사와 항공 서비스 기업들은 수직 계열화로 통합되면서 수많은 지주회사들이 등장했다. 이 과정에서 여러 금융기관들이 참여하면서 합종연횡이 이루어졌고, 생산과 서비스가 보다 효율화됐다. 키즈라는 사업가가 민항 시장이라는 새로운 기회를 발견하고 시동을 건 이후, 수많은 경영자들이 항공 비즈니스의 형성에 기여했다. 그 결과 초기의 군사용 항공기술이 오늘날과 같은 형태의 보편적인 항공 산업으로 진화했다.

[1920년 미국 체신청의 우편배달용 비행기]

〈출처: 작자 미상, Public Domain via Wikimedia Commons, Smithsonian Institution @ Flickr Commons. 원소장자 National Postal Museum, USA.〉

모든 혁신 기술이 참여 기업에 이익을 발생시키면서 자동적으로 새로운 산업으로 성장하는 것은 아니다. 기술의 진화(evolution of technology)는 결코 자동적인 과정(automatic process)이 아니다. 거기에는 기회를 탐색하는 수많은 경영자와 제품과 서비스를 보다 개선하려는 과학기술인의 능동적이면서도 의도적인 실천이 개입되어야 한다. 역사적으로 19세기 이후 인류의 경제 성장을 견인해 온 철도, 자동차, 전화, 전신, 화학비료, 농업기술, 화학섬유, 석유화학, 제약, 컴퓨터, 인터넷, 모바일통신 기술은 한결같이 '경영하는 사람'이라는 능동적, 의도적 매개자를 거쳐 진화해 왔다.

경영자와 과학기술인들은 자신이 추구하는 기술 제품이 현 상황에서 생존에 보다 유리한 적합도(fitness)를 확보할 것을 기대하면서 수시로 목표를 재설정하고 전략과 행동을 수정한다. 이 과정을 통해 온갖 변이(mutation), 즉 혁신(innovation)이 등장한다. 그리고 이렇게 등장한 혁신안들은 고객 사이에서 끝없이 반복되는 선택(selection)의 불확실한 과정을 거치며 생성, 소멸한다.

기술경영은 기술이 자본, 노동과 마찬가지로 기업의 중요한 자산이며, 이를 전략적이고 체계적으로 경영해야 할 필요성을 강조한다. 특히 21세기에 접어들면서 기술변화의 속도가 가속화하고 기술 분야간 경계가 사라지면서 융복합 제품/서비스가 확대되고 있다. 또한 기술수명주기도 단축되고 있다. 이런 환경에서 기술 혁신에 대한 고객들로부터의 선택압(selection pressure)은 한층 강화됐다.

미래의 경쟁환경이 어느 정도 변화할지, 경쟁자의 전략이 어떻게 변화할지 불확실한 현대 하이테크 환경에서, 기술(technology)을 전략적으로 경영(manage)하고 환경에 대응하여 지속적 경쟁우위를 확보하기 위해서 기술경영의 중요성이 날로 중요해지고 있다.

사 례 기술기업 GE의 발판은 에디슨이 아니라 코핀이 마련했다.

100년이 넘도록 세계 최고의 지위를 누려온 기업은 그리 많지 않다. 미국 주식시장의 현황을 표시하는 다우지수는 1896년에 처음 만들어졌다. 그때부터 지금까지 한결같이 포함되어 있는 기업은 GE 하나밖에 없다. GE는 20세기에 인간의 삶을 바꾼 수많은 혁신과 발명을 주도한 대표적인 기술기업 가운데 하나다.

〈에디슨 제너럴 일렉트릭의 탄생〉

GE는 흔히 발명왕 에디슨이 만든 회사로 알려져 있다. 이름만 보면 발명왕 에디슨이 사업가 에디슨으로서도 큰일을 이루어놓았다고 생각하기 쉽다. 하지만 에디슨은 발명가로서 GE를 출발시켜 놓기는 했지만 사업가로서 GE를 성장시키는 데에는 실패했다. 실제로 초우량 기업 GE의 발판을 만든 사람은 찰스 코핀(Charles A. Coffin, 1844-1926)이었다.

에디슨은 1878년에 에디슨 제너럴 일렉트릭(Edison General Electric)이라는 회사를 설립했다. 자신이 발명한 전구를 비롯하여 전기선풍기나 의료 기기와 같은 전기 발명품들을 만들어 팔기 위한 목적이었다. 원래 회사 이름은 크리스토퍼 장군 전기회사(General Christopher Electric)였다. 남북전쟁이 끝난 뒤 남부의 사령관이었던 크리스토퍼 장군이 회사의 설립을 위해 많은 돈을 투자해주었기 때문에, 그에 대한 감사의 표시로 이름을 그렇게 지었다. 그런데, 회사명을 등록하려고 했을 때 북부 출신의 공무원이 허가를 해주지 않아 이름을 빼고 그냥 General Electric이라고 했다. 마침 General이라는 단어는 '장군'이라는 뜻 이외에 "일반적인, 종합적인"이라는 뜻도 있어서 제너럴 일렉트릭이라는 회사 이름은 "종합전기회사"라는 뜻도 지니게 됐다.

〈톰슨 휴스턴에 인수당한 에디슨 제너럴 일렉트릭〉

당시 찰스 코핀은 톰슨 휴스톤 전기회사를 운영하고 있었다. 그는 원래 신발회사 사장이었는데, 유망한 사업 기회를 발굴하는 데에 뛰어난 감각을 갖추고 있었다. 그는 전기 사업이 앞으로 크게 성공할 것으로 예감했다. 신발 사업을 포기하고, 톰슨과 휴스턴이 이미 만들어 놓은 전기 제품회사를 인수했고 경영을 총괄했다. 그 회사의 설립자 톰슨은 교류 방식의 전동기를 만든 유명한 발명가였다. 그래서 이 회사의 전기 제품들은 한결같이 교류의 원리로 작동했다. 코핀이 사장이 된 뒤에도, 톰슨은 회사에 수석연구원으로 남아서 발명을 계속했다.

당시에는 직류 전기 방식의 제품과 교류 전기 방식의 제품이 서로 심하게 경쟁을 했다. 에디슨은 직류를 고집했다. 시장에서는 에디슨의 직류 방식보다는 톰슨의 교류 전기 방식이 더욱 인기가 있었다. 직류 방식을 채택했던 에디슨 제너럴 일렉트릭은 계속 어려움을 겪었다.

코핀은 이 기회를 틈타 자신이 운영하던 톰슨 휴스턴 전기회사가 중심이 되어 에디슨 제너럴 일렉트릭을 인수한 뒤 두 회사를 합병시켰다. 이때 인수자금 마련을 위해 제이피 모건으로부터 자금을 조달했다. 합병 후 에디슨은 사장 자리에서 물러났다.

대개 합병 후에는 M&A를 주도한 회사 이름이 남는 것이 관행인데, 코핀은 정반대 방식을 택했다. 톰슨 휴스턴이라는 이름은 고집하지 않았다. 에디슨이라는 이름만 떼어낸 뒤 제너럴 일렉트릭이라는 이름을 택했다. 코핀은 회사 이름 같은 데에 자존심을 걸지 않았다. 어떻게 하면 회사가 사업을 잘하고 크게 성장할 수 있을까만을 고민했다. 이렇게 해서 1892년이 오늘날 GE로 알려진 회사의 창업 첫 해가 되었다. GE가 탄생하면서 에디슨이라는 사업가는 사라지고, 그냥 발명가 에디슨만 남게 되었다. 에디슨의 역할은 딱 거기까지였다. 합병기업 GE가 등장하면서 직류와 교류의 싸움은 일단 교류의 승리로 끝났다.

〈GE를 세계적인 기업으로 성장시킨 기술경영 CEO의 역할〉

코핀은 1892년부터 1913년까지 초기 20년 동안 최고경영자를 하면서 글로벌 기업 GE의 발판을 만들었다. 코핀이 심어놓은 GE의 기술경영 철학은 오늘날까지 이어졌고 이것이 바로 GE를 세계 100대 기업의 목록에서 100년 동안 한해도 빠지지 않게 해준 원동력이 되었다. 코핀의 뒤를 이어, 제라드 스워프와 우웬 영, 랄프 코디너, 그리고 저 유명한 젝 웰치 같은 최고의 기술경영 CEO들이 바통을 이어받았다.

신발회사 사장 출신이던 코핀은 전기 기술자가 결코 아니었는데, 어떻게 이 거대한 전기 회사를 이끌 수 있었을까? 그것도 세계적인 수준으로 회사를 키울 수 있었을까? 먼저, 코핀 자신은 결코 기술자가 아니었지만 연구개발의 중요성을 알고 연구개발 담당자들을 최고로 대우해 주었다. 최고의 제품을 만들기 위해서는 기술자의 역할이 가장 중요하다는 사실을 잘 알고 있었다.

그는 당대 최고의 발명가나 기술자가 있다면 아무리 먼 곳이라도 달려가서 자기 회사로 데려왔다. 예를 들어서, 당시 교류 전기 연구 분야의 최고 전문가였던 슈타인메츠(Charles P. Steinmetz, 1865-1923)를 영입하려고 했다가 그가 회사를 옮기기 싫어하자 그가 근무하던 회사를 통째로 사들인 일화는 유명하다. 오늘날 마치 마이크로소프트나 구글이 분야별 최고의 엔지니어나 프로그래머를 확보하기 위해 기울이는 노력은 새삼스러운 일이 아니다.

또한 그는 직원들을 항상 따뜻하게 대했다. 직원들을 아랫사람처럼 대하지 않고 항상 동료로서 대해주었기 때문에 자유로운 의사소통이 가능했다. 그의 이런 경영 방침 때문에 합병 후에도 두 회사 직원들이 스스럼없이 어울릴 수 있게 되었다.

교육을 매우 중시했다. 기술자나 관리자를 막론하고 거기에 맞는 교육 프로그램을 마련하여 항상 공부하고 연구하는 분위기를 만들었다. 오직 지식만이 회사를 강하게 만드는 원동력이라는 신념을 갖고 있었다.

〈회사를 성공시키는 것은 발명가가 아니라 경영자다〉

만약에 에디슨이 계속 제너럴 일렉트릭을 맡았더라면, 오늘날과 같은 초우량 기업 GE는 탄생하지 못했을지도 모른다. 흔히 발명가나 기술자들은 자신의 발명품으로 회사를 만들어 경영하면 크게 성공할 것으로 생각한다. 하지만 발명가가 일하는 방식은 사업가가 일하는 방식과는 다르다. 회사를 성공시키는 것은 발명가가 아니라 사업가다. 특히 발명가나 기술자는 자신의 지식에 대한 고집이 강하여 외부 환경의 변화에 대응하거나 직원들에게서 열정을 이끌어내는 데에는 서툰 경우가 많다.

발명가가 사업가로서 성공하려면 발명가일 때 일하는 방식을 버리고 사업가로 일하는 방식을 터득해야 한다. 더 나아가서 단지 돈을 버는 것을 목적으로 하는 사업가 마인드를 벗어나, 고객가치를 창조하고 우량한 조직을 만들 줄 아는 기술경영자의 마인드를 갖추어야 한다. GE의 초창기에 에디슨과 코핀의 사례를 보면 이 교훈이 분명히 드러난다.

[1925년 GE 기술연구소에서 발명한 세계 최초의 다이내믹 스피커]

〈출처: W. T. Meenam, "A new type of hornless loudspeaker" in Popular Radio magazine, published by Popular Radio, Inc., New York, Vol. 8, No. 2, August 1925, p. 128. Public Domain via Wikimedia Commons.〉

주: 사진 속의 인물은 (왼쪽부터) 발명가였던 켈로그(Edward W. Kellogg, 1883-1960)와 라이스(Chester Rice, 1888-1951)

3.2. 기술 경영과 사람 경영

사람 경영의 원리는 일반적인 경영학 교육 과정에서 그리 큰 비중을 차지하지 않는다. 오늘날 대학 또는 대학원의 경영학 교과과정은 대개 경영을 이론(theory) 또는 기법(technique)의 차원에서 세분화하여 교육한다. 물론 거기에서 사람 경영의 원리가 전혀 배제된 것은 아니지만, 사람 경영의 원리는 오히려 학교 밖에서 통용되는 여러 경영서에 설득력 있게 제시되는 경우가 많다. 경영 실무자들은 이론화된 교과서보다는 생생한 사례와 교훈이 풍부한 경영서적을 통해 사람 경영의 원리를 접하곤 한다.

현대 경영학이 독자적인 학문으로 탄생된 계기로 테일러(Frederick W. Taylor, 1856-1915)의 <과학적 경영의 원리(The Principles of Scientific Management, 1911)>를 꼽는 사람들이 많다. 그는 노동자의 작업을 작은 구성 부분으로 분해하여 단위 시간 내에 보다 생산성을 올리는 원리를 체계적으로 제시했다. 그러나 그의 이런 사상은 마치 노동자를 기계나 부품처럼 대하는 것이라는 비판에 직면하기도 했다. 하지만, 테일러가 그 이론을 제시했던 동기는 노동 생산성을 보다 높임으로써 그들을 고된 노동에서 해방시키고 그들이 보다 인간다운 삶을 누릴 수 있도록 하자는 데에 있었다.

이런 비판은 현대 자동차 산업의 개척자인 포드(Henry Ford)에 대해서도 있었다. 그는 1908년에 사내 기술전문가였던 소렌슨(Charlie Sorenson)과 함께, 노동자는 제 자리에 있는 상태에서 부품들이 이동하는 방식의 조립라인을 도입하는 연구를 시작했다. 1913년에 이르러서는 어느 정도 효율적인 시스템 개발이 완료됐다. 그 결과 단위 시간당 생산량은 획기적으로 증대되었고, 이 모델은 향후 산업사회에서 대량생산 체제의 선구가 됐다.

이렇게 해서 탄생한 이른바 포디즘(Fordism)은 노동자를 기계에 예속된 부품처럼 소외시킨다는 비판을 받기도 했다. 그러나 포드는 컨베이어 벨트 시스템을 도입함으로써 생산성이 급속히 향상된 것을 계기로, 1914년에 포드사의 쿠젠(James Couzen, 1872-1936) 부사장은 역사적인 성명을 발표했다. 요지는 종전의 2교대 9시간 근무를 3교대 8시간 근무로 바꾸어 고용노동자 수를 더 늘이고, 임금을 종전의 1일 9시간 근무에 2.34달러로부터 1일 8시간 근무에 5달러로 인상하겠다는 것이었다. 이렇듯 노동자에게 지불하는 임금을 전례 없이 향상시켜 오히려 노동자들의 삶이 빈곤에서 벗어날 수 있도록 했다. 경쟁하는 자동차 사업가들은 이런 정책을 실시한 포드를 가리켜 자본가의 적이라고 매도하기도 했다. 서구 사회에서 이른바 프롤레타리아도 부르조아도 아닌 이른 바 중산층이 형성된 것도 임금노동자들의 생활수준이 획기적으로 향상된 데에서 기원한다.

그런 의미에서 테일러나 포드는 사람 경영의 선구자라고 말할 수도 있다. 그러나 그들의 이론이나 정책은 의도와 상관없이 훗날 사람을 조직과 기계의 부품 내지 노예처럼 만드는 현실을 만드는 데에 일조했다. 이런 와중에 사람을 중심에 둔 경영 사상은 여러 선구적인 학자들이 형성시켜 왔다.

20세기에 접어들어 경영서를 집필한 인물은 무수히 많지만, 지금까지 고전으로 남아 있는 여러 사상가들, 예를 들어서 앙리 파욜(Henri Fayol 1841-1925), 메리 파커 폴렛(Mary Parker Follett, 1868-1933), 체스터 버나드(Chester Irving Barnard,1886-1961), 에이브러햄 매슬로우(Abraham Harold Maslow, 1908-1970), 워렌 베니스(Warren Gamaliel Bennis, 1925-2014), 톰 피터스(Tome Peters, 1942-), 짐 콜린스(James C. Collins, 1958-), 피터 센게(Peter Michael Senge, 1947-), 필립 코틀러(Philip Kotler, 1931-), 마이클 포터(Michael E. Porter, 1947-) 등은 한결같이, 고객을 창조하고 혁신을 수행하기 위해서 조직 구성원들이 자신의 역량을 충분히 발휘하여 조직 전체의 성과를 극대화할 수 있는가를 탐구했다.

피터 드러커(Peter F. Drucker, 1909-2005)는 그 중에서도 특별한 위치를 점하고 있다[13]. 그는 기업의 목적이 고객 창조(creation of customer)이며, 이익은 필수불가결한 선결요건으로서 고객 창조의 결과, 수단, 비용의 성격을 동시에 지니고 있다고 말했다. 경영자는 사람을, 즉 노동자를 수단이 아니라 목적으로서 대우하면서 조직 내에서 자신의 강점에 의거하여 목표를 성취하는 존재로 개발시켜주어야 할 책임이 있다고 강조했다. 그 철학으로서 목표와 자기통제에 의한 경영(management by objectives and self control)의 원리를 제시했다. 그의 가장 큰 공헌은 경영학을 단순히 기법(technique)의 차원이 아니라 개인의 실존적, 사회적 책임(responsibility)을 다루는 일종의 사회 철학으로서 지위를 부여한 데에 있다.

13) 드러커의 경영사상에 대해서는 그의 주저인 <경영의 실제(Practice of Management, 1954)>, <매니지먼트(Management:Task, Responsibiliy, Practices, 1973,1974)>, <미래사회를 이끌어가는 기업가정신(Innovation and Entrepreneurship, 1985)> <피터 드러커의 자기경영노트(The Effective Executive, 1966)> (이상 이재규 옮김 또는 감수), 해설서인 <피터 드러커로 본 경영의 착각과 함정들> (송경모 지음, 을유문화사, 2016) 등을 참조하라.

기술경영도 단순히 과학과 공학 지식을 탁월한 사업 성과로 연결시키는 기법에 그치는 것이 아니라, 궁극적으로 기술경영자가 개인에 대한, 그리고 사회에 대한 책임을 자각하고 그에 합당한 행동을 실천하도록 유도하는 철학이어야 한다. 기술경영자에게는 크게 다음과 같은 책임이 따른다.

(1) 자신을 포함하여 함께 일하는 노동자의 성취에 기여함으로써 자아존중감을 향상시킬 책임
(2) 혁신을 일상적인 문화로 정착시켜 지속적으로 고객을 창조함으로써 고용과 이익을 증가시킬 책임
(3) 자신의 의사결정이 소속한 공동체에 해를 끼치지 않을 책임

기술기업이 성과를 창출하기 위해서, 단지 기술 개발과 상품 판매에만 주력하는 것이 아니라, '사람'이 모인 조직을 어떻게 다룰 것인가가 초미의 관심사가 된다. 대부분 성공한 기술경영자들은 결국 성과를 내는 것은 돈도 장비도 시설도 아니며, 오직 사람이 해답이라는 데에 동의하고 있다. 드러커를 포함하여 '사람 경영'의 제창자들이 주장하는 바는 세부 내용에서는 조금씩 차이가 있지만, 대부분 다음과 같은 내용들을 공유하고 있다.

(1) 경영은 가장 먼저 조직의 미션, 비전, 가치, 목표를 올바로 설정하고 인식하는 데에서 출발해야 한다. 이 지점에서 분명한 규정이 없으면 사람 경영은 아무런 성과를 낳지 못하고 방황하게 되며, 설령 규정이 되었다 해도 언어와 행동이 일치하지 않으면 역시 아무런 성과를 낳지 못한다.

(2) 고객은 물리적 상품을 구매하는 것이 아니라 그의 욕구를 충족하는 총체적 수단을 구매한다는 사실을 잊지 말고, 고객을 정의하는 대응과 같은 질문을 끝없이 던져야 한다. "우리의 고객은 누구이며 어디에 있는가? 고객은 그들의 욕구에 바탕을 두고 우리의 상품이나 서비스의 어떤 점을 가치 있게 여기고 구입하는가?"

(3) 강점에 집중하라. 하고 싶은 사업보다는 탁월하게 잘 할 수 있는 사업을 하라. 강점에 집중하지 않은 다각화는 성과를 낳기 힘들다. 탁월성이 결여된 채 그저 평범한 수준으로 해낼 수 있는 사업으로는 결코 고객을 창조할 수 없다.

(4) 사람의 선호, 감정, 친분, 또는 권력에 의한 명령통제가 아니라 합의된 목표가 조직을 경영하도록 하라. 목표는 일방적 하달이 아닌 충분한 반론과 이견 청취의 과정을 통해서 설정하되 민주주의적인 방식보다는 경영자의 책임 있는 결정에 따르라.

(5) 주기적으로 목표와 성과에 대해 피이드백을 실시하라. 성과에 기여하지 않은 행동이나 사업은 체계적으로 포기하고, 목표는 변화한 사업 가정에 비추어 끝없이 재검토하며, 일하는 방식은 관행에 매몰되지 말고 오직 목표 달성에 기여하는 방향으로 변경하라.

(6) 조직의 모든 구성원들은 조직 내 타인(상하, 동료, 부하)의 업무를 이해하면서 자신의 지식과 강점이 과연 그 타인이 성과를 올리는 데에 기여하고 있는가를 점검하라.

(7) 혁신은 특별한 일이 아니라 일상의 문화가 되어야 한다. 과거의 성공을 가져다 준 방식에 안주하게 되면 시야가 내부의 업무 관행에 고착된 채 외부에서 등장한 새로운 기술 현상, 시장 현상, 소규모 기업 출현을 우리 조직과 상관없는 일이라고 무시하게 된다. 그런 조직은 자신도 모르는 채 도태 당한다.

(8) 조직에 속한 지식노동자가 끝없이 외부의 변화에 대응하면서 자신을 학습시키고, 성취에 기여하지 않는 지식은 포기하도록 문화를 교육과 훈련 문화를 구축해야 한다.

본서의 내용 자체는 기술경영의 이론과 기법에 중점을 두고 서술되어 있다. 기술경영이 궁극에 가서는 이론과 기법을 성과로 연결시키는 주체로서 사람에 대한 경영이라는 점이 망각되어서는 안 된다.

4. 기술경영 환경의 특성

기술경영은 기업이 환경에 대응하여 가치를 창출하고 경쟁우위를 확보하기 위해 수행하는 기술과 관련된 활동이므로 전략적인 기술경영의 필요성은 특히 하이테크 산업 환경에서 더욱 커지고 있다.

하이테크 환경은 시장의 불확실성, 기술의 불확실성, 경쟁의 역동성 등으로 특징지어 표현할 수 있다. 이밖에 네트워크 효과, 학습효과, 승자독식, 전환비용과 초기 투자 문제 등도 하이테크 환경의 주요 특성이다.

(1) 시장의 불확실성

*시장의 불확실성(market uncertainty)*이란 먼저 새로운 기술이 고객의 니즈를 얼마나 만족시킬 수 있을지에 대한 우려, 불확실성, 의심에 의해 발생된다. 이런 요소들로 인해 소비자는 혁신기술을 받아들이기를 주저하고 신상품 구매를 꺼려하는 경향이 있다. 둘째, 향후 어떻게 고객니즈가 변화할 것일지가 불확실하다. 하이테크 환경에서는 소비자의 요구사항이 빠르게 변화하고 예측하기 어렵다. 셋째, 신기술이나 하이테크 상품이 표준이나 산업기준에 부합할 것인가의 문제이다. 고객은 신제품이 호환성이 있는 산업 표준(industry standard)이나 지배적 디자인(dominant design)이 되기까지 하이테크 제품 선택을 미루는 경향이 있다. 넷째는 혁신이나 신상품이 얼마나 따르게 시장에 확산될 것인가에 대한 불확실성이다. 하이테크 제품의 경우 확산 속도가 예측보다 느릴 수 있다. 마지막으로 신제품의 잠재적 시장은 어느 정도인가 하는 문제이다. 하이테크 환경에선 제품의 미래 수요나 잠재적 시장의 규모를 예측하기 매우 힘들다.

(2) 기술의 불확실성

기술의 불확실성(technology uncertainty)은 혁신기술이 고객의 요구를 충족시킬 수 있을지 잘 알 수 없는 상태를 말한다. 개발한 신기술이 소비자에게 약속한 기능을 제공하지 못하는 경우가 있을 수 있다. 제품에 예상치 못한 기술적 결함 또는 의도치 않은 부작용이 생길수도 있다. 고객에게 문제가 생겼을 때 이를 즉시 해결하고 효과적으로 서비스를 제공할 채널이 없을 수 있다. 또한 하이테크 상품 개발의 완료는 기술적인 문제로 일반적으로 예측한 것보다 오래 걸릴 수 있으므로 출시 시점이 불확실하다. 그리고

신기술은 기업 공급자만이 가지는 차별적인 것인가 하는 문제이다. 아울러 아무리 차별적인 기술이라 해도 이후 더욱 새로운 혁신 기술이 등장하면서 빠르게 진부화 될 수 있다는 위험도 기술 불확실성의 한 요인이다.

(3) 경쟁의 역동성

*경쟁의 역동성(competitive volatility)*은 시장에서의 경쟁 환경이 어떻게 어느 정도 변화할지의 불확실성을 말한다. 하이테크 환경에선 기업은 향후 누가 우리의 경쟁자가 될 것인지, 어떠한 제품 및 서비스가 우리의 경쟁 대상이 될지, 경쟁자의 마케팅 전략이 무엇인지, 어떠한 경쟁자 대응방법이 필요한지 등을 알기 어렵다. 김상훈(2004)은 미국 컴퓨터 산업의 역사를 예로 들면서 이 같은 경쟁의 역동성을 설명하고 있다. 메인프레임 컴퓨터로 컴퓨터 산업을 지배했던 IBM은, 성능도 떨어지고 초기에 시장에서 외면했던 미니컴퓨터를 들고 나온 디지털이큅먼트(Digital Equipment, DEC)에게 컴퓨터 시장을 넘겨주었고, DEC는 그 후 PC 돌풍에 밀려 PC 제조업체인 애플(Apple)과 컴팩(Compaq)에게 무너졌고, 애플과 컴팩도 새로운 판매 방식을 내세운 무명의 델(Dell)에게 정상을 내주어야만 했다. 또한 온라인 쇼핑업체는 새로운 판매 전략을 내세운 아마존(Amazon.com)이나 엑스페디아(Expedia.com) 등이 출현하면서 게임의 룰을 바꾸며 각각 서적과 여행업계의 고릴라로 우뚝 섰다. 즉 업계 1위 기업도 하루아침에 사라지고 와해(disrupt)될 수 있고, 후발 주자도 게임의 규칙을 바꾸는 경쟁자가 되는 역동적인 공간이 바로 하이테크 시장이다.

(4) 네트워크 효과

하이테크 환경의 또 하나의 특성은 *네트워크 효과(network effect)*이다. 즉 특정 기술이나 제품의 사용자수가 늘고 고객기반(installed base)이 커지면 호환성이 늘어나고 이로 인해 긍정적인 외부효과(positive externality)를 가져온다. 전화, 인터넷 포털, 소셜 네트워크, MS 윈도우 운영체제 등은 동일 제품을 사용하는 사용자의 수가 많을수록 그 제품의 가치가 더불어 올라가는 특징이 있다. 네트워크 외부성(network externality)이란 동일 제품의 사용자 수가 증가할수록 제품효용이 증가한다는 개념으로 최종 제품과 콤포넌트 시장에서 표준을 세우고 유지하는데 중요한 요소이다.

외부성(externality)이란 시장경제 내에서 한 소비자나 생산자의 소비활동 혹은 생산활동이 시장기구를 통하지 않고 타 소비자나 생산자의 선택방법이나 선택 범위에 영향을 미쳐서 무상으로 효용이나 생산의 증감을 유발하는 것을 의미한다. 예로 좁은 공간에서의 흡연은 비흡연자의 효용을 무상으로 감소시킬 것이며, 이웃집의 아름다운 정원은 동네사람들에게 무상으로 효용을 증대시킬 수 있다.

Katz and Shapiro(1985)에 따르면 "어느 소비자가 해당 재화를 소비함으로써 나오는 효용이 그 재화를 소비하는 다른 소비자의 수에 따라 증가하는 생산물은 많이 있다. 어떤 주어진 소비자가 어느 재화를 소비함으로써 발생되는 효용은 동일 네트워크에 있는 다른 소비자의 수에 의존한다"고 함으로써 네트워크 외부성을 정의하였다. 또한 이들은 인터넷, 카카오톡, 페이스북 등 네트워크 외부성이 해당재화에 대해 직접 발생하는 직접적인 네트워크 외부성(direct network externality)과 포털싸이트 등 다른 재화를 통해 우회적으로 발생하는 간접적 네트워크 외부성(indirect network externality)으로 구분하였다.

이들이 주장한 네트워크 외부성은 정(+)의 소비 외부성(positive consumption externality)으로써 동일한 경제행위를 수행하는 다른 경제주체의 수에 의해 어떤 경제행위의 순가치(net value)가 영향을 받는다는 것이며, 외부성의 정의에 의해 이러한 순가치의 증분은 시장기구를 통하지 않고 발생한다는 것을 의미한다. 네트워크의 개념은 컴퓨터 네트워크, 통신시스템, 운송망 등과 같이 노드(node)간 연결 네트워크뿐 아니라 컴퓨터의 소프트웨어, 자동차 수리, 비디오 게임 등과 같이 보완재 또는 부대서비스 구성된 추상적인 네트워크까지 넓은 의미를 지니고 있으며, 네트워크 외부성도 이런 넓은 영역에서 두루 나타난다.

(5) 학습효과

사용에 의한 *학습효과(learning by using)*란 하나의 기술이나 제품이 소비자에 의해 더 많이 채택되고 고객기반이 늘어날수록 더 많이 사용되고, 그럴수록 더 많은 학습과 개선이 이루어져서 기술이나 제품이 더욱 발전하게 되는 작용을 말한다. 이렇게 개량된 기술이나 제품을 사람들이 더 많이 채택하게 되면 동일한 과정이 반복되는 선순환 사이클이 창출 된다.

(6) 승자독식

위의 네트워크 효과 또는 학습효과의 특성은 하이테크 산업에서 흔히 일어나는 채택에 따른 수익체증(increasing returns to adoption)에 의한 *승자독식*(*winner takes it all*)을 가져온다. 사용규모가 증대하거나 제품채택이 증가하면서 수익체증이 작용하게 되면, 앞서 나가는 기술이나 제품은 고객에게 더욱 많이 채택되고 발전되지만 뒤처지는 기술이나 제품은 소비지에게 점점 더 외면당하여 결국 시장에서 사라지게 된다. 또한 일반적인 시장에선 여러 기업이 가격과 품질로 경쟁을 해 나가는 것이 보통이지만 하이테크 환경에선 한 개의 승자 기업만이 살아남아서 전체 시장을 독식하는 경우가 많은 것도 이와 같은 이유에서다.

전통적인 경제이론들은 '수익체감(diminishing returns)'의 가정에 입각한 것이었다. 즉 사업규모를 늘이면 투입 증분대비 수익은 점점 줄어든다는 것이다. 이러한 가정은 생산요소로서 투입할 수 있는 자원이 제한되어 있는 전통적인 산업들을 설명하기 위한 것이었다. 이러한 수익체감의 가정 하에서, 하나의 기술의 지속적 활용은 자원의 부족 등으로 반드시 생산비용을 증가시키며, 이는 다른 경쟁기술을 매력적으로 만든다. 따라서 경제체제는 하나의 기술의 성공은 지속적 성공을 만들지 못하며, 언젠가는 한계에 부딪히는 '부정적 피드백(negative feedback)' 현상을 따르게 된다. 결국 각 기술이 활용하는 자원의 부존량에 따라, 각 기술을 활용하여 만든 제품의 가격이나 시장점유율은 예측할 수 있는 균형에 이르게 된다.

그러면 이러한 수익체감의 가정은 기술혁신이 주가 되고 네트워크 현상이 나타나는 경제 하에서도 유지되는가? PC 운영체제에서 DOS와 Macintosh System의 경쟁결과는 어떠했는가? 또 VCR시장에서의 VHS와 Beta의 경쟁결과는 어떠했는가? 승자(마이크로소프트의 DOS, JVC의 VHS)에게 거의 모든 시장점유율과 막대한 이익이 귀속되었다. 수익체증의 원리가 지배하는 시장은 긍정적 피드백을 따른다. 즉 한번 앞선 기업은 점차 더욱 앞서게 되고, 반대로 일단 시장에서 우위를 잃은 기업은 더욱 악화된다. 최근 이러한 수익체증 현상은 정보 상품들이 거래되는 시장에서 더욱 자주 관찰된다.

기술표준으로 보장받는 지식재산인 '표준특허' 세계 최대 보유 기업 중 하나로 꼽히는 스웨덴 통신장비 기업 에릭손은 2015년 특허 라이센싱으로 발생한 매출만 약 2조원에 이른다. 국내에선 한국전자통신연구원(ETRI)과 제조사들이 퀄컴(Qualcomm)과 손잡고 세계 최초로 부호분할다중접속(CDMA) 상용화라는 성과를 거둔 이후 무선통신 기술의 패권이 CDMA로 전환되면서 삼성과 LG는 세계시장으로 뻗어 나갔고 글로벌 최강 기업으로 도약할 수 있었다.[14)]

이밖에 기술, 지식, 노하우 등을 시장에서 거래할 때(예: 라이센싱), 이러한 기술, 지식, 노하우의 가치를 제대로 측정하기 어렵다는 *매매가능성(tradability)*과 *전유성(appropriability)*의 문제, 첫번째 하이테크 제품을 생산하는 데 드는 비용이 일반적인 제품보다 매우 큰 *막대한 초기 투자비용(unit-one cost)*, 기존에 사용하고 있는 기술이나 제품을 다른 기술이나 제품으로 전환할 때 발생하는 높은 *전환비용(switching cost)* 등도 하이테크 환경의 특성이다.

연습문제

1) 기술의 범위를 어떻게 정의하느냐에 따라 기술경영의 성격이 일반경영의 그것과 어떻게 달라지는가를 설명하시오.
2) 융합 학문으로서 기술경영학이 지니는 장점과 단점에 대해서 설명하시오.
3) 고전적인 산업분류 또는 사업간 경계가 허물어지고 있는 21세기에 기술경영학이 일반경영학에 비하여 경제 성장에 특별히 더 기여할 수 있는 내용을 설명하시오.
4) 혁신과 기술경영의 원리 그 자체보다, 그것을 현실화시킬 수 있는 사람의 행동 원리에 더욱 주목해야 하는 이유를 설명하시오.
5) 하이테크 환경의 주요 특성에 대해서 설명하시오.

14) 김영준(2016)의 기사 내용 일부를 인용하였다.

INTRODUCTION TO MANAGEMENT OF TECHNOLOGY

제2장

기술혁신

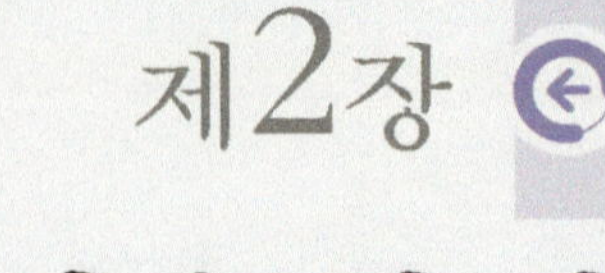

제2장 기술혁신

학습목표

- 기술 및 기술혁신의 개념과 S곡선에 대해 이해한다.
- 점진적 혁신과 급진적 혁신, 구조혁신과 부품혁신, 존속적 혁신과 파괴적 혁신 등 기술혁신의 유형에 대해 이해한다.
- 기술혁신의 과정을 선형적 모형과 비선형적 모형을 통해 이해한다.

1. 개 요

1.1. 기술의 개념

기술경영학에서 다루는 '기술(technology)'이란 생산에 적용하여 응용될 수 있는 인간의 지식(human knowledge applied to production)을 말한다. 여기에서 생산이란 "투입이 더해져서 가치가 증대된 산출로 전환" 함을 뜻하는데, 제품 생산만이 아니라 교통, 저장, 판매, 서비스 등 모두를 포함한다. 좀 더 구체적으로 살펴보면, 기술은 "인공물(artifact)이며, 사회의 산업 기예에 관한 지식의 집합체"이다. 지식체계를 활용하여 투입물을 산출물로 변환시키는 과정 즉, '더 많은 산출물'을 생산하거나, '질적으로 향상된 제품'을 생산하기 위한 지식의 축적, 발명, 혁신, 확산 등의 생산 활동뿐만 아니라 업무수행, 서비스 제공과 관련된 지식과 정보를 의미한다. 실용적 목적에 활용하기 위한 활동이기 때문에 활용되는 가치에 의해 평가될 수 있으며, 효율과 효과적인 디자인이 중요한 가치를 구성하는 요소가 된다. 다른 사람이나 기업이 대가를 지불하지 않고 쉽게 얻을 수 없는 사유재 성격이 강하다. 비유하자면 바다의 물고기는 자원이지만, 이는 '낚시'라는 기술을 통해 비로소 가치를 지닌 자산으로 변한다고 말할 수 있다.

특허가 중심이 되는 기술정보(technical information)를 협의의 기술로 본다면, 광의의 기술은 의사를 전달할 수 있는 문서, 엔지니어나 경영자의 기술 노하우, 즉 생산을 위한 서면처방, 즉 운영지시, 청사진, 디자인, 매뉴얼, 제품명세, 기술서적 또는 기술논문 등과 이러한 처방을 사용하기 위해 필요한 비 문서화된 노하우 또는 암묵적 지식 모두를 포함한다. 뿐만 아니라 기술 관련 제도(institution), 사회적 법적, 정치적 환경까지 포함하는 개념으로 볼 수 있는데 기술에 대한 다양한 관점의 정의는 아래 <표 1>과 같다.

표 1 기술의 개념

연구자	개 념
Rosegger	기초연구에 의해 얻어지는 과학(science)을 응용했다는 면에서 '응용과학'
Ahrens	유용한 것을 만들고 사용하기 위한 기법, 지식 및 절차의 집합
Tisdell	자원이 실제로 인간의 욕망을 충족시켜 주는 방향으로 전환되는 방식, 기법, 공정, 생산가능성의 총체적 집합
Mansfield	실제적 및 이론적 지식들, 노하우, 절차 및 기예의 집합

한편, 기술과 구분되어야할 개념으로 '과학'이 있다. 과학(science)은 일반적인 진리나 법칙에 의해 체계화되고 확립된 지식을 말한다. 현상에 대한 합리적인 이해와 근본적 원리를 탐구하는 것이면서, 특정한 활용이나 이용 목적을 염두에 두지 않은 지적 호기심의 영역에 해당된다. 과학과 기술의 차이는 아래의 <표 2>와 같다.

표 2 기술과 과학의 비교

기 술	과 학
기술의 본질은 응용(효용)	과학은 '1차적으로' 상품 생산과 관련 없는 순수 지식(지식 향상)
기술의 목적은 생산물, 산업 또는 경제적 응용	과학의 목적은 발견, 이해
기술은 사적 재화(성과에 대한 보상 시스템)	과학은 공공재
기술지식은 암묵적, 기업 등에 특정한(local) 성격, 일상활동(routines)이나 절차(procedures)를 포함	과학지식은 명시적이고 보편적

기술을 바라보는 관점에 따라 다양한 해석이 가능하기 때문에, 적절한 기준을 이용한 기술의 분류는 기술과 관련된 문제를 명확하게 이해하는데 도움을 준다. 기본적으로 기술은 제품기술(product technology)과 공정기술(process technology)로 분류할 수 있다. 제품기술은 제품의 특성이나 규격에 관한 기술이며, 공정기술은 어떠한 제품을 생산하기 위한 생산방법이나 생산설비에 관한 기술을 의미한다.

기술의 체화형태에 따라 구분할 수도 있는데, 플랜트, 기구, 기계 또는 다른 자본설비에 체화되어 있는 체화기술(embodied technology, material capital), 무형자산으로서 청사진, 특허, 공업소유권 형태의 지식재산(intellectual property, knowledge capital)기술, 새로운 아이디어, 지식, 정보, 경험 등 인적체화 기술(disembodied technology, human capital)이 해당된다.

기술의 난이도에 따라 첨단기술(high-tech.), 중급기술(medium-tech.), 저급기술(low-tech.)로 기술을 분류하기도 한다. OECD에 따르면 첨단기술이란 연구개발(R&D)투자가 매출액 대비 4% 이상의 제품군을 생산하는데 필요한 기술로 반도체, 항공, 유전공학기술 등이 해당되며, 중급기술은 연구개발투자가 매출액 대비 1-4%의 제품군을 생산하는데 필요한 기술로 비철금속, 자동차, 화공품기술 등이 있으며, 저급기술은 연구개발투자가 매출액 대비 1% 이하의 제품군을 생산하는데 필요한 기술로서 대부분 제품 수명주기가 성숙기 혹은 쇠퇴기에 있는 기술이 해당된다.

제품과 서비스를 개발, 생산, 전달에 이르기까지 활용되는 이론적, 실용적 지식을 포괄하는 개념이 기술이라면, 기술은 지식의 부분집합이 되기 때문에 지식의 속성을 살펴볼 필요가 있다. 지식의 속성을 기본적으로 형식지(explicit knowledge)와 암묵지(tacit knowledge)로 구분할 수 있다. 형식지는 문서화할 수 있고 공유된 언어에 의해 전달이 쉬운 지식을 말하는데, 책, 기술사양서, 설계도 등을 통해 획득할 수 있다. 이러한 형식지는 특정한 상황보다 보편적인 상황과 관련되어 있어 객관적인 지식이며, 이론적이고 논리적이라는 측면에서 합리의 지식이라고도 한다. 이에 반해, 암묵지는 문서화와 언어를 통한 전달이 어렵고, 참여와 행동을 통해 전달될 수 있는 지식이다. 따라서 암묵지는 경험과 관찰을 통해 획득되기 때문에 '경험의 지식'이라고 불리며, 주로 실행에 의한 학습(learning by doing), 실무훈련 등을 통해 학습된다(Nonaka, 1994). 이러한 암묵지와 형식지의 차이는 아래 <표 3>과 같다. 사실 인간이 사용하는 많은 지식들은 본질적으로 암묵지이기 때문에 지식을 효율적으로 설명하고 이전하는 것이 어렵다.

표 3 명시적 지식과 암묵적 지식의 비교

특 징(관련연구)	암묵적 지식	명시적 지식
내용(Polanyi, 1966; Nonaka, 1994)	비성문화	성문화
표현(Spender, 1995)	어려움	쉬움
위치(Polanyi, 1958, 1967)	인간의 뇌	컴퓨터, 가공물
소통(Ambrosini & Bowman, 2001)	어려움	쉬움
미디어(Boje, 1991; Connell et al., 2003)	면대면 접촉, 스토리텔링	IT, 기록보관소
저장(Boiral, 2002; Connell et al., 2003)	어려움	쉬움
전략(Hansen et al., 1999)	개인화	비개인화
소유	조직과 조직원	조직

〈출처: Jasimuddin 외(2005)〉

지식의 또 다른 분류는 '선언적 지식(declarative knowledge)'과 '절차적 지식(procedural knowledge)'으로 구분하는 것이다(Anderson, 1983). 선언적 지식은 '어떤 것을 알고 있다'처럼 사실과 명제에 관련된 지식을 의미한다. 반면 절차적 지식은 '하는 방법을 알고 있다'와 관련되는 지식으로 기술과 습성과 같은 지식을 말하며 선언적 지식에 비해 암묵적이고 망각되는 속도가 느리다는 특성을 가지고 있다. 새로운 지식의 빠른 활용을 희망할 경우에는 선언적 지식이 효과적이며, 절차적 지식은 요구되는 행동의 단계가 제한적일 때 유용할 수 있다.

시스템 구성요소에 대한 지식을 가리키는 '요소 지식(component knowledge)'과 구성요소들을 어떻게 결합할 것인가에 관한 '구조 지식(architecture knowledge)'으로 구분할 수도 있다(Henderson과 Clark, 1990). 일반적으로 요소 지식은 개별구성원이 가지고 있는데 반해, 구조 지식은 요소 지식들의 상호작용에 의해 장기간에 걸쳐 만들어진 결과물이기 때문에 상대적으로 안정된 특성을 가지고 있으며 조직내부에서는 요소 지식보다 확산되기가 용이한 편이다. 그러나 지식을 외부에서 흡수하는 경우, 요소 지식은 해당 전문가 개인과의 접촉 혹은 채용을 통해 전달될 수 있는 반면, 구조 지식은 구성요소들의 지식을 공유한 이후 만들어질 수 있기 때문에 조직 내 요소들 간 경계를 아우르는 별도조직이 필요하다. 이러한 구조 지식은 일상적 작업방법과 과정에 체화되어 있기 때문에 외부로부터 접근이 어려운 특징이 있다.

기업의 지식차원을 4가지 형태, 즉 형식지와 암묵지, 관찰할 수 있는 지에 대한 여부, 복잡한 지식과 단순한 지식, 시스템에 종속적인 지식과 독립적인 지식으로 분류할 수 있다. Zander와 Kogut(1995)는 기업의 지식을 특성화할 수 있는 5개의 개념, 즉 문서화가능성(codifiablity), 교육가능성(teachability), 복잡성(complexity), 시스템종속성(system dependence), 제품관찰가능성(product observability)으로 분해하였다.

Nonaka(1994)는 아래 [그림 1]과 같이 형식지와 암묵지 상호간의 전환을 통해 새로운 지식이 창출된다는 지식창조모형을 제시하였다. 이는 암묵지에서 암묵지, 암묵지에서 형식지, 형식지에서 형식지, 형식지에서 암묵지 등 4가지 형태로 구분된다. 지식을 소화하고 흡수하게 되면, 주어진 상황의 문제해결을 위해 흡수된 지식을 활용할 뿐만 아니라, 일반적인 상황에서도 흡수된 지식을 효과적으로 활용할 수 있는 능력을 가지게 된다. 이와 같이 지식을 소화하고 흡수하여 자신의 지식인 것처럼 능숙하게 활용하는 수준에 도달한 상태를 '지식의 내재화'라고 말한다. 즉 객관화되어 있던 지식의 구조를 자신의 주관적인 구조로 변형시켜 자신의 것으로 만드는 것이다.

그림 1 지식변환 SECI 모델

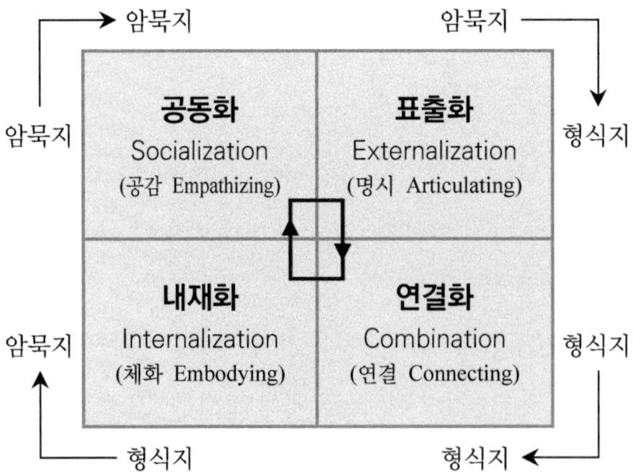

암묵지 → 암묵지	암묵지 → 형식지
공동화 Socialization (공감 Empathizing)	**표출화** Externalization (명시 Articulating)
내재화 Internalization (체화 Embodying)	**연결화** Combination (연결 Connecting)
형식지 → 암묵지	형식지 → 형식지

구분
1. 공동화(Socialization)
내용이 애매하고 의미가 불분명한 단계이면서 같은 그룹에서 지식을 공유하는 과정
2. 표출화(Externalization)
머릿속 지식을 제삼자에게 알 수 있도록 명확하게 표현하는 과정
3. 연결화(Combination)
기존 지식을 조합해 가치 있는 지식으로 바꾸면서 그 지식을 전체에 보급시키는 과정
4. 내재화(Internalization)
지식을 개개인이 체득해가는 과정

<출처: Nonaka(1994)>

사실 대부분의 지식이 암묵지로 되어있기 때문에 암묵지의 조직화를 통해 새로운 지식이 창조가 되는 것이며, 기술에 대한 복잡성을 제거하거나, 암묵지의 구조화 또는 단순화를 통해 과학과 기술이 진보하는 것이다. 달리 말하면 지식의 발전이란 암묵성이 높은 지식을 낮은 지식으로 전환시키는 과정이라 할 수 있다.

최근에는 기술 중요도와 전략적 필요에 따라 분류하기도 하는데, 이 분류체계에 의하면 기반기술(base technology), 핵심기술(key technology), 유망기술(pacing technology), 신생기술(emerging technology)이 해당된다. 기반기술은 업계에 널리 확산되고 공유되어 있는 기술로서 기업의 경쟁력에 미미한 영향을 미치는 기술을 의미하고, 핵심기술이란 이미 제품이나 공정에 체화되어 있는 기술로서 비용, 품질, 기능면에서 경쟁력 확보에 필수적인 기술을 의미한다. 선도기술이란 경쟁기반을 변화시킬 수 있는 잠재력이 어느 정도 입증되었지만 아직 제품이나 공정으로 체화되지는 못한 기술이며, 신생기술은 말 그대로 경쟁기반을 변화시킬 수 있는 잠재력이 아직 확실히 입증되지 못한 새로운 기술을 의미한다.

1.2. 기술혁신의 개념

혁신(innovation)에 대한 체계적인 연구를 시도한 최초의 학자는 오스트리아 태생의 슘페터(Joseph A. Schumpeter, 1883-1950)이다. 슘페터는 기존의 시장을 지배하고 있는 기업들과 경쟁하여 이기기 위해서는 창조적 파괴(creative destruction) 과정이 필요하며, 이러한 창조적 파괴 과정이 혁신이라고 설명하였다. 그는 혁신을 자본주의 체제의 변화와 발전을 이끄는 근본적인 원동력으로 보면서, 재화, 생산방법, 판로, 원자재 및 반제품의 공급원, 조직 등의 다섯 가지 영역에 있어서 혁신이 존재한다고 하였다. 슘페터는 발명과 혁신을 구분하였는데, 발명(invention)은 새로 개선된 장치나 제품 및 공정이나 체계를 위한 아이디어나 계획 또는 모형을 의미한다. 발명은 모두 기술적 혁신으로 연결되는 것은 아니고 경제적 의미에서의 혁신은 신제품, 신공정, 신장치나 신체계가 최초로 상업적으로 거래됨으로써 일어난다고 하였다.

현대에 들어 혁신에 대한 개념은 '새로운 제품, 공정, 서비스를 시장에 새롭게 도입하는 것(Edosomwan, 1989)'으로 간략히 정의되었다. 더 나아가 혁신에 있어서 기술의 중요성이 인식되면서 혁신의 개념에 기술이라는 키워드를 첨가하고 혁신활동의 과정(process)적 특성을 반영하여 '기술적 개념(아이디어)을 생성, 개발하여 시장에서의 우위를 확보하고 이윤을 창출하기 위한 새로운 제품, 공정 및 서비스에 이전시키는 과정(Mogee, 1993)'으로 그 개념이 발전되었다. 최근에는 제품 및 공정뿐만이 아니라 물류시스템(delivery system)으로까지 혁신의 개념을 확장시키고 있다(Burgelman et al. 1996).

혁신에 대한 대부분의 정의들은 시장수요에 대한 대응, 조직변화와의 상응성, 발명의 확산과 활용 등에 대한 종합적 활동을 포괄하고 있다. 협의의 혁신은 새로운 제조 공정과 새로운 조직 수립에 관한 발견, 실험, 개발, 모방, 채택을 찾아가는 것과 직접적 관련이 있는 것으로 국한하는데 반해, 광의의 혁신활동은 과학이나 기술적 활동, 시장이나 사회시스템의 수요에 대한 대응, 기술적 성과의 확산과 활용 과정 등을 포괄하는 사회경제적 개념으로 정의할 수도 있다.

혁신 프로세스의 기본적 특성으로서는 먼저 불확실성(uncertainty)을 들 수 있다. 즉 기술혁신은 신제품, 새로운 공정, 새로운 조직의 탐색과 발견, 시험, 개발, 모방 및 신기술의 채택과 관련한 문제해결의 절차와 그에 따른 기술적, 상업적 성과에 대한 불확실성의 요소들로 구성되어 있다. 또한 혁신은 많은 부분이 행함, 표출함, 사용함 등에 의한 학습과정을 통해 이루어진다. 그리고 기술적인 진보는 새로운 과학적 지식과 연결하는 과정이며 새로운 기회를 향한 탐색 활동에 의해 이루어진다. 그밖에, 연구결과의 빠른 상품화, 목표지향성, 전유성(appropriability), 경로의존성(path dependency)과 고착(lock-in), 비가역성(irreversibility), 비대칭성(asymmetry) 등도 현대 기술혁신활동의 특성들이다.

기술의 혁신과정은 그 전개에 일정한 패턴을 보여주고 있으며, 이를 '기술의 S곡선'이라는 개념으로 설명할 수 있다. 모든 기술의 발전과정에서 투입 노력에 비례하는 성과를 일정하게 얻을 수 있는 것은 아니고 한계가 있다. S곡선은 기술이 가진 성능이나 비용 특징이 시간 경과와 지속적인 투자에 따라 어떻게 변화하는지 보여준다. 수평축은 시간 경과에 따른 기술적 혁신의 누적 투자액을 나타내며, 수직축은 해당 기술이 반영된 제품 성능과 원가 경쟁력을 나타낸다.

[그림 2]에서 보듯이 일반적으로 어떤 기술이라도 I기에서 III기까지의 S자형 수명주기를 그리고 있음을 알 수 있다. 해당 기술이 S곡선 상에서 어느 단계에 있는가를 확인함으로써 연구개발 리스크와 성공을 예상하고 성과의 수익성과 타사에 대한 우위성 등을 판단하는 데에 도움이 된다.

그림 2 기술성과와 연구개발투자누적액과의 S관계

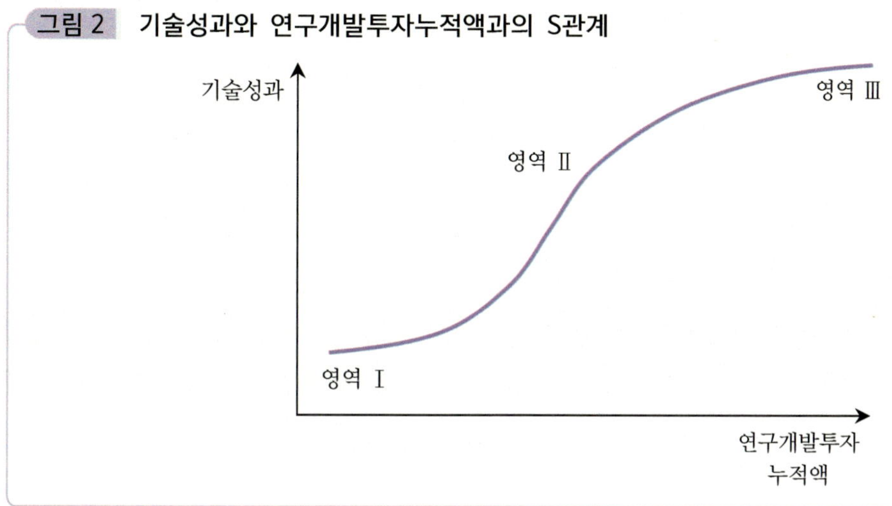

영역 I은 투자를 해도 기술성과가 쉽게 나오기 어려운 단계이다. 이 단계를 신생 기술(emerging technology)이라고 한다. 이 단계에서는 투자 대비 효과가 불확실하므로 방만한 투자는 무리이며, 유능한 연구자 혹은 연구 그룹에 자원을 효과적으로 배분하는 매니지먼트가 필요하다. 한편, 영역 II가 되면 상대적으로 적은 투자로도 높은 성과를 얻을 수 있는 단계가 된다.

영역 II의 앞 단계 기술을 유망 기술(pacing technology)라고 하고 대규모 투자에 따른 효과를 최대화하기 위한 전략적 경영판단을 필요로 한다. 또한, 영역 II의 후기가 되면 기술은 어느 정도 완성 단계에 도달하게 되며 개선, 개량을 지속적으로 하는 것이 목표가 된다. 마지막으로 영역 III이 되면 시장도 성숙하고 투자를 해도 기술적인 성과가 더 이상 향상되지 않는 단계가 된다. 이처럼 연구개발 투자를 할 때에는 기술이 기술 수명주기의 어느 단계에 있는가를 명확히 이해하는 것이 필요하다.

2. 기술혁신의 유형

2.1. 급진적 혁신과 점진적 혁신

급진적 혁신(radical or major innovation)은 기존의 지식을 넘어 전적으로 새로운 기술적 지식을 추구하거나 이로 인해 기존의 기술적 지식을 진부화시키는 근본적인 혁신을 말한다. 예를 들어 유선전화를 무선전화로 대체하는 것처럼 작동원리가 전혀 다른 기술시스템을 도입하는 경우가 여기에 해당된다. 따라서 급진적 혁신은 주로 고급 과학자나 기술자들의 조직적인 연구개발에 의해 추진되며, 불확실성이 높고 불연속적으로 일어나는 특성을 가지고 있다.

벨연구소가 개발한 트랜지스터 기술을 급진적 혁신의 대표적인 예로 들 수 있다. 이 기술은 당시 진공관 기술에 크게 의존하며 전자 산업을 지배하였던 회사들을 몰락시켰다. 같은 예로 1940년대에 제트 추진 장치가 개발되었을 때, 당시 항공 산업을 지배하던 피스톤 동력 엔진을 몰아낸 것을 들 수 있다. 또한 1990년대 후반 IBM이 실리콘게르마늄칩 기술을 선보인 것도 급진적 혁신에 속한다. 실리콘게르마늄칩은 스위칭 파워가 기존의 실리콘 칩의 네 배였고 전력 소모는 훨씬 적었기 때문에 휴대전화나 노트북, 휴대용 디지털 장비 및 기타 소형 포터블 장치에 장착할 수 있는 이상적인 칩이었다. 또한 현재 널리 사용되고 있는 디지털 카메라도 급진적 혁신에 속한다.

반면 점진적 혁신(incremental or minor innovation)은 기술시스템의 근본적인 변화가 아닌 기존의 지식기반 위에 지속적인 기술향상을 이루는 것을 말한다. 기존 제품을 축소하거나 성능을 개선시킨 워크맨 및 그 후속 모델, DRAM의 집적도가 증가하거나, 평판디스플레이의 크기가 커지는 기술개발 등이 점진적 혁신의 대표적인 사례라 할 수 있다. 점진적 혁신은 일반적으로 생산경험이 풍부한 현장기술자들에 의해 추진되는 특성을 가지고 있으며, 기술 수요자들의 변화와 밀접한 관련을 맺으면서 추진되기 때문에 기술추동보다는 수요견인에 의한 혁신의 특성이 강하다. 아울러 개발도상국에서 외국 기술을 도입하여 자국 경제 환경에 맞도록 개선하고 적용해 가는 과정에서도 활발하게 이루어지며, 선진국에서는 신제품 개발 이후 표준화된 제품을 생산하는 공정혁신 단계에서도 활발하게 일어나는 경향이 있다. 급진적 혁신 못지않게 점진적 혁신의 경제적 및 사회적 효과는 결코 과소평가될 수 없으며, 심지어 급진적 혁신조차도 종종 많은 수의 점진적 혁신이 누적된 결과로 등장하기도 한다.

기업은 급진적 혁신을 성공시키기 위해 인내심을 가지고 오랜 시간동안 예산을 투입하여야 한다. 급진적 혁신이 가진 리스크와 비용, 긴 타임라인과 관련된 문제 때문에 시장을 지배하는 대부분의 기업들은 점진적 혁신을 선호한다. 그 편이 더 안전하고, 비용도 적게 들며, 합리적인 시간 내에 결실을 맺을 가능성도 높다. 하지만 기업은 급진적 혁신을 체계적으로 다룸으로써 시장에서 경쟁우위를 유지할 수 있다. 따라서 점진적 혁신과 급진적 혁신을 균형 있게 추구해야 한다.

2.2. 존속적 혁신과 파괴적 혁신

크리스텐슨(Christensen, 1997)은 혁신의 종류를 존속적 혁신(sustaining innovation)과 파괴적 혁신(disruptive innovation)으로 구분하였다. 일반적으로 어떤 기술이 시장에서 살아남으려면 지속적으로 성능이 향상되어야 한다. 크리스텐슨은 기존 제품의 성능을 향상시켜 늘 상위시장을 만족시키는 기술 개발을 존속적 혁신이라 했다. 제품의 성능이 점점 고도화되는 현상은 지속적 혁신의 결과이다. 기업은 과거의 수익구조와 가치사슬을 유지하면서, 한정된 자원에서 확실한 성공을 위해 기존 시장에서 고집하는 방식이다. 이에 반해 파괴적 혁신은 현재 시장 주요 제품의 성능에 미치지 못하는 제품이라도 기존 시장의 질서를 파괴하거나 새로운 시장을 창출할 수 있는 혁신을 말한다. 승승장구하던 업계의 선도기업을 하루아침에 거품으로 사라지게 할 수 있는 것이 바로 파괴적 혁신이다. 파괴적 혁신은 다시 로우엔드(low end) 파괴적 혁신과 신시장(new market) 파괴적 혁신으로 나눌 수 있다.

그림 3 파괴적 혁신의 유형

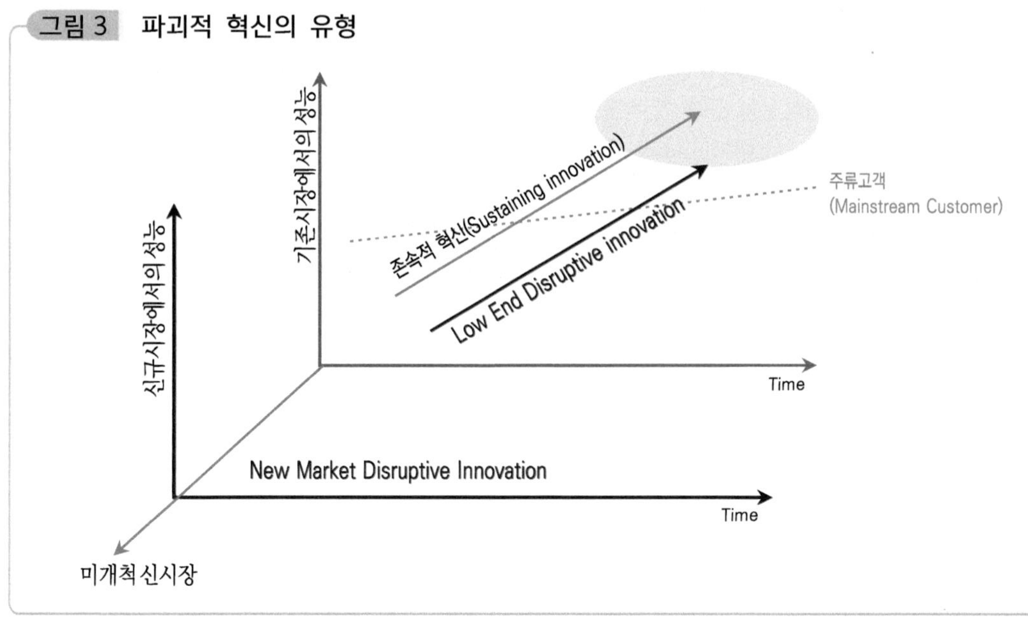

〈출처: Christensen(1997)〉

2.2.1. 로우엔드 파괴적 혁신

로우엔드 파괴적 혁신(low end disruptive innovation)은 처음엔 상대적으로 가격이 저렴(cheap)하고 더 간단(simple)하고 성능이 떨어지는 기술이, 시장 진입에 성공하면서 급격한 기술 개발이 시작되어 주류시장, 더 나아가 상위시장의 니즈에 부응하는 수준에 이르고 결국 기존 시장을 파괴(disrupt)하는 혁신이다. 뉴코어사의 미니밀, 토요타 현대차의 미국 진출, 닌텐도의 Wii, 화물용 비행선 에어랜더 등을 그 예로 들 수 있다.

뉴코어사(Nucor)사의 미니밀(Mini-mill)은 대표적 로우엔드 파괴적 혁신 사례로 기존 산업범위 내에서의 개선과 점진적 혁신만으로는 새로운 파괴적 혁신에 대응이 어려울 수 있다는 사실을 알려준다. 또한 닌텐도(Nintendo)는 기술적으로 경쟁사의 제품보다 오히려 단순한 Wii라는 게임기로 승리했고 기존 경쟁자가 집중하지 않고 있는 비소비자(non-consumer) 시장 공략의 중요성을 일깨워준다.

사 례 뉴코어사의 미니밀

"미니밀은 전기로를 이용해 스크랩을 용해한 다음 연주 · 압연 설비로 철강재를 생산하는 공정을 말하며 보통 연산 300만t을 생산하는 고로보다 규모가 작아 미니밀이라고 부른다. 1989년 미국 뉴코어(Nucor)에서 압연 프로세스를 도입함으로써 미니밀에서도 판재류 생산이 가능해졌다. 또한 전기로와 후속 연속 주조·압연 설비를 인근에 배치하는 미니밀의 등장에 따라 일관제철소에 필요한 대규모 원료 처리설비 등을 생략할 수 있게 됐다. 높은 비용으로 양질의 제품을 생산하던 미국의 일관 제철소는 미니밀(Mini-mill)이라는 새로운 형태의 생산방식에 의해 도전을 받게 되었으며, 기존의 일관제철방식보다 20%나 저렴한 비용으로 낮은 품질의 제품을 생산하던 미니밀방식은 저급 철강재 위주로 시장을 잠식하기 시작했다. 미니밀 대비 비용경쟁력이 떨어지는 일관제철방식의 기업들은 보다 높은 품질이 요구되는 상위 제품으로 이동하였고, 미니밀방식 기업들은 치열해진 경쟁으로 가격이 떨어진 하위 제품에 머물지 않고 기술발전에 의하여 상위 제품 시장으로 이동하였다. 결국 철근과 같은 하위 제품 시장(Low end market)에서 시작된 경쟁은 시간에 지남에 따라 최상위 제품인 자동차, 선박용 강판시장으로 이동하였고, 모든 미니밀 방식 기업의 참여로 모든 제품의 가격이 하락한 상황에서 더 이상 이동할 상위 시장이 없어진 일관제철방식의 기업들은 미국 내에서 자취를 감추게 되었다.

기존의 일관제철방식 기업들이 혁신을 위한 노력을 게을리한 것은 아니었다. 경쟁으로 인한 가격하락에 대응하기 위해 꾸준한 기술개발로 상위 제품으로 이동하는 사업구조 고도화를 이루어냈고, 생산비용 절감을 위한 공정효율화와 같은 노력도 지속적으로 추진하였다. 그러나 근본적인 생산방식이 다른 혁신적 사업 모델에는 비용측면에서 열세일 수밖에 없었고, 기존 산업범위 내에서의 개선과 혁신만으로는 미니밀이라는 새롭게 등장한 파괴적 혁신 기업에 대응하기 어려웠던 것이다."

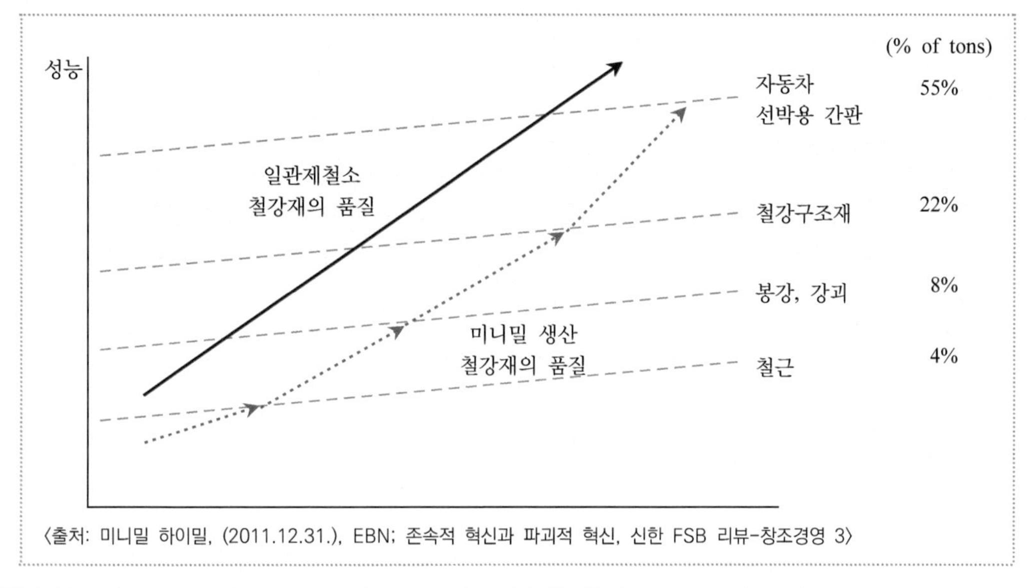

〈출처: 미니밀 하이밀, (2011.12.31.), EBN; 존속적 혁신과 파괴적 혁신, 신한 FSB 리뷰-창조경영 3〉

2.2.2. 신시장 파괴적 혁신

신시장 파괴적 혁신(new market disruptive innovation)은 기존 강자가 관심을 가지고 있지 않는 시장 또는 비소비자를 대상으로 새로운 효용을 제공하여 신시장을 창출하는 혁신이다. 테슬라의 전기차, 인텔의 마이크로프로세서, 바이오스페이스의 체성분 분석기, 셰일가스 혁명, GE의 산업인터넷, 애플사의 비즈니스 모델 혁신 등이 그 대표적인 예이다.

테슬라(Tesla)는 발상의 전환으로 새로운 시장을 창출한 사례이다. 기존 완성차 업체는 휘발유/경유차 판매의 영향 때문에 전기차 성능에 소극적으로 대응한 점을 역이용하여 고급 스포츠카로 포지셔닝(positioning)하여 성공하였다.

사 례 테슬라 전기차

"테슬라 모델S는 기본 가격이 8만2400달러(85kWh 퍼포먼스 모델 기준 · 연방 세제 혜택 포함)에 달하는 최고급 차종이다. 가장 싼 모델도 6만2400달러(60kWh 모델)다. 이 비싼 차가 올 상반기 미국 시장에서 1만50대 판매됐다. 메르세데스 벤츠 S클래스와 BMW 7 시리즈, 렉서스 LS, 아우디 A8, 포르쉐 파나메라가 포함되는 대형 럭셔리 카테고리에서 판매량 1위를 기록했다. 모델S의 매력은 '전기자동차답지 않은' 강력한 성능과 긴 주행거리다. 언제 멈출지 모르는 부실한 전동 카트를 떠올리는 기존 전기차의 이미지를 확실하게 깬 것이다. 모델S는 최고 속도가 시속 209km에다 정지 상태에서 시속 97km(60mph)에 도달하는 시간도 4.2초 밖에 걸리지 않는다. 고성능 스포츠카 못지않은 성능이다. 한 번 충전해 갈 수 있는 거리도 기존 전기차의 3배가 넘는 427km다. 이 정도면 중간에 충전 없이 서울에서 부산까지 주파할 수 있다. 올 초 까다롭기로 유명한 컨슈머리포트 품질 평가에서 100점 만점에 99점으로 역대 최고점을 받고 8월 미 고속도로교통안전관리국(NHTSA) 충돌 시험에서 5점 만점을 기록하면서 모델S의 인기는 로켓을 탄 듯 치솟았다.

테슬라 생산 기지가 있는 프레몬트는 샌프란시스코만 동쪽 연안 지역이다. 팰로앨토와 만을 사이에 두고 떨어져 있지만 차로 20분이면 닿는 가까운 거리다. 프레몬트 공장에서 가장 인상적인 것은 압도적인 규모다. 창업 10년째인 신생 자동차 회사라는 게 믿기지 않을 정도다. 공장 넓이는 80만9371m^2(200에이커)로, 미식 축구장 88개가 들어갈 수 있다. 공장 한쪽 끝에서 다른 쪽까지 거리가 1.4km나 된다. 그 안에 최종 조립 라인과 도색, 강판 스탬핑 등 5개 공장이 들어서 있다. 이뿐만이 아니다. 내부에 자체 발전소와 주행 시험장도 있다. 프레몬트 공장 내부는 테슬라의 상징 색인 붉은색과 흰색으로 모던하게 꾸며져 있다. 탁 트인 공간과 끝이 보이지 않는 생산 라인, 부품 운반에서 조립까지 대부분을 처리하는 로봇들, 티끌 하나 없을 것 같은 깔끔한 바닥 등은 영화에나 나올 법한 '미래 공장'을 떠올리게 했다. 테슬라는 이 공장의 생산성을 끌어올리는 데 심혈을 기울이고 있다. 매일 늘어나는 주문을 공급이 제대로 따라가지 못하기 때문이다. 지난 2분기에 매주 400대에서 500대로 생산량을 늘렸다. 9월에는 주당 600대 고지에 도달했다. 테슬라의 단기 목표는 이 수치를 800대 수준까지 끌어올리는 것이다. 공장 입구 벽에는 엘론 머스크 테슬라 최고경영자(CEO)의 강한 자부심을 담은 다음 같은 글귀가 크게 인쇄돼 있다. "모델S에서 우리의 목표는 첫 번째 '진정한' 전기차를 창조하는 것이다. 여기서 내가 말하는 것은 모든 부품을 근본적인 기술적 변화 속에서 완전히 새롭게 검토하고 하나의 통합된 시스템으로 설계, 제작한 최초의 전기차다. 그 결과물은 사람들이 상상하는 자동차의 모습을 뛰어넘는 것이다."

테슬라는 `13.8월 말 네덜란드 남부 틸부르흐에 첫 해외 조립 공장을 준공했다. 프레몬트 공장에서 완성차를 해체해 보내면 이를 재조립해 유럽 각국에 공급한다. 틸부르흐 공장에서 조립된 모델S는 가장 먼저 노르웨이로 보내졌다. 테슬라가 첫 번째 해외 공략지로 선택한 곳이다. 노르웨이는 국민소득이 높고 친환경차 지원 정책이 잘 정비돼 있다. 모델S는 노르웨이서도 돌풍을 일으켰다. 9월에만 616대가 판매돼 단일 모델로는 판매량 1위를 차지했다. 테슬라는 독일과 프랑스 등 다른 유럽 국가로 시장을 넓히고 있다. 공장 한쪽에선 틸부르흐 공장으로 보내는 부품 포장 작업이 한창이다. 테슬라가 공을 들이고 있는 또 다른 곳은 세계 최대 자동차 시장인 중국이다. 중국 베이징에 전시장을 열기 위해 막바지 작업에 박차를 가하고 있다. 테슬라는 중국 현지에 공장 설립도 검토 중이다.

전기차의 경쟁력을 결정하는 핵심 요소는 배터리다. 전기차 기술의 모든 게 배터리에 집약돼 있다. 전기차는 워낙 구조가 간단해 업체의 우열을 가릴 수 있는 것은 사실상 배터리뿐이다. 모델S 바닥에는 543kg(1000파운드)에 달하는 리튬이온 배터리 팩이 깔려 있다. 전 세계 자동차 업체들이 기존 전기차 주행거리의 한계를 뛰어넘은 테슬라의 배터리 기술을 궁금해한다. 업계의 예상과 달리 테슬라는 누구나 알고 있는 범용 배터리를 사용한다. 자신만의 특별한 비밀 배터리를 숨겨둔 게 아니다. 모델S에 장착된 것은 1970년대 발명된 18650 배터리다. 지름이 18mm, 길이가 650mm인 원통 모양이기 때문에 붙여진 이름이다. 노트북 등 소형 전자 제품에 많이 사용되는 범용 제품이다. 테슬라 배터리 엔지니어 출신인 포레스트 노스 리카고 최고운영책임자(COO)는 "18650 배터리는 가장 저렴하고 안정성이 뛰어난 배터리"라며 "대부분 전기차 업체가 고용량 폴리머형을 채택했지만 테슬라는 18650 배터리의 잠재력에 주목했다"고 말했다. 모델S 배터리 팩에는 원통형 18650 배터리 6000개 이상이 병렬과 직렬 방식으로 복잡하게 연결돼 있다. 여기서 400km가 넘는 주행거리가 나온다. 6000개가 넘는 배터리는 재료의 특성상 저마다 용량과 온도가 다르다. 이들의 안전성과 일치성을 유지하는 완벽한 전자 모니터링과 제어 시스템이 핵심이다. 테슬라 배터리 팩에는 혁신적인 냉각 시스템도 장착돼 있다. 수많은 센서가 설치돼 충돌이나 화재가 발생하면 1000분의 1초 내에 배터리 연결이 분리된다. 모델S가 작년 7월 출시되자마자 선풍적인 인기를 누린 데에는 기존 자동차 산업의 관행을 깬 머스크 CEO의 혁신적인 아이디어도 한몫했다.

머스크 CEO는 전기차의 주행거리에 대한 소비자 불안을 잠재우기 위해 미국 전역에 초고속 충전소인 슈퍼차저 네트워크를 까는 데 심혈을 기울이고 있다. 지금까지 북미에 25개 슈퍼차저가 건설됐다. 그는 슈퍼차저를 빠른 속도로 확대해 내년 미국 인구 80%와 캐나다 일부까지 커버할 계획이다. 이뿐만이 아니다. 지난 6월 테슬라는 모델S 배터리를 90초 이내에 충전이 완료된 새 배터리로 교체하는 '배터리 스와프' 서비스도 선보였다.

머스크 CEO의 다음 타깃은 보급형 시장이다. 스포츠유틸리티차량(SUV) '모델X'가 출발점이다. 뒷좌석 문이 위로 열리는 팔콘 윙 디자인이 특징적이다. 가격은 떨어지지만 모델S의 파워트레인은 그대로 사용해 성능은 그대로다. 모델X가 노리는 시장은 BMW의 i3 등 경쟁사 신모델로 붐빌 전망이다. '꿈꾸는 천재' 머스크 CEO가 또 한 번 진짜 실력을 발휘해야 할 승부처다."

〈출처: "전기차 혁명 진원지", (2013.11), 테슬라 프레몬트 공장 르포, 한경매거진〉

인텔(Intel)은 기존의 주력 상품을 포기하기 쉽지 않지만 스스로 창조적 파괴(creative destruction)를 실천하여 성공한 사례이다. 경쟁 기업을 파괴(disrupt)하기 위해선 철저한 자기 혁신이 선행되어야함을 배울 수 있다.

사례 인텔 마이크로프로세서

"1985년 CEO인 Andy Grove는 DRAM 생산 중단을 발표하였다. DRAM은 1968년 Intel 설립의 원동력이었다. 1972년 Intel의 1kb 1130 DRAM은 세계에서 가장 많이 팔리는 집적회로였다. 그러나 Fujitsu, NEC, Hitachi, Toshiba와 같은 일본 기업들의 공세로 1983년부터 DRAM 시장에 공급이 넘쳤다. 더구나 1983년 1월 마이크로프로세서 개발요원 15명이 집단으로 사표를 냈다. Intel의 새로운 병렬처리 응용프로그램 투자에 등한시한다는 이유 때문이었다. 1984년 여름 3개월 동안만 반도체 메모리 칩 가격이 40%나 폭락하였다. 당시 Andy Grove 사장과 Gorden Moore 회장은 이 일 때문에 고심을 하였다. 그러나 메모리 반도체가 Intel 설립의 주역이라는 이유 때문에 쉽게 결단을 내리지 못하였다. 과연 메모리 칩 없이 Intel이 존재할 수 있을까? 이것이 바로 문화적 폐쇄성이다. 스스로 자기 자신을 방어하는 것이다. 그리고 암울한 미래를 애써 무시하는 것이다.

그런 어느 날 Grove 사장이 Moore 회장에게 다음과 같은 질문을 던졌다. "새로운 회장이 만약 온다면 이 회장은 Intel을 위해 가장 먼저 무엇을 할 것 같습니까?" 이런 질문을 주고받으면서 결국 Moore 회장과 Grove는 DRAM 사업을 포기하기로 결정하였다. 후에 Grove는 이 시기를 전략적 변곡점이라고 불렀다. 이렇게 하여 인텔의 두 가지 종교적 신념인 Intel의 원동력은 메모리 칩이라는 신념과 일괄생산체제라는 신념을 포기하기에 이르렀다. 그러나 사실 문화인 이 두 가지 신념을 포기하는 것은 말처럼 그리 쉽지 않았다. 이런 결과로 1984년 Oregon 주의 조립공장이 유일한 반도체 생산 공장이 되었다. 그러나 이것도 회사의 방침과 유리되어 1985년에 유일한 오리건 주의 반도체 공장도 폐쇄하고, 앞으로 Intel은 반도체 시장에서 완전히 철수한다고 발표를 하였다. 이렇게 해서 Intel은 구조적 혁신에 과감히 투자하기로 결정하였다. 즉, 마이크로 프로세서에 투자하기로 결정하였다. 1992년 Intel은 마이크로프로세서의 최대 기업이 되었다. 그러나 1995년 인터넷의 발전으로 Intel은 다시 한 번 문화적 폐쇄성이라는 문제에 직면하게 되었다. 그래서 Intel은 다시 인터넷과 연결한 사업을 강화하였다. 그리고 2001년 Intel은 막대한 수익을 달성하였다. 이것은 문화적 폐쇄성을 극복하고 이룩한 과감한 투자 덕분이었다."

〈출처: 리차드 포스터, 사라 캐플런(2010)〉

산업인터넷이란 기계들이 쏟아내는 데이터를 활용해 산업 생산성을 획기적으로 높여주는 서비스를 말한다. 최근에는 스마트 팩토리(smart factory) 또는 인더스트리 4.0 개념으로 확장되기도 했다. GE(General Electric)사는 제품이 아닌 서비스 혁신도 파괴적 혁신이 될 수 있음을 보여준다. 단순 산업장비를 제공하는 수준에서 벗어나 고객이 진정 원하는 고장률 제로를 위해 장비에 센서를 부착함으로써 통신기능을 구현했다. GE 사례는 제품이 아닌 서비스 혁신도 파괴적 혁신이 될 수 있음을 보여주었고, 4차 산업혁명시대를 사는 요즘 우리에게 시사하는 바가 크다.

사 례 GE 산업인터넷

"GE의 산업인터넷은 기계들이 쏟아내는 데이터를 활용해 산업 현장의 생산성을 획기적으로 높여주는 서비스입니다. 그 비결은 바로 '센서'를 통해 기계들이 침묵을 깨고 소통하게 함으로써, 잠자고 있던 방대한 데이터를 의미 있는 정보로 탈바꿈시키는 것입니다. 지난 2013년 10월 GE가 발표한 14개의 새로운 산업인터넷을 소개한다. GE의 산업인터넷은 '소 잃고 외양간 고치는' 것이 아니라 '넘어지기 전에 지팡이를 짚도록' 대비시켜주는 솔루션이라고 할 수 있습니다. 즉, 데이터를 활용해 실시간으로 기계의 상태를 점검함으로써 각종 설비와 기계의 재고, 유지보수, 시설 투자에 들어가는 비용을 줄이고 기계들이 예정에 없이 멈추는 것을 최소화시키는 솔루션입니다. 그리고 각종 장비의 '평균 고장 간격(MTBF: Mean Time Between Failure)'을 늘리기도 하는데요, 여기에서 평균 고장 간격이란 수리 가능한 어떠한 장치가 한 번 고장이 나서 수리를 하고 다시 고장이 나기 전까지 정상적으로 작동한 시간의 평균을 말합니다. 장비를 수리 없이 사용하는 시간이 길어질수록 유지비용은 자연히 줄어들 것입니다.

깊고 깊은 바다의 유정의 맨 윗부분에는 분출제어장치(BOP: Blowout Preventer)라는 거대하고 복잡한 장치가 있습니다. 분출제어장치는 유정에 문제가 생겼을 때 원유가 새어 나오는 것을 방지하는 60ft(약 18.3m) 길이의 안전밸브로, 한 번 사고가 터지면 돌이킬 수 없는 피해를 남기는 폭발 사고를 방지하기 위한 최후의 안전장치라는 막대한 임무를 가지고 있습니다.

Drilling iBox System은 이러한 분출제어장치에서 데이터를 수집해, 언제 어느 부분을 정비해야 하는지 정확하게 예측하고, 교체할 부품을 굴착장치에 준비시켜둡니다. 그리고 설비에 문제가 생겼을 경우에는 관계자에게 해당 정보가 즉각 보고됩니다. GE 오일앤가스(Oil & Gas)의 밥 저지(Bob Judge) Executive Product Manager는 GE 애비에이션(Aviation)이 적용한 엔진의 유지 및 보수 상태를 원격으로 모니터링하는 산업인터넷 솔루션 myEngines을 엔진 대신 폭발 방지기에 적용해 본 후, "기계가 고장 난 다음에 어디를 수리해야 할 지 알아내는 것은 어렵지 않다. 하지만 고장이 나서 비용이 지출되기 전에 수리할 곳을 미리 아는 것은 일종의 마법과 같다"고 말했다고 하니, 이 기술이 가져다주는 혜택이 엄청나게 큰 것 같습니다.

ReliabilityMax는 발전용 대형 터빈과 항공엔진 파생형 가스터빈에 적용하는 솔루션입니다. 이들 터빈에 첨단 센서를 부착하여 실시간으로 데이터를 수집하고, 이를 지금까지 축적된 데이터와 함께 분석해 터빈의 신뢰도를 높이는 서비스이지요. 중형 LNG 플랜트에서 가스터빈의 신뢰도를 0.1%만 높여도 생산량이 2백만 달러 가량 늘어난다고 합니다."

〈출처: 블로그 http://geblog.kr/130183752512〉

애플(Apple) 사례는, 파괴적 혁신은 단순 신제품의 제공보다는 '비즈니스 모델 혁신'과 결합될 경우 더 성장성을 높이고, 진입장벽을 강화하는 파괴적 효과가 있음을 보여준다. 비즈니스 모델 혁신(business model innovation)이란 고객에게 가치를 창출 전달 획득하고 수익을 창출하는 패러다임의 혁신을 말한다. 애플사는 아이팟, 아이폰, 아이패드, TV 등 H/W 제품 뿐 아니라, 음악, 영화, 책 등 다양한 컨텐츠 제공자와 개발자 등 이해관계를 수용하는 플랫폼(앱스토어, 아이튠스) 생태계를 운용하는 새로운 비즈니스 모델로 독점적 위치를 구축해 왔다.

사 례 애플의 플랫폼

"스마트폰에 이어 태블릿 PC, 스마트 TV까지 애플리케이션을 이용할 수 있는 커넥티드 디바이스의 등장으로 IT 시장 구조가 변화하고 있다. 애플리케이션 마켓과 같은 오픈 마켓의 등장으로 콘텐츠의 유통구조가 변화되어, 콘텐츠 유통에 있어서 이동통신사를 비롯한 전통적인 플랫폼·네트워크 사업자의 지배력이 약화되고 있다. 또한 인터넷 이용이 편리한 단말기의 도입은 그 동안 인터넷의 영향을 상대적으로 적게 받았던 출판, 방송, 영화 등의 콘텐츠 시장에도 큰 변화를 가져오고 있다

스마트 환경에서 각 플레이어들이 상호간 의존성이 높아졌다. 즉, 한 플레이어가 생태계를 떠나면 그 생태계가 생태계내의 다른 플레이어들에게 주는 가치가 감소하거나 새로운 플레이어가 생태계로 들어오면 생태계 구성원들 전체의 효용이 증가하는 것처럼 생태계의 각 구성원들이 궁극적으로 생태계의 운명을 공유하게 된다.

스마트 기기의 등장은 데스크탑 PC 중심의 유선인터넷이 모바일로 확장되는 계기를 제공했으며, 이에 따라 모바일 생태계가 중요한 이슈로 부상하였다. 스마트폰과 태블릿 PC의 OS 플랫폼 경쟁은 애플과 구글의 2강 구도로 진행되고 있는데, 이들은 서로 다른 생태계 모델을 보인다. 애플은 iOS－앱스토어－아이폰 · 아이패드로 연결되는 수직적으로 통합된 폐쇄된 생태계 구조를 유지하고 있는 반면 구글은 애플과는 다른 개방형 생태계 전략을 고수하고 있다. 오픈 플랫폼으로 안드로이드 OS를 단말기 사업자에게 제공함으로써 다양한 스마트폰 제조업체가 안드로이드 OS 기반의 디바이스를 생산하게 되었고, 안드로이드 OS의 점유율은 빠르게 증가하였다.

애플은 아이팟, 아이폰, 아이패드 등 자사의 모든 기기에서 동일한 사용자경험(UX)를 제공하고 있으며 이렇게 축적된 사용자경험 및 애플리케이션은 다른 기기로의 전환을 어렵게 할 수 있다. 애플은 자사의 단말기－OS－애플리케이션의 폐쇄적 생태계 구조를 유지함으로써 OS의 파편화(OS forking)를 방지하고, 자사 단말기의 충성도를 높이고 있다. 이로부터 애플리케이션 개발자들은 단말기와 OS 버전별로 애플리케이션을 개발해야하는 비용적 부담이 감소되고, 소비자들은 동일한 이용경험을 제공받을 수 있어 애플의 생태계에 고착(lock-in)되게 된다.

폐쇄형(walled garden) 생태계와 개방형 생태계 중 어느 것이 좋은 생태계라는 결론을 내리는

것은 쉽지 않을 뿐 아니라 각 생태계는 단점과 장점을 모두 보유하고 있다. 스마트 환경에서는 한 플레이어가 독립적으로 뛰어난 성과를 올린다고 해서 경쟁에서 우위를 점하기는 쉽지 않다. 뛰어난 성능을 가진 단말기를 제조한다고 해도 단말기에서 이용할 수 있는 애플리케이션이 없으면 소비자의 선택을 받을 수 없는 것이다. 이처럼 스마트 환경에서는 각 구성요소 간 win-win 할 수 있는 생태계를 조성하는 것이 경쟁력 확보를 위해 필수적이다. 폐쇄형과 개방형 생태계 모두에서 플랫폼이 생태계의 중심으로 자리 잡고 있기 때문에 경쟁력 있는 생태계 조성을 위해서는 플랫폼의 역할이 중요하며, 플랫폼의 생태계 전략에 따라 전체 생태계 플레이어들의 비즈니스 모델과 수익에도 차이가 발생하게 된다. 스마트폰 시장에서 삼성과 애플의 성과를 비교해보면, 스마트폰의 시장 점유율은 삼성(22.8%)과 애플(23.5%)이 비슷하지만, 애플의 영업이익률은 37.4%로 삼성(14.8%)보다 높다(`11.4분기 기준).

단말기와 플랫폼을 결합하여 다양한 애플리케이션을 자신의 플랫폼과 디바이스를 통해 제공되도록 생태계를 구축한 애플의 높은 시장 성과로부터 스마트 환경에서 생태계 조성의 중요성을 확인할 수 있다. 생태계 조성은 연구개발과 기술혁신 측면에서도 중요하다. 스마트 환경의 생태계 구조에서는 한 플레이어가 연구개발에 투자를 하거나 한 계층에서 혁신이 일어났을 때 네트워크 효과에 의해 전체 생태계가 혁신의 확산으로 편익을 얻게 된다. 즉, 스마트 환경에서는 서로 다른 계층에서의 혁신이 전체 생태계에 영향을 미치기 때문에 생태계의 리더가 생태계 전체의 혁신을 촉진하는 것은 물론, 혁신의 파급효과가 극대화될 수 있도록 기술혁신 유인 제공 및 혁신 네트워크를 구축하는 것이 중요하다."

〈출처: 박유리(2012.2)〉

2.2.3. 최근 파괴적 혁신의 예

[그림 4]는 비교적 최근에 발생한 파괴적 혁신의 사례이다. 또한 [그림 5]는 최근 가장 빠르게 기업 가치가 상승했던 기업들을 보여주고 있다. 이들 기업들을 살펴보면 대개가 Social networking, Mobile, Big data, Cloud 등의 분야에 특화된 기업임을 알 수 있는데, 이는 앞으로의 생존 경쟁에서 살아남고 파괴적 혁신을 이루고자 하는 기업들에게 암시하는 바가 크다고 할 수 있겠다. 또한 [그림 6]의 현재 유망 기업 사례들에서와 같이 정보기술(IT)이 발전해 나감에 따라 우수한 기술 뿐 아니라 기발한 아이디어나 경쟁력 있는 비즈니스 모델도 얼마든지 파괴적 혁신으로 연결될 수 있음을 알 수 있다.

그림 4 최근 대표적인 파괴적 혁신 기업

기업	로고	분야
• Facebook	facebook.	Social Networking
• Alibaba Group	Alibaba Group	Online Marketplace
• UBER	UBER	Sharing Economy
• Airbnb	airbnb	Sharing Economy
• Palantir	Palantir	Big data
• Snapchat	Snapchat	Social Networking
• Twitter	twitter	Social Networking
• Pinterest	Pinterest	Social Networking
• SPACEX	SPACEX	Other

〈출처: 박서기(2016)〉

그림 5 단기간 가치가 상승한 기업들

RANK	COMPANY	YEARS FROM FOUNDING TO $1B
1.	Slack	1.25
2.	Groupon	1.46
3.	Akamai Technologies	1.58
4.	Xiaomi Technology	1.71
5.	Calient Technologies	2.02
6.	Yello Mobile	2.28
7.	Twitter	2.32
8.	Hangzhou Kuaidi Technology	2.43
9.	Pinterest	2.46
10.	Webvan Group	2.56
11.	Instacart	2.58
12.	Lazada	2.75
13.	Tinder	2.83
14.	Zynga	2.88
15.	Square	2.93
16.	Better Place	3.07
17.	WeWork Companies	3.09
18.	Snapchat	3.09
19.	Uber Technologies	3.11
20.	Hortonworks	3.23

〈출처: 전게서〉

그림 6 아이디어와 IT기반 파괴적 혁신 기업들

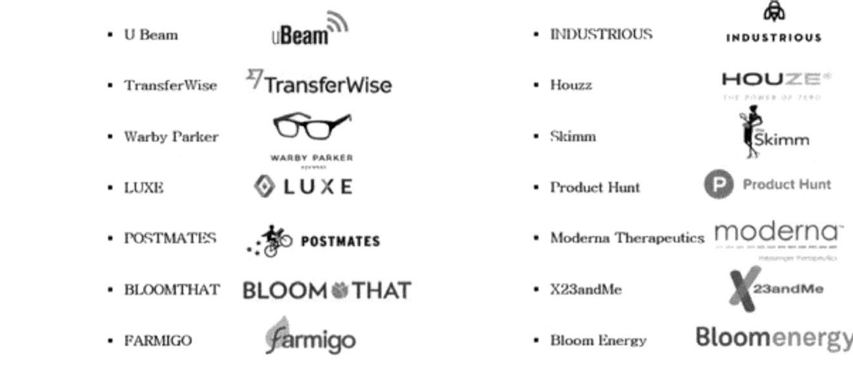

〈출처: 전게서〉

2.3. 구조혁신과 부품혁신

혁신은 개개 부품의 변화일 수도 있고, 부품들이 결합되는 구조의 변화일 수도 있으며, 둘 다일 수도 있다. 하나 또는 그 이상의 부품을 변화시키지만 전체 시스템의 구조에는 크게 영향을 미치지 않는 혁신을 요소 혁신(component innovation) 또는 모듈라 혁신(modular innovation)이라고 한다.

이와는 대조적으로 구조 혁신(architectural innovation)은 전체시스템의 디자인을 변화시키거나 각 부품 간에 상호작용하는 방식을 바꾸는 것이다. 극단적으로 말하면 구조 혁신은 부품 자체는 변화시키지 않고 시스템 안에서 각 부품간의 연결을 새로 배열하는 것을 의미할 수도 있다. 그러나 대부분 제품 구조 혁신이라고 하면 시스템 내에서 부품들 간에 상호작용하는 배열 관계뿐 아니라 부품 자체도 변화시켜 디자인을 바꿈으로써 시스템의 변화를 만들어 내는 것이라고 생각하면 된다. 따라서 제품 구조 혁신은 대개 산업 내의 경쟁자나 기술사용자들에게 근본적이고 복합적인 영향을 미친다.

요소 혁신을 처음 시작하거나 받아들이는 기업은 그 부품에 대해서만 지식을 갖추면 되는 경우가 많다. 그러나 구조 혁신은 기업으로 하여금 전체구조, 즉 각각의 부품과 부품들의 교접방식, 전체를 이루는 방법까지의 지식을 필요로 한다. 그러므로 기업은 각 부품들이 어떻게 상호작용하는지, 한 부분에서의 변화가 다른 부품, 혹은 전체의 디자인에 어떠한 변화를 가져올 것인지에 대한 이해를 하여야 한다.

제품기술을 대상으로 기술혁신의 유형을 점진적 혁신, 모듈라 혁신, 구조 혁신, 급진적 혁신으로 구분할 수도 있다(Henderson and Clark, 1990). 기술을 개별부품과 관련된 요소 지식(component knowledge)과 그 제품의 부품들이 조직되는 원리(제품의 기본개념과 부품들 간의 연계구조)인 구조 지식(architecture knowledge)으로 구분하여, 부품과 관련된 지식이 변화하는가의 여부, 구조적 지식이 변화하는가의 여부에 따라 기술혁신을 [그림 7]과 같이 유형화하였다. 점진적 혁신은 기존의 부품관련 지식이 강화되고 또 구조도 강화되는 혁신을 의미한다. 즉 기존 구조에서 기존 부품관련 지식의 개선을 의미한다. 부품혁신은 기존의 구조는 유지 · 강화되지만 부품과 관련된 기술이 새로운 기술로 대체되는 것을 의미한다. 구조 혁신은 부품과 관련된 기존의 기술은 유지되지만 구조와 관련된 지식이 폐기되고 새로운 구조적 지식이 등장하는 혁신을 의미한다. 급진적 혁신은 부품 및 구조와 관련된 모든 지식이 새롭게 등장하는 혁신을 의미한다.

그림 7 요소와 구조지식의 변화여부에 따른 혁신의 유형

	구조 지식 강화	구조 지식 전환
요소 지식 강화	점진적 혁신	구조 혁신
요소 지식 전환	모듈라 혁신	급진적 혁신

〈출처: Henderson and Clark(1990)〉

2.4. 제품혁신과 공정혁신

제품혁신(product innovation)은 제품의 사용자 혹은 시장수요를 충족시키기 위해 최종제품으로 나타나는 신제품 생산을 위한 혁신을 가리킨다. 반면 공정혁신(process innovation)이란 최종제품을 생산하기 위한 생산장비, 인력, 업무, 투입재료, 그리고 정보흐름과 같은 생산체제의 혁신을 의미한다. 따라서 최종제품을 생산하기 위한 수단의 출현을 가리키고 있다. 그러나 일반적으로 양자의 구분은 쉽지 않으며 오히려 상황에 따라서 달라진다고 할 수 있다.

수치제어(NC: numerical control) 선반의 출현을 예로 들면, 이를 생산한 생산자의 입장에서는 제품혁신이라 할 수 있으나 이를 구입하여 다른 제품을 생산하려는 구매자의 입장에서는 공정혁신이라고 할 수 있다. 두 혁신은 상호보완적 관계를 가지며 제품수명주기의 단계(stage of the life cycle of a product)에 따라 상호작용의 정도가 다르게 나타난다. 제품수명주기의 초기단계에서는 제품의 성능이 중요시되어 제품혁신이 주가 되나, 후기로 진행됨에 따라 제품이 표준화되면서 생산비용의 절감이 중시되고 공정혁신이 주가 되는 것이다.

3. 기술혁신 과정

3.1. 기술추동 및 수요견인 모형

기술혁신의 원천을 크게 [그림 8]과 같이 기술추동형과 수요견인형으로 나눌 수 있다. 기술추동형(technology-push) 혁신은 과학기술의 발달이 기업으로 하여금 신제품 발명을 촉진시키고, 이를 상업화함으로써 기술혁신이 성공하는 경우이다. 이미 발명된 기초과학 지식을 활용하여 신제품을 창출하고 상업화하기 위한 노력을 기울이며, 그 결과 새로운 기술에 대한 기업의 혁신 투자가 일어나고, 새로운 생산 패턴이 형성되며, 이것이 이윤을 창출한다고 본다.

그림 8 기술추동형과 수요견인형 기술혁신 모형

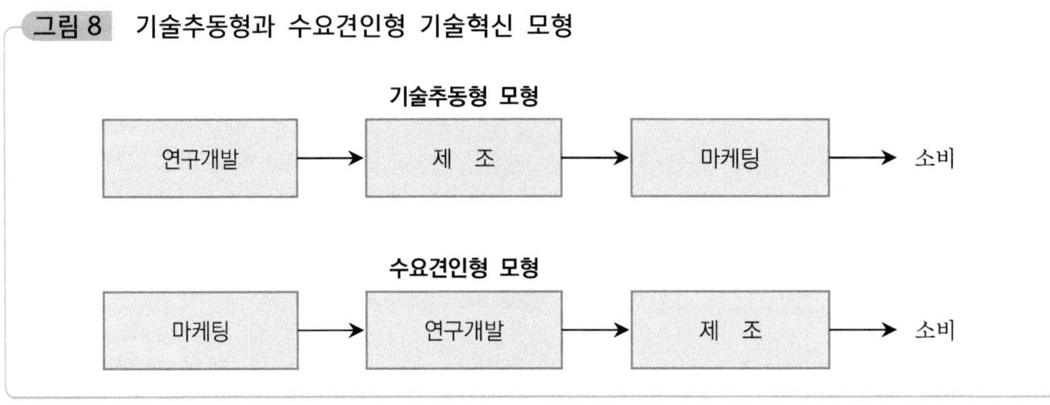

기술추동 모델(technology-push model)은 기술을 중심으로 하는 접근 방법으로 장기적인 관점에서 과학(기술)의 발달이 기술혁신을 가져온다고 보고 있다. 즉 기술발전이 독립적 변수로 사회에 영향을 미친다고 보기 때문에, 기초과학의 발달 정도가 기술혁신에 결정적인 영향을 미치게 된다. 시장 여건을 불문하고 과학기술 자체가 발전함에 따라 기술혁신이 필연적으로 이루어지기 때문에, 기초과학기술의 발달이 급속도로 이루어지는 나라에서는 신제품 개발이 활발하고 기술혁신이 빠르게 이루어진다. 그러나 과학기술 기반이 크게 성숙한 산업에서도 시장 수요의 부족으로 기술혁신이 부진한 현상이 나타날 수 있다. 또한 경쟁이나 시장 규모의 부족은 기초과학의 발달 자체를 제약할 수 있으며, 시장요인과 과학기술의 발달이 인과적 관계에서 벗어나 동시적으로 결정될 수 있음을 고려하여야 한다.

시장(수요) 견인 모델(market-pull model)은 기술추동가설에 대한 반론에 기초하여 기술혁신을 촉진시키는 유인은 기초과학이나 기술 자체의 발달에서 오는 것이 아니라 소비자의 욕구에 따른 시장 수요와 기업의 이윤기회에서 비롯된다고 보는 것이다. 시장수요의 존재가 기술혁신의 필요조건으로써, 새로운 과학적 지식을 활용하여 제품의 성능 품질을 혁신하여 판매하거나 생산설비를 혁신하고 좀 더 낮은 비용으로 생산하려는 노력을 기울이게 하는 원천이라고 보는 관점이다.

이 과정에서 과학적 지식의 역할은 그다지 중요하지 않고 오히려 제품을 판매하는 과정에서 얻은 아이디어를 바탕으로 발명이 일어나고 특허를 획득하게 된다고 보고 있다. 기업은 소비자와 직접 접촉하는 마케팅 부서 혹은 판매부서에서 근무하는 사원이 신제품과 신기술에 대한 소비자의 구체적인 필요를 연구자에게 제공함으로써 연구개발 활동이 시작된다. 이윤증대의 기회가 주어질 때에만 기술혁신이 이루어 질 수 있음을 강조하고 있으며, 이윤기회를 신속하게 포착할 수 있는 시장구조와 기업조직 등이 기술혁신에 유리하다. 따라서 과학기술 기반은 보조적 역할만 수행하며, 시장수요와 여건이 기술개발을 유발하고 기술혁신을 유도하는 핵심 원천이라고 본다.

그러나 시장수요가 충분하고 이윤기회가 확실한 경우에도 기초과학이나 연관기술의 발달 없이는 신제품의 개발이나 기술혁신은 불가능하다 점을 설명하지 못하는 한계가 있다. 또한 시장에서 판매되고 있는 많은 첨단기술제품이 시장수요가 먼저 존재하기 때문에 개발되었다기 보다는 기술자체의 혁신이 일어남으로써 태동되었다는 점과 시장수요가 있음에도 기술능력이 없어 외국으로부터 제품을 수입할 수밖에 없는 많은 개발도상국가 들도 있다는 점 등에서 모든 혁신의 원천이라 설명하기에 어려움이 있다.

수요견인의 불가결한 역할을 부인하는 것이 목적은 아니지만, 수요의 역할이 지나치게 확대되고 잘못된 표현될 수 있으며, 수요견인에 의해서는 기술혁신의 방향과 속도에 대하여 충분하게 설명하는 독립변수가 되기는 어렵다. 또한 수요견인 시각은 기술혁신의 특성인 불확실성과 복잡성을 충분하게 포함하지 못하며, 근본적인 변화를 일으키는 급진적 기술혁신에 대한 설명력이 약하다는 한계가 있다. 따라서 수요견인과 기술추동 양자의 상호작용에 의해 기술혁신이 이루어지며, 이를 도외시하면 잘못된 결론 및 잘못된 정책으로 귀착될 가능성을 경계해야 할 것이다.

3.2. 거시적 선형 및 미시적 과정모형

거시적 선형모형(linear model)이란 기초연구, 응용연구, 개발연구가 순차적 관계를 가지고 있다고 보는 이론적 모형으로서, 기술혁신이 있기 위해서는 먼저 기초연구가 행해져야 하고, 그 결과를 바탕으로 응용연구가 시행된 후 구체적인 제품이나 공정을 창출하기 위한 개발연구가 수행된다고 보고 있다.

기초연구라 함은 “특정한 사용목표를 염두에 두지 않은 채, 관찰된 사실 또는 현상의 내재되는 기본적 기초 지식을 얻기 위해서 주로 수행되는 실험 또는 연구”로 정의되며, 응용연구는 “특정한 실험적 목적이나 목표를 지향하여, 새로운 지식을 얻기 위해 주로 수행되는 창의적 연구”로 정의될 수 있다. 그리고 개발연구는 “새로운 재료, 제품 및 장치를 생산하거나, 새로운 공정, 시스템 및 서비스를 설치하거나, 또는 기존에 생산되거나 설치된 것을 근본적으로 개선하기 위해서 연구결과 또는 실제경험으로부터 얻어진 이미 알려진 지식을 토대로 행하는 체계적 작업”으로 정의할 수 있다.

과학과 혁신의 선형모형을 만들어낸 이들은 2차 세계대전 이후의 미국 경제학자들이었다. 대학과 산업에 의하여 만들어진 기초과학, 산업에 의한 기술적 발전, 시장의 니즈가 혁신을 유발한다는 선형 모형은 획기적 인식의 전환이었다. 기초과학, 기술적 발전, 시장의 니즈의 상호작용에 대한 내용은 현재까지 혁신모델의 기초가 되면서 1950년대 이후 과학기술정책의 지배적인 패러다임이었다.

기술혁신의 선형모형이 우리에게 주는 시사점은 기초연구의 중요성이라고 할 수 있다. 기초연구는 그 수행과정에서 양성한 인재와 기술혁신 과정에서 기술적 문제해결에 필요한 과학지식의 계속적인 공급원으로서 응용연구와 기술개발을 거쳐 기술혁신에 불가결한 공헌을 하고 있다.

선형모형은 발명에서부터 기술혁신의 복잡한 과정을 단순하고 명료하게 설명함에 있어 매우 유용한 장점이 있다. 하지만 1980년대 이르러 기초과학이 약한 일본이 기술혁신의 강자로 부각되면서 비판이 제기되었다. 현실에서 관찰되는 기술혁신과정은 훨씬 복잡한 현상을 보여주고 있다. 많은 발명과 발견은 개인의 창조적 아이디어로 가능하지만, 체계적 연구 없이 우연히 발견되는 것도 많은 것이 사실이다. 응용연구과정에서 새로운 중요한 발견도 가능하다. 후진국의 모방형 기술혁신 또는 후발 기업의 경우, 이러한 단계가 순차적으로 일어나지 않는데 예를 들어 턴키 베이스에 의해 공장/설비가 이전되면 연구나 개발단계가 필요 없으며, 특허가 이전되면 기초연구와 개발이 생략될 수도 있다.

미시적 과정모형(process model)은 프로젝트 수준에서의 기술혁신과 연구개발 활동을 다루고 있다. 즉 개개의 혁신프로젝트는 필연적으로 여러 과정을 거친다고 보고 새로운 아이디어의 창출에서 실용적 단계에까지 이르는 전 과정과 이 과정에 영향을 미치는 제반 요인들에 대한 연구가 수행되었다. 이 과정에 대하여 연구목적, 분석 단위 등에 따라 단계를 구분하는 방식이 다양한데, 아이디어형성, 문제해결, 활용·확산의 3단계 과정으로 보기도 하고, 인식(recognition) → 아이디어 형성(idea formulation) → 문제해결(problem-solving) → 해결방안(solution) → 개발(development) → 적용 및 확산(utilization and diffusion)으로 세분화하기도 한다.

아이디어 형성 과정은 시장이나 사회의 수요에 대한 인식에서부터 시작하여, 기술적 해결 가능성을 기반으로 아이디어로 형성하거나, 디자인 개념으로 발전시킨다.

문제해결 과정은 아이디어 생성과정에서 주어진 문제를 구분하여 기술적으로 해결하거나 발명에 이르는 과정에 해당된다. 문제해결에 필요한 정보를 기반으로 연구개발 활동이 요구된다. 그리고 예측 불가능한 문제가 항상 발생하므로 새로운 해결책을 강구하여야 한다. 많은 경우 문제를 해결하지 못하여 중단하거나 포기하기도 하지만, 문제해결에 성공할 경우 발명으로 나타나기도 한다.

활용 · 확산 과정은 설계, 설비, 제조, 공장가동 등을 통해 신공정을 사용하거나 신제품을 시장에 최초로 출하하는 과정과 타 기업 및 산업으로 그 용도를 확산시키는 과정이다. 따라서 본 과정은 결과물이 시장이나 사회의 요구에 부합되도록 활용되고 확산되어야 한다.

기술혁신의 과정모형을 통해 각 과정에서 요구하는 핵심요인 및 특성 파악을 통하여 효율적 관리를 추구할 수 있다는 점에서 과정 모형의 의의가 있다.

3.3. 상호작용 모형

기술혁신을 단순한 선형적인 과정으로 설명하는 모형은 혁신과정에 대한 인과적 요소의 본질과 방향을 잘못 설정할 수 있다고 보는 견해이다(Kline and Rosenberg, 1986).

실제 혁신은 매우 복잡하고 불확실하며, 무질서한 과정이며 많은 종류의 변화에 쉽게 영향을 받는 과정이라고 주장하고, 이를 체계적으로 설명하기 위한 상호작용 모형(chain-linked model)을 제시하였다. 동 모형은 기존의 선형모형의 한계점을 극복하기 위하여 개발된 모형이라는 면에서 비선형모형(nonlinear model)이라고도 부른다. [그림 9]는 상호작용 모형을 개념적으로 도시한 것이다.

그림 9 기술혁신의 상호작용(chain-linked) 모형

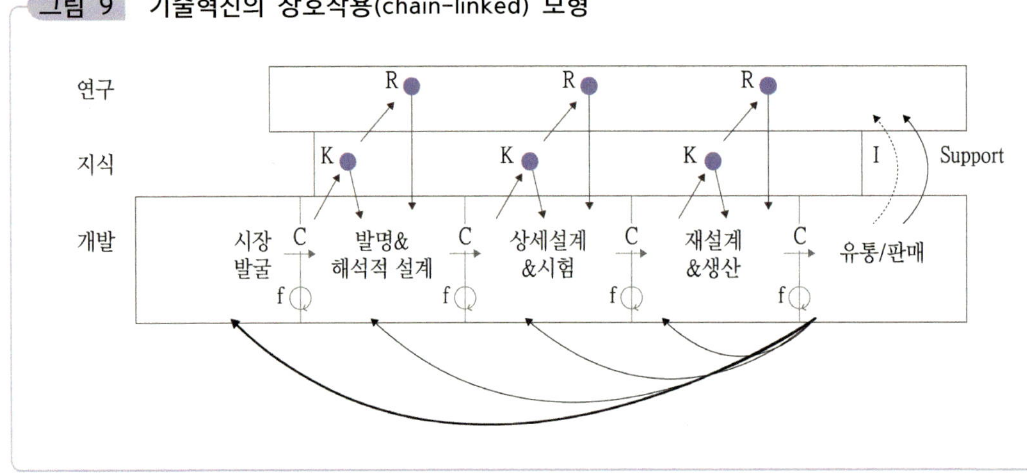

〈출처: Kline and Rosenberg(1986)〉

상호작용 모형에 의하면 혁신의 중심경로(C)가 존재하는데, 설계에서 시작하여 개발과 생산을 통과한 후 마케팅에 이르는 경로를 말한다. 한편 잠재적인 시장이 존재할 경우 이것을 보고 기업은 기존의 과학기술 지식을 활용하여 연구개발을 추진한다(K-R). 이 단계에서 연구개발은 발명이나 분석적 설계가 주류를 이룬다. 기업은 또 외부의 과학기술을 획득하고 이를 제품생산에 활용하기 위하여 기초·응용연구를 담당하는 외부의 연구개발 주체(대학 및 공공연구기관)를 재정적으로 지원할 수도 있다. 기업은 이런 상호과정을 거듭하면서 발명 또는 기본설계를 바탕으로 상세설계 및 시험단계에 도달한다. 상세설계 및 시험단계에서는 기본설계 및 발명단계에서 축적된 경험과 지식들이 수시로 활용됨으로써 단기적인 지식의 피드백(f)이 이루어진다. 아울러 과거의 연구개발을 통해서 개발한 제품이나 서비스가 현재의 시장에서 평가된 결과가 활용된다. 따라서 시장 출하 및 현존시장과 잠재적 시장간에는 일종의 장기적인 피드백(f) 관계가 존재한다.

그리고 I 화살표로 표시된 경로는 혁신에서 과학으로 가는 피드백을 의미한다.

상세설계와 시험과정에서 발생한 기술문제들은 다시 재설계의 과정을 거쳐 완전한 설계도로 작성된 후 생산단계에 접어든다. 생산이 성공적으로 이루어진다면 출하되어 새로운 시장을 형성하게 된다. 이 같은 기술혁신의 전과정에서 각 단계마다 외부 연구기관, 현존 과학기술지식 및 과거의 연구개발 단계간의 상호작용과 피드백이 다각도에서 이루어진다.

결국 기존의 혁신과정을 단일경로로 인식하거나 과학만을 혁신의 중심적인 출발점으로 보는 선형적 혁신모델은 너무 단순할 뿐 아니라 혁신과정의 본질에 관한 우리의 사고를 제약하거나 왜곡시킬 수 있다. 기술혁신이 단계를 밟아 순차적으로 일어나는 것이 아니라, 전후방 단계가 상호작용하면서 진행된다는 체인-링크 모형은 기술혁신 과정에 대한 많은 현상과 논의를 포괄할 수 있는 지표로 활용하기에 좋은 모형이라고 볼 수 있다. 다만 상호작용 모델이 현실을 잘 반영하고 있다고 해도 전략적으로 또는 정책적으로 한정된 자원을 어느 한 곳에 배분해야 하는 의사결정권자들에게 도움을 주지 못하는 한계를 내포하고 있다.

3.4. 동태적 모형

Utterback & Abernathy(1975)에 의해 연구되기 시작한 동태적 모형(dynamic model)은 변화하는 경쟁 환경에 대응하여 제품 및 공정기술에 대한 전략을 어떻게 개발하고 전개해 나아가는가에 그 연구의 초점을 두고 있다. 동태적 모형은 기업의 발전과정과 더불어 혁신을 고찰하기 때문에 기업규모, 시장구조, 제품비용, 가격탄력성, 무역 등의 경제적 측면, 기술혁신의 종류, 생산 공정에 대한 영향, 기술변화의 정도 등 기술적 측면, 기업구조, 계획과정, 의사소통 등의 조직적 측면 등에서 기술혁신에 대한 종합적 고찰을 가능하게 한다.

일반적으로 기술발전을 기술변화의 측면에서 관찰하여 보면 생산개체(단일 혹은 동질적인 유사제품을 생산하는 중소기업 또는 대기업의 제품사업부를 말함)는 그 발전과정에 따라 차례로 기술적인 유동기(fluid; 제품 혁신기), 과도기(transition; 공정 혁신기), 경화기(specific; 점진적 혁신기)의 3단계를 거친다. 이러한 기술변화의 동태적 모형을 요약하면 다음의 [그림 10]과 같은데, 유동기에는 제품혁신도가 높고 과도기에는 대량생산체제 확립을 위한 공정혁신도가 높아졌다가 경화기에 이르면 중요한 기술혁신은 사라지고 점진적 혁신만이 있음을 보여주고 있다.

그림 10 동태적 모형의 개념

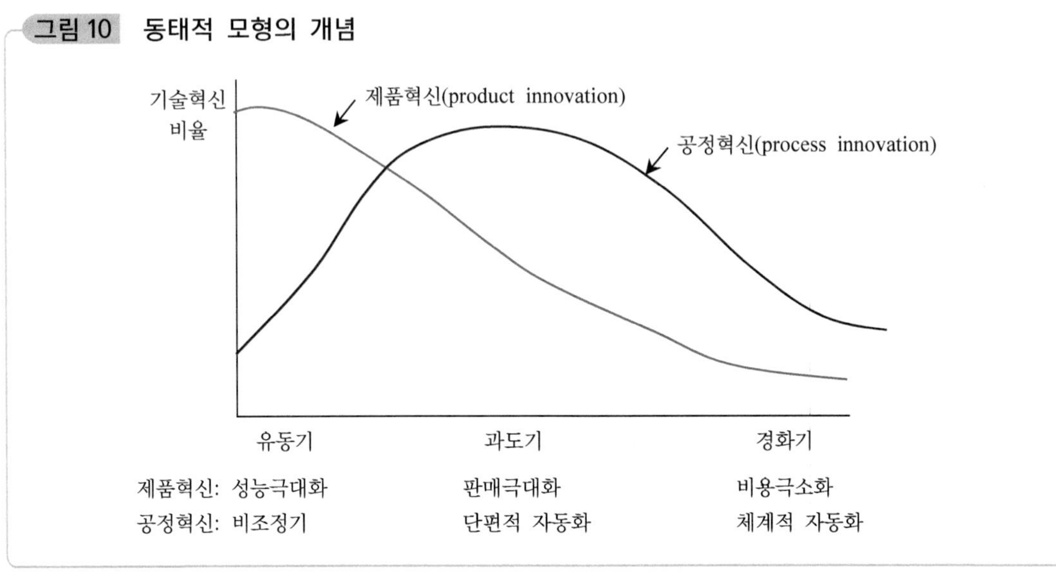

〈출처: Utterback and Abernathy(1975)〉

기술적 유동기에서는 기술혁신을 통한 성능 향상이 가장 중요한 경쟁전략이 된다. 신제품은 같은 기능의 기존제품보다 훨씬 새로운 특성을 가지고 등장하여 빈번하고 급속한 제품개량을 통해 높은 판매이윤을 목적으로 기존제품과 경쟁을 한다. 공정의 경우 시장확대와 시장수요에 대한 재정립 때문에 빈번한 제품변화를 수용할 수 있도록 비표준화 되어있을 뿐 아니라 수동식 작업을 많이 사용하는 비조정(uncoordinate) 상태에 있게 된다. 또한 공정의 흐름은 면밀한 경영 통제를 필요로 한다. 노동력에 있어서도, 같은 이유로 광범위한 기능을 보유한 숙련공 집약적 형태를 취하게 되어 작업자의 과업은 융통성 있게 수행된다. 원료나 부품은 기존업체로부터 조달되며 그 종류와 품질이 심하게 차이가 난다. 그리고 공급업체에 대한 영향력은 제한적이다. 이 시기 조직의 통제는 기업가정신을 바탕으로 하여 융통성 있게 이루어진다. 조직의 규모는 소규모로 설비용량이 명확히 정립되지 않는 상태이다. 이때에는 규모의 경제가 거의 없어 신규참여가 비교적 용이한데, 이러한 기술집약적 중소기업은 풍부한 시장이나 과학기술의 첨단적 발전중심지, 또는 이러한 제품혁신을 과감히 재정적으로 지원할 수 있는 금융 중심지에서 자주 이루어진다.

유동기를 지나 경쟁이 치열하여지고 빈번한 기술혁신을 통하여 제품의 기술이 어느 정도 개발되고 나면 기술적으로 과도기에 들어가게 된다. 경쟁이 치열해지고 빈번한 기술혁신을 통해 제품기술이 어느 정도 확립되면서, 당초 제품성능경쟁에서 품질과 가격 경쟁에 초점이 모아지며 이러한 대량생산체제를 확립하기 위한 공정혁신에 주력하게 된다. 시장의 형태는 대량생산과 이에 따른 대량가격체제가 요청됨에 따라 소규모 기술집약적 기업보다는 연구개발, 생산 및 가격 면에서 상당한 규모의 투자를 할 수 있는 자원이 풍부한 대기업이 유리하게 된다. 제품혁신은 대량생산을 위한 표준화의 필요성에 따라 그 빈도가 줄어들게 되는 한편 유동기에 등장하였던 여러 가지 제품모형들이 적자생존의 원리에 의해 그 중 한두 가지만이 지배적 제품 디자인(dominant product design)으로 남게 된다. 이때에는 시장의 불확실성은 감소하여 판매극대화에 치중하게 되며 성능향상보다는 소비자의 기호에 맞춘 주종제품 모형내에서의 다양화를 꾀하게 된다.

과도기를 거쳐 제품이 표준화되고 생산 공정이 자본집약적인 효율적 체제를 확립하게 되는 경화기에 접어들게 되면, 제품과 공정에 큰 변화를 가져올 획기적 기술혁신은 잘 일어나지 않으며, 점진적 기술혁신이 주류를 이룬다. 또한 시장이 어느 정도 포화 단계에 이르러 비용 최소화 및 체계적 자동화가 이루어진다.

이상에서 살펴본 바와 같이, 동태적 모형은 경쟁 환경과 기업의 기술혁신 전략을 연결시킨 유용한 모형이라 할 수 있다. 후진국으로의 기술이전 및 기술발전 과정을 설명하는 모형으로 사용되기도 하는데, 유동기에는 선진국이 독점적 위치를 점유하다 제품기술이 어느 정도 완숙되게 되면 후발국가로 기술이 이전되게 되고 결국 경화기에 이르러 선진국이 해당 기술을 이용해 비교우위를 누리지 못하게 되면 개도국에 해당기술을 수출하게 된다.

연습문제

1) 기술혁신의 S커브에 대해서 설명하시오.
2) 파괴적 혁신의 유형과 유형별 특징에 대해 설명하시오.
3) 기술혁신과정을 상호작용 모형을 이용하여 설명하시오.
4) 동태적 모형을 이용하여 기술혁신의 과정을 설명하시오.

INTRODUCTION TO MANAGEMENT OF TECHNOLOGY

제3장

기술전략

제3장

기술전략

▪학·습·목·표▪

- 기술전략의 개념을 이해하고, 과거 성공과 실패 사례 분석을 통해서 현대 기업운영에 있어 필요한 시사점을 배운다. 또한, 경영전략과 연계된 기술전략의 목표와 추진 방법에 대해서 학습한다.
- 자체 기술 확보 전략에 대해 이해한다.
- 외부기술의 획득과 활용 전략엔 어떤 것들이 있는지 이해한다.

1. 개요

1.1. 기술전략의 개념

기술전략이란 조직의 목표를 달성하기 위해서 어떤 기술을 어떤 방식으로 어떤 시점에 획득할지에 관련된 의사결정을 하는 것으로써, 기업은 기술(technology)에 대한 니즈(needs)를 도출하고 평가하여 우선순위를 정한 뒤에 이를 바탕으로 기술 획득 방안에 대해 전략적 결정을 하는 프로세스를 거친다.

현대 산업발전에 있어서 기술전략 및 경영전략의 성패에 따라 많은 기업들이 흥하고 망하는 것이 결정되었기 때문에 그 중요성에 대해서 많은 언급이 필요 없을 것이다. 기업이나 조직은 장기 운영방향을 설정하고 이에 따라 성장하는 것을 목표로 한다. 이 성장목표를 달성하기 위한 방법으로 경영전략이 설정된다. 기업의 예를 들면, 소비자의 요구사항을 반영하여 상품과 서비스를 기획하고, 이를 개발하여 생산한 다음 소비자에게 적절한 가격에 전달하여 고객 만족을 극대화하고, 기업도 이윤을 창출할 수 있도록 하는 방법이 경영전략이라고 볼 수 있다. 따라서 경영전략은 기업 전체의 목표를 달성하기 위한 방법이 되고, 이 경영전략을 달성하기 위한 방법 중 핵심 전략이 소비자의 요구사항을 상품과 서비스로 구현하는 기술전략이다.

과거 어느 때 보다 소비자의 요구사항이 빠르게 변화하고 있는 요즈음, 경쟁사보다 빠르게 소비자의 요구사항을 적절한 가격과 품질을 갖춘 상품과 서비스로 구현하는 기술 능력이 없다면 생존하는 것 자체가 어려운 것이 현실이다. 반면, 경쟁사보다 확실한 기술적 우위를 확보한 기업은 기업 규모에 관계없이 고성장을 하고 있는 것도 현실이다. 이 기술적 우위를 확보하기 위한 방법이 기술전략이기 때문에 현대 기업에 있어서 가장 중요한 전략이라고 말할 수 있다.

기업은 우선 연구개발(R&D)을 통해 자체적으로 필요한 기술을 획득할 수 있다. 어느 정도 규모를 갖춘 기업은 대부분 개발조직을 갖추고 있고, 이 개발조직을 통해서 차세대 기술을 개발하는 것이 가능하다. 물론 회사내부에서 개발하는 것이니만큼 개발된 결과물에 대한 소유권도 회사에 있다. 하지만, 시간이 다른 방식에 비해 상대적으로 오래 걸린다는 점과 개발인력을 체계적으로 갖출 경우 조직이 비대해질 개연성도 있다.

기업의 전략에 꼭 필요한 기술이 있지만 자체적으로 개발하기 어려운 경우엔 외부에서 조달하는 방법이 있다. 인수 합병(M&A)을 통해 기술을 사들이는 방식이 그 예이다. 가격 문제는 별도로 생각하더라도, 일단 사는 순간 즉시 전략에 부합하게 적용할 수 있을 것이고 효과도 바로 볼 수가 있을 것이다. 기술에 소유권도 사들였기 때문에 언제, 어디서나 사용할 수 있다는 점도 장점이다. 하지만, 조심스럽게 접근할 필요가 있다. 이 기술이나 제품도 결국은 기술을 가진 사람들이 개발한 것이다. 그런데 합병된 두 회사의 기업문화가 맞지를 않아 인수된 회사의 개발인력들이 회사를 이탈한다면 어떻게 될 것인가. 이렇게 된다면 인수된 회사의 가치는 현재 기술에 대한 소유권에만 한정될 것이고 향후 추가로 개발해야 할 기술의 가치는 사실상 소멸할 것이다. 결국은 돈만 쓰고 인수한 결과가 되면서 남는 것은 없게 되는 현상이 발생한다(삼성전자 AST 컴퓨터 인수 사례, 1999년).

기술을 빌려 쓰는 방식도 있다. 기술을 사는 것보다는 사용할 수 있는 권리만 일정 기간 동안 빌리는 방식이다. 앞에서 설명한 스마트폰에 들어 있는 통신 칩을 예를 들어 보자. 1990년 중반에 아날로그 휴대폰에서 디지털 휴대폰이 개발이 추진될 때 유럽방식인 GSM과 한국이 주도한 CDMA 방식이 추진되었다. CDMA 방식은 한국업체와 전자통신연구원이 주도하여 상용화에 성공하여 현재 한국이 통신시장에 자리 잡는데에도 일조했다. 그런데 상용화를 주도한 것은 한국의 통신업체들이었지만, 핵심인 통신 칩 기술은 당시의 조그만 벤처업체였던 퀄컴이 개발한 것을 사용하였던 것이다. 2000년 들어 통신기술은 엄청난 발전을 하였음에도 불구하고 통신기술의 기초인 통신 칩은 퀄컴이 개발한 것을 사용하고 있는 상황이다. 기술을 빌려 쓰는 방식은 아주 간단하게 추진할 수 있지만, 사업이 성장하고 발전할 경우에도 소유권이 이전 되지 않아 사용료를 지불해야 하는 의무가 생긴다. 물론 사업의 규모가 커진다면, 그만큼 사용료도 커진다는 사실을 염두에 두어야 한다.

1.2. 경영전략과 기술전략

챈들러(Alfred Chandler)는 <전략적 구조(Strategy and Structure: Chapters in the History of the Industrial Enterprise, 1962)>에서 경영전략을 "기업의 장기적 목적 및 목표의 결정, 이들 목표를 실행하기 위하여 필요한 활동 방향과 자원 배분의 결정"이라고 정의하였다. 또한, 기업의 다양한 성장 계획을 수립하고 실행하는 것이 전략이라면 조직의 구조는 "기업을 운영하는 데 필요한 조직의 설계라고 정의하고 조직의 구조는 경영전략에 따라 변한다"라고 주장하였다. 또한, 앤소프(Igor. Ansoff)는 <다각화 전략(Strategies for Diversification, 1957)>에서 "현재 정상에 있는 기업이라도 지속적인 혁신과 경쟁을 유지할 수 없다면 계속 정상에 있을 수는 없다"라고 언급하였다. 기업이 성장하기 위해서는 기존제품을 활용하여 기존시장에서의 시장점유율을 확대하거나(market penetration), 또는 기존제품을 활용하여 신시장을 개발하는 방법이 있고(market development), 신제품을 개발하여 기존시장에 투입하거나(product development), 또는 신제품을 개발하여 신시장을 개발하는 사업다각화(diversification) 등 4가지의 기본적인 성장방안이 있다고 제시하고 이를 행렬 형태로 표현하였다(Ansoff Matrix).

표 1 앤소프의 제품-시장 전략 행렬

	기존 제품/기술	신제품/기술
기존 시장	Market Penetration	Product Development
신 시장	Market Development	Diversification

〈출처: Ansoff(1957)〉

이 이론들을 현대에 적용하더라도 크게 달라질 것이 없는 것으로 보인다. 기업의 궁극적인 목표가 성장하는 것이라고 보면 이에 따라 기업의 활동 방향과 자원 배분을 결정하고 이를 효율적으로 운영하기 위한 조직을 구성하는 것뿐만 아니라, 더 나아가 기존에 보유하고 있던 제품과 신제품(신기술 포함)의 적극적 도입으로 새로운 시장을 개척해야만 성장할 수 있기 때문이다. 단지 60~70년대에는 제품으로만 시장을 개척할 수 있다고 보았지만, 현대는 기술로도 시장을 개척할 수 있기 때문에 제품과 기술을 동일한 수준에서 보는 것이 필요하다.

1.2.1 실패 사례

한때는 해당 사업분야에서 세계 1위로 유명한 브랜드를 지녔던 기업들도 이런 성장원칙을 지키지 못해 경쟁에서 밀려난 사례들이 많이 늘고 있다. 중앙일보는 2014년 기사 "스러진 노키아, 일어선 IBM… 둘을 가른 건 발 빠른 변신"이라는 기사에서 이런 실패 사례들을 중점적으로 다룬 바 있다.

그림 1 1인자에서 추락한 글로벌 IT기업

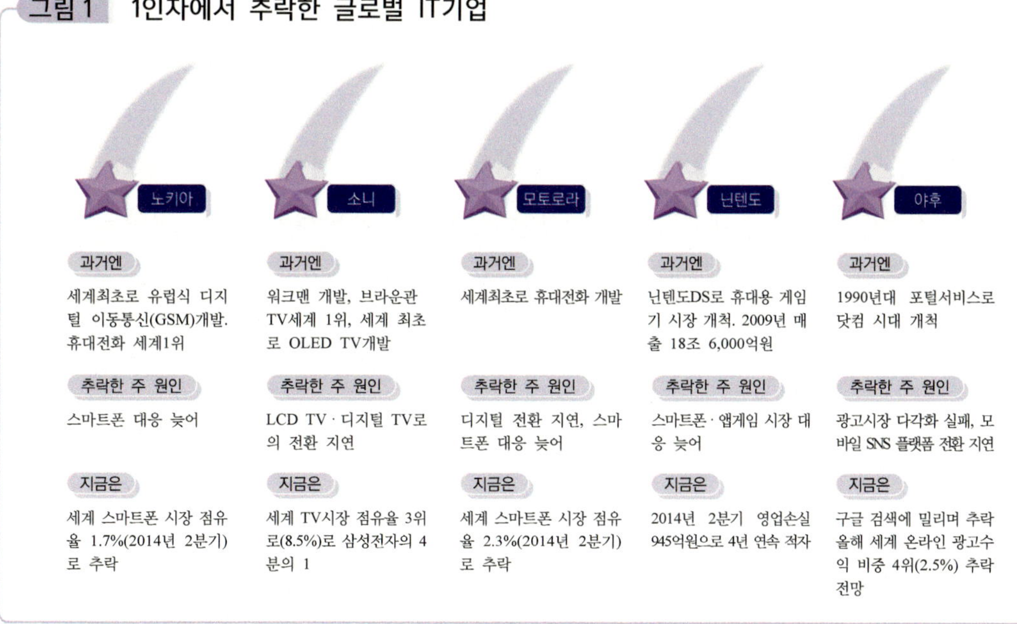

〈출처: 중앙일보, 2014. 10. 8.〉

노키아는 1998년 이후 2011년까지 세계 휴대폰 시장 점유율 30~40%대로 부동의 세계 1위 기업이었으나, 2007년 Apple의 스마트폰에 대응할 수 있는 신제품 도입 지연으로 2014년 4월 마이크로소프트(Microsoft)사에 인수되는 비운을 맞았다. 휴대폰 산업에 신규로 참가한 애플(Apple)은 신제품/신기술인 스마트폰 시장을 창출하여 가고 있었으나 노키아는 기존 휴대폰 시장에서 기존 제품 위주로 점유율 확대를 고집하는 시장 침투(market penetration)에 집착하였다. 하지만, 2010년 이후 휴대폰 시장이 스마트폰 시장으로 급격하게 전환되는 과정에서 세계 1위 업체로서의 입지를 상실하게 되었다. 이는 시장 침투에만 고집하다가 다각화(diversification)에 미진하였기 때문에 나타난 결과로 볼 수 있다.

소니도 1980~1990년대 워크맨과 컬러 브라운관 TV의 절대 강자였으나 2001년 도입된 애플의 iPod과 LCD-TV에 대응이 늦어 지금은 명맥만 유지되고 있다. 소니가 도입한 워크맨은 기존 오디오 시장의 틀을 바꾸며 포터블(portable) 오디오 시장을 열었으나 후에 애플이 도입한 신개념의 포터블 오디오 iPod에 자리를 내주었으며, 브라운관 TV도 아날로그 TV에서는 삼성전자도 감히 넘볼 수 없는 절대 강자였으나 시장이 디지털 TV로 전환되는 과정에서 대응이 미진하여 2015년 현재는 명맥만 유지하고 있다고 볼 수 있다.

모토로라도 1973년 자체 개발한 휴대 전화기로 세계 최초로 휴대전화 통화에 성공한 이후 1983년 DynaTAC 휴대전화기를 상용화 했고 1996년 도입한 StarTAC 전화기는 세계에서 가장 작으면서도 가벼운 전화기로 6천만대 정도 팔려 대중화되었다. 이런 명성에도 불구하고 디지털 휴대전화로의 전환이 지연되고, 스마트폰으로의 전환도 더욱 늦어지면서 지금은 스마트폰 시장에서 잊혀지고 있는 상황이다.

닌텐도는 포터블 게임기 시장에서 한때 세계 시장을 주도했으나 게임의 중심이 스마트폰과 앱 게임 시장으로 급격하게 변화하고 있는데도 기존의 비싼 포터블 게임기를 고집하면서 시장에서 멀어져 갔다. 야후는 닷컴시대를 개척하는 포털 서비스로 한때 세계 시장을 주도했으나 지금은 구글에 밀리며 미국 및 일본 등 일부 지역에서만 서비스를 제공하여 소비자들의 시선에서 멀어지게 되었다.

앤소프가 이미 오래 전에 언급하였듯이 세계 1등 기업이라도 지속적인 제품/기술혁신을 통해서 경쟁을 유지할 수 없다면 계속 정상에 있을 수는 없다는 것이 현실이다. 특히, 최근에는 기술의 주기가 짧아지면서 소비의 요구 트랜드(trends)도 빨라지고 있어 이를 한번 놓치면 따라 잡기가 쉽지 않은 상황이다. 이에 따라 기업의 흥망성쇠 주기도 짧아지고 있다. 특히, 최근에는 기존 제품으로 기존 시장 내 입지를 확대하거나, 신시장을 개척하는 패턴보다는 신제품을 개발하여 기존시장에 투입하거나 완전히 새로운 신시장을 개발하는 사례가 많아지고 있다. 따라서 성장을 위한 신제품/기술의 신속한 도입과 이를 효율적으로 수행할 수 있는 조직의 운영이 절대적으로 필요한 시기가 되었다.

앞에서 설명한 실패 사례에서 나오는 기업들, 특히 이들 1등 기업들이 망하는 과정에서 겪었을 과정에 대해서 짐 콜린스(James Collins)는 <위대한 기업은 다 어디로 갔을까>에서 [그림 2]와 같이 망하는 5단계로 나눠서 설명하고 있다.

그림 2 기업 성장과 몰락의 5단계

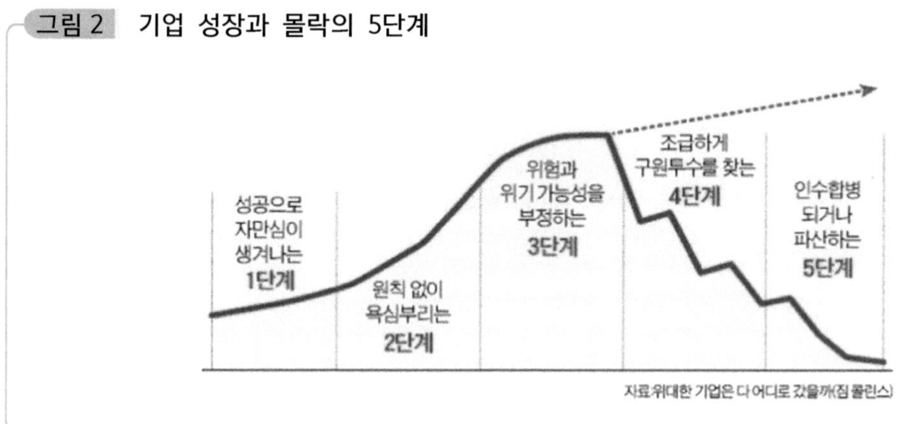

〈출처: "꾸준히 오래 가는 명가의 비밀", (2014.11.7.), 한국경제신문〉

어떤 기업이든 성공하게 되면 사업 추진에 대한 자신감이 많이 생겨나고 이 자신감이 너무 지나치게 되면 성공을 당연시하는 자만심으로 바뀌게 된다(1단계). 한번 성공했다는 경험과 이 성공에 대한 자만심 때문에 더 큰 사업도 성공할 수 있다는 막연한 믿음을 갖게 되면서 무리한 사업확장을 추진하게 된다(2단계). 사업확장을 추진하면서 바뀐 경영환경 변화에 대한 주의 깊은 관찰과 통찰력이 더욱 필요하지만 성공에 도취한 나머지 부정적인 경영환경을 무시하고 유리한 경영환경만을 맹신하게 되는 자기 도취상태에 빠지게 된다(3단계). 그러다가 누적된 위기요인이 한꺼번에 닥치면 이를 한 번에 해결하기 위한 획기적인 회생 방안을 찾기 시작한다(4단계). 하지만, 누적됐던 문제를 한 번에 해결하기 위한 획기적인 회생방안이 성공할 확률은 거의 없기 때문에 결국은 파산하거나 인수 합병되는 절차를 거치게 된다(5단계).

앞에서 언급됐던 사례 중 대표적인 사례가 노키아일 것이다. 노키아는 2000년代에 무려 10년 이상을 디지털 휴대통신기기의 최강자로 군림하였다. 과거 휴대폰 사업을 한번도 하지 않았던 애플이 2007년 스마트폰을 시장에 도입하자 당시 노키아의 최고경영자는 "농담 같은 제품으로 시장에서 통하지 않을 것이다"라며 "우리가 정한 것이 표준이다"라고 호언하며 기존에 추진하던 저가형 휴대폰 전략을 오히려 강화하는 전략을 추진하였다(3단계). 그러다가 스마트폰의 성장이 무섭게 진행되어 상황이 어렵게 되자 이런 상황을 역전하고자 마이크로소프트에서 수석 부사장이었던 스티븐 엘럽(Stephen Elop)을 2010년 CEO로 영입하여 사태의 반전을 도모하였다(4단계). 노키아에 취임한 직후, 엘럽 CEO는 노키아의 위기상황을 "우리는 불타고 있는 플랫폼 위에 서있다"라고 표현하고 또 "우리의 행동방식을 어떻게 변화해야 하는지 결정해야 한다"라고 언급한 메시지를 사내에 전달하였으나 사외에 유출되어 파문이 일었다. 이런 상황에서 2011년 마이크로소프트의 운영체제인 윈도우 폰(Windows phone)을 채택한 스마트폰 전략을 제시하였으나 이미 시장에서는 경쟁력을 잃어 버려 2014년 마이크로소프트에 인수되는 결말을 맞게 되었다(5단계).

1.2.2 성공 사례

General Electric

1987년 미국 경제잡지 포브스에 따르면 1917년 미국 100대 기업을 추적해서 조사한 결과 생존한 기업은 39개에 불과하고, 그 중 시장지위가 70년 동안 개선된 기업은 GE(General Electric)와 코닥뿐이었으나, 코닥은 이름만 유지하고 있어 지금은 GE만 남은 상황이다. 그러면 GE는 어떤 전략을 택했을까?

GE는 1892년 Edison General Electric Company와 Thomson-Houston Electric Company 간 합병을 통해서 탄생하였다(제1장 사례 참조). 이름에서 알 수 있는 바와 같이 발명왕 에디슨이 발명한 전기를 이용한 사업을 초기에 주로 하였으나 현재는 제조와 서비스, 소프트산업으로의 변신을 추진하고 있으며, 글로벌 기업들의 브랜드 가치를 평가하는 인터브랜드(Interbrand)에 따르면 GE의 14년 브랜드 가치는 454.8억$로 글로벌 기업 중 6

위에 (삼성전자는 454.6억$로 7위) 해당한다.

최근까지도 GE의 사업구조에 영향을 미치고 있는 웰치(Jack Welch) 회장이 1981년 취임한 이후 2001년 퇴임할 때까지 20년간 GE는 사업구조의 변신 사례로도 유명하다. 1980년대 GE는 인수합병을 통해서 가전/조명/발전 등 기존사업에서 항공/우주/신소재 등 첨단 산업과 금융/방송 등 서비스산업으로의 전환을 추진하였다. 이 과정에서 미국의 대표적 기업이었던 RCA를 인수하여 방송사업이었던 NBC를 제외한 기타 사업은 다시 매각하였다. 이런 일련의 사업구조 조정을 통한 과정에서 Fix → Sell → Close라는 전략하에 GE가 추진하는 사업은 업계에서 1위 또는 2위를 하거나(Fix) 아니면 매각(Sell), 이마저도 어렵다면 사업 철수라는(Close) 철저한 원칙을 추진하였다. 이런 원칙을 판단하기 위해 GE McKinsey Matrix를 도입하여 사업 경쟁력과 시장의 매력을 기본으로 하여 키워야 할 사업과 유지할 사업, 그리고 매각해야 할 사업군으로 구분하여 추진하였다.

그림 3 GE McKinsey Matrix

Market Attractiveness \ Business Unit Strength	High	Medium	Low
High	Grow	Grow	Hold
Medium	Grow	Hold	Harvest
Low	Hold	Harvest	Harvest

〈출처: www.marketing91.com〉

성장에 필요한 사업을 M&A를 통해서 확보하는 전략을 기본으로 추진함과 동시에 조직의 비대화를 막기 위한 GE 조직의 슬림(slim)화를 추진하였다. 이런 슬림화 과정에서 웰치 회장은 중성자탄 잭(Neutron Jack)이라는 별명으로 불리기도 하였다. 당시 건물은 다치지 않고 사람만 없앤다는 중성자탄이 개발되었는데, GE도 사업의 기본은 유지하면서 합병 과정을 통해 늘어난 인력의 수를 줄이는 과정을 비유하여 얻게 된 별명이었다. 이런 GE의 슬림화 경영방침은 조직 운영에도 반영되어 임직원을 평가하여 하위

10%는 무조건 해고하고 상위 20%는 엄청난 보너스를 주는 당근과 채찍을 동시에 사용하는 인사시스템을 적용하고 최근까지도 이를 운영하였다

이렇게 해서 사업구조를 첨단화하여 어느 정도 성과가 있었으나 1990년대 들어 거대 기업이 되고 또한 인수합병으로 인한 사업 및 조직간 장벽이 형성되자 이를 개선하고자 워크아웃 프로그램(work-out program)이라는 경영혁신 운동을 추진하였다. 이 활동의 주요 목적으로는 조직간 벽을 허물자는 뜻으로 벽이 없는 조직인 Boundary-less 조직을 목표로 하고 Self-Confidence → Simplicity → Speed를 모토로 활동을 추진하였고 이를 실행하기 위해서 타운 미팅(town meeting) 제도를 도입하였다. 즉, GE 임직원의 업무에 대한 자신감을 심어 주고 이를 바탕으로 업무를 단순화해서 신속하게 업무를 처리하자는 활동을 목표로 전개하고 여러 부서가 관련된 업무에 대해서는 타운 미팅에서 협의하여 개선안을 제시하면 의사결정권이 있는 사람이 즉석에서 의사결정을 하는 방식으로 업무를 신속하게 처리하도록 하였다.

GE의 1980년대 경영전략은 성장에 필요한 사업이나 기술을 파악해서 인수합병을 통해 인수하고 이를 다시 분석해 세계에서 1등이나 2등인 사업을 제외하고는 다시 매각하는 전략을 택함으로써 GE가 보유하고 있는 대부분의 사업이 세계에서 1등이나 2등을 유지하도록 하여 성장을 지속하였다. 성장을 위해서 필요한 핵심적인 사업이나 기술을 내부에서 개발하는 것도 방법이겠지만 당시의 GE는 외부에서 인수합병을 통해 조달하는 방식을 적용하였고 조직의 운영 방식도 신속한 결정을 유도하기 위한 형태로 운영하였다.

Apple

1979년 소니가 도입하였던 워크맨(Walkman)은 공전의 히트 제품이었다. 이전까지 음악을 듣기 위해서는 고정된 자리에 있거나 또는 라디오를 통해서 방송되는 음악을 듣는 것만이 가능한 것으로 인식되었지만, 워크맨의 도입으로 언제, 어디서나 개인이 원하는 음악을 자유롭게 선택하여 들을 수 있는 획기적인 방식이었기 때문이었다. 소니는 워크맨이라는 신제품으로 포터블 기기(portable player) 시장이라는 신시장을 개척해서 약 30년간 생산이 종료될 때까지 약 2억대 이상을 판매한 것으로 알려져 있다. 신기술을 활용하여 신제품을 개발하여 신시장을 개발한 결과였다.

그림 4 소니의 워크맨과 애플의 1세대 iPod

이런 워크맨을 대체한 것이 MP3 플레이어 중에서도 특히, 2001년 도입된 애플의 MP3, iPod는 기존 다른 MP3에 비해 디자인과 성능측면에서 차이가 있었다. 워크맨에 비해 상대적으로 소형인데도 불구하고 카세트 테이프 방식을 사용하여 수십 곡만을 수록할 수 있었던 워크맨에 비해 HDD 방식을 적용하여 1,000곡을 수록할 수 있었던 iPod는 애플에 큰 성공을 안겨다 주었다. iPod는 신기술과 새로운 디자인의 신제품을 기존 시장에 도입함으로써 획기적인 성공을 거둔 제품이라고 볼 수 있다.

하지만, 애플은 여기에 그치는 것이 아니라 추가적인 제품 개발을 추진하였다. 2000년대 초반 소비자들은 휴대전화, 그리고 전자메일을 주고받을 수 있었던 기기인 블랙베리와 음악을 들을 수 있었던 MP3를 3개의 별도 기기로 사용하고 있었다. 휴대의 편의성을 크게 개선할 수 있도록 이 3가지 기능을 하나로 통합할 수 있는 새로운 단일기기의 개발이 필요하게 됨을 인식하고, 또한 휴대전화를 통한 전자메일의 시장성이 미래에는 더 크게 될 것이라는 판단에 무선 전화기 개발을 염두에 두게 되었다.

2004년 데이터 통신이 가능하였던 3G 무선 전화기의 시장이 활성화되자, 무선 전화기와 무선 통신사업에 대한 경험이 전무하였던 애플은 모토롤라와의 협력을 통해 무선 전화기와 무선 통신사업자 싱귤러(Cingular)에 대한 경험을 쌓기 시작한다. 그 당시 모토롤라는 신제품인 RAZR폰을 도입하여 시장에서 성공을 거두고 있었다. 모토롤라는 애플과의 협력으로 신제품을 개발하면서 그 당시 모토롤라가 스스로 잘하고 있다고 평가한 휴대폰에 단순하게 음악을 들을 수 있는 기능만 첨가함으로써 시장을 창출할 수 있다고 믿었다. 모토롤라 주도로 무선 전화기에 음악을 들을 수 있도록 개발된 ROKR은 악평을 받아 곧 시장에서 사라지게 되었다.

혹평을 받은 이유는 기존의 전화기에 단순하게 음악을 들을 수 있도록 한 것 이외에는 새로운 뭔가가 없었으며 또한 사용하기에도 불편하다는 것이었다. 음원을 받기 위해서 무선 네트워크에서 직접 다운로드 받기 보다는 PC를 통해야 했으며, 거기다가 저장할 수 있는 음원의 최대 숫자가 100개에 불과하였고 사용자의 편의성을 고려한 인터페이스도 불편하였기 때문이었다. 모토롤라와의 협력으로 도입한 ROKR은 실패하였지만, 후에 iPhone 사업을 추진하면서 절대적으로 필요한 무선 전화기와 무선 통신사업에 대한 금쪽같은 경험을 이 공동사업을 추진하면서 얻게 되었다.

그림 5 Motorola ROKR E1 iTunes Phone

이 실패한 협력관계를 통해 애플은 직접 휴대폰을 제작해야 한다는 필요성을 절감하고 2005년 ROKR의 무선 통신사업자이었던 싱귤라를 직접 접촉해서 새로운 협력체제를 구축하기 시작하였다. 애플 입장에서는 우선, 태블릿 PC에 적용하기 위해서 개발하고 있었던 터치스크린을 휴대폰에도 적용할 수 있다는 확신과, 빠르고 효율적으로 무선 데이터를 송수신할 수 있는 반도체 프로세서들이 이미 개발되어 휴대폰과 iPod의 기능을 무리 없이 소화할 수 있게 되었기 때문이었다. 하지만, 그때까지 한 번도 휴대폰을 독자적으로 만들어 보지 않았던 애플입장에서는 휴대폰의 하드웨어를 실질적으로 제작해 본다는 점에서 많은 어려움을 겪었고, 또한 소프트웨어 측면에서도 단순하게 음성통화 관련 소프트웨어 뿐만 아니라 무선 인터넷을 활용한 데이터 송수신관련 소프트웨어도 새

롭게 개발해야 하는 상황이었다. 이런 어려운 상황에서 애플은 Mobile 산업계의 패러다임을 완전히 바꾼 새로운 스마트폰인 iPhone을 2007년 도입하게 된다. 기존에 별도의 기기로 사용했던 휴대전화, 전자메일을 송수신 할 수 있는 인터넷 기능과 iPod를 하나의 기기로 통합하였으며, 더 놀라운 것은 이 모든 것을 키패드가 아닌 터치스크린 기능과 사용이 편리한 사용자 인터페이스(user interface)를 적용함으로써 사용자의 편리성을 추구하였다는 점이었다.

무선 통신사업자였던 싱귤러 입장에서도 점차 포화되고 있었던 기존 음성통화 위주의 사업에서 무선 데이터 위주로 전환할 수 있는 기회였기 때문에 마다 할 이유가 없었다. 애플이 제안한 기능을 감안하면, 무선 인터넷을 통해서 음원과 비데오를 전송하기 때문에 이익 폭이 큰 데이터의 사용량이 폭증할 것으로 판단하였기 때문이다. 결론적으로 휴대폰 사업을 한 번도 해 보지 않았던 애플과 또 실질적으로 실물 제품이 없었음에도 불구하고 애플의 가능성을 믿고 공동 개발하는 것에 동의한 무선 통신사업자 싱귤러 경영진의 결정으로 새로운 패러다임인 스마트폰 시대가 열린 것이었다.

단순한 MP3 Player였던 iPod에서 새로운 스마트폰으로 전환하는 전략적인 움직임을 택한 애플의 결정은 당시 환경변화를 읽고 이를 주도적으로 개척한 사례로 볼 수 있을 것이다. 단순한 전화기에서 벗어나 인터넷 기능 및 iPod 등과 같은 멀티미디어 기능을 통합한 제품으로 휴대폰시장의 패러다임을 완전히 바꾼 이 제품을 타임(Time)지에서는 2007년 “Invention of the Year”로 선정하기도 하였다.

애플의 경영전략은 iPod에서 얻은 성공의 경험을 iPhone까지 확대한 사례로 볼 수 있다. 특히, 무선 통신과 데이터, 그리고 멀티미디어 기능을 원하는 소비자의 요구사항을 적극적으로 반영하여 하나의 제품으로 구현하는 기술적 혁신까지도 추진하여 얻은 결과이기도 하였다. 즉, iPod와 iPhone과 같은 신제품/신기술을 연속적으로 자체 개발하여 신시장을 창출하여 다각화에 성공한 대표적인 사례라고 할 수 있다.

애플의 iPhone 사례는 시장의 요구사항을 반영하여 기존에 별도의 기기로 사용했던 휴대전화, 전자메일을 송수신 할 수 있는 인터넷 기능과 iPod를 하나의 기기로 통합하였다. 하지만 추가적으로 당시로서는 획기적이던 키패드가 아닌 신기술 터치스크린을 적용하였다는 점과 또한 사용의 편리성이 강조된 신개념의 사용자 인터페이스를 적용했다는 점이 획기적이었다. 기존 기술과 신기술을 접목함으로써 휴대폰 시장이라는 기존 시장에 대응하였지만, 궁극적으로는 휴대폰 시장을 대체한 스마트폰 시장을 창출하였던 것이었다. 혁신적 신상품을 가지고 신 시장을 창조(market-creation)해 나가는 시장선도(market-driving) 전략의 좋은 예이다.

삼성전자

2014년 이후 스마트폰 시장의 새로운 트렌드인 결제 시스템에서 삼성전자의 삼성페이가 유리한 고지를 점령했다. 2014년 애플이 애플페이(Apple Pay)를 시작한 이후 삼성도 무선결제 시스템의 도입을 검토하여 2015년 8월에 출시하였다. 애플이 먼저 출시한 애플페이는 근접무선통신(NFC) 기능을 갖춘 결제 단말기에서만 작동하는 것에 비해 삼성은 기존의 마그네틱 결제 단말기에서도 작동하는 시스템을 갖췄다. 핵심은 마그네틱 보안전송 특허를 보유하고 있던 루프페이(Looppay)라는 업체를 2014년 2월에 인수하여 이 업체가 보유한 기술을 기존의 결제 단말기와 결합하여 단말기를 바꾸지 않고서도 결제가 가능하도록 개발하였다. 삼성전자가 루프페이의 경쟁력 있는 기술을 단번에 확보한 후 6개월 만에 삼성페이를 내 놓으면서 모바일 결제 시장에서의 후발 주자임에도 불구하고 주도권을 위한 경쟁에서 앞서 나갈 수 있었다.

그림 6 삼성전자 · 애플 · 구글 모바일 결제 서비스

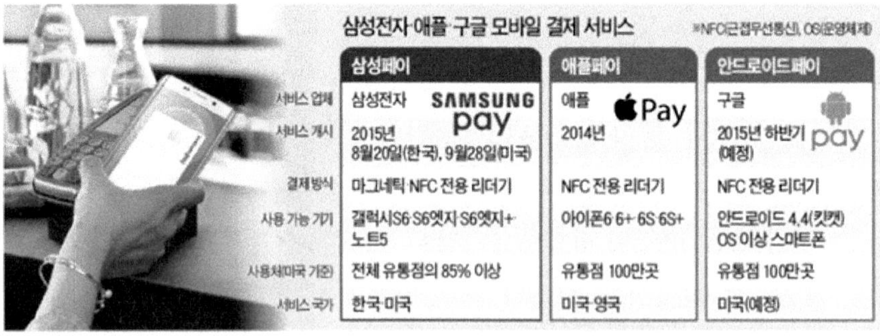

삼성전자·애플·구글 모바일 결제 서비스 ※NFC(근접무선통신), OS(운영체제)

	삼성페이	애플페이	안드로이드페이
서비스 업체	삼성전자 SAMSUNG pay	애플 Pay	구글 pay
서비스 개시	2015년 8월20일(한국), 9월28일(미국)	2014년	2015년 하반기 (예정)
결제방식	마그네틱·NFC 전용 리더기	NFC 전용 리더기	NFC 전용 리더기
사용 가능 기기	갤럭시S6·S6엣지·S6엣지+·노트5	아이폰6·6+·6S·6S+	안드로이드 4.4(킷캣) OS 이상 스마트폰
사용처(미국 기준)	전체 유통점의 85% 이상	유통점 100만곳	유통점 100만곳
서비스 국가	한국·미국	미국·영국	미국(예정)

〈출처: "삼성페이, 애플 압도했다", (2015.10.5.), 한국경제신문〉

과거 삼성전자는 핵심 기술을 대부분 자체 개발하는 등 내부 역량을 통한 성장 전략에 집중했다. 과거에 일부 덩치가 큰 기업들을 인수합병을 했었으나 실패한 사례도 있어, 이후에는 대부분 자체 개발에 치중하였다. 하지만, 최근 이런 기조에 일부 변화가 보이고 있다. 기술력을 가진 조그만 업체들을 인수하여 삼성전자가 보유한 기술과 연계하여 효율성을 높인 기술 및 제품을 선보이는 방식을 택하고 있다.

또, 하나의 사례로 스마트폰의 핵심인 통신 칩을 들어 보자. 스마트폰 기술의 전단계인 이동통신 CDMA기술은 1996년 전자통신연구원(ETRI)이 국내 기업들과 손잡고 세계 최초로 상용화에 성공했다. 하지만, 상용화 기술의 핵심은 당시 벤처기업이었던 퀄컴사가 개발한 기술을 사용한 것이었다. 현재의 스마트폰에도 이 기술은 적용되어 퀄컴사에 로열티를 지불해야 한다. 칩셋이 아닌 휴대폰 전체 매출의 약 5%에 해당하는 로열티를 지불해야 되는 것으로 알려져 있다. 퀄컴이 개발한 통신 칩에 추가하여 현재는 그래픽 컨트롤러 등 수많은 기능이 칩에 추가되어 AP로 개발되고 있으나 아직도 퀄컴의 통신 칩은 필수 불가결한 기본기능에 해당한다. 당시로서는 퀄컴사로부터 특허 사용권을 라이센싱 받아 사용하는 전략을 택하는 것이 최선이었다. 삼성페이를 인수합병한 것처럼 만약 그 때 이 퀄컴의 통신 칩 기술을 인수합병 하였다면 역사가 달라졌을 가능성도 있다.

삼성전자의 전략은 필요한 기술을 라이센싱 하거나 또는 인수합병을 통하여 사들이면서 이 기술들을 기존에 보유하고 있는 기술과 접목하여 새로운 제품이나 기술을 개발하는 방식으로 볼 수 있다.

결론적으로, 성장에 실패한 기업은 환경이 변화하고 있는데도 불구하고 상황파악에 실패하고 과거의 영화를 주었던 기술과 제품에 집착하는 반면, 성공한 기업들은 환경변화를 인식하고 적절하게 대응하면서 이에 필요한 기술과 제품을 개발하거나 도입하는 전략을 복합적으로 사용하면서 성장해 왔음을 사례를 통해 알 수 있다.

일반적으로 기업은 성장하는 목표를 설정하고 이를 달성하기 위해 경영전략을 수립하여 추진하고 자원을 배분한다. 기업의 궁극적인 성장은, 매출 및 판매 등 양적인 성장으로 표현하는 것이 일반적이다. 물론, 사회적 기업(social entreprise)인 경우에는 이런 양적인 지표가 아닌 사회적 인지도 등 기타 질적인 지표 등으로 평가하는 것도 가능하다. 하지만, 대부분의 경우에 양적인 성장이 가능해야 질적인 성장도 가능하다는 점을 감안할 필요가 있다. 이렇게 양적으로 성장하기 위해서는 한 가지 고려할 것이 있다. 현재 영위하고 있는 사업의 비중이 시간이 지날수록 줄어들게 되어 있다는 점이다. 현재 많은 매출을 일으키고 있는 사업이나 제품이 2~3년 후에도 지속적으로 그 상태를 유지할 것으로 기대해서는 안 된다. 아무리 인기가 많은 제품/서비스라 할지라도 시간이 지나면서 소비자들은 쉽게 식상하기 때문이다. 결국 성장하기 위해서는 새로운 제품/서비스를 지속적으로 제공해야만 한다는 결론에 이른다.

그림 7 기존사업과 신규사업의 비중 변화 추이

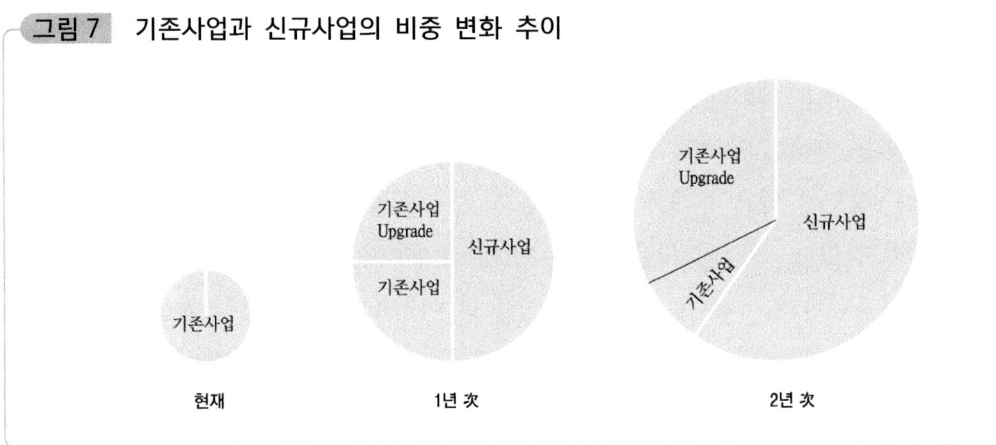

현재 영위하고 있는 기존 사업은 1년 후 비중이 줄어들고 신규사업의 비중이 늘어나고, 2년 후에는 현재의 기존 사업의 비중은 더욱 줄어들고 신규사업의 비중은 더욱 늘어나야 소비자의 새로운 요구에 대응할 수 있다. 기존 사업의 경우에도 조금이라도 개선한 업그레이드 제품을 선보이는 전략이 필요하게 된다. 이렇게 볼 때 현재 기존사업으로 사업을 영위하고 있지만, 동시에 내년과 내후년, 그리고 그 이후를 대비한 신제품을 지속적으로 준비하고 출시할 수 있는 시스템이 구축되어 있어야 한다. 또한, 현재 영위 중인 사업도 지속적으로 개선을 추진하여 보다 향상된 제품을 출시해야 한다.

그림 8 제품/서비스 도입 시나리오

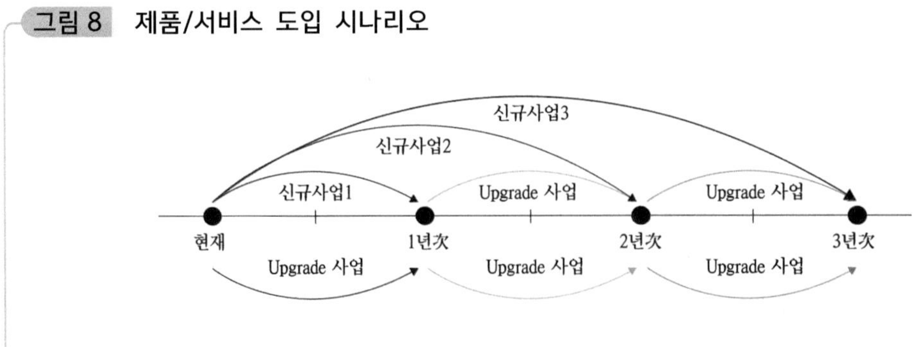

이렇게 다양한 제품과 서비스를 추진하는 과정에서 모든 과정을 전부 다 내부에서 개발할 수 있으면 좋겠지만 그렇지 못한 경우가 많은 것이다. 그렇기 때문에 앞 절에서 언급한 세 가지 기술확보 방안은 복합적으로 사용할 수가 있다. 예를 들어 한 기술을 인수합병 또는 라이센싱 했을지라도 그 기술을 내부적으로 개선함으로써 더욱 나은 차세대 기술을 개발할 수도 있다. 이런 식으로 확보한 기술은 궁극적으로 사업 확대에 적용되어야 의미가 있을 것이다. 여기에서 경영전략과의 연계성을 살펴 볼 수 있다. 경영전략의 궁극적인 목표는 성장에 있으며, 성장하기 위해서는 기존사업과 신규사업의 균형잡힌 추진이 필요하다. 이 기존사업과 신규사업을 동시에 추진하기 위해 핵심적인 기술확보는 반드시 필요하다. 이를 어떻게 확보하고 활용할 것인가의 문제는 기술전략의 핵심과제이다. 결과적으로 경영전략 추진은 기술전략의 확보 없이는 불가능하다는 결론에 이른다.

2. 자체 기술 확보 전략

2.1. 연구개발 전략

기술을 자체적으로 개발하여 신제품을 출시하기 위해 필요한 연구개발 전략의 핵심은 "원하는 시점에 원하는 기능을 개발 완료"하여 시장에 투입할 수 있도록 하는 것이다. 원하는 시점에 개발을 완료하기 위해서는 기업이 갖고 있는 모든 자원을 한꺼번에 모두 투입하는 방법을 생각할 수 있다. 시장이 원하는 상품 개발에 인적 자원을 포함한 모든 개발 자원을 특정한 제품 개발에 모두 투입하여 개발에 승부수를 던진다고 할 수 있다. 이런 방식은 개발 목표가 뚜렷한 경우에 추진할 수 있다.

하지만, 큰 방향의 개발 목표는 주어 졌지만 세부 개발 목표가 정해지지 않은 경우 모든 자원을 한 방향으로 추진하는 것은 위험(risk)가 크다고 할 수 있다. 이런 경우 기업이 보유한 자원을 여러 개로 분산하여 큰 방향의 개발 목표를 향하여 개발하도록 하되 세부적인 개발 목표는 분산된 개발팀이 자율적으로 결정하도록 하여 경쟁체제를 유지하는 것도 방법이 될 것이다.

또, 다른 방식으로는 한 시점에 하나의 개발 목표를 향하여 움직이는 것 보다는 여러 개의 목표를 향하여 움직이도록 하는 것도 생각해 볼 수 있다. 즉, 개발인력의 대부분은 차세대 개발을 추진하지만, 일부는 그 다음세대를, 또 일부는 다시 그 다음세대를 개발하도록 하여 미래에 대비한 개발에 대해서 사전에 준비하는 방식도 가능할 것이다. 이번 장에서는 이런 연구개발 방식에 대해서 논의해 보도록 하겠다.

(1) 집중 전략 - 모든 Resource를 한 가지 목표에 집중

이런 개발 방식의 대표적인 사례는 Apple의 개발 방식일 것이다. Apple은 일 년에 1~2개의 iPhone 신제품만 도입하는 것으로 유명하다. 다른 스마트폰 업체들은 일 년에 다양하게 많은 신제품들을 도입하는 것과 차이가 있다.

김정남의 <애플, 성공 신화의 비밀(2010)>에 따르면 스티브 잡스(Steve Jobs)가 Apple 회장에 1997년에 복귀한 후 PC를 개발하면서부터 이런 전략을 구사하게 된다.

> *"당시 애플은 컴퓨터뿐만 아니라 프린터, PDA, 디지털 카메라, 모니터 등 40여 가지가 넘는 제품을 만들고 있었다. 같은 컴퓨터 라인업에서도 가격과 성능을 달리한 수많은 모델들을 양산하고 있었고, 각 컴퓨터 간의 차이를 설명하지 못할 정도로 특징 없는 제품들을 이름만 달리해서 수십 개씩 내 놓았다. 이는 소비자들에게도 큰 혼란이 되었다. 스티브 잡스는 과감히 제품을 4가지로 압축했다. 우선 고객층을 전문가와 일반 소비자로 나누고, 이들 고객에 맞는 데스크톱 컴퓨터와 휴대용 컴퓨터를 공급하기로 하였다. 제품 개발 방식에도 칼을 대었다. 4개의 제품 라인업에 최고의 팀을 구성해서 하나의 팀이 하나의 제품을 전담하도록 했다. 하나의 모델명에, 하나의 팀이, 하나의 가격과 스펙, 그리고 하나의 디자인이 적용된 단일 제품을 제작한다는 것을 의미했다"*

그림 9 집중전략 - 개발/디자인 Resource 집중

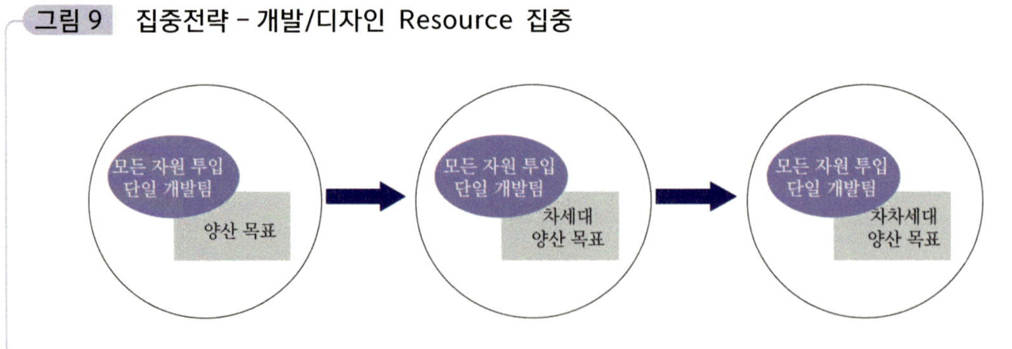

이 방식은 장점과 단점의 양면성을 극단적으로 포함하고 있다고 볼 수 있다. 우선, 장점으로는 개발한 제품들이 상품기획에서 의도한 바와 같이 개발되어 원하던 기능들을 차질 없이 수행하면, 시장에서 호평을 받아 뜨거운 반응을 얻게 될 수 있다. 우리가 익히 알고 있는 iPhone 신제품이 발표될 때마다 시장이 뜨겁게 반응하고 있는 현상과 일치한다. 시장 반응이 뜨겁게 유지되고 또한 이런 현상이 최소한 1년 이상 유지되는 것이 iPhone에서 볼 수 있는 현상이다. 1~2개 제품만이 시장에 도입되고 또 이 제품들의 판매량이 1년 이상 높게 유지되는 경우를 우리는 iPhone 사례에서 볼 수 있다.

이 방식의 또 다른 장점으로는 개발과정과 생산과정에서도 볼 수 있다. 한 제품만 개발하기 때문에 제품에 사용되는 부품도 통일되어 있다고 볼 수 있다. 부품도 한 가지 종류만 사용하기 때문에 부품에 대한 완성도도 높일 수가 있어 추가적인 개선사항도 최소화할 수 있고, 동일 부품의 대량 구매에 따른 구입원가의 절감도 가능하다. 이는 완제품에 대한 원가 경쟁력 확보에도 도움이 된다. 또, 생산과정에서도 필요한 설비의 조정이라든가 공정 조정 같은 사항들이 최소화될 수 있다. 다시 말해서 동일한 제품을 일정기간 이상 지속적으로 생산하기 때문에 생산성 향상과 품질 경쟁력 확보에도 많은 도움이 된다고 할 수 있다.

하지만, 단점도 생각해 볼 수 있다. 원하는 시점에 개발이 완료되지 않거나, 개발이 완료되어 시장에 도입되었지만 시장의 반응이 예상과 달리 뜨겁지 않을 경우 문제가 심각할 수 있다. 원하는 결과를 얻지 못할 경우에 대한 대응 방안이 없기 때문이다. 예를 들어 iPhone에 대한 시장의 반응이 없을 경우, 기업의 모든 자원을 한 제품에 쏟아 부었기 때문에 시장에 도입할 만한 다른 제품이 없을 뿐만 아니라, 다음 신제품이 시장에 도입되기까지 상당한 시간이 필요할 수밖에 없다. 다시 말해서 이 방식은 All or Nothing 방식이라고 볼 수 있다. 이 방식이 성공하기 위해서는 한 제품에 모든 자원을 쏟아 부어서 완벽에 가까운 제품을 개발 완료하고 시장에 도입해야만 성공할 수 있다.

Apple은 스마트폰 도입을 처음 고려할 때는 물론이고 전혀 경험이 없었던 무선 통신에 대한 사업 구상을 할 때에도 이 방식을 적용했다. 예를 들어, iPod에 쓰던 운영체계인 iPod's OS는 무선통신이나 그래픽기능을 처리할 수 없었으며 또한, 맥킨토시 컴퓨터 운영체계인 Mac OS X는 스마트폰에 사용하기에는 너무 많은 기능들이 들어 있어 새로운 운영체계를 만들어야 했다. 이런 상황에서도 스마트폰의 모든 것을 자체적으로 개발하기로 결정한다. 가장 중요한 운영체계뿐만 아니라 안테나 설계, 네트워크 운영 등 무선 통신 관련된 기술과 터치스크린 등 핵심 부품에 대해서도 자체적으로 개발하기 위한 장비와 인력을 확보하기 시작한다. 이렇게 확보된 개발인력을 분리하여 한 팀은 하드웨어, 다른 한 팀은 운영체계를 포함한 소프트웨어로 분리하여 하나의 제품만 개발하도록 운영한다. 이렇게 개발팀을 분리하여 운영함으로써 개발 속도 측면에서 유리하게 작용하여 1년 정도의 기간에 두 팀은 각자 개발을 끝내고 하드웨어와 소프트웨어를 합쳐서 완벽한 하나의 제품을 내 놓았다.

휴대폰 개발 경험이 없던 기업이 스마트폰 개발 목표를 세우고, 필요한 엔지니어와 새로운 테스트 설비를 확보하면서 1년 만에 자체적으로 개발을 추진하는 것이 합리적인 판단이었을까? 어찌 되었던 애플은 내부의 모든 자원을 쏟아 부어 만든 iPhone을 도입함으로써 세상을 놀라게 하였다. 이런 애플의 개발 과정은 대부분 비밀에 쌓여 있지만, Lashinsky의 <Inside Apple: How America's Most Admired-and Secretive-Company Really Works(2012)>와 Panzarino가 전한 애플 개발 방식에서 비용과 효율성 측면보다는 완벽한 제품을 만들기 위해 모든 노력을 기울이고 있다는 것을 알 수 있다. “우선, Apple의 모든 제품 개발은 디자인으로부터 시작한다. 제조방식, 원가, 재료 등 모든 측면에서 전혀 제한을 받지 않고 순수한 비전과 목표에 따라서 디자인을 추구한다. 애플의 목표는 정말로 좋은 제품, 정말로 위대한 제품을 만드는 것입니다”라고 디자인 총괄 책임자가 한 말은 애플 디자인에 대해서 모든 것을 말하고 있다.

차세대 제품의 디자인은 철저한 비밀에 부쳐지며 따라서 디자인 개발실은 제한된 인원만 출입할 수 있다. 일단 차세대 제품이 결정되면 회사의 모든 업무로부터 분리된 개발팀이 구성되고 한정된 임원에게만 보고한다. 그리고 신제품 개발 과정의 모든 절차, 일정, 책임자 등이 자세하게 기록된 애플만의 신제품 프로세스 절차(Apple New Product Process, ANPP)가 적용된다. 매주 월요일 임원 미팅에서 디자인 과정에서의 핵심적인 결정이 이루어진다. 개발이 완료되어 생산이 개시되면, 엔지니어링 책임자(Engineering Program Manager, EPM)와 공급망 책임자(Global Supply Manager, GSM)의 참여가 결정된다. 두 사람은 모두 임원급으로 공급망 책임자는 부품 조달에서부터 구매, 제조, 감독까지 모든 일을 관리하며, EPM은 생산 관련된 모든 전권을 가지며 두 사람의 협력 하에 “제품을 위한 가장 좋은 결정”을 내린다. 이 때문에 EPM은 마피아로 불리운다.

한 모델이 일단 생산되기 시작하면, 다시 디자인, 조립, 테스트의 과정을 거쳐 한 모델을 여러 가지 버전으로 생산하여 내부의 의견 수렴 과정을 거친다. 한 제품을 생산하기 위해서는 지불해야 하는 비용이 크지만 애플에서는 일반적인 절차이다. 또한 소비자에게 제공되는 포장 상자를 효율적으로 열기 위한 최적의 방법을 찾아내기 위해 수많은 시험을 수행한다.

개발에서부터 출시까지 중요한 이정표를 기록한 'Rules of Road'라고 언급된 비밀문서를 작성한다. 이 비밀문서에는 이정표상 단계별 과정을 책임지고 있는 책임자가 명시된다. 이 비밀문서를 불필요한 사람에게 누설하거나 잃어버리는 경우에는 즉각적으로 해고된다.

(2) 경쟁체제를 적용한 집중 전략

집중 투자 전략과 성격이 다른 모델로 경쟁체제 도입이 있다. 원하는 시점에 개발을 완료하기 위해서 기업이 가지고 있는 모든 자원을 한 개발팀에 쏟아 붓기 보다는 개발팀을 여러 개로 분산하여 경쟁을 유도하는 방식이다. [그림 10]과 같이 한 제품의 양산 목표를 정하고 이를 달성하기 위해 개발 팀을 여러 개로 분산하여 동시에 개발하도록 하고 우선적으로 개발하는 팀의 결과물을 양산에 적용한다. 차세대 제품 개발에서도 동일한 방식으로 개발팀간 경쟁을 유도하는 방식으로 진행한다.

그림 10 경쟁체제를 적용한 집중전략

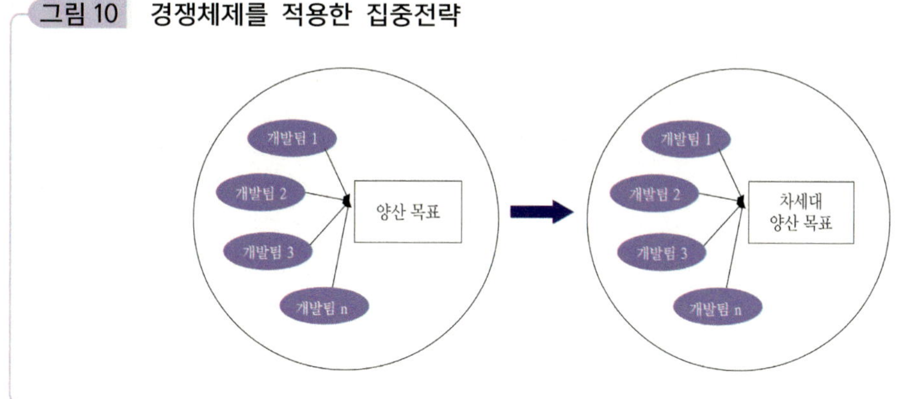

이 방식은 개발 인력 등 자원의 여유가 있는 상황에서 적용이 가능한 방식이다. 또한, 개발의 목표가 100% 확정되어 있기 보다는 어느 정도 큰 목표는 정해져 있지만, 세부적인 개발 목표는 확정되어 있지 않을 경우 고려할 수 있는 방안이다. 이 방식의

장점으로는 우선, 개발인력 및 개발팀간의 경쟁을 유도하여 강한 동기 유발을 유도한다는 점에 있다. 먼저 개발한 팀에게는 승진 등 다양한 포상을 제공하고 차세대 개발에서도 더 잘하도록 분위기를 조성하는 당근을 주는 것으로 볼 수 있다. 그리고 개발 경쟁에 뒤진 팀에게는 이번에는 졌지만, 다음 번 차세대 개발에서는 명예를 회복할 수 있는 기회를 제공한다는 점에서 강한 동기 부여를 할 수 있다.

단점으로는 과열된 경쟁분위기를 조성하여 스피드만을 강조하는 개발을 추구하여 개발자간의 협동심보다는 개인 위주의 개발 분위기를 조성할 수 있다는 점이다. 개인 위주의 개발이 이루어지는 경우 개발자 개개인이 비밀을 만들고 이를 다른 개발자와 공유하기 보다는 자기만의 기술로 남기는 경우가 많다. 예를 들어 고려청자의 경우, 세계가 감탄하는 제품이지만, 만드는 방법에 대해서는 자식들한테도 전수하지 않아 현대에 와서도 만드는 방법에 대해서는 알 수가 없다. 또한, 한때 유행했던 떡볶이 집의 광고에 유명했던 멘트가 "며느리도 몰라"가 유행했던 적이 있다. 떡볶이 집의 핵심 재료인 고추장을 만드는 방법을 할머니만 알고 이 방법을 며느리한테도 전수하지 않는다는 코미디 같은 현실을 풍자한 것이다. 이 같은 사례에서 볼 때 경쟁으로 인한 개발은 신속한 개발 효과도 볼 수 있지만 때론 결과를 공유하지 않아 전체적인 측면에서 볼 때 마이너스 효과를 낳을 수도 있다.

삼성전자의 반도체 개발에도 이 방식이 적용되었다. 1983년 삼성전자가 반도체 산업 진입을 선언한 이후 미천한 기술수준에서 64K D램을 개발하는데 성공했다. 그 이후 256K D램 개발에는 한국의 자체 개발팀과 미국 현지에서 채용한 현지인을 중심으로 한 개발팀간 경쟁을 유도하여 어느 정도 성과를 유지하였다고 볼 수 있다. 이런 경쟁은 후에 1M D램과 4M D램 개발에도 유지되어 개발기간 단축에 활용되었다.

(3) 동시 다발적 병행 전략

개발인력의 여유가 있다고 미래를 생각한다면 생각해 볼 수 있는 것이 [그림 11]과 같은 동시 다발적 병행 전략이다. 이 방식은 개발인력을 분산하여 60% 정도는 다음에 출시하는 차세대 개발에 집중하게 하고 30% 정도는 그 다음세대, 그리고 나머지 10%는 다시 그 다음세대 개발에 투입하는 것이다. 여기에서 또 하나, 중요한 점은 차세대 제품의 개발 완료시 개발인력의 10~20%는 생산으로 전진 배치하여 개발한 결과물의 생산 과정이 차질 없이 진행되도록 한다는 점이다. 개발인력의 충원으로 여유가 생기는 생산인력은 그 만큼을 차출하여 그 다음 세대의 개발인력으로 전환하여 활용하는 방식이다.

그림 11 동시 다발적 병행 전략

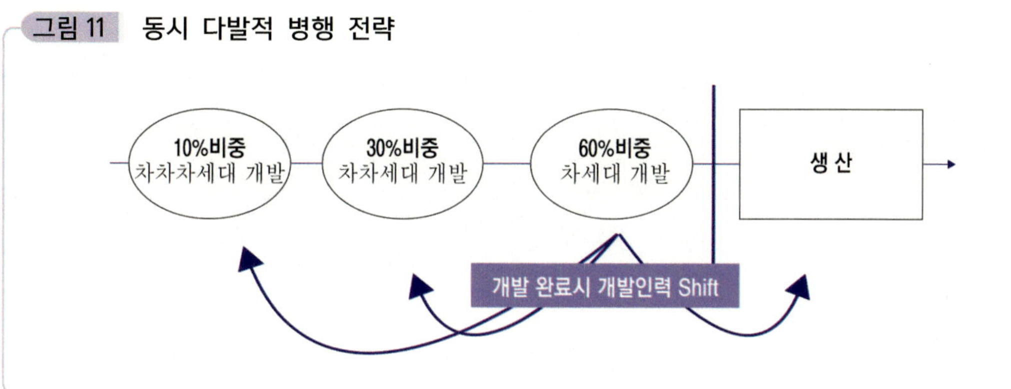

이 방식의 장점으로는 여러 가지를 생각할 수 있다. 우선, 개발인력의 효율적인 운용이 가능하다. 그리고 세대 간 개발에 있어서 필요한 정보를 개발팀 간 공유할 수 있는 체제를 구축한다면 이어지는 세대의 개발기간을 단축할 수 있다. 주기적으로 개발팀 전체의 회의체를 운영함으로써 개발팀 간 진행사항을 공유한다면 세대를 뛰어 넘을 수 있는 개발의 효과를 볼 수 있다.

인력 운영 측면에서도, 차세대 개발 완료시 일부 개발 인력을 생산인력으로 전환 배치하여 생산성을 극대화 할 수 있을 뿐만 아니라, 잉여 생산인력을 다음 차례 개발제품에 투입함으로써 생산 이슈를 사전에 개발에 반영할 수 있도록 하는 점도 장점이다. 또한, 대부분의 개발 인력은 그 다음세대, 또 일부 인력은 다시 그 다음세대로 전환함으로써 개발 노하우(know-how)를 곧바로 그 다음 세대 제품 개발에 활용할 수 있다는 장점도 크다. 이 방식은 반도체 개발과 같이 세대간 개발 이슈가 연결이 되어 있는 경우, 예를 들면 1M → 4M → 16M → 64M Dram과 같이 과제가 지속적으로 연결되어 있을 경우 매우 효과적이다.

(4) 융 · 복합화 전략

앞에서 설명한 방법들이 과거에는 없었던 기술들을 새로운 방식으로 만드는 방법이라고 한다면 이번에는 과거에 있었던 여러 가지 기술들을 복합적으로 응용하여 새로운 기술을 만드는 전략에 대해서 논의하도록 하겠다.

"20세기는 분업화와 전문화의 시대였습니다. 과거에는 분업 제도를 활용하여 한 가지 일을 계속하는 사람이 그 일을 잘하도록 하여 특정한 분야나 기술에 특화하는 것이 우월하다고 생각했습니다. 하지만, 최근 트렌드는 서로 다른 산업군을 두루 이해하고 각자의 장점을 최대한 활용하여 기존의 영역 구분을 뛰어 넘는 융합이 연구개발의 대세가 되었다고 생각합니다."

이는 키어란 머피(Kieran Murphy) GE헬스케어 대표가 2015년 인터뷰에서 한 말이다. GE 그룹의 엔지니어들이 정기적으로 모여 연구 결과를 공유하고 새로운 기술 개발을 위해 논의하는 플랫폼이 있다는 뜻이다. GE는 발명왕 에디슨이 설립한 에디슨 제너럴일게트릭이 모태인데 현재는 에너지, 석유 가스, 헬스케어, 금융, 항공, 운송, 리서치 등 9개 자회사로 나누어져 있다. 또한, 뉴욕, 뮌헨, 상파울루, 방갈로 등 6개 도시에 리서치 센터를 가지고 있고 여기에 5만 명의 엔지니어가 근무하고 있다. 이들은 연구 결과를 GE 스토어라는 플랫폼에 모아 놓고 신기술을 공유하면서 새로운 기술을 개발하는데 시너지 효과를 낼 수 있도록 유도하고 있다.

또한, 마크 리틀(Marc Little) GE글로벌리서치의 최고기술책임자인 수석 부사장은 "GE글로벌리서치의 과학자와 엔지니어는 특정 사업을 위해 일하는 것이 아니라, GE의 모든 사업을 대상으로 합니다. GE글로벌리서치의 기술과 전문 지식이 필요한 곳은 어디서나 이 연구 성과를 공유하고 활용할 수 있습니다. GE글로벌리서치는 오랫동안 연구를 진행하면서 GE의 여러 사업과 프로젝트를 경험했습니다. 그 덕분에 한 사업 분야의 기술 지식을 다른 분야로 전달하기 쉽습니다. GE스토어는 모든 비즈니스를 위해, 다른 어디에서도 제공할 수 없는 기술, 제품 개발과 서비스를 제공할 수 있습니다. GE스토어는 저희가 진행하는 모든 것을 이끌어 주는 혁신 엔진입니다."라고 밝히고 있다.

이런 방식은 GE 외에도 사업부를 여러 개 보유하고 있는 기업이라면 적용 가능할 것이다. 예를 들어 반도체를 아주 잘 하는 사업부가 있다면, 반도체를 적용할 수 있는 디스플레이 사업도 잘 할 가능성이 클 것이다. 최근의 디스플레이 기술은 유리 기판에 반도체를 올리는 기술과 크게 다른 것이 아니기 때문이다. 반도체와 디스플레이를 잘 하는 사업부가 근처에 있다면 TV사업부도 잘 할 가능성이 클 것이다. TV를 분해해 보면 디스플레이와 많은 반도체를 볼 수 있기 때문이다. 이런 논리를 적용해 보면 스마트폰에서도 잘 할 가능성이 아주 클 것이다. 이렇게 동일한 조직 내 각자 강점이 있는 다수의 사업이나 기술이 있다면 효과적인 공유를 통해 상호 성장에 기여할 수 있다. 이런 개발 방식을 공식적으로 펼쳐 놓아 상호 벤치 마킹(benchmarking) 할 수 있는 개발의 場을 펼쳐 놓은 것이 GE 스토어라고 볼 수 있다.

2.2 기술로드맵

하이테크 시장의 기술 및 시장의 불확실성 속에서 기업은 미래 기술 추세를 관찰하고 자원을 체계적으로 관리하는 일이 중요하다. 조직의 전략을 반영한 이정표이자 의사소통 도구인 기술로드맵(technology road map)은 기업이 미래에 개발하려는 신제품의 흐름을 나타내고 새로운 프로젝트를 기획하는 데 유용하게 쓰인다. 기술로드맵은 기업이 주력시장을 더 잘 이해할 수 있게 함으로써 필요한 핵심기술에 대한 투자를 더욱 합리적으로 결정할 수 있게 하는 기술기획 방법이다. 이는 미래시장에서 요구되는 제품을 규명하고 그에 필요한 핵심기술과 필요기술을 도출해 최적의 기술 대안을 선택할 수 있게 하는 시장지향 기술기획과정이며, 특정 제품개발에 필요한 핵심기술과 지원기술을 순차적으로 서술하는 연구개발 기획방법론 중 하나이다. 기술로드맵을 통해 기업은 주력시장을 더 잘 이해할 수 있게 됨으로써 필요한 핵심기술에 대한 투자를 더욱 합리적으로 결정할 수 있게 한다.

기술로드맵은 주로 기업이 새로운 사업에 진출하고자 하거나, 기존 기술과는 전혀 다른 신기술을 개발할 때, 또는 외부환경이 상당히 변화하였을 때 작성된다. 특히 중장기 기술로드맵은 제품에 초점을 두고 작성되기보다는 기술 그 자체에 초점을 둔다. 반면 세부 기술로드맵은 개발 프로젝트 단위에서 기술계통도와 함께 작성될 수 있는 것으로 주로 제품에 초점을 두고 수립하게 된다. 따라서 중장기 기술로드맵에 비하여 자주 작성되거나 변경된다.

그림 12 연구개발 프로세스 내 기술로드맵의 위치 예

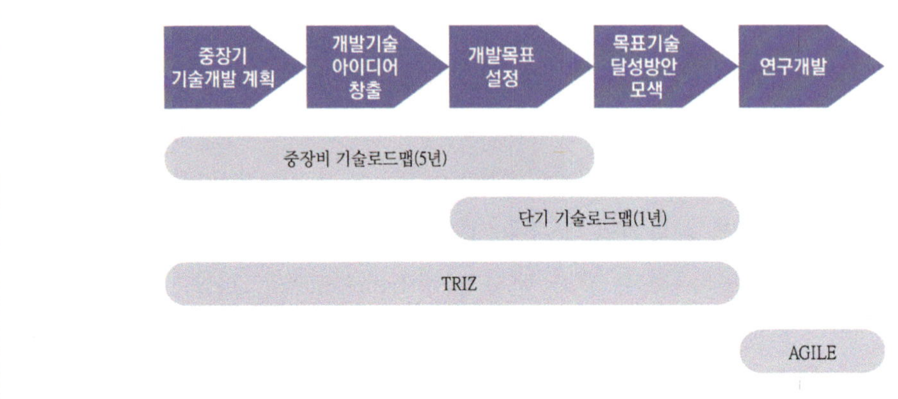

기술로드맵은 다음과 같은 사항을 포함하고 있어야 한다. 먼저, 기술로드맵에는 조직의 생존과 성장을 위하여 중/장기적으로 발전해 나아가야 할 방향과 '조직의 전략'을 반영하고 있어야 한다. 둘째, 현시점에서의 조직이 최종 목표를 달성하기까지 더 구체적인 '단계별 이정표'가 제시되어야 한다. 셋째, 최종 제품이나 서비스를 목적으로 '시장지향적'으로 작성되어야 하며, 넷째, 조직의 자원배분의 순서를 결정할 수 있고 조직구성원들에게 조직의 목표를 명확히 하여 상호 협력이 일어날 수 있는 '조직 내 의사소통의 수단'이 되어야 한다. 다섯째, '조직 외 의사소통의 수단'이 되어야 한다. 대기업의 기준으로 봤을 때, 조직 내뿐만 아니라 조직 간 또는 의사결정권을 갖고 있는 경영층과의 의사소통 수단이 되어야만 기술간 중복 또는 명확한 인터페이스가 가능해진다. 특히 대형화되고 복잡한 제품을 개발하는 하이테크 기업일수록 이러한 부분에 대한 고려가 반드시 필요하다.

기술로드맵 작성 단계는 먼저 조직의 전략과 목표 설정, 대상 분야 결정, 핵심제품 도출 및 성과목표 확정을 거쳐 기술적 대안 도출에 이른다. 그리고 마지막으로 기술로드맵 최종보고서를 작성한다.

2.3. 개발과 생산 연계전략

현대 산업에 있어서 신제품 개발을 완료한 다음 양산을 추진하기까지는 시간차가 있다. 개발은 단지 제품을 만들 수 있다는 것을 증명하는 것이기 때문에, 개발이 완료되었다고 해서 양산하는 데 문제가 없다는 뜻은 아니다. 경우에 따라서는 개발을 먼저 성립시켰다 해도 양산체제를 구축하는데 문제가 있어 양산이 경쟁사 대비 늦게 이루어지는 경우도 발생한다. 또 실제 현장에서는 개발팀과 생산팀 사이에 논쟁이 많이 발생하기도 한다. 개발팀에서는 만들 수 있다는 것을 증명했으니 생산에서 발생할 수 있는 문제는 생산현장에서 해결해야 한다고 주장하지만, 생산현장에서는 대량으로 생산하기 위해서 설비와 공정을 쉽게 컨트롤할 수 있어야 하는데 그렇지 못할 경우 개발팀에 대만 불만을 표시하기가 쉽다. 따라서 개발 완료 후 생산까지의 과정이 순조롭게 연결되도록 하는 것도 중요한 이슈로 부상하고 있다.

이 문제는 1993년 Thomas H. Davenport가 쓴 <과정 혁신(Process Innovation)>에서도 제기되고 있어 뿌리가 깊은 역사를 가지고 있다고 볼 수 있다. "신제품의 시장 도입을 지연시키는 가장 큰 이유는 생산하기 어려운 디자인에 있다고 전자업계의 임원들이 언급한다. 따라서 개발과 디자인 프로세스에서 혁신을 하는 핵심적인 요인은 제품 디자인 프로세스 단계부터 생산을 쉽게 할 수 있도록 하고 또한 품질을 유지할 수 있도록 하는 의사결정이 되도록 하는 것이다"라고 언급한다.

그림 13 과정 혁신(Process Innovation)

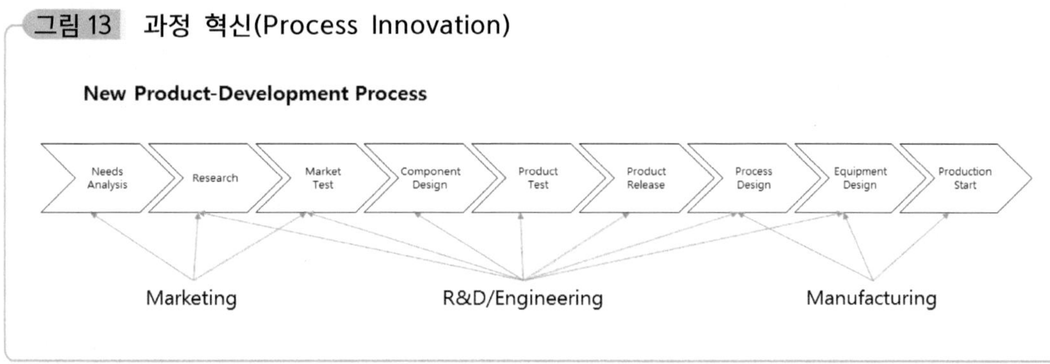

〈출처: Davenport(1993)〉

특히, 후발업체는 선발업체보다 신제품 개발이 늦을 수밖에 없기 때문에 양산과정을 빠르게 따라 잡는 것이 기업 전체로 볼 때도 중요한 이슈이기도 하다. 대표적인 예로 삼성전자의 반도체 사례를 들 수 있다. 1989년 도시바가 먼저 16M D램을 개발하고 삼성전자는 1990년에 개발했지만, 1991년 삼성전자가 먼저 상용제품을 시장에 내놓으면서 D램 부문 세계 1위를 차지하는데 많은 기여를 한 바 있다. 이렇게 할 수 있었던 이유는 다음과 같다.

첫째, 디자인에서부터 대량생산에 이르기까지 모든 단계에서 엔지니어들이 함께 참여하도록 해서 개발 부문과 생산 부문을 긴밀하게 통합했다. 즉, 전부문의 엔지니어가 한꺼번에 병렬적으로 개발과 생산 작업에 참여하도록 한 것이다.

둘째, 삼성전자는 삼성식 태스크 포스(task force, TF)라고 할 수 있는 독창적인 태스크 포스를 운영했다. 태스크 포스는 그물망으로 운영해서 설계와 제조공정이 함께 엮이도록 하는 조직이다. 이 조직의 장점은 기술적인 문제를 빨리 해결할 수 있는 능력에 있다. 예를 들어, 기술적인 문제가 발생했을 때 문제의 원인이 예컨대 다섯 가지 가능성 안에는 확실히 들어 있다는 것을 알아내는 노하우를 터득했고, 이 다섯 가지를 동시에 추적하고 해결해 나가는 방식이다.

셋째, 개발과 생산과정을 통합하여 파일럿 라인에서부터 수율을 사전에 검증할 수 있는 체제를 개발하였다. 즉, 개발단계에서부터 양산 제품의 수율을 알 수 있는 체계를 만들었다는 것이다. 이런 체계 덕분에 2001년 12인치 생산라인의 양산 초기단계에서 골든 수율 80%, 당시로서는 상상도 할 수 없는 수율을 달성했다. 이런 확신이 있었기 때문에 처음부터 대량의 설비를 발주할 수 있어 대량 생산체제를 구축하는 데 있어서도 속도를 낼 수 있었다.

넷째, 내부에 효과적인 지식공유체제를 만들어 나갔다. 개발과 생산 공정에서 수집된 세세한 정보들을 모아둔 광범위한 데이터베이스를 구축하고, 신규라인을 만들 때에 엔지니어들의 절반은 기존 라인에서 일하던 사람들로 배치해서 기존 라인과 신규 라인간의 정보가 자연스럽게 공유되도록 했다.

이 방식의 또 다른 장점은 차세대 제품을 개발할 때 확보한 기술을 현재 생산중인 제품에 적용할 수 있는 여지를 확보할 수 있다는 것이다. 특히, 차세대 제품의 적용시기가 2~3년 후가 되는 경우 등을 가정하면 현재 양산중인 제품도 개선 필요성이 등장할 수 있다. 차세대용으로 개발된 기술을 현재 양산 제품의 개선에 적용한다면 기존 제품의 경쟁력을 높일 수 있을 것이다.

이 과정에서 또 하나 고려할 수 있는 것은 [그림 14]와 같이 개발-생산 간의 통합 운영뿐만 아니라 지리적인 통합도 상당한 효과를 낼 수 있다는 것이다. 많은 기업들이 연구/개발단지와 생산단지를 분리해서 운영하고 있는데 문제가 생겼을 경우 해결하는 과정에서 대면(face-to-face) 미팅을 통한 운영이 효율적일 것이다.

그림 14 차세대 개발 결과의 현 제품 적용

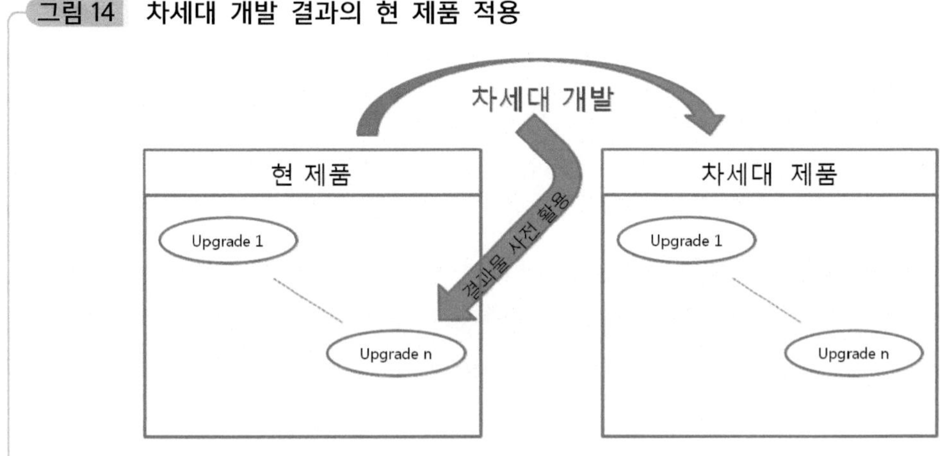

물론 최근에는 화상회의, 전화회의(conference call), 네트워크를 통한 정보 공유 등의 효율적인 운영이 가능하지만 가능하면 서로 얼굴을 맞대고 하는 미팅이 더 효율적인 결과를 낳을 수 있다고 본다.

일본 자동차 회사인 토요타(Toyota)는 1994년 미국 포드자동차의 애틀란타 공장을 벤치마킹한 결과, 생산라인의 개별적인 생산작업에서는 토요타가 우수하지만, 포드차의 부품 수가 적고 또한 공정수도 적기 때문에 공장 전체의 운영에서는 포드가 우수하다는 사실을 발견하였다. 즉, 토요타는 현장 중심으로 낭비를 줄여 왔지만, 이것만 가지고는 부족하고 추가적으로 설계와 개발에서부터 개선해야 할 필요성을 파악하였다.

이런 인식하에 개발기간 단축을 위한 혁신을 추진한다. 1994년 개발총괄인 와다 아키히로(和田明広) 전무는 외관 디자인이 완성되기 전에 컴포넌트 등 기본적인 골격구조가 완성되어 있으면 시간이 단축된다고 생각했다. 선행단계에서 발생하지 않던 문제가 정작 완성된 차에서 발생하면 단축할 수 없기 때문에 선행단계에서 더욱 철저한 체크를 해야 한다는 개발 원칙을 세웠다. 여기에 플랫폼의 통합과 파생차종의 확대 전략과 개발기간의 단축, 모듈 디자인(modular design)에 의한 제조비용, 부품비용의 절감계획을 수립하여 추진했다.

플랫폼이란 '기능계통의 유닛, 부품이 부착된 섀시 한 조'를 말하는데 세대를 초월하거나, 차종을 초월해서 공용으로 사용할 수 있기 때문에 공통토대를 의미한다. 플랫폼 위에 기능계통 유닛이나 부품을 일부 전환하면 다양한 차종의 형태를 구현할 수 있기 때문에 장기적으로 사용할 수 있다. 그는 토요타 차원의 플랫폼을 통합하여 설정하고, 이를 기반으로 다양한 파생 차종을 만들어 낼 수 있는 전략을 세운 것이다. 이렇게 함으로써 새로운 플랫폼을 만들어서 사용할 경우 외관 디자인 결정에서 양산까지 18개월 걸리고 또한 선행 시제품과 정식 시제품을 각각 1회씩 만들어야 했으나, 기존 플랫폼을 사용할 경우에는 시제품 없이 12개월 만에 양산에 돌입하는 표준개발 패턴을 정립하였다.

또한, IT를 활용한 '가상개발시스템'을 도입하였다. 이는 컴퓨터 안에서 가상으로 공장설계, 설비설계, 조립 등 모든 기능을 3차원 데이터로 통합하여 운영하는 것이다. 이렇게 함으로써 설계, 시제품 제작, 실험, 생산과정의 모든 것을 컴퓨터에서 운영함으로써 선행 시제품, 정식 시제품의 수를 줄여서 개발기간, 개발비용, 제조품질의 3박자를 개선할 수 있도록 했다.

다음으로 모듈디자인은 한정된 종류의 부품 조합으로 다양하고 새로운 제품을 설계하는 방법을 말한다. 예를 들면, 레고처럼 한정된 여러 종류의 블록을 조합해서, 자동차, 비행기, 빌딩 등의 다양한 제품을 만들어 낼 수 있다는 개념이다. 스웨덴의 트럭, 버스 제조회사인 스카니아(Scania)사는 소비자가 원하는 제품을 최소한의 부품만을 사용하는 모듈디자인을 통하여 공급하고 있다. 레고처럼 최소한의 부품 종류를 사용하지만, 부품끼리 연결되는 부문의 인터페이스는 표준화되어 있고 시간에 따라 변할 필요가 없는 형태로 디자인되어 있다. 예를 들면, 스카나이사의 엔진은 5개, 6개, 8개의 실린더로 구성된 3개의 모델이 있다. 기본적으로 엔진의 디자인은 유사하고 동일한 부품을 사용하기 때문에 특이한 부품 사용은 최소한으로 유지한다. 모든 엔진에서 동일한 실린더를 사용하기 때문에 실린더의 효율을 높이는 데에 개발을 집중할 수 있다. 이러한 모듈디자인을 토요타 전체에 접목시키는 작업을 추진하였다.

이렇게 토요타는 양산과정에서 생길 수 있는 문제와 비효율을 디자인과 개발과정에서부터 해결하는 노력을 보여 토요타만의 품질과 생산성을 확보할 수 있었다. 이렇듯 선진업체들은 개발과 생산과정에서 생길 수 있는 문제들을 사전에 해결하기 위한 다양한 노력을 해왔다. 이들 노력의 핵심은 개발과 생산 간의 협동 작업을 통해서 대량생산에서 발생할 수 있는 문제들을 사전에 방지한다는 데 있다고 할 수 있다.

또 하나 최근의 트렌드는 산업인터넷을 활용한 스마트 팩토리(smart factory)라고 할 수 있다. 생산 장비를 포함한 공장전체와 소프트웨어의 통합을 통해 생산라인 공정을 최적화할 수 있는 방안을 찾자는 것이다. 즉, "기계－빅데이터－사람"을 연결하여 연결

－통찰－최적화의 3단계를 통해 관리하자는 것이다. 첫 번째 연결은 기계와 기계, 기계와 사람을 연결한다. 이렇게 함으로써 장비를 운영하는 작업자는 각종 기계의 작동 과정을 언제 어디에서나 눈으로 확인할 수 있으며 즉각적인 동작을 취할 수 있게 되고, 기계의 성능을 모든 수준에서 파악하게 된다. 두 번째 통찰은 장비의 점검과 운용에 대한 사항을 예측할 수 있게 되고, 잠재적인 문제를 미연에 방지할 수 있게 되어 공정에 대한 관리 능력을 향상한 통찰력을 가지게 된다. 셋째인 최적화는 다운타임을 줄이는 동시에 생산성을 높이고 위험을 감소시킨다. 즉, 기계의 평상시 작동 효율을 개선하고 효용성을 높여 최적화할 수 있다. 이렇게 되면 공장은 '생각하는 공장' 즉, 스마트 팩토리가 된다. 센서, 빅데이터, 제어 기술, 로봇 기술 등을 통합 운영할 수 있는 시스템을 활용하여 생산성을 높이고 기계의 성능을 최적화할 수 있다. 공상과학영화에 나오는 무인 공장을 상상하면 어렵지 않을 것이다.

3. 외부기술 획득 전략

3.1. 개방형 혁신

3.1.1. 개념

과거에는 기업이 기술을 획득하는 가장 중요한 원천은 자체 연구개발 활동이라 생각하면서, 외부에서의 기술획득은 보완적인 활동으로 간주해왔다. 그러나 최근 기술지식 원천의 다양성, 제품수명주기의 단축, 기술의 융·복합화 등으로 인해 발생할 수 있는 다양한 위험요인들에 대한 대응력 제고와 제한된 내부 기술혁신 역량을 보완하기 위해 지식을 외부로부터 획득하려는 활동이 점점 활발해지고 있다. Chesbrough(2003)는 "내부의 혁신을 가속화하고 혁신의 외부사용으로 시장을 확대시키기 위해 목적성을 가지고 지식을 유입하고 유출하는 활동"을 '개방형 혁신(open innovation)'으로 정의하였다.

혁신의 원천이 기업내부뿐만 아니라, 고객을 포함한 외부의 다양한 이해관계자들에도 있기 때문에 조직간 협력, 기술이전 및 확산, 사용자 혁신 등에 관한 필요성은 이미 오래전부터 지속되어 왔다. 따라서 개방형혁신을 새로운 기술혁신 방법론이라고 할 수는 없지만, 기업의 기술혁신 전략을 통합적으로 설명할 수 있는 체계적인 프레임워크를 제시하였다는 점에서 의미를 찾아볼 수 있다.

그림 15 폐쇄형 혁신과 개방형 혁신 모형

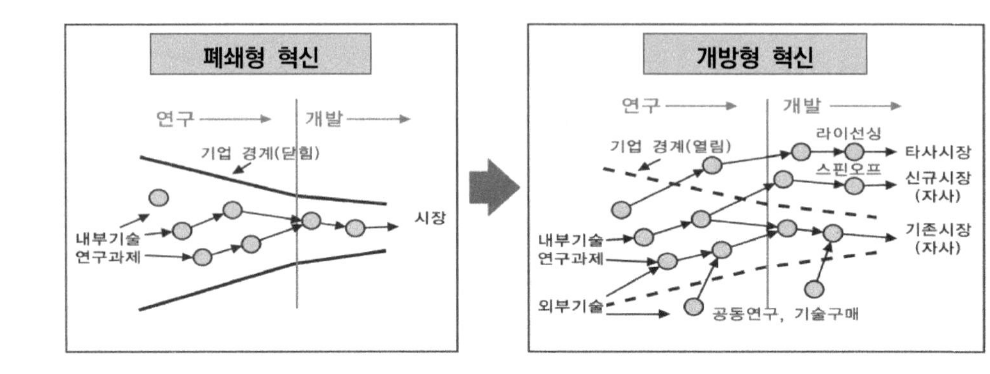

〈출처: Chesbrough(2003)〉

개방형 혁신은 철저하게 비밀을 유지하면서 자체 역량에 의존해 기술 개발을 추진했던 폐쇄형 혁신 모델과는 <표 2>와 같이 큰 차이가 난다. Chesbrough(2003)는 개방형 혁신을 외부 지식의 활용이 일회성에 그치거나 내부 지식을 보완하는 제한적인 형태로 적용되는 것이 아니라, 외부 지식을 내부 지식과 동일한 중요도로 취급하고, 외부의 기술도입과 내부 보유 기술의 시장 진입을 위해 지속적으로 노력하는 형태를 띈다는 점에서 차이가 있다고 주장한다. 따라서 폐쇄형 기술혁신과 개방형 기술혁신의 차이는 단순히 외부기술을 사용하거나 내부기술을 외부로 이전하는데 있지 않으며, 기업이 현재의 기업 생태계 환경에서 살아남기 위한 큰 틀의 전략을 모색하는 패러다임 변화 측면에 있다고 할 수 있다.

표 2 폐쇄형 및 개방형 혁신의 기본 가정과 특징

폐쇄형 혁신	개방형 혁신
우리 분야에서 가장 똑똑한 사람들이 우리와 함께 일하고 있다.	가장 똑똑한 사람 모두가 우리와 함께 일하는 것은 아니다. 내부와 외부 모두에서 똑똑한 사람을 찾아야 한다.
연구개발로 성과를 내려면 우리가 스스로 아이디어를 내고 연구개발을 해서 고객들에게 서비스해야 한다.	내부 연구개발과 마찬가지로 외부 연구개발이 엄청난 가치를 만들 수 있다.

폐쇄형 혁신	개방형 혁신
우리가 먼저 개발했다면 반드시 우리가 먼저 시장에 제품을 내놓아야 한다.	반드시 우리가 개발한 기술로만 이익을 얻을 필요는 없다.
혁신적 기술을 최초로 상용화한 회사가 경쟁에서 이길 것이다.	시장에 처음 출시하는 것보다, 좋은 비즈니스 모델을 만드는 게 더 중요하다.
우리가 산업 내에서 최고로 좋은 아이디어를 만들어내면 승리한다.	우리가 내부나 외부를 가리지 않고 최고의 아이디어를 활용할 수 있다면 승리한다.
우리의 지적자산을 잘 보호해 경쟁자들이 이로 인해 이익을 얻지 못하게 해야 한다.	다른 사람이 우리 지적자산을 이용해서 돈을 벌 수도 있으며 타인의 자산을 사들여 새 사업모델을 만들 수도 있다.

개방형 혁신 모델에서는 외부의 아이디어가 기업 내부로 유입돼 연구개발 과정을 거쳐 상업화되기도 하며, 자체 개발한 기술이 외부 기업으로 유출돼 다른 회사에서 상용화가 이뤄지기도 한다. 이러한 변화가 촉발된 배경에는 그동안 대기업 중앙연구소가 주도했던 지식의 원천과 사업화 역량들을 대학, 연구소와 더불어 IT기술로 무장한 혁신기술기반의 벤처기업 등이 일정부분 담당하기 시작하면서 혁신의 원천이 분산되었다는 사실이 있다. 또한 벤처캐피탈 등 다양한 사업화 자금조달원의 증가, 고등교육에 힘입어 증가한 우수 연구 인력들의 활발한 이동과 동시에 IT기술의 발달로 다양한 기술 원천에 대한 접근 가능성이 높아진 것 등이 중요한 요인이다.

기업 입장에서 보면 이러한 외부 기술 환경의 급격한 변화에 점점 더 새롭고 다양한 제품을 빠른 시간 내에 생산해야만 생존이 가능하기 때문에 기업 내부의 자원만을 고집할 수는 없게 되었다. 수명주기가 짧은 IT제품의 경우 제품 하나를 개발하기 위해서는 반도체, 통신, 소프트웨어 등 다양한 분야의 기술이 복합적으로 요구된다. 이러한 기술의 융·복합화는 여러 산업 분야에 걸쳐 빠르게 진행되고 있기 때문에, 기술변화 속도에 적응하면서 복잡한 기술을 모두 기업 내부에서 만들어내기에는 거의 불가능한 상황에 직면하였다. 더욱이 아무리 좋은 기술을 개발할지라도, 적기에 시장에 출시하지 못하면 성공을 장담하기도 어려운 상황이라는 점도 개방형 혁신전략이 주목받게 된 이유다.

Chesbrough(2006)는 이처럼 개발비용의 증가와 기술수명 주기의 단축으로 인한 수익성 악화를 개방형혁신을 통해 해결할 수 있다고 주장하였다. 즉 [그림 16]과 같이 외부

자원을 활용하여 혁신비용을 절감하고 다양한 방식의 외향형(out-bound) 기술이전 활동을 통해 수익을 극대화하는 개방형 혁신을 채택하는 것이 기업의 지속가능성을 확보하는 최선의 방법이라 하였다.

그림 16 개방형 혁신의 비용절감과 수익창출 효과

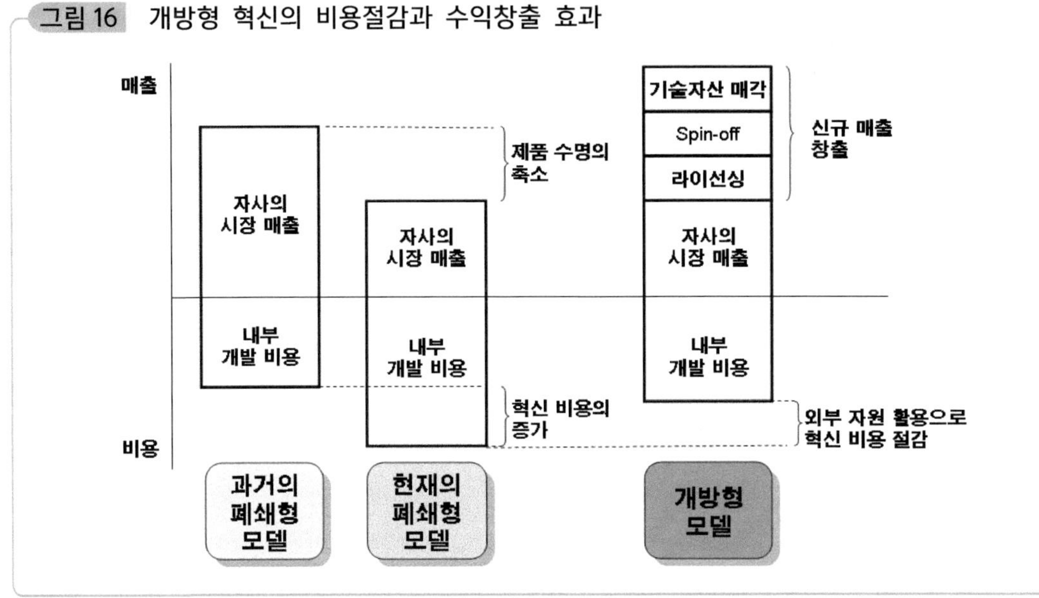

〈출처: Chesbrough(2006)〉

현대 기술혁신 활동의 높은 불확실성, 급격한 기술 변화, 대규모 투자자금의 필요성 증가 등으로 한계에 부딪친 기업들이 내부의 능력만으로 모든 기술을 개발하는 데에 어려움을 겪게 되자, 외부와의 적극적인 협력을 통한 개방형 기술혁신(open innovation)은 세계적인 추세가 되었다. 그 결과 공동 연구개발, 아웃 소싱, 인수 · 합병 등 다양한 형태가 등장하게 되었다.

이러한 개방형 혁신활동을 통해 기술혁신에 소요되는 대규모 자본부담을 경감하고, 각 주체들이 보유한 특수 자산(specific assets)을 상호 교환함으로써 자신의 자산을 보완할 수 있으며, 기술혁신 시간을 단축시킬 수 있다.

그러나 개방형 혁신활동을 통해 기업은 외부 혁신주체로부터 광범위한 편익을 얻을 수 있고, 직접적으로는 기술혁신과 같은 성과를 창출할 수도 있지만, 개방형혁신 활동의 원천과 방식의 무제한적 활용이 기술혁신 성과를 극대화시킨다는데 대해서는 부정적인 효과도 발생할 수 있다. 즉, 외부 지식에 대한 과도한 탐색비용, 흡수역량의 결여, 집중력 분산으로 인해 외부 지식의 활용 수준과 기술혁신 성과 간에는 역의 U자형 관계가 존재한다. 또한 협력 파트너들의 기회주의적 행동 혹은 기술유출과 같은 문제들로 인해 기술 및 연구개발 협력은 기술혁신 성과에 부정적 영향을 미칠 뿐만 아니라 협력 파트너들 간 복잡한 연계로 인해 발생하는 높은 조정비용이 성과에 부정적 영향을 미칠 수도 있다. 따라서 개방형 혁신을 하나의 필수적인 기술혁신 전략이라기보다는 기업이 처한 다양한 환경과 내부역량 등을 고려하여 필요에 따라 전략적으로 선택할 수 있는 대안이라는 관점에서 접근하는 것이 바람직하다.

3.1.2. 개방형 혁신 유형

개방형 혁신 활동을 크게 "내향형(outside-in)" 개방과 "외향형(inside-out)" 개방으로 나눌 수 있다. 전자는 기업이 기술혁신 과정에서 외부로부터 기술이나 아이디어를 얻는 것을 가리키며, 후자는 기업이 기술을 외부로 내보내서 자사의 기존 비즈니스 모델이 아닌 다른 경로를 통한 상업화를 모색하는 것을 의미한다. Chesbrough는 구체적으로 어떤 활동들이 이 두 유형에 속하는지를 명시적으로 정리하지는 않았지만, 다음 <표 3>과 같이 정리될 수 있을 것이다.

실제 기업의 혁신 활동에서는 두 가지 이상의 개방형 혁신 활동이 연쇄적으로 일어나기도 한다. 예를 들어 기술 탐색을 위해 벤처기업에 소규모 지분 투자를 한 후에 해당 벤처기업의 보유 기술이 유망하다고 판단될 경우 특허의 실시권을 구매(license-in)할 수도 있다. 대학에 대해서도 연구소를 세워주거나 대규모 연구비를 일괄 지원하는 형태로 장기 지원 협약을 맺은 후에 유망한 연구 성과가 나오면 후속 공동연구를 추진하기도 한다. 또한 인터넷 등을 통해 특정한 기술적 문제의 해결책을 공모한 후 여기에 응모한 해결책에 대해 추가 연구가 필요할 경우 응모자와 함께 공동개발을 추진하기도 한다. 신약 개발 과정이 모듈화되어 있는 제약 산업의 경우는 신약 후보물질의 구매와 판매가 매우 빈번하게 일어나서, 벤처기업이 대학에서 초기 후보물질을 구매(license-in)한 다음 전임상이나 임상 초기까지 개발을 진행시켜서 부가가치를 높인 후에 다시 거대 제약회사에 판매(license-out)하는 경우도 많다.

표 3 개방형 혁신의 유형과 종류

유 형	종 류	내 용	비 고
내향형 개 방	기술구매	금전적 계약을 통해 외부의 기술을 구매	특허권 라이센싱[1]이 대표적
	공동연구	외부 기관(주로 대학)과 공동으로 기술개발 프로젝트를 추진	보통 지적재산권의 공유를 수반
	연구계약 (위탁연구)	특정 요소기술 확보나 시험평가를 위해 외부 기관에 연구용역을 의뢰	지적재산권의 공유는 없으며, 신약개발에서 CRO(Contract Research Organization, 임상시험수탁전문기관)가 대표적
	장 기 지원협약	대학 등과 연구성과 사용에 관한 협약을 맺고 대규모 연구비를 일괄 지원	보통 발생하는 특허의 지분이나 우선 실시권을 기업이 얻는 조건
	합 작 벤처설립	타사와 공동으로 벤처기업을 설립하고 특정 기술의 사업화를 추진	합작 벤처는 제품 개발 완료 후 매각/인수를 통해 소멸되기도 함
	벤처투자	신기술 탐색이나 우선 실시권 확보를 위해 벤처기업에 지분을 투자	다른 벤처캐피탈과 협력하거나 직접 벤처캐피탈을 설립
	기업인수	유망 기술의 도입을 위해 기술을 보유한 기업(주로 벤처)을 인수	시스코, 파이자 등이 이 방식을 자주 사용하는 대표적 기업
	해 결 책 공 모	기술적 문제를 인터넷 등을 통해 전문가들에게 공개하고 해결책을 공모	NineSigma 등 전문사이트 활용
	사 용 자 혁 신	사용자에게 개발 툴을 제공하거나 사용자의 피드백을 받아서 신제품 개발	의료기기, 게임, 완구 등이 대표적
	집단지능 활 용	다수 전문가들의 자발적 참여를 통해 하나의 기술에 대한 지속적 개선 추구	기술의 사적 소유권을 불인정, open source S/W가 대표적
외향형 개 방	기술판매	자사의 기술을 판매하여 타사의 비즈니스 모델을 통해 사업화를 모색하고, 로열티 수입을 통해 수익 창출을 극대화	기업내에 사장된 휴면 특허를 파는 경우도 있지만, 처음부터 기술판매를 목적으로 기술 개발을 하는 경우도 있음
	스핀오프 (Spin Off)	자사의 현재 비즈니스 모델로는 사업화가 어려운 기술에 대해 벤처기업을 설립하여 새로운 비즈니스 모델로 사업화를 추진	미활용 기술의 사업화, 사업 다각화 모색, 신성장동력 사업 창출 등이 목적

1) 기업의 라이센싱 행위에 영향을 미치는 요인에 관한 연구는 Kim(2004)과 Somaya, Kim, and Vonortas(2011) 참조

3.1.3. 개방형 혁신 전략

외부 파트너와의 효과적인 기술 협력을 위해서는 기업이 보유하고 있는 역량(capability)과 자산(asset), 해당산업 환경특성, 비즈니스 모델을 고려해 가장 적합한 협력 방식을 선택하는 것이 중요하다. 산업재 생산기업이 소비재 생활용품 기업인 P&G의 C&D(Connect & Develop) 성공사례를 그대로 따라할 경우 외부 파트너의 특성, 고객의 특성, 제품 수명주기의 상이함 등으로 인해 원하는 목적을 달성하는 것이 어려울 수 있다.

개방형 혁신을 협력의 참여정도와 의사결정구조로 나눴을 때 [그림 17]의 하단부를 폐쇄 · 개방형 혁신(closed open innovation)으로 볼 수 있다.

그림 17 Open Innovation 협력 · 유형

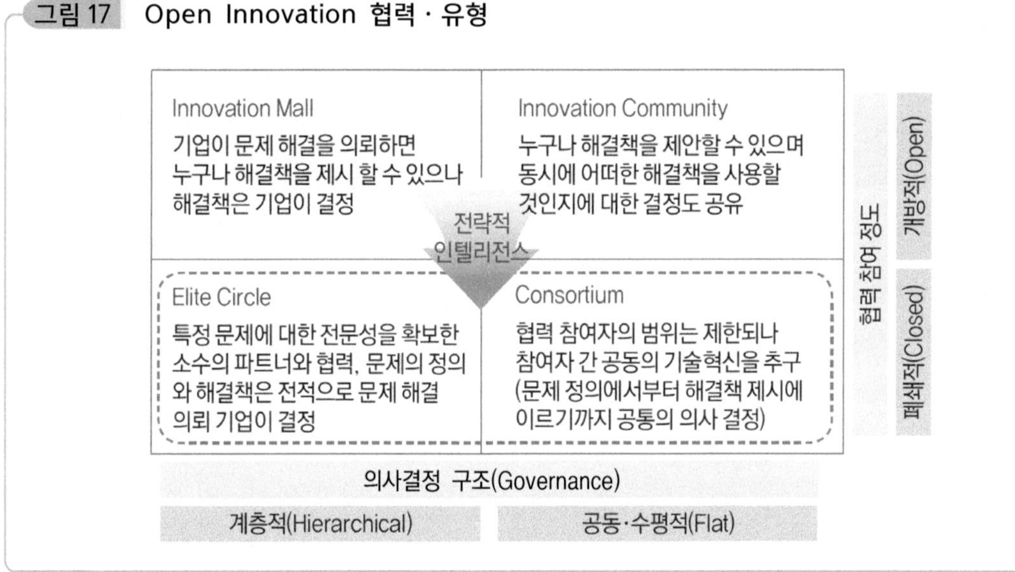

〈출처: "새로운 기술패러다임의 키워드: 제한적 개방혁신 · 기술생태계 · 역혁신", (2013), 동아비즈니스리뷰 참고 재가공〉

개방형 혁신을 협력의 참여정도와 의사결정구조를 기준으로 [그림 17]과 같이 4가지 유형의 세부전략으로 구분할 수 있다.

Innovation Mall처럼 협력의 참여 정도를 개방적으로 할 경우 방대한 양의 아이디어를 얻게 될 가능성이 높아진다. 아이디어가 늘어날수록 다양한 관점을 활용함으로써 아이디어의 질이 함께 높아질 가능성이 크다. 이러한 개방적 협력참여의 대표적인 방법으로 많은 기업들이 혁신 경연대회를 개최한다. 일종의 역경매(reverse auction)인데, 기업이 상금을 제시하면 참가자가 활용 가능한 해결방안을 앞세워 응찰하는 것이다. 참가자의 숫자와 아이디어의 질에 따라 경연대회를 주최하는 조직이 얻는 가치가 달라진다. 다만 이 경우 기업과 아이디어 창출자 간의 계약으로 인해 문제가 발생할 수가 있다. 아이디어가 개발된 이후 아이디어를 구매하게 됨으로써 '애로우의 정보역설(Arrow's information paradox)'이라 불리는 상황이 발생될 수 있다. 즉, 아이디어가 공개되면 잠재 구매자가 아이디어의 실체를 파악한 후 대가 지불을 거절할 수 있다. 또한 기업이 자신의 아이디어를 베낄지도 모른다는 두려움에 재능 있는 혁신가들이 경연대회 참가를 포기한 탓에 수준이 낮은 아이디어만 경연대회에 난무할 수도 있다. 이를 극복하기 위해 공정하게 거래한다는 평판을 구축하고 신뢰를 확보하는 것이 중요하다. 혁신 경연대회 플랫폼으로 알려진 '이노센티브(innocentive)'의 경우 좋은 평판을 확보하고 유지하기 위해 아이디어가 적절히 사용되고 제안자들이 적절히 보상받았는지 확인하는 등의 장치를 활용하고 있다.

협력의 참여방식을 개방적으로 할 경우 발생할 수 있는 또 다른 문제는 아이디어 창출에 따른 비용이다. 아이디어와 해결방안 생성을 위해 투입해야 하는 비용이 늘어나면 경연대회 참가자가 줄 수 밖에 없다. 따라서 참가자의 투자비용을 낮추기 위한 노력의 일환으로 디자인 도구를 제공하거나, 복잡한 문제를 덩치가 작은 여러 조각으로 쪼개는 방법을 활용하기도 한다.

협력의 참여를 개방적으로 하면서 최종의사결정까지도 수평적으로 개방하는 방법(Innovation Community)도 있다. 고객의 요구가 급격하게 변하는 제품을 주로 취급하는 조직들은 혁신 프로세스를 구성하는 두 가지, 아이디어 창출과 아이디어 선택 모두를 개방할 수 있다. '스레드리스(Threadless)'는 티셔츠 디자인을 확보하고 선택하기 위한 온라인 커뮤니티를 구축하였다. 다양한 가정용품을 생산하는 일본 소매기업 '무지(Muji)'도 소비자들에게 자사의 핵심제품을 수정하고 재조합할 수 있는 기회를 제공한다. 미국 애리조나에 위치한 '로컬 모터스(Local Motors)'는 고객, 디자이너, 자동차 애호가 등으로 이뤄진 커뮤니티를 적극 활용하여, 소규모로 최종 선택된 자동차를 생산한다.

소프트웨어 부문에서는 오픈소스 코딩 프로젝트를 통해 외부인들에게 소프트웨어 코드에 들어갈 디자인을 개발하고 선택할 수 있는 기회를 제공하는 사례가 증가하고 있다. 오픈소스 소프트웨어의 급격한 성장은 지속적으로 코드를 생성하고, 수정하고, 선택하는 활발한 소프트웨어 개발자 커뮤니티가 있었기 때문에 가능했다.

수천명의 개발자들이 핵심 플랫폼상에서 틈새 소프트웨어 앱을 개발할 수 있도록 지원하는 양면적 플랫폼도 하나의 전략이 된다. 이런 과정을 통해 개발된 앱은 소비자에게 판매되며, 판매 가격의 일부가 플랫폼 운영자에게 돌아간다. 애플의 앱스토어가 가장 성공적인 양면형 플랫폼으로 여겨지는 경우가 많다.

이에 반해 폐쇄 · 계층적(closed hierarchical) 모드는 제한된 참여자와의 협력을 통해 문제의 해결책을 모색하는 방법으로 특정 문제에 대한 전문성을 확보한 소수의 파트너와 협력하는 형태이다. 이 경우 문제의 정의와 해결책의 결정은 전적으로 문제해결을 의뢰한 기업에 의해 수행되는데, 이러한 폐쇄 · 계층적 모드는 특정 분야의 엘리트 집단(elite circle)내에서 협력이 발생하는 경우다. 다양한 가정용 제품에 대한 디자인 경쟁력 확보를 위해 동 분야의 디자인 전문가 풀을 운영하고 있는 이탈리아 기업 알레시(Alessi)가 폐쇄 · 계층적 모드를 채택하고 있는 대표 사례다.

사 례 **이탈리아 "Alessi"**

특이한 사람 모양의 와인 병따개를 만든 기업으로 잘 알려진 알레시는 로켓처럼 생긴 주전자, 나뭇가지 모습을 한 액자꽂이, 축 늘어진 사람 형상의 책갈피 등 예술적인 제품으로 소비자를 즐겁게 한다. 하지만 놀랍게도 알레시에는 자체 디자이너가 한 명도 없고 외부 인력이나 기술을 제한적이며 전략적으로 활용하는 개방형 협력을 한다. 알레시는 제품개발 시 새로운 관점에서 보기 위해 해당 분야와 관련 없는 사람들을 참여시킨다. 새소리를 내는 'Bird Kettle 9093' 주전자는 건축가가 만들었는데 주전자 주둥이 끝에 작은 플라스틱 새를 달아 물이 끓으면 새소리가 나도록 설계했다. 알레시는 전 세계 곳곳에서 워크숍을 개최한다. 10만 개 이상이 팔린 히트상품인 고슴도치 모양의 클립홀더도 이 워크숍에 참여한 한국인 디자이너의 아이디어가 상품화된 것이다. 알레시는 신규 디자인 발굴을 위한 연구소를 따로 두고 외부 디자이너들의 응모작을 검토한다. 누구든지 좋은 아이디어가 있다면 수시 공모전에 응모해 알레시의 신진 디자이너로 영입될 수 있는 조직적 체계를 갖췄다.

사실 의사결정 구조를 공동 · 수평적으로 할 경우 추가적인 가치를 확보할 수 있다. 외부 전문가들은 특유의 전문지식과 관점을 가지고 있으며, 이를 토대로 최고의 아이디어를 선택할 수 있다. 특히 유행이나 고객 요구 사항이 급변하는 경우라면 더욱 그러하다. 능숙한 솜씨로 활발하게 제품을 사용하는 소비자는 새로운 아이디어를 평가하기에 유리한 입장에 서있다. 패션업체 ZARA가 대표적인 사례인데, 다양한 디자인을 소량씩 생산한 다음 소비자들에게 최신 트렌드를 결정할 기회를 주는 것이다. 레고(LEGO) 역시 향후 선보일 제품을 선택하는 과정에서 소비자들의 투표를 활용한다. 다만 외부인의 개념이 항상 기업의 전략이나 브랜드, 이윤 목표와 일치하는 것은 아님에도 불구하고, 이들에게 통제권을 넘겨주는 위험을 안을 수 있다. 이러한 문제를 보완하기 위해 잔여통제권은 회사 내에 명백하게 남겨두는 것이다. 즉 적정수준의 제안을 걸러내는 데 외부인을 활용하고 최종적인 선택은 회사의 전략을 토대로 내부에서 결정하는 방법이다. 기업은 표현의 자유와 정직한 피드백을 향한 욕구, 참여를 장려하기 위해 반드시 필요한 정중함과 존중 등 서로 상반되는 두 가지 요소 사이에서 적절한 균형점을 찾아야 한다.

자사에 가장 적합한 협력 모드의 선택은 협력 형태별 장단점 분석도 중요하지만 자사의 전략과 얼마나 부합하는지를 잘 따져 결정해야 한다. 이때 외부환경에 의한 전략의 변화에 따라 협력 모드 또한 바뀔 수 있음을 인식해야 한다. 협력모드의 선택과 동시에 연구개발 프로세스에 전략적 인텔리전스(strategic intelligence)를 강화하면 외부환경과 제품 요구사항 변경에 민첩하게 대응하며 폐쇄 · 개방형 혁신(closed open innovation)의 효과도 높일 수 있다.

3.1.4. 기술흡수능력

기업이 필요한 기술을 외부에서 획득한다는 것은 기술지식을 소화하고 적응하여 자신의 것처럼 이를 자유롭게 활용할 수 있는 상태, 즉 조직에 일체화한다는 것을 의미한다. 외부로부터 유입된 지식은 기본적으로 맥락(context) 관점에서 사전지식이 필요하기 때문에, 다른 조직에서 이해하거나 모방하기 어려운 경우가 대부분이다. 이러한 기술지식의 성격을 세 가지 관점에서 접근할 수 있는데, 첫째, 조직 내 지식과 유사한 정도가 중요하고, 둘째는 지식의 암묵성 정도로서 지식이 얼마나 명시적이고 공식적인 문서화된 기술과 노하우로 표현되어 있는가의 문제이며, 셋째는 얼마나 많은 독립적인 기술, 구성원, 일상적 활동, 자원이 기업의 특화된 지식과 자산에 연결되어 있는가이다. 효과적으로 지식을 전달받기 위해서는 자신들이 이미 축적한 사전지식의 수준을 감안하여 이질적인 지식의 도입을 결정하여야 한다.

이러한 지식의 획득은 지식의 기본적 특성뿐만 아니라 조직의 역량에 따라서도 결정된다. Cohen과 Levinthal(1990)은 이러한 외부지식의 학습능력을 '흡수능력(absorptive capacity)'으로 개념화하였다. 흡수능력이란 조직이 축적한 사전지식과 경험을 활용하여 외부지식을 평가하고 도입한 뒤, 사업화할 수 있는 능력으로 정의하였다. Cohen과 Levinthal(1990)이 주로 지식의 습득과 체화, 사업화 능력에 관심을 둔 것에 반해, Mowery와 Oxley(1995)는 기술의 전이와 적용 등 기술에 초점을 두면서, 외부에서 도입된 기술에 내재되어 있는 암묵적인 요소들을 다룰 수 있는 기술, 그리고 그것을 새롭게 수정할 수 있는 기술 등을 흡수역량의 핵심으로 파악하였다.

흡수능력을 학습능력과 문제해결능력 두 가지 요소로 구성되어 있다고 볼 수도 있다(Kim, 1998). 학습능력이란 외부지식을 소화할 수 있는 능력을 의미하고, 문제해결능력이란 새롭게 지식을 창출할 수 있는 능력을 의미한다. 변경순환(boundary spanning cycle)과 내부순환(internal cycle) 이라는 두 가지 경로와 활동을 통해 학습능력과 문제해결능력을 각각 제고할 수 있다. 변경순환은 외부지식을 유입하는 순환과정으로, 관찰에 의한 학습(learning by observation)활동이 이루어지며, 지식을 확인하고 유용성을 구분할 수 있는 축적된 지식과 경험이 중요요소이다. 이에 반해 내부순환은 내부 연구개발, 생산 활동을 통한 순환과정으로 경험에 의한 학습(learning by doing)활동이 이루어지고, 반복적 시행착오와 내부 의사소통을 통해 문제를 해결해 가는 과정이 중요요소가 된다. 또한 조직의 흡수능력 향상을 위해서는 사전 지식 보유량이 풍부해야할 뿐만 아니라, 문제해결을 위한 노력의 강도가 강해야 한다. 흡수능력에 관한 정의를 <표 4>에 정리하였다.

표 4 흡수능력에 대한 정의

연구자	정 의	차 원
Cohen & Levinthal (1990)	새로운 지식의 가치를 인식하고, 체화하고, 적용할 수 있는 능력	• 경험과 투자를 통해 지식에 가치를 부여하는 능력 • 동화능력: 지식특성과 조직 상호간 협력, 기술적 중복에 기반 • 적용능력: 기술적 기회와 전유성
Mowery & Oxley (1995)	이전된 기술의 암묵적 지식을 다룰 수 있고, 획득한 지식을 변형할 수 있는 기술들의 집합	• 인적자본 – 개인들의 기술수준 – 숙련된 연구개발 인력비율 – 연구개발 투자

연구자	정 의	차 원
Kim (1998)	지식을 모방 · 흡수할 수 있는 학습 능력과, 혁신을 위해 새로운 지식을 창출할 수 있는 문제해결능력	• 사전지식에 기반 • 노력의 강도

〈출처: Zahra and George(2002)〉

흡수능력을 크게 잠재흡수역량(potential absorptive capacity)과 실현흡수역량(realized absorptive capacity)으로 구분할 수 있다(Zahra & George, 2002). 특정 기업이 외부 지식을 습득하고 처리하는 과정을 중심으로 획득, 동화, 변형, 활용 등 4가지 차원(dimension)과 각 차원의 구성요소(component)를 <표 5>와 같이 정리하였다.

표 5 흡수역량의 구성요소와 주요내용

차 원		구성요소	역할 및 중요성	주요내용
잠재흡수역량	획득	– 사전투자 – 사전지식 – 노력의 강도 – 속도 / 방향	– 탐색의 범위 – 인지 범위(Schema) – 새로운 관계 – 학습속도 및 질	필요한 외부지식을 확인하고, 획득하는 능력
	동화	– 이해	– 해석 – 학습	외부로부터 획득한 지식을 이해, 분석, 해석, 처리하는 능력
실현흡수역량	변형	– 내부화 – 변환	– 시너지 – 재구성 / 통합	획득한 지식과 존재하는 지식을 결합하여 동화시키는 활동
	활용	– 사용 – 구현	– 핵심역량 – 자원획득	지식과 기술의 활용으로 기업이 실제 성과를 창출할 수 있는 능력

〈출처: Zahra and George(2002) 내용을 수정하여 재정리〉

흡수능력이 기업경영의 전략적 활동에 기여할 수 있는 효과적인 수단임에도 불구하고, 개념의 조작화 방법, 구체적 적용과정, 측정에 관한 문제 등의 어려움으로 비판도 제기되고 있다. 즉, 흡수능력은 다양한 개념적 정의에도 불구하고 개념을 조작화하기 어렵다는 한계를 보인다. 예를 들면 흡수능력을 외부지식의 습득, 평가, 적용하는 과정으로 구분할 경우, 첫 번째 습득의 과정은 상대적으로 측정이 용이할 수 있는데, 이는 기존 보유지식의 양적 자료를 통해서 횡단면 분석이 가능하기 때문이다. 반면 나머지 후속 단계인 평가와 적용에 해당되는 측정은 매우 어려운데, 지식을 적용하여 사업화하는 과정은 기본적으로 과정 중심적이기 때문에 그 측정지표를 일반화하는 것이 매우 어렵다. 따라서 개념적 측정 문제가 명확하지 않은 상황에서 과정지표를 측정하기가 어려운 것은 당연한 결과로 해석된다.

그럼에도 불구하고 흡수능력의 개념은 외부 기술의 도입에 있어 중요한 핵심개념으로 자리 잡고 있다. 특히, 자원기반이론(RBV, Resource-Based View)의 관점에서 흡수능력은 전략적 가치가 매우 높은 자산으로 인식되고 있는데, 이는 외부 지식을 획득하여 기업의 경쟁우위를 창출하는 과정에서 흡수능력이 갖는 경로의존성, 기업특수성(firm-specific), 사회적 배태성(socially embeddedness)이라는 특징 때문으로 볼 수 있다.

3.1.5. 기술 지능

기술 지능(technology intelligence)은 기업 내 · 외부로부터 주목할 기술들을 도출하고 목적에 따라 선별 및 획득하는 능력이다. 기업들은 기술과 시장 환경의 빠른 변화 속에서 이를 신속하고 정확하게 감지하고 대처하는 것이 매우 중요하다. 이를 위해서는 기술 지능과 마켓 지능(market intelligence)이 필요하다.

기술 지능 강화의 필요성은 세 가지로 구분할 수 있다.

첫째, 매일 발표되는 기술 정보량이 방대해짐에 따라 기업의 기술 전략 방향 설정이 더욱 어려워지고 있기 때문이다. 게다가 제품의 융 · 복합화로 인해 기술의 특성 자체도 융 · 복합화가 되거나 아예 기존의 체계에서 벗어난 기술까지 등장하고 있다. 기업으로서는 해당 사업분야에서만 기술 정보를 보더라도 기술의 변화 속도가 빨라지고 항상 신기술 확보의 실기에 따른 위협(risk)은 상존하고 있다는 것을 느끼고 있다. 기업들로서는 얼마나 많은 후보 기술들과 접해야 사업의 본질적인 경쟁력을 주는 기술을 만나게 될 것인지가 고민인 것이다.

둘째, 기술 지능은 개방형 혁신을 위한 통찰의 눈이기 때문이다. 개방형 혁신에 필요한 기술이 무엇이고 어디에서 확보 가능한지 우선 알아야 할 것이다. 스티브 잡스가 1979년 제록스 팔로알토 연구소(PARC)에 방문했을 때 마우스로 입력하는 알토(Alto) 컴퓨터를 보게 된다. 이 순간을 잡스는 컴퓨터의 미래가 선명해지는 순간이었다고 회상했다. 잡스는 제록스가 보지 못한 기술의 본질을 보았고 이것을 애플의 매킨토시에 적용했다. 어떤 기술이 필요한지에 대한 혜안을 갖는 것이 그만큼 중요하다는 것을 의미한다.

셋째, 제품 개발 경쟁이 치열해지면서 특허 전략에 대한 중요성이 높아졌기 때문이다. 기업으로서는 비실시 기업(NPE, Non-Practicing Entity), 일명 특허 괴물(patent troll)까지 등장한 특허 전쟁 시대에 돌입하면서 제품 컨셉 단계부터 특허 전략은 필수가 되었다. 기업의 기술 지능 강화는 필요 기술에 대한 신속한 확보를 통해 적극적인 특허 공세 또는 방어를 가능하게 할 것이다. 나아가 향후 기술 발전 방향을 예측하고 유망 기술을 선점함으로써 길목 지키기까지도 가능하다.

3.2. 전략적 제휴

3.2.1. 개념

전략적 제휴는 "전략적 의도를 가지고 있는 기업들이 자신의 경쟁우위를 기초로 상호 협력 관계를 형성하여 통합적 경쟁우위를 확보하고자 하는 기술 및 경영전략"이라 할 수 있다. 기업의 독립성을 유지하면서 대등한 노력과 경영자원을 투자하는 다양한 형태의 협력을 통한 경쟁력 제고, 참여 기업 간 상호보완적 특정자산의 공유와 경쟁우위 확보라는 전략의 한 형태이다. 이는 상대와의 관계에서 소유와 계약의 중간 형태를 의미한다. 경영전략 측면에서 인수나 합병보다는 리스크나 수익성이 상대적으로 낮은 편이지만 라이센싱보다는 리스크와 수익성이 상대적으로 높은 경쟁우위 확보전략이라고 볼 수 있다.

개별 기업들은 시장 변화 대응에 필요한 가치사슬(value chain) 상의 부족한 역량과 기능을 보완하고 육성하기 위해 전략적 제휴를 실시한다. 가치사슬 보완을 위한 전략적 제휴의 목적은 다음의 5가지로 요약할 수 있다.

① 재무 및 리스크 관리

전략적 제휴를 통해 투자에 있어서 용이한 자본이나 기술을 조달할 수 있다. 외부의 투자 재원 확보는 자사의 투자리스크를 줄일 수 있으며, 이는 효율적인 자본운영 성과 창출로까지 이어진다. 또한 안정적인 재원의 확보는 대외 신용도를 제고시키는 역할을 한다.

② 연구 및 개발

상호간의 기술 교환을 통해 기술력 확보를 위한 시간의 단축과 비용의 절감을 구현할 수 있다. 연구와 개발에 있어서 상호협력은 양자 간의 기술력을 단시간 내에 증대시킬 수 있으며, 이를 통해 시장지위 강화의 효과를 구현할 수 있다.

③ 구매 및 조달

가치사슬 상의 전 방위 업체와의 제휴를 통해 제품 생산 · 개발을 위한 안정적인 원료 확보 · 조달을 구현할 수 있다. 이는 원가절감 및 비효율업무 제거를 통해 기업이 핵심역량에 집중할 수 있게 해주고 기업 경쟁력을 강화할 수 있는 초석을 마련하게 해준다.

④ 생산관리

전략적 제휴는 생산 공정을 더욱 효율적으로 만들어 준다. 생산기지의 공유, 선진 경영기법 도입 등 제휴를 통해 생산성을 제고할 수 있으며 규모의 경제 구현을 통해 비용 절감의 효과까지 창출할 수 있다.

⑤ 판매 및 마케팅

전략적 제휴는 이종산업 간의 기술 융합을 가능하게 하며 융합된 신기술을 통한 신 시장 창출을 유도한다. 또한 공동마케팅을 통해 시장의 선점 및 지위강화의 역할을 한다.

3.2.2. 전략적 제휴의 유형

성공적인 전략적 제휴를 위해서는 목적이 명확해야 하며 그 목적에 적합한 유형의 전략적 제휴를 추진해야 한다. 전략적 제휴의 유형을 이해관계자 간의 제휴 강도 그리고 상호관계에 따라 구분할 수 있다.

이해관계자 간의 제휴 강도에 따른 구분

전략적 제휴는 제휴 강도의 크기에 따라 세 가지로 나누어 볼 수 있다. 제휴강도가 가장 낮은 형태는 컨소시엄이다. 이는 복수의 회사들이 서로의 자원을 공유함으로써 개별 회사가 얻기 힘든 역량을 상대방으로부터 확보하는 것이 목적이다. GE 등 글로벌 대형 기업들이 벤처 기업들과 함께 업무 제휴 형태로 해외에 진출한 경우가 이에 해당한다.

컨소시엄보다 제휴 강도가 조금 더 높은 것이 합작 벤처(Joint Venture, JV)다. 합작 벤처는 단순하게 서로의 자원을 공유하는 차원이 아니라 현금 혹은 현물을 활용한 지분 참여를 통해 신규법인을 설립해 상호협력을 추진하는 방식이다. 1985년 폭스바겐이 중국 시장 진출을 위해 상하이자동차와 합작 벤처를 설립한 것이 대표적인 사례에 해당된다.

상호 지분 참여를 통해 신규법인을 설립하는 것보다 제휴 강도가 한 수준 높은 것이 지분 제휴다. 지분 제휴는 파트너에 대한 지분 출자를 통해 상호간의 관계를 공고히 함으로써 각 사의 핵심 비즈니스를 강화하기 위한 제휴다. 자동차 생산업체인 다임러(Daimler)가 르노(Renault)와 지분을 제휴한 것이 지분 제휴의 예가 될 수 있다.

이해관계자 간의 상호관계에 따른 구분

전략적 제휴를 체결하려는 이해관계자 간의 상호관계에 따라 네 가지 유형으로 구분할 수도 있다.

친경쟁적(pro-competitive) 제휴는 주로 수직적 가치사슬에서 전후 관계에 있는 업체 간에 이루어지는 제휴로 주로 부가가치 창출을 목적으로 한다. 이러한 연계는 제품과 공정의 개발, 향상을 가져오기는 하나 낮은 수준의 조직적 상호작용이 요구되고, 파트너 기업들이 경쟁자가 되지 않기 때문에 잠재적 갈등이 낮다. 핵심역량의 보호와 학습은 같은 전략적 목표보다는 전략적 유연성의 유지와 부가가치 제고라는 동기가 우선시 된다. 완성차 업체인 GM이 전기차 사업의 경쟁력 강화를 위해 배터리 생산업체 히타치(Hitachi)와 함께 합작 벤처업체 Hitachi Vehicle을 설립한 것이 대표적인 예다.

비경쟁적(non-competitive) 제휴는 동일산업 내에서 경쟁하지 않는 기업 간 협력으로 주로 공동투자나 공동학습을 목적으로 한다. 자동차 업체인 GM과 이스즈(Isuzu)의 제휴 사례와 같이 동일산업 내에 존재하지만 주력 생산차종의 수준 및 타겟 시장 등의 차이로 서로를 주 경쟁자로 여기지 않는 업체 간의 제휴 형태로 나타난다. 비록 동일 산업이라 해도 양 기업의 이질성 때문에 제휴 관계를 고려할 가치가 있다.

선경쟁적(pre-competitive) 제휴는 서로 다른 산업에 있는 기업이 협력하는 경우로 BINT(BT+IT+NT)와 같이 신기술 개발 등을 목적으로 한다. 기업 간 협력을 통한 시너

지 효과를 확보할 수 있으며, 제휴관계의 유연성을 유지하는 것이 중요하다. 펩시(Pepsi)와 립톤(Lipton)의 캔 아이스티 음료 개발, 지멘스(Siemens)와 코닝(Corning)의 광섬유 케이블 개발 등이 대표적인 사례에 해당된다. 제휴를 통해 개별적 업체가 독자적으로 보유하고 있는 기술의 융합으로 신기술 신제품 개발을 추구하는 경우다.

경쟁적(competitive) 제휴는 최종 제품시장에서 직접적인 경쟁관계에 있는 기업들 간의 제휴를 체결하는 형태다. 경쟁자 측면에서 정보의 누설은 치명적일 수도 있다는 점에 유의해야 하며, 주로 학습을 통한 핵심역량 향상을 위해 사용된다. 제휴 체결자 간에 갈등 발생 소지가 가장 높은 전략적 제휴로 생산방식, 공장 운영방식 등의 공유를 위해 체결한 GM과 토요타의 제휴 사례가 가장 대표적이다.

조직학습 관점에 따른 분류

전략적 제휴는 조직학습 관점에서 새로운 기술의 발견 및 개발을 수행하는 탐색(exploration) 제휴와 기존의 자원을 효율적으로 이용하는 활용(exploitation) 제휴, 그리고 새로운 기회를 탐색하고 동시에 기존의 역량을 활용하는 양면제휴로 분류할 수 있다.

탐색제휴는 새로운 지식을 탐구, 발견 및 개발, 불확실하고 장기간의 성과를 추구한다. 반면 활용제휴는 기업에 존재하는 능력과 기술 등을 개선하고 확장하는 것으로 점진적으로 단기간의 성과를 추구한다. 이처럼 탐색제휴와 활용제휴는 서로 대립하는 상충관계로서, 어느 하나에 집중하게 되면 경로의존성이 발생하고, 조직의 관성을 증가시켜 위험을 초래할 수 있다. 활용 제휴보다 탐색 제휴에만 집중할 경우 이익에 비해 새로운 방법을 시도하기 위한 비용만 증가시키게 되어 불충분한 보상으로 인한 실패의 함정에 빠질 수 있다. 반대의 경우 환경 변화 및 새로운 기회에 적응하는 역량이 감소하게 되는 역량의 함정에 빠지기 쉽다.

그러므로 단기간의 성과와 장기간의 혁신을 모두 수행할 수 있는 양면 제휴가 대두되고 있다. 양면 제휴는 기업의 전체적인 제휴구성에서 탐색과 활용을 동시에 수행하는 것으로, 대기업일수록 효과가 크다.

기능별 분류

기술제휴의 목적은 기술의 공동개발과 상호교환이며 자사의 부족한 기술에 대해 타

기업의 기술 · 특허 · 노하우를 도입, 공유하여 기술격차를 해소하기 위한 것이다. 이러한 기술제휴는 대개 개발비용이 막대하고 기술변화속도가 빠른 반도체, 자동차, 항공우주, 통신, IT산업, 컴퓨터 등의 분야에서 많이 이뤄지고 있다.

조달제휴는 조달활동의 효율화를 위해 공동으로 부품을 조달하거나, 동일한 물류 네트워크를 공유하는 방법 등이 해당된다.

생산제휴는 생산비 절감을 위해 각 사의 경영자원 등을 상호공급, 공동생산, OEM 및 생산위탁, 수탁을 활용한다. 생산 및 공급 물류가 가치 활동에서 중요한 부분을 차지하는 항공, 자동차 산업 등에서 활발히 이루어지고 있는데, 1970년 에어버스(Airbus)를 중심으로 유럽기업 간 생산제휴 컨소시엄을 구성한 것이 대표적 사례이다.

마케팅제휴는 각자의 자사 품목의 공동판매, 위탁판매 또는 공동규격 설정, 판매지역이나 제품에 대한 크로스 마케팅 등의 활동을 포함한다. 또한 한 기업이 생산된 제품을 다른 기업의 유통채널을 이용해 판매하는 형태이다. 글로벌 기업들이 자사의 유통망을 허용함으로써 상호 손쉽게 시장 확대를 이루는 경우이다. 일부 기업들은 공동브랜드나 공동광고 등을 하는 경우가 빈번해지고 있다. 항공사들 간의 글로벌 제휴 네트워크를 구축한 사례가 해당된다.

3.2.3. 전략적 제휴의 성공과 실패

전략적 제휴가 무한경쟁 시대의 핵심적인 선택대안으로 각광을 받고 있지만 기업의 모든 문제를 해결해주는 만병통치약은 결코 아니며 경영노하우 유출, 상대기업과의 갈등과 같은 부작용도 만만치 않다. 사실 자사의 핵심역량 취약, 경영진의 명확한 이해 부족 등으로 인해 전략적 제휴의 실패율이 상당히 높다.

파트너의 선택은 제휴 성공의 가장 중요한 요소라고 볼 수 있다. 파트너 선택은 제안된 사업의 단기적 이해관계뿐만 아니라 협력의 장기적 이해관계를 기초로 수행되어야 한다. 제휴파트너 선정에서는 양립성(compatibility), 능력(capability), 몰입성(commitment) 3가지 조건을 고려하는 것이 필요하다.

능력이 아무리 뛰어나다고 하더라도 파트너들이 서로 협력할 수 없다면 이러한 전략적 제휴는 단지 허울만 좋을 뿐 실제적으로 거둘 수 있는 성과는 거의 없기 때문이다. 이러한 양립가능성은 양 기업의 전략과 기업문화, 경영관리 시스템이라는 전사적인 차원에서 고려되어야 한다. 제휴에 임하는 양 기업의 전략이 모순되거나 상반될 경우, 많은 갈등으로 인해 소기의 목적을 달성할 수 없을 것이다. 따라서 다음과 같은 점에서 제휴 파트너의 전략을 검토하여야 한다.

- 제휴 파트너가 이 국제 합작투자나 제휴에 참여하는 목적과 동기는 무엇인가?
- 제휴 파트너가 기여할 수 있는 주요 자원은 무엇인가?
- 제휴 파트너의 전략이 우리 기업이 추구하는 전략과 배치되지는 않는가?

또한 전략의 양립성을 검증하기 위해서는 파트너의 현존하는 제휴 네트워크를 살펴보는 것도 필요하다. 제휴대상 기업이 현재 우리 회사와 경쟁하는 기업과 다른 면에서 밀접하게 관계를 갖고 있어 제휴를 통해 우리의 기술이나 정보가 유출될 가능성이 있는지를 살펴보아야 한다. 또한 제휴가 종결되고 나서 파트너가 어떤 측면에서 우리 기업의 경쟁자로 부각될 수 있을 것인지도 고려되어야 한다. 제휴나 합작투자에 참여하는 기업들은 기업문화의 차이가 어느 정도이며 이러한 기업문화의 차이가 제휴의 목적달성에 걸림돌이 되지 않는지, 이를 극복할 수 있는지를 엄밀히 파악할 수 있어야 한다. 이를 위해서 지금까지 제휴 대상 기업이 어떤 전략적 제휴에 참가해 왔으며 그 제휴관계를 성공으로 이끌었는지의 여부를 살펴보는 것은 중요한 체크 포인트이다.

전략적 제휴를 고려할 때 우리는 파트너가 가지고 있는 '능력(capability)' 측면에서 경영자원과 핵심역량을 정확하게 파악하여야 한다. 이를 위해서는 해당 기업의 강점과 약점을 분석하여 그들이 가지고 있는 핵심역량은 무엇인지, 어떤 측면에서 강점을 가지고 있는지, 보유하고 있는 기술과 생산능력, 유통망은 어떤 것인지를 고려해야만 한다. 핵심역량의 관점에서 합작투자나 제휴를 본다면 두 회사가 자신의 취약한 부분에서 상대가 강한 핵심역량을 가져 서로를 보완할 수 있는 것이 가장 바람직하다. 기술면에서도 비슷하고 마케팅이나 유통면에서도 비슷하여 서로의 부족한 점을 보완해줄 수 없다면 이러한 제휴는 무의미하다. 기술면에서 우위를 보유하고 있는 벤처 기업이나 중소기업이 넓은 유통망과 상업화 자본을 가지고 있는 대기업과 제휴를 맺는 것은 구성적으로 이들 양 기업의 입장에서 서로의 부족한 점을 채울 수 있는 제휴의 모습이라고 할 수 있다. 그러나 제휴에 있어서는 차별적인 역량으로 인해 어느 정도 유사한 수준의 교섭력을 발휘할 수 있어야지 어느 한편에 일방적으로 종속되는 제휴관계는 성공적으로 그

관계를 유지하기 어렵다.

해당 제휴를 성공적으로 이끌어나가기 위해서 시간과 에너지, 경영자원을 투입하기 위한 노력을 기울이지 않는다면 해당 제휴가 성공할 수 있는 가능성은 매우 희박하다. 따라서 자신의 파트너들이 합작투자나 제휴관계를 성공적으로 수행하기 위하여 얼마나 열심히 임할 것인지를 파악하는 것은 기본적인 사업 파트너로서의 성실성을 판단하기 위한 중요 잣대이다. 전략적 제휴에 있어서 양 파트너가 동등한 노력과 에너지를 쏟는 것이 아니라 어느 한편에게 일방적으로 의존하는 기회주의적인 태도를 보인다면 이러한 제휴는 실패할 가능성이 높다.

실패요인 1. 불분명하고 측정하기 어려운 목표 설정

분명한 목표설정 없이 협력관계를 맺을 경우 제휴 자체가 어려우며 제휴가 이루어지더라도 상대기업과의 견해차이로 인해 갈등 증폭될 수 있다. 제휴를 하는 것 자체가 목적이 아니라 기술획득, 시장점유율 제고 등을 달성하는 것이 진정한 제휴의 목적이다.

실패요인 2. 과대포장과 과도한 기대

자사의 능력을 과대포장하거나 혹은 상대회사의 역량에 대해 과도하게 기대를 하여 실제 협력과정에서 불신과 갈등이 생기는 사례가 있다. 상대기업이 보유한 기술력, 노하우에 대해 욕심이 앞서 자신의 핵심역량을 과대포장하여 제시하는 경향이 있으며, 이 경우 전략적 제휴를 맺을 수는 있지만 결과는 실패할 수 밖에 없다. 상대기업의 명성, 역사 등에 현혹되어서 혹은 국내업체가 제휴를 맺는 것을 방해하기 위해 조급하게 협력하면 기대하는 목적 달성이 곤란하게 된다.

실패요인 3. 상호불신과 기만

상대기업의 기회주의적 행동을 너무 우려하거나 자사의 이익에만 눈이 어두우면 불신과 기만이 생기기 쉽고 제휴는 실패로 결말될 가능성이 높아진다. 게임이론에서는 게임참가자들이 협력을 기피하고 자신만의 이익을 추구함으로써 모두 손해를 보는 상황을 죄수의 딜레마(prisoner's dilemma)로 표현한다. 여건이 좋을 때에는 이러한 상황이 발생하지 않으나 제휴사업이 위기에 직면하거나 혹은 한쪽이 우연한 기회에 상대를 속이게 되면 악순환이 시작된다. 이때 기업간 제휴는 일반적으로 흐름에 따라 자사의 이익 증대에만 관심이 있고 상대방의 이익은 고려하지 않게 된다.

실패요인 4. 자체 핵심역량의 미보유

이익과 경쟁력의 원천이 되는 지적재산권 등의 핵심무기를 보유하지 않으면 제휴사업을 주도할 수 없고 관계도 오래가지 못한다. IBM은 PC사업에 진출하면서 핵심OS는 마이크로소프트에, CPU는 인텔에 의존하여 PC산업의 주도권을 상실한 사례가 있다. 국내 제약업체, 패션업체들은 외국기업으로부터 특허나 브랜드를 도입하여 사업을 해왔으나 최근 외국기업의 직접진출로 사업권을 상실하기도 하였다.

실패요인 5. 파트너의 핵심역량 흡수에 소홀

전략적 제휴는 상대기업의 핵심역량을 얼마나 효과적으로 흡수하는가의 여부에 따라 한 기업만이 이익을 볼 수 있고 양자가 모두 손해를 보기도 한다. 일본기업은 구미기업들로부터 기술과 노하우를 도입하면서 철저하게 상대의 핵심역량을 흡수하여 세계제패의 발판으로 활용했는데 구미기업의 입장에서 보면 제휴에 실패한 사례이기도 하다. 일본의 철강, 조선, 전자, 자동차, 합섬 등 거의 대부분 산업은 「1차 도입, 2차 개발」을 슬로건으로 하여 구미로부터 도입한 기술을 완벽하게 소화해냈고 한 차원 높은 개량으로 선발기업들을 압도하였다. 제휴기업의 핵심역량을 학습하려는 의도가 표면에 너무 드러나게 되면 상대의 경계심을 유발시켜 자칫 관계를 단절시키게 된다. 전략적 제휴를 이유로 기술력 제고에 노력하지 않으면 제휴의 목적을 달성하지 못할 뿐 아니라 장기적으로 자사의 경쟁력을 약화시킬 수 있다. 상대기업에 지나치게 의존하는 것은 자사의 핵심역량 개발을 저해한다. 따라서 전략적 제휴 시 자사가 내부적으로 소유해야 할 전략적 핵심역량과 제휴사에 의존해도 되는 역량을 구분해야 하는 것이 필요하다.

실패요인 6. 조화되지 않는 기업문화

제휴기업 간에 문화가 조화되지 못하면 인간관계 갈등과 상호불신이 초래되고 핵심역량 흡수에도 불리하게 작용한다. 특히 관료적이고 사내정치가 우선하는 경향이 강한 대기업과 기업가 정신이 충만한 벤처기업이 협력할 때 많은 문제가 발생할 수 있다. 주로 대기업의 느린 의사결정속도, 위험회피 경향, 담당자 변경, 자만심 등이 갈등요인이 될 수 있다.

실패요인 7. 경영진의 무관심

경영진의 지속적인 관심과 지원이 없는 전략적 제휴는 실패로 끝날 확률이 높다. 일반적으로 경영진은 파트너를 선정하고, 협상하고 조인식에 참석하는 것으로 역할을 다했다고 인식한다. 그러나 전략적 제휴는 흙으로 그릇을 만드는 것과 같아서 경영진의 지속적인 배려와 결단이 필요하다.

3.3. 인수합병

3.3.1. 인수합병의 개념과 범주

광의의 기술거래 개념에 포함되면서 최근 국내뿐만 아니라 국제적으로 활용이 증가하고 있는 거래방식이 기업거래 즉, 인수 · 합병(Mergers and Acquisitions, M&A)이다. 다른 기업의 지배권을 획득하는 과정은 매우 다양한 형태를 띠는데 이 같은 모든 과정을 기업인수(take over)라 한다. 기업인수의 형태는 크게 합병(merger)과 인수(acquisition)로 구분되는데, 합병이란 두 개 이상의 회사가 청산철차를 거치지 않고 소멸되면서 소멸회사의 권리와 의무가 포괄적으로 존속회사에게 이전되는 회사 간의 계약을 말하며, 인수는 목표기업의 경영지배권을 획득하기 위해서 그 기업의 주식이나 자산을 취득하는 것을 말한다. 기업 지배구조의 다양화와 거래기법의 발전으로 인수합병 형태는 복잡하게 변천해 왔으며, 크게 다음과 같은 범주로 분류할 수 있다.

양수도는 대상기업의 영업 관련 자산 및 영업권을 전부 양수도 하는 영업양수도(부채의 이전여부는 인수자의 상황에 따라 달라질 수 있음)와 양도기업의 사업부문이 여러 개일 경우 인수자가 관련사업 부문만을 인수하는 사업 부문 양수도로 나눌 수 있다. 기업구조조정은 성장성이 희박한 사업 분야의 축소 내지 폐쇄, 중복성을 띤 사업의 통폐합, 기구 인원의 감축, 부동산 등 소유자산의 매각처분과 같은 수동적 기법과 국내외의 유망기업과 제휴하여 새로운 기술을 개발시킨다거나 전략적으로 다른 사업 분야에 공동사업을 추진하는 등의 적극적 기법이 있다.

인수합병은 주로 대기업이 기술력 있는 중소기업이나 새로운 요소기술을 개발하여 사업화를 추진하고 있는 벤처기업을 인수 · 합병함으로써 기업내부의 자체 기술개발을 대체하는 수단으로 활용된다. 이러한 방식의 특징은 기술만 도입되는 것이 아니라 경영기법이나 시장 네트워크, 그리고 자본이 함께 도입된다는 것이다.

인수합병은 창업자에게는 단기간에 성장을 도모할 수 있다는, 투자자에게 짧은 기간에 투자수익을 회수할 수 있다는 기대감을 준다. 미국 등에서는 대기업이 인수합병을 통해 사업화를 추진하는 방식이 매우 일반적이다. 기술력 있는 벤처기업에 대기업이 자본을 투자해 제값을 주고 인수합병하는 방식이 보편화되어 있다. 이에 반해 국내에서는 벤처기업에 대기업이 자본을 투자해 제값을 주고 인정받기보다 대기업의 구매력에 의해 평가절하 되곤 한다. 심지어 일부 대기업이 힘없는 벤처기업을 인수합병이라는 명목으로 헐값 인수하려는 사례도 있어 반 인수합병 정서가 강한 편이다.[2)]

그림 18 협업방식별 협력운영 정도와 위험수준

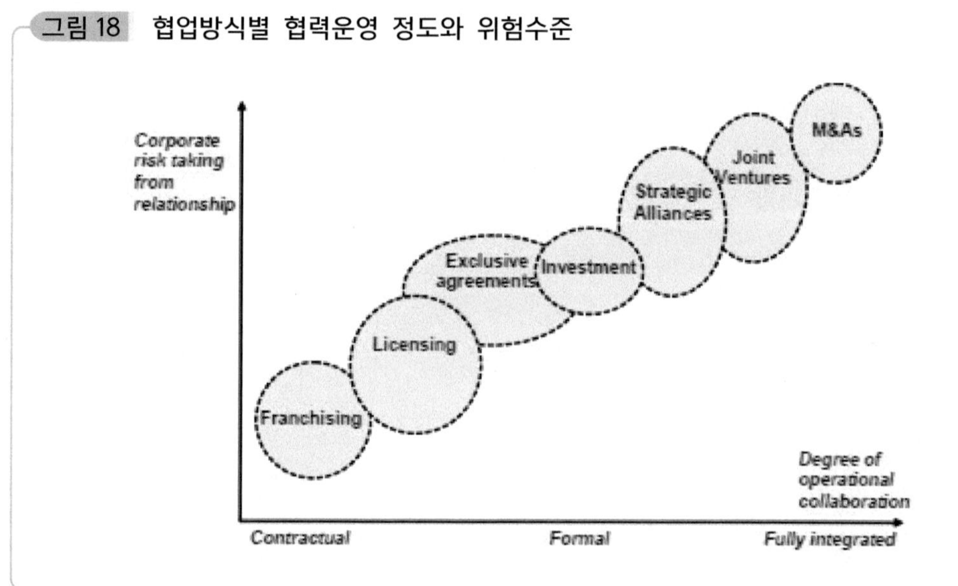

〈출처: Weston and Weaver(2004); Czinkota(1998)〉

인수합병이 활성화된 미국에서 핵심역량을 강화하기 위한 수단으로 인수합병을 이용한 것은 1980년대 중반 이후의 일이다. 60~70년대 신규 시장진출과 기업규모의 확장을 목적으로 인수합병을 추진하던 미국기업들은 무분별한 사업다각화가 비효율성을 초래하고 재무구조를 악화시키는 원인으로 작용하게 되자, 수익성 없는 사업분야를 매각하고 여유자금을 유망사업이나 기존의 경쟁력 있는 사업에 집중 투자하기 위해 대대적인 사

2) 김영준(20151.12)의 기사 내용 일부를 인용하였다.

업구조조정에 들어갔다. 이러한 사업구조조정을 추진하면서 필요한 경쟁우위를 확보하려는 목적에서 인수합병을 활용하였다. 시스코(Cisco Systems)는 인수합병을 활용하여 핵심역량의 확보에 성공한 대표적인 기업이다.

3.3.2. 인수합병 동기와 절차

인수합병의 동기는 크게 기존 사업 역량의 강화 또는 새로운 성장 동력의 확보로 볼 수 있다. 인수합병은 필요한 역량을 기업 외부에서 단기간에 조달하기 위해 사용되는 경영 수단이다. 또 수익 창출의 기회가 많은 성장기 경제보다 경쟁이 치열한 성숙한 경제에서 기업들이 애용하는 방식이기도 하다. 인수합병은 시장 점유율이나 매출 증가 등으로 업계의 판도를 단번에 바꿀 수 있을 만큼 효과가 크다. <표 6>에 인수합병의 동기와 기대효과를 정리하였다.

표 6 인수합병의 동기와 기대효과

구 분	동 기	영향을 미치는 영역
1. 경영 합리화 (operating system)	– 영업통합으로 규모의 경제 – 투자소요액의 감소 – 경영능률의 차이	– 비용, 매출 – 투자액 – 매출, 비용
2. 경영 전략 (strategy)	– 빠른 성장성 – 상품의 Portfolio 재구성 – 자원의 보완적 이용	– 매출 – 매출 – 매출
3. 재무효과와 경영다각화 (financial system)	– 재무적 규모의 경제 – 위험 분산 – 차입능력 증대 – 세제상의 혜택 – 재무구조 개선	– 비용 – 이자율 – 이자율 – 세금 – 이자율
4. 시장 지배력 증대 (market power)	– 경쟁제한, 시장의 지배력 증대	– 매출

LBM(Leverage My Business Model) 인수

경영자의 첫 번째 임무는 효과적인 경영을 통해 투자자들이 기대하는 단기적 성과를 전달하는 일이다. 단기 성과가 좋다고 해서 투자자가 경영자에 보상을 제공하는 경우는 드물다. 그러나 경영진이 기대에 못 미치는 단기 성과를 내놓으면 주식 가치를 통해 가차 없이 벌을 내린다. 따라서 기업들은 단기 성과 제고를 위해 기존의 비즈니스 모델을 강화할 수 있는 인수방식을 택한다. 적절한 상황이 되었을 때, 피인수기업에서 자원을 뽑아서 인수기업의 비즈니스 모델에 투입할 수 있다. 이게 바로 자원이 기업과 별도로 존재하는 이유다. 회사 자체는 인수 다음 날 당장 사라질 수도 있지만, 그 기업의 자원은 여전히 존재하는 것이다. 이러한 인수를 'LBM(Leverage My Business Model)'이라고 부른다. LBM 인수가 성공적으로 이루어지면 인수 기업은 좀 더 높은 가격의 프리미엄을 누리거나, 비용을 줄일 수 있다.

높은 가격을 책정하는 데 도움이 되는 가장 확실한 방법은 개발 중인 서비스나 제품을 개선하는 것이다. 이를 위해 기업들이 흔히 사용하는 방법은 자사 제품에 좀 더 우수한 부품을 쓰는 것이며, 해당 부품이 없을 경우 필요한 기술 및 인재를 인수하면 좀 더 신속하게 제품을 개선시킬 수 있다.

인수기업의 고정비용이 높을 경우 인수를 통해 생산 규모를 늘리게 되면 이익 규모를 키우는데 도움이 되는 게 일반적이다. '롤업(roll up, 기업 쇼핑)', '쇠퇴기 산업 통합', '천연 자원 거래' 등 무엇이라 불리든 이러한 거래가 성공적으로 이어지는 방식은 유사하다. 즉, 인수기업은 인수를 통해 얻은 특정 자원을 기존의 비즈니스 모델에 투입한 다음 중복되는 자원을 폐쇄하거나 해고하거나, 매각한다. 규모의 경제를 통해 비용을 감소시키는 방식으로 피인수기업의 자원을 활용하여 성과를 개선시킨다. 제약업체가 다른 제약업체를 인수하고 자사의 고정 비용이 높은 판매 경로를 통해 피인수기업의 제품을 판매하는 사례도 규모 확장에 도움이 되는 자원 인수 사례에 해당된다.

RBM(Reinvent My Business Model) 인수

경쟁심화와 기술의 발달로 인해 이윤 창출 잠재력이 약화되면, 기존의 비즈니스 모델이 가지고 있는 가치가 줄어든다. 따라서 경영자는 비즈니스를 영위할 수 있는 새로운 방법을 찾아내 장기적으로 성장을 지속하기 위한 사전 준비를 하는 것이 필요하며, 이때 RBM 인수는 경영자가 이 역할을 하는데 도움을 준다. RBM(Reinvent my Business Model)은 다른 기업의 비즈니스 모델을 매수해 별도로 운영하며, 그 비즈니스 모델을 변화와 성장을 위한 플랫폼으로 활용하는 방식을 말한다.

예기치 못한 매출 성장 및 마진 성장을 안겨주는 가장 안정적인 원천은 파괴적인 제품 및 비즈니스 모델이다. 파괴적인 기업은 맨 처음 시장에 진출할 때 기존 업체가 판매하는 제품보다 단순하고 저렴한 제품을 시장에 선보이는 기업을 말한다. 파괴적인 기업은 저가 시장에서 입지를 굳힌 다음 조금 더 성능이 우수하고 마진이 높은 제품으로 옮겨간다. 파괴적인 기업이 제품 개선과 함께 어떤 식으로 상위 시장으로 옮겨갈지는 알 수 없다. 따라서 애널리스트들은 파괴적인 기업의 성장 잠재력을 계속해서 저평가한다.

RBM 인수를 활용하는 가장 효과적인 방법 중 하나는 일상재화(commoditization)에 대한 방어책으로 활용하는 것이다. 일상재화에는 예측 가능한 패턴을 따라가는 경향이 있다. 시간이 지날수록 고유성을 띠며 통합돼 있는 제품들이 모듈식의 비차별화된 제품으로 변하기 때문에 가치 사슬에서 가장 수익성이 높은 지점 또한 이동한다. 이런 방식의 일상재화가 진행되면 인수합병은 기업의 이윤을 개선하는데 별로 도움이 되지 않는다. 이러한 상황에 처한 기업은 이윤이 생길 곳으로 옮겨가야 한다.

대형 제약업체들이 경쟁 제약업체의 제품 및 개발 중인 제품을 매수하거나 통합함으로써 어려움에 처한 자사 비즈니스 모델의 성과를 개선하기 위해 노력하고 있다. 이러한 인수 노력에도 불구하고 가치 사슬 내에서 탈일상재화되고 있는 부분에 집중하는 방법이 훨씬 더 나은 전략이 될 수 있다. 예를 들어 임상실험 관리가 그러한 예가 될 수 있다. 임상실험 관리는 제약 연구 프로세스에서 중요한 부분을 차지하며 제약업체의 중요한 역량이기도 하다. 이처럼 임상실험 조직을 인수할 경우 제약업체의 비즈니스 모델을 쇄신하는 데 도움이 될 것이다.

인수합병은 크게 사전 단계, 본 단계, 사후 단계의 3단계를 거치게 되며, 그 개략적인 내용은 [그림 19]와 같다.

그림 19 M&A의 절차

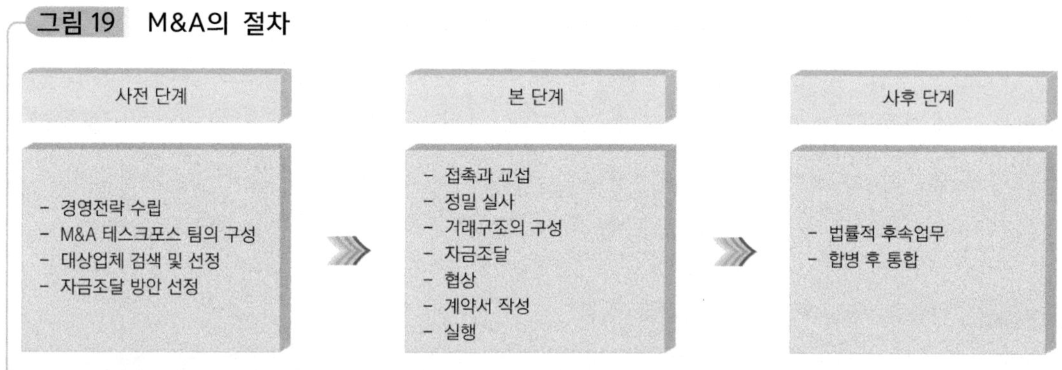

〈출처: 한국기술거래소(2004)〉

- 적절한 가격 지불

기업 주식의 적정 가격을 제시하는 역할을 맡고 있는 애널리스트들은 적절한 비교 대상을 찾기 위해 노력한다. LBM 인수의 경우 적절한 비교 대상은 유사한 업계에서 유사한 제품을 만드는 기업이다. 하지만 RBM 인수의 경우 유사한 기업과 비교를 하면 파괴적인 기업의 주가가 너무 높게 책정된 듯한 느낌이 든다. 이는 기업들이 쇄신을 위해 필요한 인수를 추진하는 걸 어렵게 만든다. 사실 파괴적인 기업과 비교하기에 적절한 대상은 유사한 업계의 기업이 아니라 어떤 업계에 속하건 파격적인 행보를 걷고 있는 기업이다.

결국 '적절한' 인수 가격이라는 것은 매각하는 측이 결정할 수 있는 게 아니며, 가장 높은 가격을 제시하는 입찰자에게 매각하려는 투자 은행이 결정할 수 있는 것은 더더욱 아니다. 적절한 인수 가격을 결정할 수 있는 존재는 오직 매수하는 측뿐이다. 피인수기업이 어떤 용도로 활용될지에 따라 가격이 결정되기 때문이다.

인수후 통합(Post-Merger Integration, PMI)

PMI는 M&A 마지막 단계인 통합과정에서 발생하는 다양한 유형의 인수-피인수 기업 간 조직 갈등을 최소화하기 위한 과정이다. 인수-피인수 기업 간 서로 다른 기능을 재배치하거나 정보기술 시스템, 생산설비 등 하드웨어는 물론이고 지휘 체계, 일하는 방식, 보상제도 전략, 조직문화 등 경영 전반의 다양한 소프트웨어 영역까지 하나로 융합하는 작업이다.

통합은 크게 인수 후에 발생하는 지식이전, 자원공유, 역량강화를 위한 업무통합과 인수－피인수 기업 간 임직원들의 이질감을 극복하기 위한 인적통합으로 나뉜다. 또 다른 관점으로는 통합을 대상에 따라 <표 7>과 같이 기업의 상이한 업무처리 방식을 통합하는 절차적 통합, 기업의 상이한 시스템, 중복 자원을 합리화하는 물리적 통합, 인적자원의 상이한 가치관, 규범, 기업문화 등을 통합하는 사회문화적 통합으로 분류하기도 한다.

표 7　인수후 통합(PMI)의 종류 및 특징

구 분	조 정	통 제	갈등해결
절 차 적	회계시스템 및 통합과정 디자인	매니지먼트 관리시스템 만들기	모순된 규칙 및 절차 제거 / 시스템 합리화
물 리 적	자원 공유 격려	자원 생산성 측정 및 관리	자원 할당 / 자산 재배치
사회문화적	통합 후 역할 설정 / 조직 구조 변경	배상 및 보상시스템 디자인 / 권위 및 책임 할당	전력 공유 시스템 안정화

〈출처: Shrivastava(1986)〉

피인수 기업을 얼마나 효과적으로 통합할 수 있는가는 인수합병 완성을 위한 핵심이슈이다. 다임러와 크라이슬러의 경우 서로가 보유한 자원과 역량이 중복되지 않았기 때문에 합병을 통한 시너지효과 창출이 클 것으로 예상했지만, 합병 후 통합전략의 부적절로 결국은 실패하게 된 바가 있다.

결국 조직의 가치관, 의사소통 방식, 문화 등에서 유사성이 높은 경우 PMI가 수월한 반면, 인수합병에 따른 시너지를 극대화하기 위해서는 최대한 다른 점이 많은 기업들 간의 결합이 효과적일 수 있기 때문에 인수합병 성공의 딜레마에 봉착할 수도 있다.

기존 비즈니스 모델의 효과를 개선할 목적으로 다른 기업을 인수하는 경우라면 피인수기업의 자원을 자사 운영에 투입하는 과정에서 피인수 모델이 해체된다. 하지만 비즈니스 모델을 혁신하기 위한 인수의 경우라면 피인수 비즈니스 모델을 유지하는 게 중요하다. 이를 위해 가장 흔히 사용하는 방법은 피인수 비즈니스 모델을 별도로 운영하는 것이다.

3.3.3. 인수합병 성공과 실패

• 비관련 산업 간 통합으로 시너지 창출에 실패하는 경우

인수－피인수 기업 간 사업적 연관성이 크지 않아 통합작업이 어렵고 시너지가 기대만큼 창출되지 않는 경우다. 지향하는 목표시장, 고객군, 제품군이 다르므로 통합의 범위나 규모를 설정하는데 어려움이 따른다. 신사업 진출은 잠재인수 기업과의 통합이 가능한가에 주위를 기울여 신중하게 점검해야 한다. 실사 과정 중 인수가격과 협상에만 몰입될 경우 피인수 대상 기업의 의사결정 스타일, 문제해결 방식, 집권화 정도 차이점을 면밀히 파악하지 못하면 시너지 창출에 실패하게 된다.

• 기업문화의 차이를 극복하지 못한 경우

기업간 문화적 차이를 한마디로 정의하기는 매우 어렵다. PMI에서 주로 의미하는 기업 간 문화적 차이의 의미는 주로 직원들이 업무를 대하는 태도, 방식, 자세와 이를 관리하는 회사의 방식이 인수-피인수 기업 간 얼마나 다른가이다. 두 기업의 문화적 차이는 국적, 지정학적 차이보다 인수합병 성과에 더 큰 영향을 미치는 것으로 알려졌다. 문화적 차이를 극복하기 위해서는 통합기업을 중심으로 새 기업문화 창조, 소통 기능을 강화해야 한다.

세 번째는 통합전략의 총체적 부실에 기인한 경우다. 인수 후 한동안의 어수선함을 최소화하고 부지불식간에 찾아오는 총체적인 방향성 상실의 기간을 단축하기 위해서는 인수기업에 대한 정확한 분석과 이에 부합하는 통합전략을 마련하는 것이 무엇보다 중요하다. 치밀한 통합계획을 통해 고객과 주주의 기대에 부응하고, 임직원의 충격과 이탈을 막고, 향후 기업이 아나갈 바를 제시하며, 복잡한 통합절차를 단순화해야 한다. 승자의 저주(winner’s curse)는 인수 경쟁에 따른 과도한 지불비용에만 기인하는 것이 아니라 인수 후 시너지 창출에 대한 판단 착오에서도 기인한다. 세밀한 인수가격 산정을 넘어 비계량지표까지 고려한 심도 있는 통합전략은 승자의 저주로부터 벗어날 수 있는 효과적인 방법이다.

통합전략을 수행하는 과정에서 통합의 수준이나 통합속도가 부적절한 경우가 있다. 통합의 수준이란 피인수 기업의 주체를 어느 정도 유지 · 보존 혹은 흡수 · 제거하느냐를 결정하는 문제이다. 전략적으로 피인수 기업을 그대로 유지하는 경우도 있지만, 대부분

통합정책을 통해 인수기업으로 흡수시키는 문화적 변용 절차를 거친다. 통합속도란 통합계획을 완수하는데 소요된 시간의 길고 짧음, 혹은 통합 완결을 목표로 설정한 시간을 말한다. 성급한 통합 추진이 조직 갈등과 직원 불만의 주요 원인으로 통합을 오히려 그르치는 원인으로 지목되기도 한다. 결국 통합전략을 적절한 수준과 속도로 안배해 어떻게 실행에 옮기는 가는 인수-피인수 기업 간 사업적 연관성, 전략적 목표, 실적, 매출규모 등에 따라 해당 기업이 잘 판단해야 할 문제이다.

인수기업이 본격적으로 통합작업을 수행하기 위해서는 중복 자원의 과감한 정리를 통한 조직 전체 자원의 재배치를 추진해야 한다. 이 과정에서 피인수 기업 가치의 상실을 최소화해야 한다. 합병조직의 구성원에게 신뢰를 얻지 못하거나 비전을 공유하지 못하는 현상은 대부분 리더십 부재와 연관성이 높다. 피드백과 형식에 얽매이지 않는 의사소통이 간과될 경우 피인수 기업의 직원들로부터 마음을 얻을 수 없다. 인수 후 새로운 상황을 주도적으로 이끌어가는 수단은 소통밖에 없으며, 이를 성공적으로 실천하는 것이 곧 PMI에서의 리더십이다.

연습문제

1) 개발과 생산에서 발생할 수 있는 갈등요인과 해결방안에 대해서 논의하시오.
2) 최근에 발생하고 있는 기업의 인수합병 사례를 GE Matrix에 적용하고 설명하시오.
3) 개방형 혁신을 위해 아이디어의 창출과 선택과정에서의 개방에 따른 장단점을 서술하시오.
4) 인수합병 시 도입하고자 하는 외부자산의 유형에 따른 효과적인 전략에 대해 서술하시오.

제4장

기술사업화

제4장 기술사업화

■학·습·목·표■

- 기술사업화의 개념을 이해하고, 기술사업화 유형과 이를 바라보는 다양한 모형을 이해한다.
- 비즈니스 모델의 개념과 구성요소를 알아본 후 다양한 비즈니스 모델 유형에 대해 학습한다.
- 기업생태계의 개념과 중요성에 대해 알아보고, 플랫폼 운영 등 생태계 관점에서의 기술사업화 전략에 대해 이해한다.
- 기술이전의 개념, 구성요소, 프로세스에 대해 이해한다.
- 스핀오프의 개념과 유형에 대해 이해한다.

1. 개요

1.1. 기술사업화의 개념

'사업(事業)'의 사전적 정의를 보면 "생산과 영리를 목적으로 하는 지속적인 경제활동"이라고 되어 있다. 따라서 '사업화(事業化)'란 "생산과 영리를 목적으로 하는 지속적인 경제활동을 가능하게 하는 것(또는 일)"로 정의할 수 있으며, '기술사업화(技術事業化)'란 "기술 등 무형자산을 기반으로 생산과 영리 목적의 경제활동"으로 정의할 수 있다. 우리나라 「기술의 이전 및 사업화 촉진에 관한 법률」에서는 사업화를 "기술을 이용하여 제품의 개발 · 생산 및 판매를 하거나 그 과정의 관련 기술을 향상시키는 것"이라고 정의하고 있다. 이러한 관점에서 기술사업화의 일반적 개념은 기술혁신의 전주기적 관점에서 "개발된 기술의 이전, 거래, 확산과 적용을 통해 부가가치를 창출하기 위한 제반 활동"이라고 정의할 수 있다.

기술사업화의 개념은 광의의 기술사업화와 협의의 기술사업화로 구분할 수 있다. 통상적으로 협의의 사업화는 이미 개발된 무형의 기술을 유형의 상품으로 제품화하는 것을 의미한다. 개발된 기술을 생산과정에 적용시키거나 응용하여 시제품을 만들고 시장에서 검증을 거친 뒤에, 제품의 양산체제를 갖추고 판매를 시작하는 것을 말한다. 기술의 배타적 권리와 경제적 가치를 높이기 위한 지식재산권화, 사업성이 높은 부문으로 기술을 이전하거나 거래하는 활동, 개발된 기술을 이용한 제품의 개발 · 생산 · 판매활동, 기타 개발된 기술을 이용하는 창업, 투자유치, 자금조달 등 제반 기업 활동을 포괄하는 개념이다. 반면, 광의의 사업화는 기술을 통하여 경제이익을 얻는 모든 제반활동을 포함하는데, 여기에는 기술 개발과정에서 사업성을 높이기 위해 공동연구를 수행하는 것과 같이 사업화를 염두에 둔 기술의 개발활동 자체와 더불어 개발된 기술의 사업화 수요를 충족시키기 위한 기술의 응용과 개량까지도 포함한다.

기술사업화의 성공 기준은 기술사업화의 정의에 따라 변할 수 있는데, 통상적으로 사업화 성공은 '개발된 기술이 다양한 형태의 상업적인 목적으로 활용되어 경제적 이득을 창출하는 단계에 도달'하는 것을 의미한다고 볼 수 있다. Rogers(1995)의 시장수용 5단계 모형[1] 관점에서는 전기 다수(early majority) 그룹까지 도달하는 것으로 인식된다([그림 1]). 재무적 관점에서의 사업화 성공은 기술개발에서 사업화 직전까지 누적된 투입비용을 넘어 경제적 이윤을 창출하는 단계에까지 접어들었을 때로 볼 수도 있다([그림 2]).

그림 1 기술사업화의 성공판정 시점: 시장수용 단계 관점

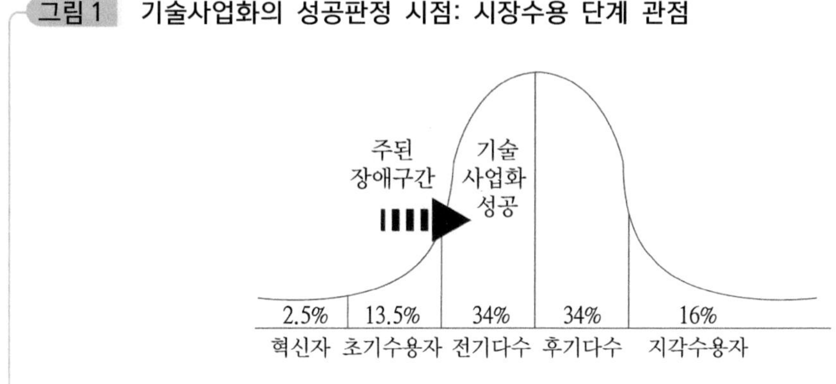

〈출처: Wang 외(2003)의 일부 수정〉

1) 로저스의 혁신 확산 모형에 대한 상세한 내용은 본서의 제5장 1.2 하이테크 제품 소비자의 특성 부분은 참조.

그림 2 재무적 관점에서의 사업화 성공

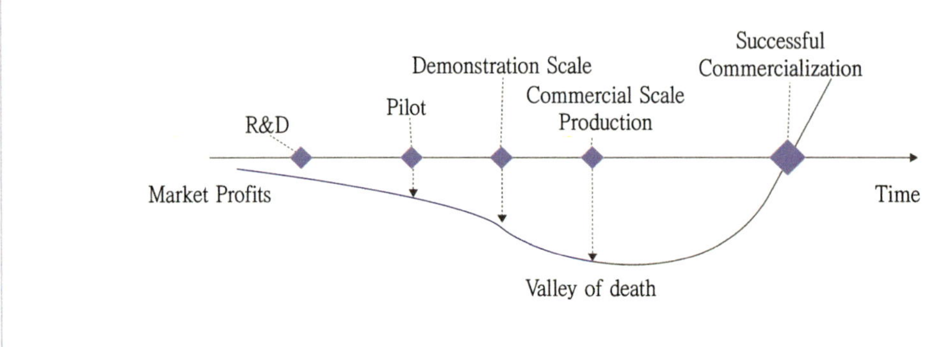

〈출처: Wang 외(2003)의 일부 수정〉

기술사업화는 비용이 많이 소요되고, 긴 시간을 필요로 하며 불확실성이 매우 큰 프로세스이다. 개발이 완료된 이후 제품으로 생산되어 시장에 출시될 때까지의 어려운 구간을 '죽음의 계곡'이라고 부르기도 한다. 사업화 전망의 불확실성과 자금조달의 어려움으로 대다수 새로운 기술들이 실용화되지 못하고 퇴출된다. 설령 이 구간을 통과하여 무사히 시장에 진입을 하였다고 할지라도 실제 이익을 내는 기업으로 성장하기까지의 과정('다윈의 바다')이 기다리고 있다. 기업들은 경영, 마케팅, 시장변화 등 기술 외적인 요인들로 인해 어려움을 겪게 된다.

Stevens과 Burley(1997)는 신제품 개발 및 특허 관련 문헌과 벤처캐피털리스트의 경험을 토대로 신제품 개발과정을 7단계로 구분하고 기술사업화 생존율, 즉 성공률을 도출하였다([그림 3] 참조). 1단계는 원시 아이디어 단계로서 사전 연구나 시장 분석이 이루어지지 않은 상태를 나타낸다. 2단계는 사업화를 고려할 만한 선별된 아이디어 단계로서 발명신고가 이루어지고 시장조사와 소요 자금의 확보가 시작된다. 3단계는 소규모의 프로젝트 단계로서 1~3명 · 년(man×year)의 작업량이 투입되고, 특허등록이 이루어지며 시장기회 분석이 완료된다. 4단계는 중 · 대규모의 프로젝트 단계로서 10명 · 년 이상의 작업량이 투입되고, 특허가 상당한 수준의 가치를 갖게 되며 시장규모와 핵심적인 니즈(needs)가 정의된다. 5단계는 시제품 개발단계로서 파일럿 연구가 이루어지고 제품사양이 정의되며 테스트 마케팅이 실행되고 스케일-업 계획이 수립된다. 6단계는 시장출시 단계로서 실물 크기의 플랜트가 운영되고 영업 인력이 충원되며 신제품이 판매된다.

마지막으로 7단계는 상업적 성공 단계로서 플랜트가 양산체제로 운영되며, 이익이 창출되고, 경쟁우위가 유지되며 지속적인 개선이 이루어진다. [그림 3]에서 보는 바와 같이 3,000건의 원시아이디어(1단계) 중 125건 정도가 소규모 프로젝트로 진행(3단계)되고 이 중에서 최종적으로 1건만이 상업적으로 성공(7단계)하게 된다고 추정하였다.

그림 3 **기술사업화 프로젝트의 단계별 평균 생존율과 소요비용**

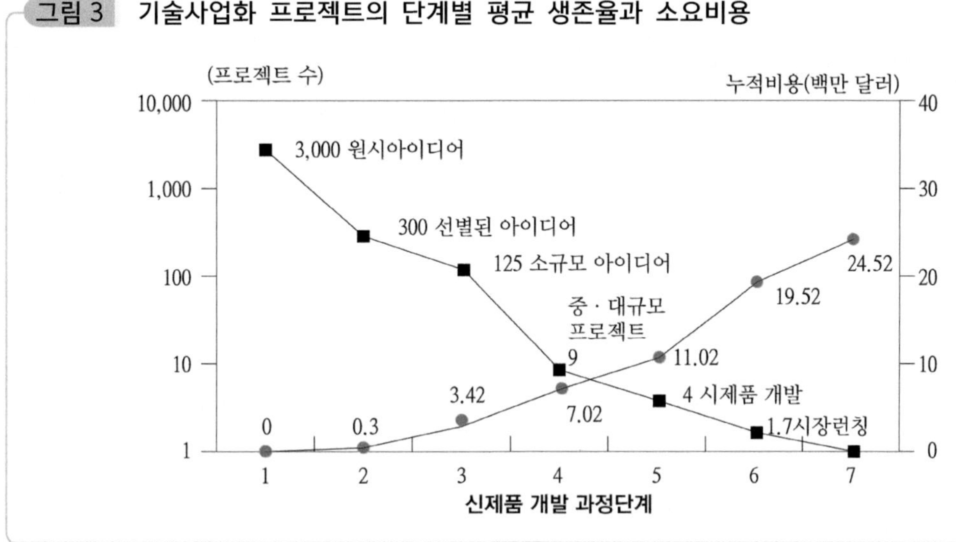

〈출처: Stevens and Burley(1997)〉

기술사업화는 기술에 가치를 추가하는 과정으로도 볼 수 있으며, 일반적으로 아이디어 발굴, 기술개발, 시제품 제작, 시험 및 검사, 제품양산, 판매활동 등의 절차를 거치게 된다. Jolly(1997)는 기술사업화를 신기술의 가치를 실현하는 상위흐름과 각 단계별 관련 이해관계자들과의 협력 연계활동인 하위흐름으로 나누어, 초기 아이디어 발굴 단계부터 제품의 시장 진입과 확장단계에 이르기까지의 기술사업화 모형을 [그림 4]와 같이 제시하였다. 착상(imaging), 보육(incubating), 시현(demonstrating), 촉진(promoting), 지속(sustaining) 등 5단계 활동은 기술적 측면과 마케팅 측면의 문제해결을 다루고 있으며, 4개의 전이활동은 후행단계로 넘어가기 위한 틈새를 해결해주는 다리역할을 하는 활동으로 필요한 가치축적 및 자원조달 등을 목표로 한다. 교집합이 되는 부분은 이해의 이동과 참여, 시연을 위한 자원의 이동, 시장구성요소의 이동, 유통을 위한 보완자산의 이동 등이다. 주된 활동과 연결 부분의 교량 역할 간의 상호작용이 부족하면 점선에 따라 간극이 발생한다.

그림 4 Jolly의 기술사업화 모형

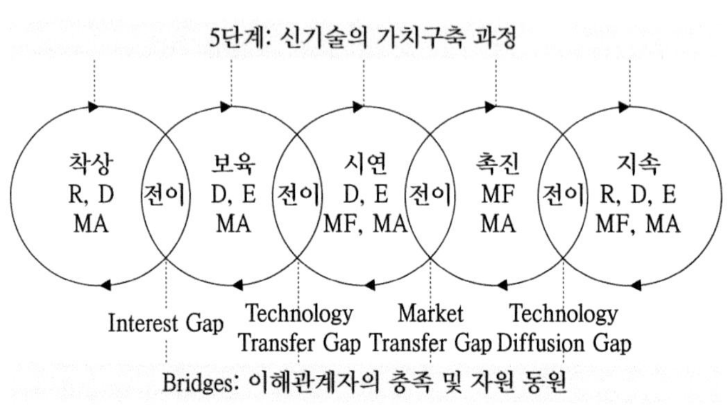

〈출처 : Jolly(1997)〉

* 주 : R=연구, D=개발, E=엔지니어링, MF=제조, MA=마케팅

① 착상

착상(imagining)은 잠재적 사업화 가치를 갖는 아이디어들을 가시화하는 단계로서 도출된 잠재적 아이디어들에 대해 상용화를 추구할 만한 가치가 있는 아이디어인지를 평가하는 것이 주요 활동이다. 아이디어에 대한 가치를 인식하는 과정에서 다양한 이해관계자들은 자신들의 입장에 따라 아이디어의 기술적 장점에 초점을 두거나 아이디어의 시장잠재력에 초점을 두기도 하는 차이가 있다. 따라서 창출된 아이디어에 대한 잠재적인 상용화 가치를 평가하기 위해서는 사업화를 위한 기술과 시장 두 측면에 함께 아우를 수 있는 통찰력을 갖추고 기술－시장에 관한 반복적 탐색과 시장개척을 위한 새로운 니즈에 대한 사업화 관점에서의 탐색 등이 중요하다.

② 보육

보육(incubation)은 시장도입에 따른 불확실성과 위험을 최소화하고 상용화 가능성을 제고하기 위한 활동이 주로 발생하는 단계로, 자원제공자와 이해관계자로부터 보다 많은 관심을 끌 수 있는 아이디어와 제품화의 중간단계이다. 기술의 사업화가 좌절되는 대부분의 이유는 아이디어 도출 이후 발생하게 되는 시장이나 기술적인 상황의 변화, 초기 시장 니즈의 타당성에 대한 왜곡된 평가 등에 기인하기 때문에 보육단계에서 기술의 사업화 가능성과 한계점에 대한 보다 엄정한 평가가 진행되어야 한다. 본 단계는 주로 기술 및 마케팅 관련 지식과 역량을 가진 팀에 의해서 수행되며, 기술에 대한 보다 심도 있는 평가와 응용을 위한 시제품 원리를 시연하고, 현실의 복잡한 환경에서 다양한 응용 가능한 기술에 대한 테스트와 더불어 잠재 고객과 연계하는 테스트를 통한 니즈 확인 등이 이루어진다. 본 단계의 성공을 위해서는 사업화 계획의 준비, 기술 및 제품 플랫폼 개발, 선도고객에 대한 테스트 등이 중요한 요인이며, 주요 이해관계자로는 벤처캐피탈, 개발파트너, 잠재적 기술이용자 등이 있다.

③ 시연

시연(demonstrating)은 신기술을 시장에서 판매 가능한 제품 또는 공정으로 구현하는 단계로서, 디자인에서부터 시장출시를 위한 제품준비에 이르기까지의 일련의 활동들이 일어난다. 구체적으로 생산시스템의 예비 디자인, 시제품 제작, 테스트 및 제품타당성 검토, 시험적 마케팅, 제품 및 생산시스템의 보완, 생산개시 및 시장출하의 연속적인 과정이 발생한다.

많은 경우 본 시연 단계에서 사업화의 시간지연이 발생하게 되며, 본 단계의 성공적인 진행을 위해서는 차별적인 제품디자인과 제품출시의 적시성을 확보해야 하는 것이 중요하다. 본 단계 주요 이해관계자로는 잠재적인 고객, 보완기술의 제공자, 조직 내의 다른 기능부서, 사업 파트너 등이 해당된다.

④ 촉진

촉진(promoting)은 새로운 기술이 체화되어 있는 제품의 시장도입을 촉진하고 시장수용성을 높이기 위한 단계이다. 신제품의 시장수용을 저해하는 것으로는 신제품 및 서비스가 가지고 있는 고유한 수용저해요인 뿐만 아니라 그러한 신제품 및 서비스의 시장수용에 영향을 미치는 사회경제적인 인프라 등이 있다. 아울러 시장의 소비자들이 갖는 속성들 역시 신제품의 수용에 중요한 영향요인이 되는데, 소비자들은 기존의 사용하고 있는 제품 및 서비스에 익숙해져 있어서 신기술을 채택한 새로운 제품 및 서비스를 채택하는 것에 많은 기회비용(opportunity cost)과 전환비용(switching cost)을 지불해야 하는 경우에는 해당 신제품의 수용을 꺼리는 경향이 있다.

신기술을 기존제품과 연결시키는 것이 어려울 경우에는 당해 신기술을 부각시키기 보다는 기존 기술을 활용함으로써 사용자 친화성을 높이고, 시장의 수요자들에 의해서 제안된 의견들을 수렴하여 제품의 특성이나 기능을 개선함으로써 구매자의 수용성을 높이는 것도 하나의 대안이 될 수 있다.

⑤ 지속

지속(sustaining) 단계는 신기술을 이용한 제품 또는 공정이 시장에서 장기간 동안 존속하면서 그로부터 발생하는 가치의 상당부분을 전유(專有, appropriation)하는 단계이다. 이를 위해 기업은 지속적인 기술혁신활동을 통하여 경쟁자 대비 높은 비용의 우위를 확보하고 관련 기술 및 인프라에 대한 지속적인 투자, 제품개선 등을 통해 진입장벽을 높이는 한편 기존기업의 퇴출을 유도한다.

본 단계에서 제품 또는 기술의 급격한 진부화와 새로운 경쟁자의 진입이 위협요소가 되며, 특히 신생기업들의 경우에는 본 단계에서 규모 및 범위의 경제(economies of scope)를 실현하지 못함으로써 실패하는 경우가 많다.

결론적으로, 전술한 Jolly의 이론에서도 제시하고 있듯이 기술사업화의 성공을 위해선 기술의 개발 및 혁신 등 '기술'적 측면 뿐 아니라, 본서의 뒷장에서 논의할 마케팅, 금융, 조직과 리더쉽 등 전략적인 '경영' 활동도 필수적이라 할 수 있겠다.

1.2. 사업화 유형

기술사업화의 개념이 다양하고 포괄적인 만큼 기술사업화의 유형도 다양하다. 공공부문인지 민간부문인지에 따라 크게 성격이 달라지고, 사업형태(창업, 기술이전, 스핀오프(spin-off)[2] 등)에 의해서 차이가 생기며, 사업주체(연구원, 교수, 기업)에 따라서도 특성이 다르다. <표 1>은 공공부문과 민간부문으로 구분한 뒤, 이를 다시 사업화 주체를 기준으로 세분화한 유형이다.

2) 상세한 내용은 본장의 5. 스핀오프 참조

표 1 공공과 민간부문의 사업화 유형

구 분	사업화유형	내 용
공공부문	공공기술이전 · 사업화	정부 연구개발(R&D)자금의 투입으로 개발된 기술을 민간기업에 이전하여 사업화하는 것으로 정부연구개발 사업의 효율성과 경제적 효과를 높이기 위한 방안
	공공기술 개발자 창업	대학, 공공연구기관이 주관이 되어 개발한 기술을 기술개발에 참여한 교수, 연구원 등으로 하여금 창업 및 사업화 하도록 하는 방안
민간부문	자체기술 사업화	민간 기업이 자체 개발하였거나 공동으로 개발한 기술을 직접 제품화하여 판매하는 방안
	이전기술 사업화	기술의 판매희망자와 기술의 구매희망자가 연결되어 민간부문에서 해당 기술의 거래가 이루어지고 이를 사업화하는 방안

〈출처: 한국기술거래소(2004)〉

공공기술의 이전 · 사업화란 공공연구기관이나 대학에서 개발한 기술을 민간부문으로 이전하여 사업화하는 것을 말한다. 때로는 민간 기업이 하려고 하지 않거나 또는 할 수 없는, 그러나 반드시 개발하여야 하는 원천 · 기반 기술이나 선도 기술, 대형 인프라 기술 등이 해당된다. 그러나 공공부문의 특성상 기술 확산이 수동적으로 이루어지므로 보다 적극적인 기술사업화 정책의 개입과 유인이 필요한 부분이라고 할 수 있겠다.[3)]

공공기술 개발자 창업이란 대학 교수나 공공연구기관의 연구원이 자신이 개발한 기술을 바탕으로 직접 창업하여 상용화하는 것을 말한다. 직접 기술을 개발한 당사자들에 의해서 사업화가 되므로 제품화하기까지의 기술 보완이 필요할 경우 용이하게 추진될 수 있는 장점이 있다. 그러나 제품 개발 이후의 마케팅 및 회사 운영에 관한 노하우 부족으로 경영상의 어려움을 겪을 수도 있는 단점이 있고, 실제로 2000년 벤처 붐이 사라진 이후 이와 같은 실험실 창업의 빈도가 낮아진 상황이다.

일반적으로 새로운 제품이나 서비스, 프로세스를 지원하는데 필요한 기술의 개발은 모두 연구개발부서의 몫이었다. 대부분의 기업에서 신기술 개발은 기업의 핵심역량으로 아웃소싱의 대상이 아니라 기업 내부에서 수행해야 한다는 인식이 지배적이었기 때문이

3) 공공기술이전의 사업화에 영향을 미치는 요인에 관한 연구는 Min and Kim(2014) 참조

다. 따라서 국내외 유수의 기업들은 생산부분은 아웃소싱을 하는 경우가 많지만 핵심역량의 척도인 연구개발 만큼은 직접 수행하는 것이 대다수다. 이러한 민간 기업이 자체 개발한 기술을 바탕으로 사업화를 추진하는 것은 가장 보편적인 형태의 사업화 유형으로 받아들여지고 있다.

자체기술 사업화에 대응하여 외부의 기술을 활용하여 사업화를 추진하는 개념이 이전기술 사업화이다. 이전기술의 성공여부는 기업이 기술도입을 통해서 이익을 창출하는가에 달려 있다. 따라서 이익의 극대화를 이루기 위해서는 도입기술에 의한 1차적인 이익실현 뿐만 아니라 기술을 완전히 소화하고 개량하여 보다 좋은 기술을 창출하는 것이 필요하다. 1980년대 소니(Sony), 파나소닉(Panasonic) 등 일본의 가전제품 업계가 이전기술을 소화 · 개량하여 제품의 소형화에 성공함으로써 전 세계 가전업계를 석권한 것은 그 대표적인 사례라고 할 수 있다.

최근 급속도로 성장하고 있는 IT산업과 관련기술의 발전을 예로 들면 이전기술의 소화 및 개량으로 막대한 수익창출의 가능성을 제시하고 있다. 이들 분야는 과거 통상적인 개념의 제조업과 달리 기술사업화에 많은 자본이 소요되는 것도 아니고 오래 축적된 제품 노하우가 필요하지 않은 경우가 많다. 즉, IT산업 및 관련 S/W산업에서는 연구개발 결과의 기술이전 · 사업화만으로도 시장 내에서 경쟁력을 확보할 수가 있다. 이러한 기술이전 · 사업화가 민간부문에서 이루어지기는 하지만 기술공급자와 기술수요자를 적절히 찾아내어 거래를 성사시키는 중개조직의 역할도 더욱 중요해지고 있다.

2. 비즈니스 모델

2.1. 개념

비즈니스 모델(Business Model, BM)은 기업이 고객에게 제품과 서비스를 제공함으로써 가치를 창조하고 수익을 얻는 일련의 과정을 설명하는 스토리라고 볼 수 있다. 사업을 운영하는 방식에 관한 설계도이기도 하면서 기술적인 영역과 경제적인 영역을 연결시켜주는 매개역할을 함으로써 [그림 5]와 같이 기술의 잠재력을 경제적 가치로 어떻게 변환시킬지를 설명해 주는 것이다.

그림 5 기술적 결과물을 경제적 성과를 바꿔주는 비즈니스 모델

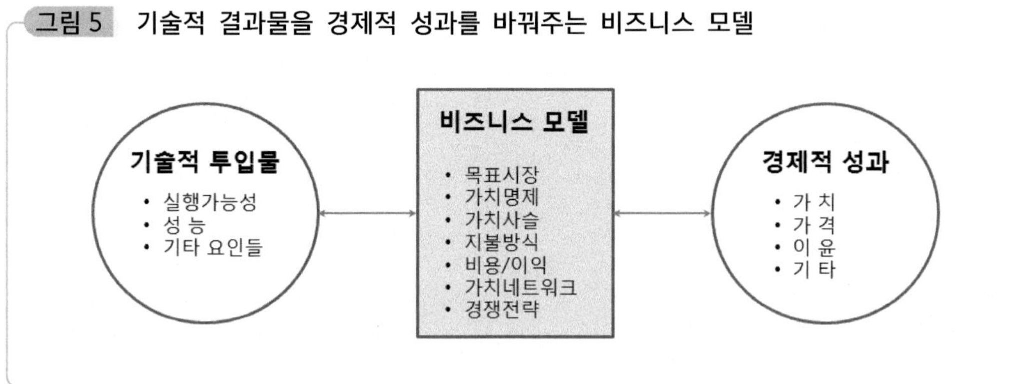

〈출처: Chesbrough(2003)〉

기업이 기술사업화에 성공하기 위해선 우수한 기술력도 중요하지만 비즈니스 모델 자체를 잘 구성하는 것이 더욱 중요하다. 즉 비즈니스 모델은 사업화 전략 및 전술의 중심부에 위치하며, [그림 6]에서와 같이 비즈니스 모델 혁신은 타 혁신보다 훨씬 효과적일 수 있다.

그림 6 제품/공정혁신 vs. 비즈니스 모델 혁신 기업 성과비교

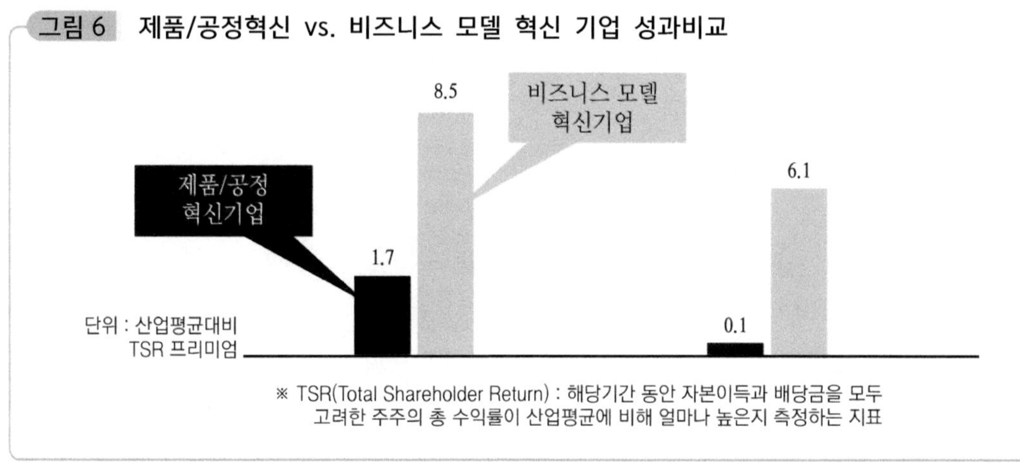

〈출처: Lindgardt 외(2009)〉

기업은 다양한 비즈니스 모델을 탐색 및 검증하고 이에 따른 전술적 실행방안을 마련할 수 있다. 따라서 동일한 기술일지라도 비즈니스를 위한 어떤 전략/전술을 펼치는가에 따라 [그림 7]과 같이 비즈니스 모델은 달라질 수 있다.

그림 7 비즈니스모델, 전략 그리고 전술

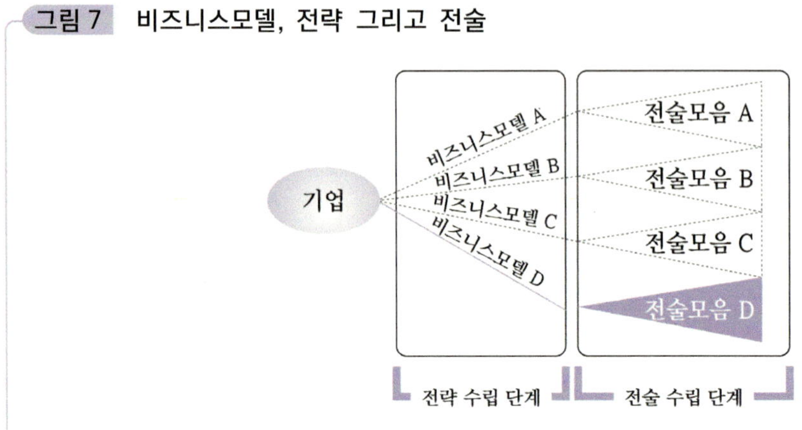

〈출처: Casadesus-Masanell and Ricart(2009)〉

기업의 지속성장을 추구하기 위한 주요 수단으로 비지니스 모델 혁신에 대한 관심이 커지고 있다. 과거 대부분의 제조업체는 하드웨어를 생산하고 이를 고객에게 돈을 받고 전달하는 단순한 사업 방식에 머물러 있었다. 그러나 이러한 단순 제품 판매 방식으로는 후발업체와의 경쟁에서 지속적 우위를 확보하기가 어렵게 되었다. 즉, 가치사슬에서 고객과 제조업체가 제품과 자금의 흐름만으로 연결되어 있을 경우 고객 입장에서 공급업체를 바꾸는 것은 어렵지 않다. 가격을 낮추고 싶다면 중국이나 베트남 등에서 공급할 수 있는 업체를 찾으면 된다. 그러나 고객과 공급업체가 제품과 자금의 흐름을 넘어 소프트웨어와 서비스, 정보의 흐름으로 연결되기 시작하면 이야기는 달라진다. 고객과 공급업체는 단순한 거래 관계를 넘어 상호 신뢰와 믿음을 중시하는 파트너 관계로 진화하게 된다. 따라서 비지니스 모델 혁신은 사업 전체의 틀을 바꾸어 놓을 뿐만 아니라 가치를 재배분하기도 하는데 기존의 기술을 활용함으로써 높은 성과를 기대할 수 있는 효과적인 전략적 대안으로 주목받고 있다.

사 례 고객의 라이프사이클 코스트를 최적화하는 롤스로이스(Rolls-Royce)

"1906년 영국 맨체스터에서 전기기사 F.H.로이스와 귀족 출신 자동차 레이서인 C.S.롤스에 의해 설립된 롤스로이스는 항공기 · 선박의 엔진 제조 및 관련 서비스를 제공하는 영국의 대표적 기업이다. 1915년부터 항공기 엔진을 생산하기 시작하여 세계 2위의 항공엔진 회사로 성장했다. 그러나 초음속 여객기인 콩코드용 엔진을 개발하는데 너무 많은 비용을 소모하여 경영난으로 1971년 도산하고 말았다. 그러나 영국정부가 항공엔진 부문, 선박용 · 공업용 가스터빈 부문을 인수하여 롤스로이스를 설립하고, 자동차 부문은 별도로 분리하였다. 현재 우리가 아는 롤스로이스 자동차는 BMW에서 브랜드를 인수해서 생산하는 것이며, 본 사례에서 다루는 롤스로이스는 영국정부가 항공엔진과 선박용 · 공업용 가스터빈을 중심으로 분할 · 설립한 기업이다.

롤스로이스의 기존 사업모델은 다른 제조기업과 같이 하드웨어인 엔진이나 가스터빈을 생산하여 고객에게 판매하는 방식이었다. 그러나 90년대 후반 아메리칸 에어라인(American Airlines)사로부터 유지 · 관리를 포함하는 서비스 형태의 계약을 제안 받게 되고, 이를 계기로 서비스 중심의 새로운 사업모델을 도입하게 되었다. 항공기 엔진의 특성상 상시적인 유지 · 관리를 통해 최상의 상태를 유지해야만 승객의 안전과 효율적인 운영이 가능하다. 항공사 입장에서 항공엔진과 같이 복잡한 제품의 유지 · 관리를 직접 담당하기보다는 엔진을 개발한 전문기업인 롤스로이스에 맡기는 것이 보다 안전하고 효율적으로 항공기를 운영할 수 있었다. 롤스로이스 입장에서도 엔진을 생산해서 판매하면 끝나는 일회성 비즈니스가 아닌 엔진 수명이 다할 때까지 안정적인 매출을 보장받을 수 있는 토털케어(Total Care) 사업은 매력적인 비즈니스였다. 롤스로이스는 단순히 유지 · 관리 서비스를 제공하는 것에 머무르지 않고, 실제 운행한 시간에 비례하여 엔진 요금을 청구하는 코퍼레이트케어(Corporate Care) 서비스도 제공하고 있다. 엔진 가격뿐만 아니라 유지 · 관리, 기술 서비스 제공까지 포함하여 비용을 청구함으로써 고객입장에서는 엔진 구매에 따른 초기비용을 최소화하고 운영수익을 통해 엔진 비용을 지불할 수 있게 되었다. 현재 세계의 다양한 항공사가 롤스로이스로부터 토털케어 서비스를 제공받고 있으며, 롤스로이스 민간항공기 엔진 사업의 약 50% 매출이 서비스 부분에서 발생하고 있다."

〈출처: "비즈니스 모델 혁신으로 제조업의 위기를 극복한 기업들", (2014.12), LG경제연구원〉

2.2. 구성요소

가치를 창출하고 수익을 얻는 일련의 과정을 포괄하는 비즈니스 모델을 [그림 8]에서 보는 바와 같이 크게 고객가치 제안, 이윤공식, 핵심자원, 핵심 프로세스로 구분할 수 있다.

그림 8 성공적인 비즈니스 모델의 구성요소

〈출처: Johnson, Christensen, and Kagermann(2008)〉

① 고객 가치 제안

고객 가치 제안(Customer Value Proposition, CVP)은 고객들을 위해 자신이 하고자 하는 일을 설명하는 것이다. 고객은 중요한 문제를 해결하기 위해 제품이나 서비스를 구매하게 되는데, 여기서 해야 할 첫 번째 일은 자신이 할 일이 무엇인지, 그리고 판매하는 제품이 고객의 문제를 어떻게 해결하는지를 구체적으로 설명하는 것이다. 해결책은 판매하는 제품뿐만 아니라 판매 방식 및 이와 관련된 사항을 자세히 설명하는 것까지를 포함한다.

성공적인 기업은 고객을 위해 가치를 창출하는 방법을 잘 알고 있는 기업이다. 즉 고객이 중요한 일을 해결할 수 있도록 도움을 주는 방법을 알고 있는 것이다. 이때 '일'은 해결책이 필요한 상황에서 나타나는 근본적인 문제를 뜻한다. 주어진 일을 해결하기 위해 필요한 전체 프로세스를 포함해 그 일과 관련된 다양한 요소를 이해하면 고객에게 새로운 가치를 제안할 수 있다. 해결해야 할 일이 중요할수록 그 일을 처리하기 위해 지금 당장 구할 수 있는 옵션에 대한 고객의 만족도는 높아진다.

새롭게 제안하고자 하는 해결책이 '일'을 해결할 때 기존의 해결책보다 큰 도움을 줄수록 고객 가치 제안은 커지게 된다. 경쟁업체에서 내놓은 상품 및 서비스가 실제 고객의 욕구를 염두에 두지 않은 상태에서, 자산이 고객의 욕구를 완벽하게 충족시킬 상품 및 서비스를 제공할 수 있다면 고객 가치 제안을 만들어 낼 수 있는 기회가 훨씬 커진다.

강렬한 고객 가치제안은 종종 두 단계의 과정을 거친다. 첫째, 현재 충족시키지 못하고 있는 고객의 중요한 요구를 파악하는 것이다. 둘째, 매력적인 가격으로 기존의 것보다 더 좋은 제품을 개발하는 것이다.

고객 가치 제안이 가장 중요하게 요구하는 특성은 정확성이다. 즉 얼마나 정확하게 고객의 욕구를 충족시키는지가 가장 중요하다. 정확한 고객 가치 제안을 만들어내기 위한 방법은 고객들이 자신의 특수한 목적을 달성하는 데 걸림돌이 될 수 있는 4가지 요소, 즉 부족한 재원, 접근성 부족, 기술 부족, 시간 부족에 대해 생각해 보는 것이다.

② 실행 가능한 이윤공식

고객가치를 창출했더라도 이를 효과적으로 기업의 수익과 연결시키지 못하는 비즈니스 모델은 성공하기가 어렵다. 이윤공식은 고객에게 가치를 제공하는 동시에 회사 입장에도 도움을 주는 방법에 관한 청사진을 말하며, 본질적으로 회사가 가치를 창출하는 방법을 자세히 설명한 계획이라 할 수 있다. 일반적인 이윤공식은 다음과 같다.[4)]

4) 기업이 창출하는 수익, 마진, 이윤 등은 여러 단계에 걸쳐 복잡하게 나타나며 다양한 용어를 사용한다. 본서의 제6장 기술금융 6.3.1. 기업의 경제적 수익과 기술가치 부분을 참고할 것

- 매출모델: 가격 × 양
- 비용구조: 직접비용, 간접비용, 규모의 경제 등 비용구조는 비즈니스 모델이 요구하는 핵심 자원의 비용에 의해 결정
- 마진모델: 기대되는 판매량과 비용구조를 감안할 때 원하는 수준의 이윤을 얻기 위해 각각의 거래를 통해 창출해야 하는 이윤 수준
- 자원속도: 예상 판매량을 달성하고 기대 수익을 실현하기 위해 재고를 비롯하여, 고정자산과 기타 각종 자산을 운용하기 위한 속도, 즉 자원을 제대로 활용하기 위한 속도

단순한 제품 판매 대금 회수의 전형적인 구조에서 탈피한 다양한 방식의 수익 획득 메커니즘을 활용하는 것이 중요하다. 창출한 고객가치를 전달하는 전달방식의 설계가 이윤공식 메커니즘과 밀접하게 연결된다는 점을 고려하여, 상품 판매에서 서비스로의 전환, 묶음 제품의 가격 차별화, 기능과 서비스의 분할 등 가치 전달방식에 따라 수익 획득 흐름을 변화시킬 수 있다.

③ 핵심 자원

핵심자원은 목표 고객에게 가치 제안을 전달하기 위해 필요한 사람, 기술, 제품, 시설, 설비, 유통경로, 브랜드 등을 말한다. 다양한 종류의 자원이 필요하지만, 시장에서 성공과 실패의 차이를 결정지을 수 있는 핵심 자원과 기타 자원간에 상호작용을 하는 방식이 중요하다.

④ 핵심 프로세스

지속적으로 고객 가치 제안을 전달하기 위해 일관되게 수행하여야 하는 반복 업무절차를 말한다. 성공한 기업이 가지고 있는 운영 및 관리 프로세스는 지속적으로 사용할 수 있으며, 규모 확장에 유용한 방식으로 가치를 전달하는 데 도움을 준다. 이 과정에는 훈련, 개발, 제조, 예산, 계획, 판매, 서비스 등 반복적으로 나타나는 업무가 포함되어 있다. 기업이 가지고 있는 수익마진, 융자 기간, 공급자와의 관계 등에 관한 규칙과 성과 측정방법, 규범 등도 핵심 프로세스에 해당된다.

상기 4가지로 구분한 비즈니스 모델의 구성요소를 좀 더 세분화하여 [그림 9]와 같이 아홉 가지 빌딩블록으로 구성한 비즈니스 모델 캔버스(Business Model Canvas: Osterwalder, 2013) 접근법도 있는데 이를 구체적으로 살펴보면 다음과 같다.

그림 9 9 빌딩블록 비즈니스모델 캔버스

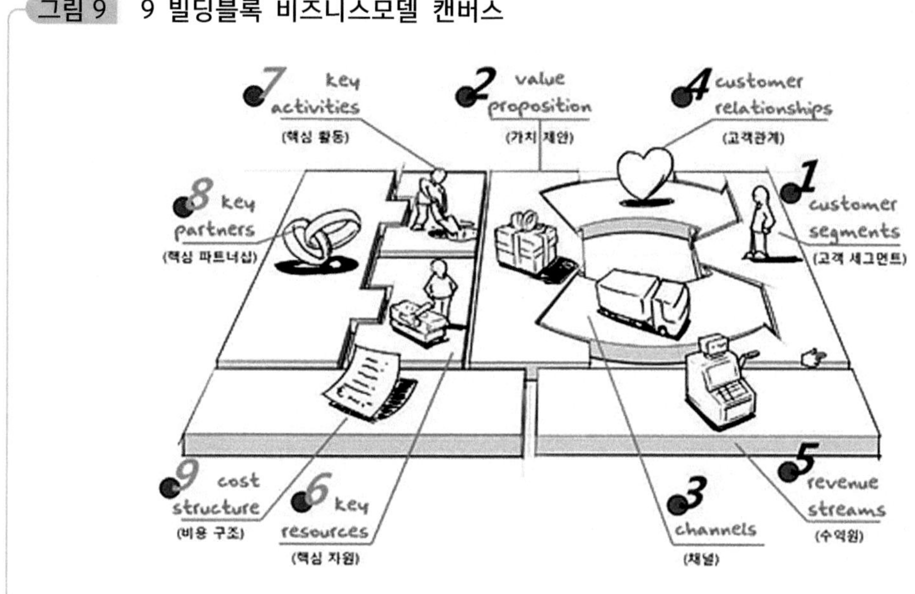

〈출처: Osterwalder and Pigneur(2013)〉

① 고객 세그먼트(Customer Segments, CS)

고객 세그먼트는 조직이 겨냥하는 사람들 혹은 조직으로, 기업의 고객을 말한다. 고객 세그먼트는 비즈니스 모델에 따라 하나, 복수 또는 모든 대중이 될 수 있다. 틈새시장의 경우 특화되고 전문화된 고객이 고객 세그먼트가 된다. 조직은 핵심 타겟으로 삼아야 할 고객 세그먼트와 그렇지 않은 세그먼트를 결정해야 하는데 이를 위해 고객의 요구사항, 행동상의 특징, 그 외의 특징에 따라 고객을 분류하여 대응해야 한다.

고객을 다음의 기준으로 분류하면 세그먼트를 명확히 할 수 있다.

- 고객의 요구가 전혀 다른 서비스나 상품을 필요로 한다.
- 고객에게 접근하는 유통 채널이 다르다.
- 전혀 다른 유형의 고객 관리를 필요로 한다.
- 수익성에 있어 현저한 차이가 난다.
- 다른 형태의 상품을 제공해도 기꺼이 대가를 지불할 의사가 있다.

Apple사의 아이튠(iTunes)을 예로 들면 '일반 대중'이 고객 세그먼트에 해당된다.

② 가치제안(Value Propositions, VP)

기업이 고객에게 제공하는 상품 또는 서비스를 말한다. 기업은 고객에게 경쟁력 있는 가치를 창출하기 위한 노력을 해야 한다. 고객이 요구하는 가치 요소들 중 몇 가지를 나열하면 다음과 같다.

- 새로움(예: 첨단 기술 제품)
- 성능(예: PC)
- 커스터마이징(customization, 고객특화맞춤)
- 디자인
- 브랜드 지위
- 가격
- 비용절감
- 리스크 절감(예: 1년 무상 서비스)
- 접근성, 편리성/유용성(예: iTunes)

Apple의 '지속적인 음악 제공'이 가치제안에 해당된다.

③ 채널(Channels, CH)

기업이 고객에게 가치를 제안하기 위해 소통을 하고 상품/서비스를 전달하는 방법을 의미한다. 채널은 아래 <표 2>와 같은 요소들로 구성되며, 채널 요소는 직영/파트너 채널을 통해 고객에게 지원될 수 있다. 기업이 직접 채널(예: 직영 매장 운영)을 운용한다면 이익은 크지만 직접비 부담도 높고 고객 범위 확장에도 제약이 있다. 반면에 파트너 채널을 이용하면 이익은 줄지만 해당 파트너 역량에 따라 고객의 범위를 확장시킬 수 있다. 이에 여러 방식의 채널 간에 균형을 찾는 것이 중요하다.

표 2 고객과의 채널 구성 요소

1. 이해도	2. 평가	3. 구매	4. 전달	5. 판매 이후
상품/서비스에 대한 고객의 이해도를 높이는 창구	고객의 가치제안 평가를 돕는 창구	고객의 상품/서비스 구매를 돕는 창구	고객에게 가치제안을 전달하는 창구	구매 고객 지원 창구

Apple은 '일반 소매점', 'Apple store', 'Apple.com' 등 다양한 채널을 균형 있게 활용하였다.

④ 고객관계(Customer Relationships, CR)

기업이 가치를 구매한 고객 세그먼트와 어떠한 형태의 관계를 맺을 것인가를 의미한다. 이는 고객 확보, 고객 유지, 판매 촉진에 기여하므로 중요한 비중을 차지한다. 그 방식으로는 개별 어시스트, 셀프서비스 – 고객 스스로 니즈를 해결하도록 수단 제공, 자동화 서비스(예: 개인별 온라인 프로파일 기반 맞춤형 서비스 제공), 유저 커뮤니티, 코-크리에이션(co-creation) – 고객의 가치 창출 참여– 등이 있다.

이미 Apple의 소비자가 된 사람들은 Apple의 생태계를 벗어나기가 힘들 뿐더러 타 서비스로의 전환비용(switching cost)이 높다.

⑤ 수익원(Revenue Streams, RS)

기업이 고객 세그먼트로부터 창출하는 수익을 의미한다. 기업은 "고객 세그먼트가 어떤 가치를 위해 기꺼이 돈을 지불하는가?"를 자문해 보아야 한다. 이 질문에 성공적으로 답할 수 있다면, 기업은 고객 세그먼트로부터 수익원을 창출할 수 있다.

수익원에는 2가지 형태 – 고객의 1회 지출로 유발되는 수익, 고객의 연속적인 지출로 유발되는 반복적 수익 – 로 구분할 수 있으며, 수익 창출 방법에는 물품 판매, 이용료, 가입비, 대여료, 라이센싱, 중개수수료, 광고 등이 있다. 수익원은 고정가격제, 변동가격제 등의 가격 메커니즘을 갖는다. 가격 메커니즘에 따라 수익면에서 차이가 발생할 수 있다.

Apple은 'iTues stores', '하드웨어 판매', '음원 수입' 등으로 많은 수익을 올리고 있다.

⑥ 핵심자원(Key Resources, KR)

비즈니스를 진행하는 데 필요한 자원을 의미한다. 기업은 핵심자원을 이용해 가치를 창조하고 제안할 수 있으며, 시장에 접근하고 고객 세그먼트와의 관계를 유지함으로써 수익원을 창출한다.

핵심자원에는 물적자원, 지식재산, 인적자원, 재무자원 같은 유형들이 있으며, 기업이 직접 소유할 수도 있고 아래에서 설명할 핵심 파트너들로부터 획득할 수도 있다.

Apple의 'Apple 브랜드파워', 'iPod 하드웨어', '컨텐츠' 등이 핵심자원이다.

⑦ 핵심활동(Key Activities, KA)

기업이 비즈니스를 진행하는 데 꼭 해야 하는 중요한 일들을 의미한다. 기업은 어떤 핵심활동이 경쟁우위를 확보하기 위해 필요한가를 고민하는데, 개발, 생산, 컨설팅, 공급망 관리 등이 포함된다. 최근 플랫폼이 핵심 자원으로 설계된 비즈니스가 늘어감에 따라 이와 관련된 핵심활동의 비중이 증가하고 있다.

Apple은 '하드웨어 디자인', '마케팅' 등의 핵심활동을 한다.

⑧ 주요 파트너쉽(Key Partnerships, KP)

비즈니스 모델을 작동시켜줄 수 있는 공급자-파트너 간의 네트워크를 의미한다. 파트너쉽은 최적화와 규모의 경제, 리스크 / 불확실성 감소, 자원 / 활동의 획득을 목적으로 구축이 되며 크게 다음과 같이 구분할 수 있다.

- 비경쟁자들 간의 전략적 동맹
- 코피티션(copetition), 즉 경쟁가들 간의 전략적 파트너쉽
- 새로운 비지니스 개발을 위한 조인트 벤처
- 안정적 공급 확보를 위한 '구매자 - 공급자' 관계

Apple은 많은 '레코드 회사들'과 주문자의 의뢰에 따라 주문자의 상표를 부착하여 판매할 상품을 제작하는 'OEM(Original Equipment Manufacturer) 회사들'이 핵심 파트너들이다.

⑨ 비용구조(Cost Structure, CS)

비즈니스 모델 운영에 발생하는 모든 지출 비용을 의미한다. 비즈니스 모델의 비용구조는 크게 비용 주도적인 것과 가치 주도적인 것으로 구분할 수 있다.

비용 주도적인 비즈니스 모델(예: 제조업)은 비용을 최소화하는 게 목적이지만, 가치 주도적인 비즈니스 모델(예: 호화시설, VIP 전용 서비스 제공 등)은 비용보다는 가치에 더 초점을 맞춘다.

비용구조를 구성하는 요소는 고정비(fixed costs), 변동비(variable costs), 규모의 경제(economies of scale), 범위의 경제(economies of scope) 이다.

Apple은 '제작비', '마케팅 및 세일비용', '인건비' 등의 비용을 소비한다.

2.3. 비즈니스모델의 유형

최근 IT기술의 발전에 따라 제품 혹은 서비스의 단순한 공급모델에서 다양한 형태의 비즈니스 모델이 개발되고 있다. 먼저 문제해결의 연속과정에 따라 비즈니스 모델의 유형을 [표 3]과 같이 크게 3가지로 구분할 수 있다. 문제해결의 일반적인 발전단계에 따라 첫째, 비체계적인 문제해결에서 시작하여 둘째, 패턴인식을 거쳐 규칙에 기초한 의사결정으로 이동하게 되고, 셋째 지식의 접근성이 확대되면서, 패턴인식과 규칙에 기초한 의사결정을 보다 빠르고 효율적으로 전환하여 문제해결 속도를 극적으로 확대할 수 있는 가치촉진네트워크 비즈니스로 발전하게 된다.

문제해결형 비즈니스 모델에는 환자의 병을 분석하여 치료해주는 의사 등 사람과 지식을 활용하여 고객에게 특화된 서비스를 제공하고 서비스 제공시간을 기준으로 요금을 청구하는 모델 등이 해당된다. 가치추가형 프로세스 비즈니스에는 환자 진단 이후 매뉴얼화된 절차에 따른 치료행위가 해당되는데, 본 모델의 특성은 가격은 미리 고정되어 있고 결과는 보장되어 있다는 점이다. 네트워크형 비즈니스 모델은 다수의 고객이 하나의 바구니에 함께 투자하고, 요청에 의해 가지고 가는 형태로 대표적인 사례가 보험회사나 통신회사 등이 해당되며 네트워크의 효율적 운영을 통해 가치를 창출할 수 있다.

표 3 문제해결의 발전단계에 따라 구분한 비즈니스모델의 유형

비즈니스 모델	내 용	관련업종	기 타
Solution Shop (문제해결형)	특정 문제 진단 및 해결 솔루션을 제공하는 비즈니스	컨설팅 회사, 광고회사, 연구개발 기관, 법률회사 및 고객 지향형 제조회사 등	• 사람과 지식을 활용 • 서비스제공시간을 기준으로 요금책정 • 이윤/간접비가 크고, 자원 활용속도는 낮음
Value-adding process business (가치추가형)	미완성된 제품(원재료) 등에 가치를 부여하고 이를 고객에게 제공해 주는 비즈니스	소매, 음식점, 자동차 조립공장, 정유회사 및 교육기관 등	제품과 서비스의 접근성을 확대
facilitated network business (네트워크형 비즈니스)	동일 사람들이 물건을 사고팔고, 주고 받는 비즈니스	보험회사, 통신회사 등	광고료나 구독료 등을 통해 수익을 창출

〈출처: Christensen(2009)〉

거래되는 자산의 종류와 어떤 종류의 권리를 파는가에 따라 <표 4>와 같이 16개의 세분화된 모델로 구분할 수도 있다. 자산의 종류를 재무적, 물리적, 무형적, 인적 자산으로 구분하고, 파는 종류의 권리는 자산의 소유권을 다시 제조자와 분배자로 나누고, 자산의 사용권, 구매자와 수요자 사이의 중개권 등 4가지로 구분하여 유형을 나눌 수 있다.

표 4 거래자산의 종류와 권리형태에 따른 비즈니스모델의 유형

Basic Business Model Archetype	What type of asset is involved?			
	Financial	Physical	Intangible	Human
Creator	Entrepreneur	Manufacturer	Inventor	Human Creator
Distributor	Financial Trader	Wholesaler/Retailer	IP Trader	Human Distributor
Landlord	Financial Landlord	Physical Landlord	Intellectual Landlord	Contractor
Broker	Financial Broker	Physical Broker	IP Broker	HR Broker

〈출처: Malone 외(2006)〉

또한 최근 인터넷 비즈니스 모델의 혁신이 활발한 상황에서 마이클 라파(Michael Rappa) 교수는 대표적인 유형으로 [표 5]와 같이 9개 범주로 구분하기도 한다.

중개 모델

중개자는 인터넷 기반 시장의 매개기능을 수행하는 자들로서 구매자와 판매자를 함께 연결해 주고 또 B2C나 B2B나 C2C 시장에서 거래를 촉진시켜 주는 역할을 수행한다. 마켓플레이스, 매매, 경매중개, 거래중개, 검색 에이전트 등의 모델들이 중개모델 범주에 속한다.

광고 모델

전통적인 방송매체 모델의 연장에 해당한다. 이 모델은 방문 트래픽이 많거나 매우 전문화되어 있는 경우에 유효하다. 광고모델 범주에 속한 모델로서 포털, 항목별 광고, 사용자등록 광고, 컨텐트 대상 광고 등이 있다.

정보중개형 모델

정보 중개자란 의미를 지닌 정보중개형 모델은 문자 그대로 정보제공을 통해 구매자와 판매자를 서로 연결해 주는 데 초점을 둔다. 소비자와 그들의 구매습관에 관한 데이터는 기업들에 의해 세심하게 분석되어 특정 소비자 계층을 겨냥한 마케팅 캠페인을 전개하는 데 중요하게 이용될 수가 있다. 반면, 생산자 및 그들이 제조하는 제품에 관해 객관적으로 수집된 데이터는 구매를 고려하는 소비자들에게 유용하다. 일부 전문기업에서는 이러한 구매자들이나 판매자들이 해당 시장을 이해하도록 도움을 주는 정보중개자로서 기능을 담당한다. 즉, 이들 기업이 제공한 정보를 이용해 구매자는 판매자를, 판매자는 구매자를 찾아낼 수가 있다. 정보중개형 모델 범주에는 광고 네트워크, 이용자 측정서비스, 인센티브 마케팅 등의 모델들이 있다.

머천트 모델

또 다른 비즈니스 모델 범주인 머천트(merchant) 모델은 제품과 서비스의 도매상 및 소매상들이다. 즉, 웹상에서 상품을 판매하는 아마존 닷컴(Amazon.com)이나 플라워 닷컴(Flower.com)이 그 대표적인 예에 속한다. 머천트 모델 범주에 속하는 비즈니스 모델로는 가상 상점, 카탈로그 상점, 클릭앤모타르(click-and-mortar) 등이 있다.

제조사 직판 모델

제조사들이 인터넷 및 웹 기술을 이용해 구매자들에게 직접 제품을 판매함으로써 제품유통 채널을 압축시킬 수 있는 모델이다. 제조사 직판 모델은 효율성, 효과적인 고객서비스, 그리고 고객취향의 탁월한 이해를 필요로 한다. 델컴퓨터사의 직판모델이 그 대표적인 예에 속한다. 구매, 리스, 라이센스 등이 제조사 직판 모델 범주에 속한다.

제휴 모델

방대한 양의 트래픽을 한 사이트로 몰아주는 일반 포털과 달리, 제휴(affiliate) 모델은 소비자가 제품을 구매할 수 있는 기회를 여러 다른 사이트들을 통해 모아주므로 매출증대 효과를 기대할 수 있다. 제휴 모델로 운영되는 사이트는 소비자의 클릭 하나만으로 제품구매를 할 수 있는 온라인 상점으로 연결되며, 또 클릭으로 인해 소비자 방문이 이루어지거나 매출이 발생할 경우 제휴 관계에 있는 협력 사이트들에게 금전적 인센티브를 제공하는 조건으로 협력관계가 형성된다. 제휴 모델 범주에 속한 비즈니스 모델로는 배너 교환, 클릭 수 기반의 요금결제, 수입 분배 등이 있다.

커뮤니티 모델

커뮤니티 모델의 성공은 이용자들의 충성도에 따라 달려있다. 커뮤니티에 참여하는 이용자들은 시간과 정서면에서 큰 투자를 하게 되기 때문이다. 매출은 부수적 제품 및 서비스의 판매 혹은 회비와 같은 자발적 기금 납부를 통해 발생하기도 하고, 또 때에 따라서는 상황별 적시광고에 의해 이루어지게 된다. 오늘날 소셜 네트워킹(social networking)의 급부상에서 볼 수 있듯이, 커뮤니티 모델은 향후 크게 성장할 분야 중 하나로 인식되고 있다. 개방형 소스코드(open source), 개방형 컨텐츠, 소셜 네트워킹 등의 비즈니스 모델들이 커뮤니티 모델 범주에 속한다.

구독형 모델

온라인 정보서비스를 구독하는 대가로 이용자들은 정기적인 대금 지불을 하게 되는 비즈니스 모델이다. 구독형 모델사이트들은 요금을 지불한 가입자들에게만 제공하는 유료 컨텐츠를 무료 컨텐츠와 결합해서 제공하는 경우가 종종 있다. 온라인 구독료는 흔히 실제 사용시간 혹은 사용량과는 관계없이 일정한 금액으로 부과되며, 구독형 모델을 광고 모델과 혼합적으로 이용하는 사이트들이 흔히 존재한다. 컨텐츠 서비스, P2P 네트워킹 서비스, 인터넷망 공급자(ISP) 등이 구독형 모델 범주에 해당한다.

이용량기반 모델

구독형 모델과 달리, 계량기로 측정된 실제 이용량에 기초해서 요금을 산정하는 비즈니스 모델이다. 전통적으로 이용량기반 모델은 전기, 수도, 전화 등의 공공사업 부문에서 사용되어 왔으나, 근래 들어서 일부 국가의 인터넷서비스 공급자들은 인터넷 이용시간에 따라 요금을 부과하는 이른바 인터넷 종량제를 도입하고 있다. 이용시간 계량, 컨텐츠 이용량 계량 등의 모델이 이용량기반 모델 범주에 포함된다.

표 5 비즈니스 모델의 유형

분 류	기 능	수익원천	창출가치	핵심역량
중개형 모델	– 시장형성 – 공급자와 구매자 중개	– 입점비 – 거래 수수료	– 시장형성 – 상호연결 – 거래 효율성	– 공급자 베이스 – 구매자 베이스 – 검색 가이드
광고형 모델	– 광고매체기능 – 브로드캐스팅	– 광고료	– 방문 및 관심유도 – 검색 결과	– 공급자 참여 – 트래픽 규모 – 과금 체계
정보중개형 모델	– 콘텐츠 판매 – 정보 판매 – 이용 행태	– 정보이용료	– 콘텐츠 확보 – 이용형태 모니터링	– 콘텐츠
제조형 모델	– 제조업자가 직접 판매	– 유통마진 절감	– 구매비용 절감 – 서비스 향상	– 공급 가격

분 류	기 능	수익원천	창출가치	핵심역량
상거래형 모델	– 시장형성 – 공급자와 구매자 중개	– 광고료 – 유통마진 절감	– 시장형성 – 거래 효용성	– 공급 가격 – 공급자 참여 – 구매자 베이스
커뮤니티 모델	– 시장형성 – 가입자와의 커뮤니케이션	– 광고료 – 회비	– 공통관심 주제 – 정보 공유	– 참여
제휴 모델	– 시장형성 – 제휴사	– 광고료 – 거래수수료	– 시장형성 – 상호 연결	– 트래픽 규모
가입형 모델	– 부가가치 콘텐츠 제공	– 구독료 – 광고료	– 부가가치 콘텐츠 보유	– 부가가치 콘텐츠
유틸리티 모델	– 유틸리티 서비스 제공	– 사용료	– 인프라	– 운영 관리 – 부가서비스

〈출처: Rappa(2003)〉

3. 기업생태계

기업생태계란 개별 기업 중심의 구조적 시야를 벗어나 기업 간의 협력과 경쟁을 바탕으로 비즈니스의 범위를 확장해 인식한 것이다. 즉 기업과 주변 개체와의 관계를 통해 기업 생태계 전체의 경쟁력을 동시에 추구하는, 보다 확장된 전략의 틀이라 볼 수 있다. 정보화 시대에서 소비자들의 니즈는 점차 복잡하고 다양해졌으며 기업의 규모나 원가중심의 경쟁은 더 이상의 비교우위를 제공해주지 못하게 되었다. 기업은 소비자의 니즈에 좀 더 부합하는 제품을 적시에 제공하기 위해 공급업체와 유통업체 등 협력적 파트너들과 긴밀한 관계를 맺게 됐다. 따라서 전략은 단일 기업을 넘어 외부로 확장하게 되었으며, 공급사슬 관리(supply chain management), 고객관계관리(customer relationship management), 물류관리(distribution management) 등 외부와의 전략적인 협력에 대한 개념이 도입되었다. 기술개발과 사업화도 이러한 생태계 관점에서 추진되어야 하며 경쟁우위를 확보하기 위해서는 기술생태계 내에서 중심점을 차지하는 것이 중요하다.

대표적인 예로 구글은 안드로이드 운영체제(Operating System, OS)를 개발해 소스를 오픈하고 애플리케이션 마켓을 개방해 안드로이드 시장의 중심 기업으로 자리매김하였다. 구글은 안드로이드의 소스를 개방함으로써 휴대폰 제조사, 통신사 및 앱 개발사들이 자유롭게 최종 소비자와 거래할 수 있는 핵심 플랫폼 기업이 되어 하나의 생태계를 이루었다. 수익 측면에서 구글은 휴대폰 제조사, 통신사에는 별도의 비용을 청구하지 않고 애플리케이션에서 발생하는 수익의 일부와 광고 수수료를 통해 수익을 창출하고 있다.

기업생태계 개념은 클러스터 및 가치네트워크와 차별화되는 개념이라기보다는 <표 6>과 같이 클러스터와 가치네트워크를 포괄하는 광범위한 개념이라고 볼 수 있다. 기업 간 관계에서는 경쟁도 중요하지만 다양한 방식의 협력이 이루어지는 하나의 집합체라는 점에서 클러스터, 가치네트워크, 기업생태계 등과 유사한 것으로 파악한다. 다만 클러스터[5]가 특정 지역을 중심으로 집적효과의 극대화를 추구한다면, 가치네트워크는 가치사슬의 다양한 구성요소 간의 상호작용을 통한 가치창출을 추구한다. 반면에 기업생태계 개념은 지리적 근접성이나 가치사슬 구성요소의 상호작용을 초월하여 광범위한 공간의 다양한 상호작용을 포괄하는 개념으로 사용할 수 있다.

표 6 기업생태계, 클러스터, 가치네트워크 구분

비교항목	클러스터	가치네트워크	기업생태계
구성요소	관련기업, 기관, 지원서비스기업 등	공급자, 생산자, 고객 등	플랫폼, 중추기업, 보완기업 등
상호작용	협력, 경쟁	계약에 의한 거래	협력, 경쟁
근접성	지리적 근접	지리적 광범위	지리적 광범위

〈출처: Brenner(2004), Local industrial cluster : Experience, emergence and evolution. United States: Routledge를 토대로 작성〉

3.1. 구성요소 및 성장

기업 생태계가 지속적으로 진화, 발전하려면 생산성, 강건성, 혁신성이라는 3가지 요인이 필요하다. 생태계 생산성(productivity)이란 생태계를 구성하는 각 개체의 부가가치 창출 능력을 나타낸다. 생산성을 높이려면 원가 혁신에 따른 비용 절감 능력이 가장 중요하다. 둘째, 강건성(robustness)이란 생태계 내 개체의 유입자 수와 퇴출자 수에 의해

5) 클러스터의 의의와 발전방향에 대해서는 김영준(2015.4.29.) 참조

결정된다. 유입자 수가 증가하면 생태계 성장이 촉진되는 '생태계 보너스(bonus)' 현상이, 퇴출자 수가 늘어나면 생태계 부담이 증가하는 '생태계 오너스(onus)' 현상이 발생한다. 혁신성(niche creation)이란 새로운 사업 기회를 포착하는 능력이다. 혁신성을 높이려면 융합(convergence)에 의한 끊임없는 세포분열, 즉 변종을 수용할 수 있는 개방성이 필요하다. 새로운 시장을 개척할 수 있는 신제품과 신기술의 수가 많아질수록 생태계 혁신성은 높아진다.

기업생태계 건강성의 3대 지표를 다른 말로 풀이하면, 수익성은 생존엔진, 강건성은 유지 엔진, 혁신성은 성장 엔진이다. 수익성은 지속 가능 생존의 필요조건, 강건성은 지속 가능 생존의 충분조건, 혁신성은 지속 가능 생존의 장기적 충분조건이다.

쇠퇴하는 생태계는 단기 수익에 치중하는 경향이 있다. 이들은 생존의 필요조건에만 지나치게 급급한 나머지 미래 생존의 충분조건인 강건성 및 혁신성을 중시하지 못하는 경향이 있다. 성장하고 진화하는 생태계는 수익성보다 강건성을, 강건성보다 혁신성을 강조하는 특징을 지닌다. 물론 이는 일정 수준 이상의 수익성을 유지한다는 점을 전제로 한다. 이를 부등식으로 정리하면 다음과 같다.

- 쇠퇴하는 생태계 : 혁신성 < 강건성 < 수익성
- 성장하고 진화하는 생태계 : 혁신성 > 강건성 > 수익성 > 0

이처럼 성장하고 진화하는 생태계의 부등 관계를 기업 생태계 부등식이라 부른다. 건강한 기업 생태계를 만들기 위해서는 단기성과가 아닌, 강건성과 혁신성을 추구해 진화의 원천을 지속적으로 개발해야 한다. 기업생태계에서 구성원들의 유입이 구성원들의 퇴출보다 많을수록, 즉 생태계의 강건성이 높아질수록 수익성이 높아지는 건 사실이다. 하지만 일정 수준 이상이 되면 수익성 증가 효과가 없어지게 되는데 이를 포화 효과(saturation effect)라 한다. 이와는 반대로 혁신성은 일정 기간까지는 수익성에 영향을 미치지 못한다. 하지만 변곡점을 지나면 혁신성은 수익성을 높이는 데 기여한다. 바로 문지방 효과(threshold effect)다. 즉 [그림 10]과 같이 혁신의 성과는 일정 수준의 성숙기간을 거쳐 나타난다.

그림 10 강건성의 포화 효과와 혁신성의 문지방 효과

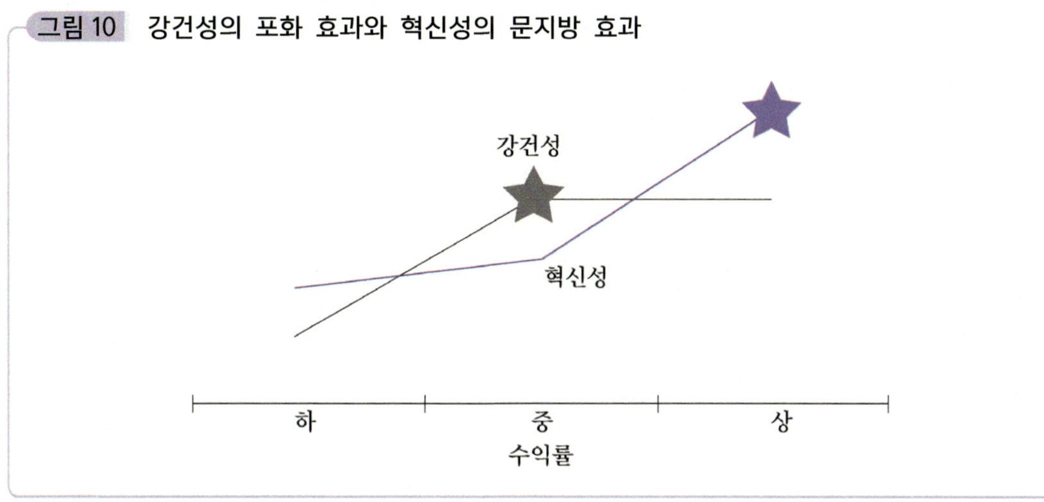

〈출처: 김기찬(2011.3)〉

3.2. 기업생태계 전략

기업생태계에서 구성원의 역할을 혁신의 수준과 관계의 복잡성에 따라 크게 3가지 유형으로 구분할 수 있다.

첫째, 생태계의 질서를 유지하는 핵심 생명체와 같이, 산업 질서를 정의하고 유지하는 주도업체(keystone player)이다. 그 대표적인 사례가 바로 미국 유통업계의 최강자인 월마트다. 월마트는 소비자의 구매 행동을 자료로 만들어 IT 시스템에 저장하고, 공급업체들이 사용하도록 허용한다. 제조업체들은 월마트가 제공하는 소비자 구매 행동 패턴에 근거해 제품 용량과 포장 방법, 마케팅 계획을 수립한다. 더 나아가 월마트의 소비자 정보 시스템에 자사 제품의 생산 및 공급 시스템을 연동시켜 최적화하기까지 한다. 월마트 정보를 중심으로 한 비즈니스 생태계는 결과적으로 다른 생태계에 비해 전략적인 우위를 차지하게 됐다. K-마트는 한때 미국에서 월마트와 함께 할인유통업의 선두 주자 자리를 차지하고 있었다. 하지만 비즈니스 생태계를 발전시킬 전략 부재로 결국 후발주자인 월마트에게 자리를 내주고 말았다.

둘째, 생태계가 생산하는 가치를 대부분 차지하는 가치 지배자(value dominator)이다. 이들은 생태계 안의 구성원 간 네트워크 대부분을 차지하고 관리하기 위해 수직 및 수평적인 통합을 추구한다. 결국 생태계는 가치 지배자들의 지배에 놓이게 되고, 새로운 구성원의 진입은 어려워진다. 다만 간혹 가치 지배자들의 독점 때문에 생태계가 가치 재생산에 필요한 여력을 잃기도 한다는 게 문제다. 때로 주도 업체가 자신이 만든 생태계의 복잡성을 제어하지 못해 밀려나기도 한다. 과거 IBM은 PC시장의 성장성을 간파하고, 컴퓨터 구조를 공개하는 시스템을 채택했다. PC의 내부 구조가 공개되자 많은 업체들이 IBM PC와 호환되는 다양한 제품을 개발했다. IBM은 이때까지는 주도업체 역할을 수행했다. 하지만 이후 델(Dell)과 같은 저가 PC 제조회사가 출현하면서 IBM은 자신이 만든 생태계에서 물러나는 수모를 겪는다. IBM PC의 시장점유율은 1985년 41%에서 1995년 7.3%까지 추락했고 결국 중국업체에 PC 사업부를 매각하기에 이르렀다.

셋째, 니치 플레이어(niche player)이다. 이들은 경쟁사가 할 수 없는 차별화된 전문 역량을 키워 생태계 안의 다양성 증진에 기여한다. 동물의 왕국을 구성하는 절대 다수의 구성원이 작은 곤충인 것처럼, 비즈니스 생태계에서도 수많은 중소업체들이 상호 경쟁 및 협력하며 살아간다. 이들은 대형업체의 하청업체 형태로 존재하기도 하지만, 이들의 독특한 경쟁력은 생태계에 다양성과 역동성을 제공한다. 어느 순간 생태계의 조건이 변화하면 니치 플레이어의 독특한 경쟁력이 생태계 변화를 주도하는 핵심이 될 수도 있기 때문이다.

그림 11 비즈니스 생태계 내 역할 유형

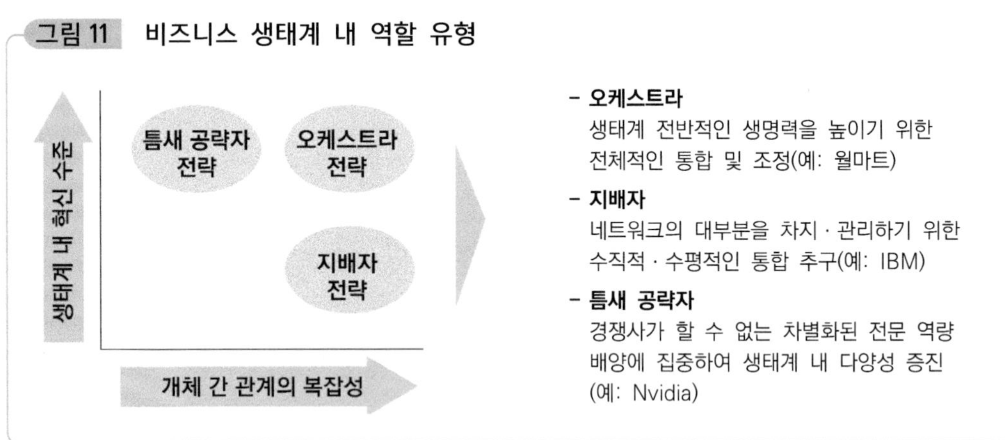

〈출처: Lansiti and Levien(2004)〉

최종소비자에 대한 지식의 수준과 생태계 내 이해관계자들과의 관계방식에 따라 비즈니스 생태계 전략을 [그림 12]와 같이 분류할 수도 있다[6]. 먼저 기업은 어느 정도까지 수직적으로 가치사슬을 통제하고, 어느 정도까지 더 복잡한 수평적 생태계에 참여할지 결정해야 한다. 아울러 최종소비자를 파악하는데 얼마나 투자할지 결정해야 한다. 그러면 [그림 12]와 같이 1) 공급자 2) 옴니채널 사업자, 3) 생태계 조직자, 4) 모듈 생산자의 네 가지 전략 중 하나를 선택할 수 있다.

그림 12 고객에 대한 지식수준과 이해관계자와의 관계방식에 따른 기업생태계 전략

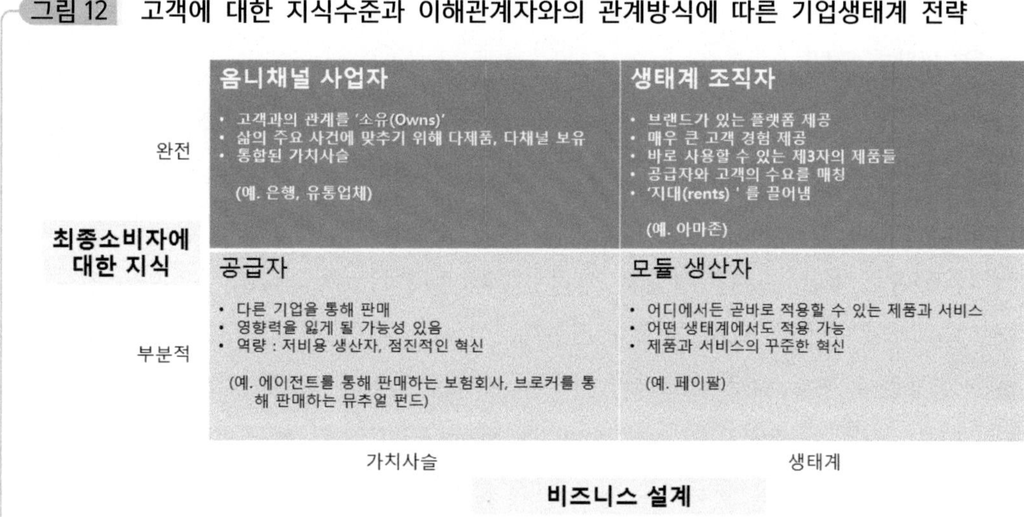

〈출처 : Weill and Woerner(2015)〉

① 공급자 모델

공급자는 최종소비자에 대해 부분적인 지식만 가지고 있으며 다른 강력한 기업의 가치사슬 안에서 운영되는 경우가 많다. 에이전트를 통해 보험을 판매하는 회사(예: 첩 그룹(Chubb Group)), 소매점을 통해 전자제품을 판매하는 회사(예: 소니(Sony)), 증권사를 통해 뮤추얼펀드를 판매하는 회사(예: 뱅가드(Vanguard))가 공급자의 대표적인 사례다. 그러나 디지털화가 심화되고 검색이 쉬워지면 공급자 모델을 택하는 기업은 지속적으로 가격 인하 압력을 받고, 영향력을 잃을 가능성이 커지며, 이는 업계에서 인수합병을 촉진하는 결과를 낳을 수 있다. 많은 기업의 가치사슬에서 주요 공급자 역할을 하고 있는

6) pp.163-165까지 내용은 Weill, P와 Woerner, S. L의 논문 Thriving in an increasingly digital ecosystem(MIT Sloan Management Review, 2015)를 번역한 동아비즈니스리뷰 '디지털 생태계는 이제 기본 조건 당장 돌아보고 재조직해야 생존한다' (2015.9.)를 참고하여 일부수정보완

P&G는 이처럼 성장이 정체되고 영향력을 잃게 될 가능성을 우려해왔다. 이에 따라 P&G는 생태계 내 입지를 강화하기 위해 고객을 더 잘 파악하고 고객과 직접적인 상호작용을 하기 위한 조치들을 시작했다. 브랜딩, 소셜미디어, 직접 접촉, 데이터베이스 활용 등을 통해 전 세계 40억 명이 넘는 고객과 더 긴밀하게 접촉하기 위한 노력을 통해 단순공급자 모델에서 옴니채널 사업자 모델로 전략을 전환하였다.

② 옴니채널 모델

옴니채널 사업자는 고객이 자사 제품을 다양한 채널(오프라인, 디지털 모두 포함)을 통해 접할 수 있게 함으로써 더욱 다양한 선택지와 지속적인 경험을 제공한다. 까르푸(Carrefour), 노드스트롬(Nordstrom), 월마트 같은 유통업체와 토론토에 본사를 둔 CIBC, 스페인의 BBVA 같은 은행은 통합된 가치사슬을 관리하는 옴니채널 사업자를 지향한다. 이들은 고객과의 관계를 '소유'하고자 하는데, 핵심은 최종소비자와 그들의 목적에 대해 더 많은 정보를 확보하는 것과 고객의 이탈을 줄이는 것이다. 빅데이터 분석, 소셜미디어, 스마트폰 앱, 고객 순 추천지수(Net Promoter Score · NPS) 같은 고객만족 지표 등을 최종소비자를 파악하기 위한 수단으로 사용한다. 삶의 주요 국면에서 소비자가 무엇을 필요로 하는지 파악하기 위해 막대한 투자를 하고 이를 잘 반영하도록 데이터 사용 방식과 회사의 조직구조까지 재구성한 기업도 있다. 텍사스 주 샌안토니오에 본사를 둔 USAA(United Service Automobile Association)는 1920년대에 군인 가족의 자동차 보험 가입을 돕기 위해 설립됐지만 고객이 주요 국면에서 필요로 하는 금융 서비스를 제공하는 쪽으로 사업을 확장했다. 자동차 구매, 이사, 결혼, 출산 등 삶의 주요 사건에서 고객이 필요할 만한 서비스를 통합적으로 제안했다. 예를 들어, 자동차를 구매하는 고객에게는 자동차 대출, 유지보수 기간 연장, 자동차 보험, 매월 정비 가이드, 기존 자동차 판매 지원 등을 선보이는 식이다. USAA는 고객의 라이프 이벤트를 중심으로 비즈니스를 다시 바라보면서 조직 구조까지 개편했다. 예를 들면, 상품 관리자와 고객 사이를 잇는 '회원 경험 그룹'을 만들었다. USAA의 접근방식은 고객에게 좋은 평가를 받고 있다. 물론 소비자의 라이프 이벤트에 따라 마케팅 활동을 펴는 금융회사는 많이 있다. 하지만 대개는 복잡한 제품군에 디지털 포장을 씌울 뿐 USAA만큼의 재조직화까지 수행하지는 않다.

③ 생태계 조직자 모델

아마존, 피델리티(Fidelity), 애트나(Aetna), 애플, 마이크로소프트(Microsoft) 같은 기업들은 보완적인 (때로는 경쟁적인)서비스를 제공하는 다른 공급자와 관계를 맺음으로써 '생태계'를 창출한다. 생태계 조직자는 참여자에게 비즈니스 플랫폼을 제공하는데, 플랫폼의 개방 정도는 차이가 있다. 구글은 매우 개방적인 플랫폼인 반면 애플은 상대적으로 닫힌 플랫폼이다. 피델리티의 플랫폼은 자사 뮤추얼 펀드뿐 아니라 뱅가드 등 경쟁사 펀드 판매와 개인 투자자문 등 보완적 서비스를 제공하는 업체도 포함하기도 한다. 옴니채널 사업자와 마찬가지로 생태계 조직자는 자신의 브랜드 파워를 바탕으로 참여자를 끌어들임으로써 고객에게 더욱 풍부한 경험과 원스톱 서비스를 제공한다. 이들은 금융이든, 의료든 어느 하나의 영역에서 최종소비자를 더 깊이 있게 파악함으로써 고객과의 관계를 '소유'하고자 한다. 그리고 해당 생태계의 참여자(고객과 공급자 모두 포함)로부터 지대(rent)를 얻는다. 생태계 조직자들은 브랜드 파워, 고객의 피드백이나 리뷰 등에 의거해 평판을 높이고 그로부터 수입을 얻는다. 하나의 생태계는 의료면 의료, 유통이면 유통, 오락이면 오락, 금융이면 금융, 소기업 지원이면 소기업 지원과 같은 특정 영역에서 소비자가 가장 먼저 찾는 곳이 되는 것이 중요하다. 470억 달러 규모의 의료서비스 업체 애트나는 의료 분야에서 고객이 1순위로 찾는 곳이 되고자 한다. 17개의 의료보험 장터에 참여하는 것 외에도 사람들이 의료 문제가 있을 때면 손쉽게 찾아오는 곳이 되려 하는 것이다. 이는 최종소비자의 니즈를 더욱 파악해나가면서 기존의 B2B(기업의 의료보험 프로그램 관리) 중심이었던 데서 B2B 및 B2C(기업의 의료보험 프로그램을 관리하고 개인 소비자와도 직접 소통)와 B2C(개인 고객에게 직접 판매)까지 포괄하도록 사업 모델을 변경하고 있다. 애트나는 자사 상품과 제3자의 상품을 결합해 고객에게 다양하고 많은 제품과 서비스를 제공하는 쪽으로 점점 많은 관심을 기울이고 있다. 이를 테면, 웰빙 및 건강 코치 서비스, 증상을 확인하고 의약품과 인근 병원 정보를 얻을 수 있는 스마트폰 앱 아이트리아지(iTriage) 등이 애트나를 통해 제공된다.

④ 모듈 생산자 모델

모듈 생산자는 다양한 생태계에서 곧바로 적용 가능한 단위 제품과 서비스를 생산한다. 단지 생존을 위해서라도 모듈 생산자는 자신의 분야에서 반드시 최고에 속해야 한다. 생존을 넘어 성장하기 위해서는 가장 좋은 제품과 서비스를 가장 좋은 가격에 제공할 수 있다는 것을 보여주기 위해 새 제품과 서비스를 지속적으로 선보여야 한다. 고객이 대안을 검색해 쉽게 옮겨갈 수 있는, 고도로 경쟁적인 환경에서 사업을 운영해야 하기 때문이다. 2014년에 2,350억 달러어치의 거래를 처리하며 76억 달러의 매출을 올린 페이팔은 5년간 연평균 성장률이 17.2%, 영업이익률이 23%였다. 페이팔은 하드웨어의 종류를 가리지 않고 모바일에서도 사용가능하며 클라우드 기반이기 때문에 사실상 어떤 생태계에서도 작동된다. 페이팔 매출의 50% 가량이 미국 밖에서 발생하는데, 이는 모듈 생산자들이 여러 종류의 생태계와 규제 환경에 범용적으로 부합할 수 있는 제품과 서비스를 생산해야 함을 보여준다. 모듈 생산자의 특징 중 하나는 한 영역에 많은 행위자(이 경우에는 애플페이와 스퀘어(Square))가 있을 수는 있지만 과거의 경험을 보면, 한두 개의 기업만 꽤 좋은 수익을 올리고 나머지는 가격 경쟁을 택할 수밖에 없는 상황에서 생존에 고전한다는 점이다. 또 생태계 조직자와 달리 대부분의 모듈 생산자는 고객 데이터를 종합적으로 확보하지 못하며 자신이 처리하는 영역의 제한된 데이터만 얻는다.

3.3. 플랫폼 전략

3.3.1. 개념

기업생태계를 클러스터 및 가치네트워크와 구별하게 하는 핵심 요소 중 하나가 바로 플랫폼(platform)이다. 기업생태계를 통해 서로 연결되어 가치를 제공하는 제품 및 서비스의 집합인 '가치복합체(value complex)'를 생산하는데, 플랫폼은 각자 생산하는 가치를 서로 보완해줄 수 있도록 연결시켜주는 매개체이자 공통의 연결축이다. PC용 애플리케이션들은 Windows 플랫폼을 기반으로 보완관계에 있는 PC 본체 및 주변기기와 결합해 가치를 제공하고 있다. 퀄컴의 CDMA 기술은 부품, 장비, 단말기 간에 공통의 연결축 역할을 하는데, 이들이 결합하여 무선 통신 서비스라는 통합된 가치를 제공하게 된다.

3.3.2. 유형

플랫폼의 유형을 [그림 13]과 같이 참여자 통제방식(개방적/폐쇄적)과 가치사슬 위치(upstream/downstream)를 활용하여 4가지로 구분할 수 있다. 통제 방식은 진입 및 접근에 대한 제한 여부에 따라 개방적, 폐쇄적으로 구분되는데, 보완기업이 스스로 결정해 기업생태계에 진입할 수 있으면 개방적이며, 중추기업의 허락을 받아야 하면 폐쇄적이다. 통제 방식이 개방적인 경우, 중추기업은 플랫폼만 제공하고 부품기업, 완제품기업과 최종소비자 등 생태계에 참여하는 보완기업들과 최종소비자는 플랫폼을 이용하여 자유롭게 거래를 수행하는데 반해, 통제 방식이 폐쇄적인 경우, 참여기업은 중추기업의 정책에 철저하게 따르며 기업생태계 내의 다른 참여기업과의 상호작용이 제한적이기 때문에 중추기업과의 관계가 중요하다. 원천기술이나 소스코드(source code)를 공개한다면 개방적 플랫폼에 가까우며, 중추기업이 가격통제권을 가지고 보완기업은 중추기업의 정책에 따른다면 폐쇄적 플랫폼에 가깝다. 가치사슬상의 위치는 참여하고 있는 기업이 제공하는 보완제품의 종류가 중간재인지 최종재인지에 따라서 구분한다. 플랫폼이 가치사슬의 업스트림에 위치한 생태계에서는 부품과 장비회사들의 제품 및 서비스가 플랫폼을 중심으로 통합된 후 별도의 경로를 통해 최종소비자에게 전달된다. 플랫폼이 가치사슬의 다운스트림에 위치한 생태계에서는 완제품 회사들의 제품 및 서비스가 플랫폼을 매개로 최종소비자와 직접적으로 연결된다.

그림 13 이해관계자 통제방식과 가치사슬 위치에 따른 플랫폼 유형

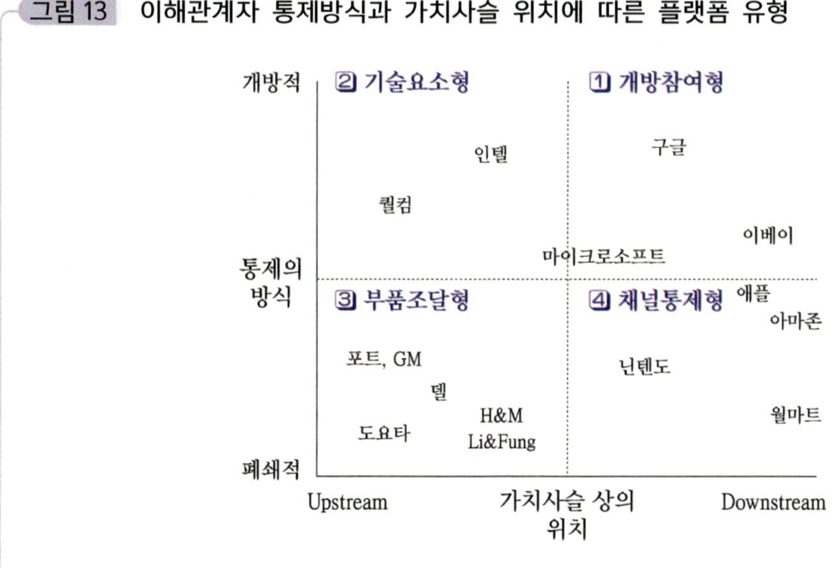

〈출처: 삼성경제연구소(2012)〉

개방참여형의 경우 소비자들의 문제 해결을 통한 플랫폼의 차별적 경쟁력 구축 및 참여자 확보를 위한 단기 인센티브 제공이 중요하다. 기술요소형은 주로 보완기업의 문제 해결을 돕는 차별적인 솔루션을 제시해 보완기업의 플랫폼 참여를 유인하며, 단기 인센티브 제공도 병행해야 한다. 부품조달형의 보완기업은 기술요소형에 비해 소수이며 장기적/반복적 관계가 많으므로 보완기업 간 및 보완기업－플랫폼 간 연결편의 제공이 중요하다. 채널통제형은 플랫폼 자체의 품질을 개선해 소비자들의 연결 편의를 제공하고, 충성도 높은 소비자들을 확보하는 것이 핵심이 된다.

그림 14 기업생태계 유형별 대표적 형성 경로와 전략 선택 내용

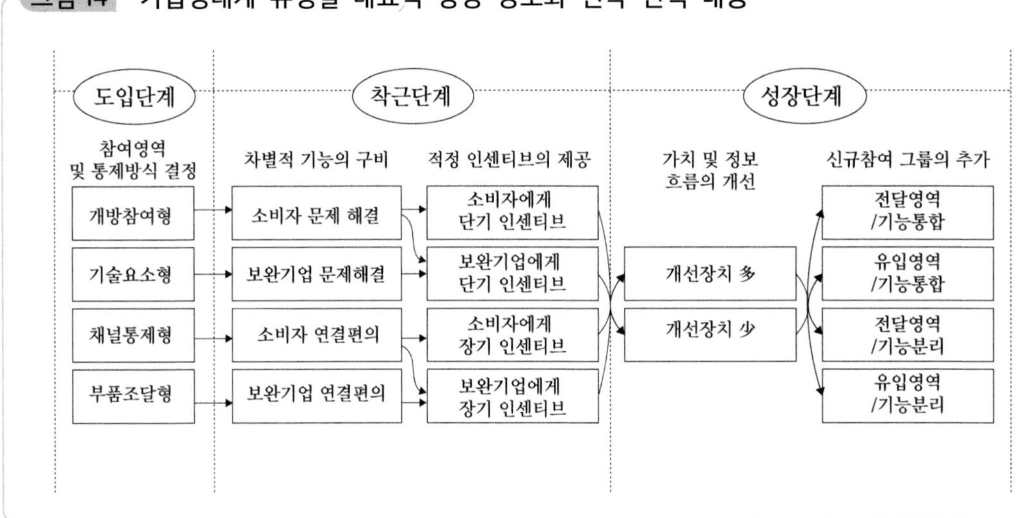

〈출처: 전게서〉

플랫폼 비즈니스 유형을 [그림 15]와 같이 크게 세 가지 모델로도 구분하고 있다. 첫 번째 "Integrated Platform Model"은 애플처럼 플랫폼 소유자가 외부 개발자와 고객 사이에서 외부 개발자가 개발한 제품을 직접 판매하는 방식이다. 두 번째 "Product Platform Model"은 외부 개발자가 플랫폼 소유자의 기술을 이용해 제품을 개발하여 직접 고객에게 판매하는 모델이다. 세 번째 "Two-sided Platform Model"의 경우 플랫폼 소유자와 계약된 플랫폼 환경 하에서 활동한다는 조건 하에서 외부 개발자가 자유롭게 고객과 직접 거래를 하는 모델이다.

그림 15 플랫폼 비즈니스의 세 가지 유형

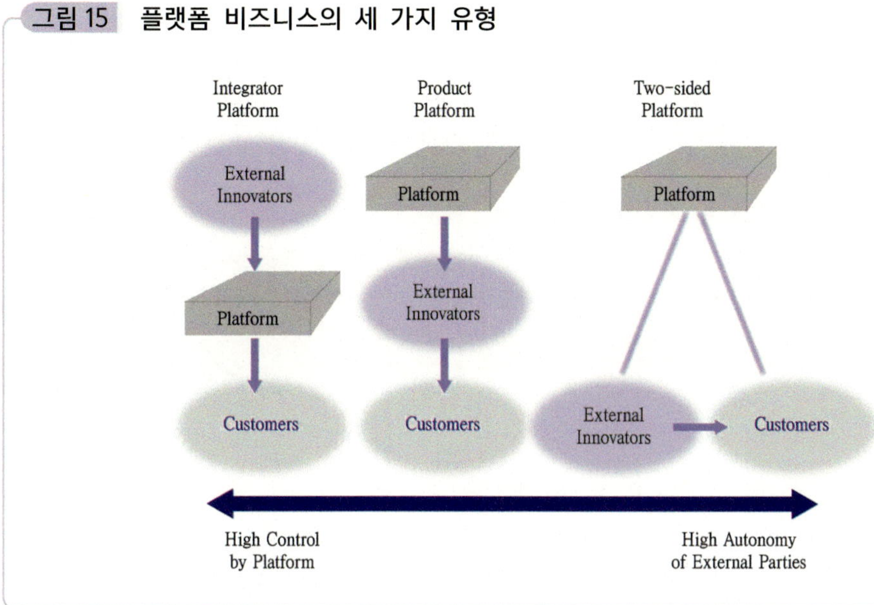

〈출처: Boudreau and Lakhani(2009)〉

양면(two-sided)시장으로 불리는 플랫폼은 상호연결을 필요로 하는 둘 이상의 구분되는 고객 간의 거래를 중재한다. 그리고 높은 거래비용으로 양측의 소비자/고객집단 간의 직거래가 불가능하기 때문에 플랫폼 사업자는 차별적으로 양면시장의 가격을 차별화 하여 이용료를 책정하고, 시장에서 제품(서비스)을 사용하는 고객의 크기(수)가 커짐에 따라 효용이 증가하는 네트워크 효과가 존재한다.

이베이(eBay)같이 구매자와 판매자를 '직접' 연결하는 플랫폼 비즈니스방식이 있고, 포털이나 신문 등 이용자와 제3자의 상호작용을 '간접'적으로 연결하는 플랫폼 방식이 있다. 소비자가 무료 포털에서 광고를 우연히 보고 생산자의 제품을 구매하는 경우가 이런 간접연계형 플랫폼 비즈니스에 속한다.

정보통신기술의 발전으로 기업의 비즈니스모델이 오프라인에서 온라인으로 이전되면서 플랫폼은 다수의 이해관계자가 참여하고 다수의 서비스를 가능케 하는 기업생태계로 발전하게 되었다. 2015년 글로벌 시장가치 톱 10에 들어간 기업들 중 절반인 5개 기업(Apple, Google, MS, Amazon, Facebook)이 플랫폼 비즈니스를 하는 기업이라는 사실은 플랫폼의 중요성을 일깨워준다.

3.3.3. 플랫폼 성장

기업생태계의 형성단계(도입－착근－성장)별로 플랫폼과 관련된 영향요인을 고려하여 적절한 결정과 선택을 내리는 것이 플랫폼 성장 전략의 핵심이다([그림 16]).

그림 16 기업생태계 형성 및 성장의 3단계

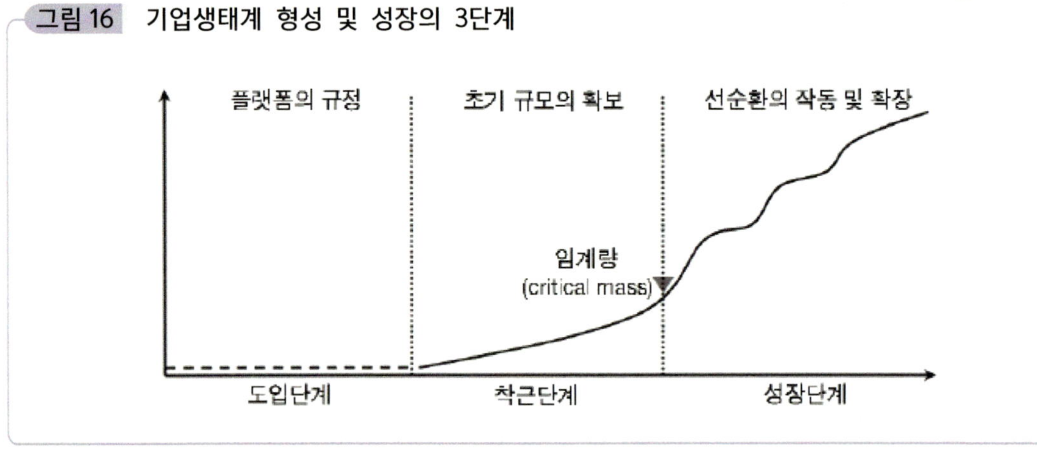

① 도입: 플랫폼 규정

도입 단계의 과제는 참여 영역 확정(劃定)과 통제 방식을 결정하는 것이다. 산업의 성숙도와 경쟁도가 높다면 안정화된 최종재를 추가로 제공하는 다운스트림 영역에서 플랫폼 구축 기회가 주로 발생하게 된다. 기술의 성숙으로 제품이 표준화 · 안정화되면 업스트림에서 새로운 중간재 공급기업이 진입할 수 있는 기회가 축소된다. 소비자 그룹이 가진 니즈가 불확실하고 다양할수록 보완기업 및 경쟁 플랫폼의 역량을 활용하기 위해 개방적 통제 방식을 활용하는 것이 필요하다. 수직적 개방을 통해 새로운 보완기업의 진입이 활발히 일어나면 고객의 니즈를 만족시킬 가능성이 증가하고 보완 기능을 지닌 경쟁 플랫폼에 대해 수평적으로 개방함으로써 다양한 소비자들의 니즈에 대응할 수 있다.

② 착근(着根): 초기 규모의 확보

착근 단계에서는 우선 참여자를 유인하기 위해 플랫폼이 차별적 기능을 구비하는 것이 우선적으로 필요하다. 소비자의 플랫폼 접촉이 어느 정도로 이루어지고 있는가가 플랫폼이 갖추어야 할 차별적 기능을 누구의 요구에 맞추어야 할지를 좌우하는데, 소비자가 플랫폼에 접촉하는 정도가 높은 경우 플랫폼을 통해 소비자의 고유한 니즈를 만족시키는 것이 중요하다.

플랫폼이 갖춰야 할 핵심 기능이 새로운 가치 창출인지 기존의 가치 향상인지 여부도 차별적 기능의 성격 결정에서 중요한 고려 사항이다. 새로운 제품 및 서비스의 개발이나 기술 표준 정립을 통해 참여 후보자가 새로운 가치를 제공할 수 있도록 기반을 제공해야 한다. 또한 플랫폼 참여를 통해 연결하고자 하는 상대편을 쉽게 찾고 거래가 편리하게 이루어질 수 있도록 편의를 제공하는 등 기존 가치를 향상시키는 일이 필요하다.

차별적 기능을 갖추고 있더라도 초기 진입비용이 많이 소요되거나 흡인력 발휘 여부가 불확실하다면 적정 인센티브를 함께 제공해야 한다. 보완기업과 소비자 중 네트워크 효과가 더 큰 쪽에 인센티브를 제공하는 것이 플랫폼 활성화에 효과적이다. 보완기업과 소비자 중 상대 참여자 그룹을 유인하는 효과가 더 큰 쪽에 인센티브를 제공함으로써 조기에 임계치 이상의 참여자를 확보해야 한다. 인센티브의 목적이 많은 수의 참여자를 유인하는 데 있는가 아니면 양질의 참여자를 확보하는 데 있는가에 따라 인센티브 제공 방식을 선택하고, 양질의 참여자 확보가 목적이라면 사용료 면제나 높은 수익배분율 보장, 가입기간에 따른 혜택 제공 등 장기적 인센티브가 효과적이다.

③ 성장: 선순환의 작동과 확장

성장 단계의 과제는 가치 및 정보 흐름 개선과 신규 참여 그룹 추가하는 것이다. 현재 플랫폼의 가치와 정보의 흐름을 매개하는 기능이 참여자의 규모 및 다양성, 요구 수준 등에 얼마나 적합한가가 현 플랫폼 개선 수준에 영향을 미친다. 플랫폼을 활용해 보완기업이 제품을 만들고 전달하는 과정에서, 그리고 소비자가 보완제품을 찾아내고 전달받는 과정에서 개선점은 없는지 점검해야 한다. 신규 참여가 가능한 잠재 그룹이 보완기업 측에 존재하는지, 소비자 측에 존재하는지 면밀히 파악할 필요가 있는데, 기존 이용자가 거래하는 혹은 거래할 수 있는 외부 그룹에 대해 현재의 비즈니스가 가치 증가와 비용 감소를 제공할 수 있는지를 파악해야 한다.

현 플랫폼의 기능복합성 정도가 플랫폼 재편 방식을 기능의 분리로 할 것인지, 기능의 통합으로 할 것인지에 영향을 미치는데, 현 플랫폼이 다수 기능을 복합한 것이라면 새로운 참여자를 추가하기 위해 내부의 기능 중 일부를 이양하거나 개방하는 것이 가능하다.

4. 기술 이전

4.1. 개념

기술의 이전은 외부에서 만들어진 기술 및 지식요소를 흡수하여 자체 기업역량으로 체화시켜 나가는 과정으로서 기술사용자의 관점에서는 기술의 도입으로 표현되기도 한다. 즉 기술이전은 기업이 필요로 하는 기술 및 지식의 구입 및 습득을 통해 단기에 적은 비용으로 기술능력을 향상시킬 수 있다는 이점 때문에 기업의 기술획득 방식에 있어서 자체 연구개발 활동과 더불어 매우 중요한 비중을 차지한다.

한편, 기술 개발자 입장에서의 기술이전은 비용을 수반하는 연구개발 성과를 금전적으로 회수하여 신규 투자재원으로 재활용할 수 있게 된다. 특히 불특정 다수 기업에 대한 기술확산을 통하여 기업의 경쟁력 제고를 지원해야할 정부출연 연구기관에 있어서 활발한 기술이전사업화는 정부의 국가연구개발사업 투자의 효과를 가늠하는 척도가 된다.

기술이전에 대한 다양한 관점에서의 정의가 있다. Brooks(1966)는 '기술 이전은 과학과 기술이 인간의 활동을 통하여 확산되어 가는 과정'으로 정의하고 실질적인 생산에 체화된다는 점에서 일반적인 과학기술정보의 이전과 다르게 구별하고 있다. 또한 기술이전은 외부의 기술 또는 지식을 활용하여 상업화, 즉 가치창출을 추구하는 기술공급자와 기술수요자간의 상호작용 과정이라고 정의하기도 하는데, 이는 기술 또는 지식이 신제품 개발, 공정개선 등 실용화를 목적으로 변환되는 과정을 의미한다. 기술이전이 단순히 이전된 기술을 사용하는 지점의 위치변경이 아니고 이전되는 기술을 사용할 수 있는 능력의 이전이라는 것을 나타낸다고 하겠다.

기술이전사업화에 대한 이론적 접근은 국가간의 재화이동이 활발해지기 시작한 '60년대 이후부터 사례 중심으로 다양한 연구가 이루어졌는데 이는 기술이전의 대상과 기술거래 당사자를 중심으로 두 부류로 나누어 볼 수 있다.

<표 7>에서 보는 바와 같이 다수의 연구자들은 기술 및 지식요소가 제공자와 도입자간에 이동하는 과정으로 기술이전을 정의하고 있다. 또한, UNCTAD는 국가, 기업, 또는 개인과 같은 기술거래의 주체라는 관점에서 기술 이전의 개념을 정의하고 있으며, Forster는 기초연구, 응용연구, 개발, 상용화라는 기술흐름의 관점에서 정의하고 있는 것이 특징이다.

이들의 정의를 종합해 보면, 기술이전은 무형자산인 기술 및 지식요소를 외부로부터 전체 또는 부분적으로 도입하여 유형자산인 제품 또는 무형의 서비스로 전환하기 위하

여 기술거래 당사자가 계약을 하거나 협상에 따라 이루어지는 모든 제도적, 공식적 행위라 할 수 있다. 그러므로 기술이전이란 적어도 한쪽 당사자의 지식과 전문지식 수준을 제고하고 각 당사자의 경쟁력을 강화하기 위하여 당사자 간에 기술 또는 기술과 관련한 조직상의 노하우의 이동을 수반하는 것이다.

표 7 기술이전의 정의

연구자	정 의
Brooks(1996)	과학과 기술이 인간의 활동을 통하여 확산되어 가는 과정으로서 기술이전의 주체를 국가, 기업, 개인 등 광의로 해석
UNCTAD(1971)	새로운 생산시설과 현재 가동 중인 시설의 확장을 위해 설계 또는 공정관리에 정상적으로 필요한 기술지식요소의 이전이 선진국과 개발도상국 사이에 이루어질 때 국가 간 기술이전으로 정의
Forster(1971)	기술이전 방향성의 관점에서 프로젝트 간, 조직 간, 국가 간의 이전인 수평적 이전과 기초연구, 응용연구, 개발, 사업화 간의 수직적 이전으로 분류
Gee(1974)	기술의 새로운 사용을 위해 또는 새로운 기술사용자가 기술을 응용하는 것으로 기술의 직접적 응용 외에 새로운 용도나 사용자에게 적합하도록 변경하는 개념
Teece(1988)	지식을 새로운 제품과 서비스로 변형하는 단계
souder(1990)	한쪽이 소유하고 있는 하나의 기술이 다른 쪽에 의해서 채택되도록 이동하는 과정, 즉 개발자로부터 제공자나 소유자로의 이동, 한 부서에서 다른 부서로 이동하는 과정
Bozeman & Crow (1991)	물리적 디자인, 프로세스, 노하우, 정보가 한 곳에서 다른 곳로 이동하는 과정
Camp & Sexton (1992)	기술적 지식의 이전, 잠재사용자에게 연구결과를 전달하는 과정, 그리고 개발단계에서 기술적 아이디어나 노하우가 최초에 인식한 조직에서 사용자 조직으로 이동
Seaton & Hayes (1993)	학술적 연구개발에서 일반적 · 효과적인 응용에 이르는 아이디어, 지식, 제품의 이전을 통한 기술혁신 촉진과정
Zhao & Reddy (1993)	제공자와 도입자간에 기업의 특수한 기술적 노하우를 교환하는 과정으로 정의

〈출처: 지태홍 외(1999)〉

기술이전은 초기 아이디어로부터 최종 산출물까지 기술개발 활동의 모든 단계에서 이루어지므로, 개인 간의 비공식적인 상호활동, 공식적인 자문, 출판, 워크숍, 인적교류, 기관간의 공동 사업, 특허 및 저작권 라이센싱, 계약연구를 통하여 이루어질 수 있다. 또한 지역적으로는 특정지역에 제한될 수도 있고 여러 국가로까지 확장될 수도 있다. 기술이전은 한 주체로부터 다른 주체로의 기술이동을 뜻하며, 기술이전을 받는 기관이 그 기술을 내부적으로 체화하여 경쟁력 있는 제품을 생산하는 경우에 성공으로 간주한다.

4.2. 기술이전의 유형

기술이전이 이루어지는 방향성에 따라 수직적 기술이전, 수평적 기술이전으로 분류할 수 있는데, 후발개도국이 선진공업국에서 기술을 도입하는 것은 수평적 기술이전이며 연구기관에서 상업화단계의 기술을 기업에 이전하는 것은 수직적 기술이전이라고 할 수 있다. 즉 수직적 기술이전을 기초연구 → 응용연구 → 개발연구 → 상업화 등의 경로를 따라 발전되는 기술이전으로, 수평적 기술이전을 프로젝트 간, 조직간, 산업간 혹은 국가 간 수평적으로 나타나는 기술이전으로 분류하고 있다.

또한 상황적 분류기준에 따라 국가 간 기술이전, 글로벌 기술이전, 조직적 기술이전, 조직 내 기술이전으로 분류한다. 국가 간 기술이전은 선진국에서 개도국으로의 기술이전, 개도국에서 선진국으로의 기술이전, 선발개도국에서 후발개도국으로의 기술이전 등 국가 간의 기술이전, 글로벌 기술이전은 여러 국가에서 설립 운영되고 있는 다국적 기업들의 연구소나 플랜트를 통한 다국적 기업망 내에서의 기술이전; 조직간 기술이전은 대학 또는 연구기관에서 기업으로의 기술이전; 기업에서 기업으로의 기술이전 등 하나의 조직에서 다른 조직으로의 기술이전; 조직 내 기술이전은 연구소 또는 연구개발부서에서 생산부문 또는 설계부문으로의 기술이전으로 정의하고 있다.

기술이전 시스템 고도화에 따른 분류 기준에 의하면, 특별한 기술이전 메커니즘과 노력이 필요 없고 기술보유자가 전적으로 기술이전 활동을 담당하고 기술수요자는 피동적 역할을 수행하는 기술이전시스템을 제1세대 기술이전, 기술이전을 위한 협력관계, 즉 기술보유자와 기술수요자간의 연계관계 구축에 의해서 일방향의 기술이전이 이루어지는 기술이전시스템을 제2세대 기술이전, 새로운 가치창출을 위해서 기술공급자와 기술수요자가 협력하고 기술이전 과정을 경영관리하는 쌍방향 기술이전시스템을 제3세대 기술이전으로 분류한다. 또한 기술이전 체화형태를 설비이전, 정보이전, 지식이전으로 분류하고, 기술이전 계층에 따라 원자재 기술이전, 생산능력 이전, 설계기술 이전, 연구개발 역량 이전으로 구분이 가능하다.

기술이전사업화의 유형은 기업들이 새로운 제품을 생산하거나 기존제품 시장에서의 경쟁력 제고에 필요로 하는 기술의 도입의도, 즉 시장지향적이냐 혹은 비시장지향적이냐에 따라 결정되는 것이 일반적이다.

또한 기술도입자의 기업환경 및 기술능력에 따라 공정 · 장비 · 제품생산에 소요되는 지적 노하우를 일괄하여 도입하는 턴키방식의 기술도입으로부터 자사가 갖추지 못한 요소기술만을 도입하는 부분적 기술도입에 이르기까지 매우 다양한 형태가 존재한다.

일반적으로는 <표 8>과 같이 기술의 지역적 이동성, 이전기술의 수준, 도입자의 기술능력, 이전기술의 내용 등에 따라 크게 5가지로 구분할 수 있다.

표 8 기술이전의 분류기준

기술의 지역적 이동성	국내 및 국제(선진국 → 개도국)
기 술 의 흐 름	수직이전, 수평이전
거래대상기술의 형태	실물이전, 설계이전, 능력이전
대가지불여부와 수준	직접이전, 간접이전
기 술 획 득 형 태	OEM 형태, 합작투자, 인수합병

첫째, 기술이전의 지역이 국내인 경우와 국제적인 경우로 나눌 수 있다. 국제기술이전은 주로 선진국으로부터 개도국으로 이전된다. 선진국 시장에서 성숙기를 지난 기술이거나 인력의존도가 높아 자국 내에서 인건비 등 간접비용의 상승으로 경쟁력이 약화되어 해외로 생산기지를 이전하는 생산 · 공정기술 등이 주를 이룬다. 국내 기술이전은 국내에서 이루어지는 기업 간, 공공 또는 대학 연구기관과 기업 간의 기술거래를 포함한다.

둘째, 기술의 흐름이란 관점에서 수직이전과 수평이전으로 나눌 수 있다. 수직이전(vertical transfer)은 기술도입자가 기술성숙도를 제품화 쪽으로 한 단계 진전시키기 위한 것으로 기술의 성격이 기초연구 → 응용연구 → 개발 → 상용화의 차원으로 발전 · 전환되어 가는 것을 말한다. 수평이전(horizontal transfer)은 기술이

다른 조직이나 지역으로 이전되어 활용주체가 변화되는 경우이다. 특히 기술수명주기에 따라 기술의 개발 · 성숙기에는 기술 개발국과 선진국사이에서 기술이전이 발생하며, 기술쇠퇴기에서는 선진국에서 개발도상국으로 이전하는 특징이 나타난다. 반면, 국내 기술이전에서는 사내창업과 같이 파생기술에 의한 창업이 대표적인 유형이다.

셋째, 이전되는 대상기술의 형태에 따라 구분하는 것인데, 생산에 필요한 재료, 플랜트, 기계, 기법 등의 실물이전(material transfer), 설계도, 청사진 등의 설계이전(design transfer), 인적교류 등의 능력이전(capacity transfer)으로 구분된다.

넷째, 기술이전의 대가 지불여부와 수준에 따라 직접적인 이전과 간접적인 이전방식으로 분류할 수 있다. 직접적인 기술이전방법에는 계약, 공동 연구사업 추진 등이 있으며 간접적인 기술이전방법은 기술발전주기의 초기단계에서 주로 활용되는데 역엔지니어링, 비공식적 회합, 출판, 워크샵을 들 수 있다.

다섯째, 기업이 외부로부터 기술을 획득하는 형태는 여러 가지가 있으나 가장 단순한 형태인 OEM형식으로부터 시작해서, 가장 복잡하고 도입하는 기업의 자원이 많이 투입되는 합작투자(joint venture), 그리고 기술개발회사의 매입까지 들 수 있다.

이밖에 단기적인 관점에는 기술애로를 극복하기 위하여 기술지도, 기술자문 등을 받고 그 대가를 지불하는 행위도 광의의 기술이전 개념에 포함할 수 있다. 특히, 기술 집약적 벤처기업의 확산과 기업연구소의 기반이 일정수준 정비되어 있는 현재의 산업 · 경제적 환경에서는 기술지도나 기술자문의 중요성이 커지고 있다. 이밖에도 기술이전의 내용에는 개인 간의 비공식적인 정보교류, 도서 · 잡지 등의 출판물, 산업전시회, 회의 · 세미나, 워크샵 참가 등에 의한 지식획득도 포함할 수 있다.

기술이전사업화는 사업화 추진 주체 및 기술자원 활용 방식에 따라 아래 [그림 17]과 같이 다양한 유형이 존재한다. 기술공급자로는 대학, 출연(연) 및 기업연구소 등이 있으며, 국가연구개발사업 및 기업의 자체기술개발투자를 통해 생산된다. 산학연 보유기술이 기술수요자로 이전되는 채널로는 개인 네트워크를 통한 직접 거래, 연구소 및 대학 내에 존재하는 기술이전부서, 외부 기술중개기관 혹은 기술거래사를 통한 거래 등이 있다. 기술자원이 산업현장에서 활용되는 메커니즘으로는 사업화 진행, 특허 및 노하우의 라이센싱 혹은 판매, 기술창업 및 출자, 공동연구개발 그리고 기술지도 및 자문 등의 방식이 있다.

그림 17 기술이전 채널과 기술자원 활용 매커니즘

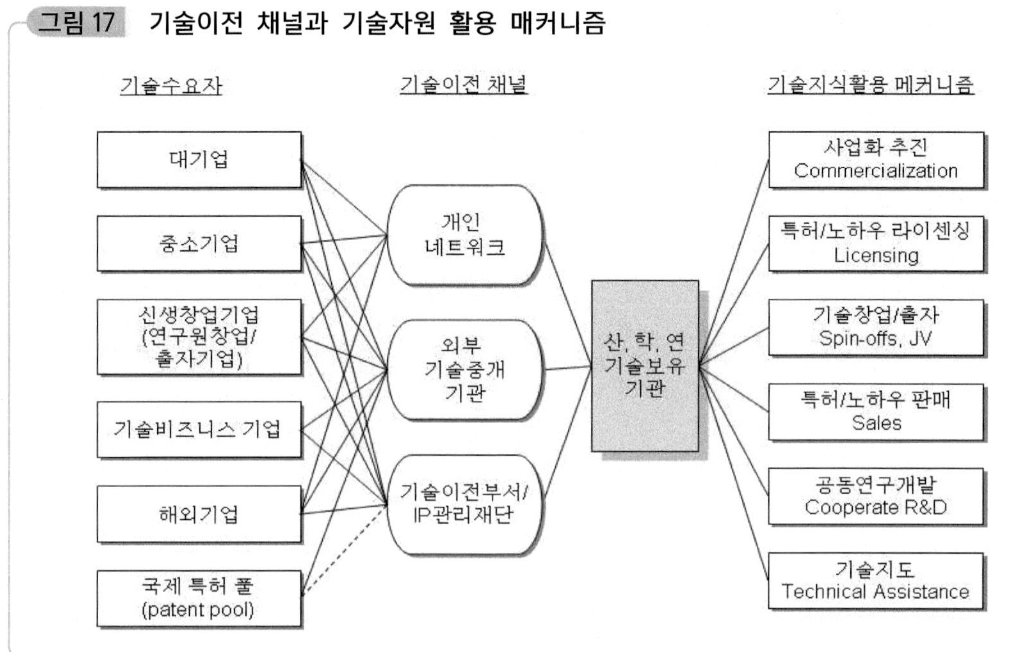

〈출처: 산업자원부(2004)〉

4.3. 기술이전의 구성요소

기술이전 과정의 구성요소는 [그림 18]과 같다. 이에 따르면 기술이전 모형은 기술거래 당사자인 기술의 도입자 및 제공자를 중심으로 기술 제공자, 기술 도입자, 이전기술, 기술이전 매카니즘, 기술 제공자 환경, 기술 도입자 환경, 외부 환경의 6개 요소로 구성된다. 각 구성요소별 내용은 다음과 같다.

그림 18 기술이전 과정의 구성요소

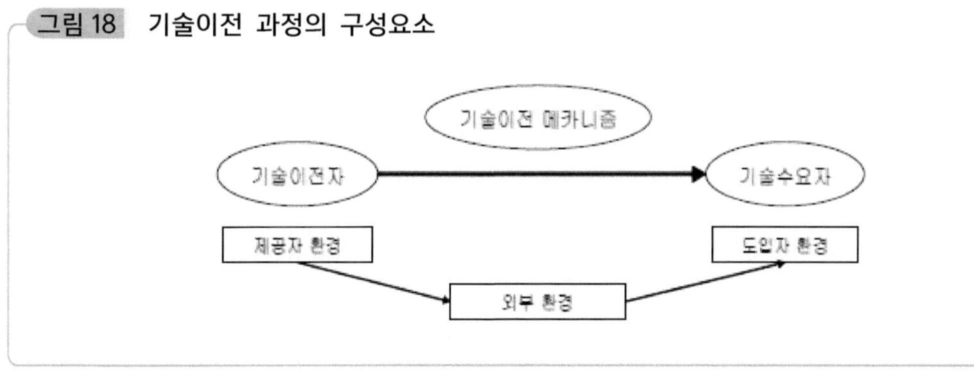

4.3.1. 기술제공자와 도입자

기술을 이전하는 측과 이전 받는 측, 양자 간에는 서로 다른 동기를 가지고 있으므로, 각자의 전략과 계획과 사정에 따라 다양한 형태의 이전이 성립된다. 기술의 역할을 네 가지 관점으로 분류할 수 있다. 즉, 전환자, 도구, 지식, 체화시키는 힘으로서의 기술 등으로 분류하는데, 이때 생산의 필수요소는 기술요소(technoware), 인적요소(humanware), 정보요소(inforware), 조직요소(organware)의 네 가지라 할 수 있다.

이들 참여자들이 기술이전을 바라보는 관점과 희망하는 성과는 <표 9>에 나타난 바와 같이 서로 차이가 있다. 새로운 지식의 발견을 갈구하는 연구자는 기술이전에 앞서 기본적으로 소속된 과학기술 커뮤니티 내에서의 인지도 확보를 희망하는데 반해, 기업은 무엇보다 기술 확보를 통한 재무적 이득 창출을 최우선의 가치로 놓고 있다. 그리고 TLO(기술이전전담조직(Technology Licensing Organization)은 소속기관 행정당국과 연구자 사이에서 지식재산권을 보호하고 관리하며 활용하는 역할을 수행한다.

표 9 기술이전 이해관계자별 특성

이해관계자	행 동	1차 동기	2차 동기	관 점
연구자	새로운 지식의 발견	과학커뮤니티 내 인지도(논문, 연구자금)	– 재무적 이득 – 연구자금 추가확보	과학적
TLO	연구자와 기업가 간 거래 창출	대학 지식재산권의 보호 및 판매	– 기술확산 – 연구자금 추가확보	관료적
기 업	신기술의 사업화	재무적 이득	사적기술의 관리	조직/기업가적

〈출처: Siegel 외(2003)〉

연구자들은 최근 ‘모드2’로의 지식생산방식 변화와 기술이전을 유도하는 각종 제도구축 등 정책 강화로 인해 기존 역할에서 많은 변화가 있었다. 과거에는 연구자들의 일반적 행동특성을 공유성(communism)과 탈이해관계(disinterestedness) 규범을 준수하는 집단으로 바라보았다. 이 시각은, 과학적 발견은 집단노력의 산출물이기 때문에 개인이 소유해서는 안 되고, 개방과 공유를 통해 다른 집단과 빠르게 공유해야 하는 것이며, 연구자는 자신의 연구로부터 사적이익을 추구하는 것을 금지하면서 진리의 탐구 그 자체만을 목적으로 한다는 규범을 담고 있었다. 그러나 최근 과학과 산업의 관계 변화는 연구자의 사회적 이중성을 부각시켰으며, 이로 인해 가치와 행동사이의 복잡한 관계가 형성되었다.

연구자들을 [그림 19]와 같이 사업화가 학계를 위협한다는 것에 대한 관점과 과학과 사업화 영역의 중복성에 대한 관점을 기준으로 '전통적 대학'과 '새로운 대학'이라는 양극단 사이에 혼합형으로 '참여형 전통주의자'와 '주저하는 창업가' 등 4가지 유형으로 구분할 수 있다. 전통적 유형의 연구자는 산학의 관계는 분리되어야 하며 사업화 노력은 대학의 연구를 위협한다고 생각한다. 이들은 특허창출 노력을 하지 않으며, 사업화 이득을 바라지 않고 단지 연구자 집단 내에서만 성공을 추구한다. Merton(1973)이 제시한 전통적 과학자 사회의 네 가지 규범(CUDOS: Communalism, Universalism, Disinterestedness, and Organized skepticism)에 부합되는 유형이다. 반대로 창업가형은 산학 상호 간 영역의 겹침이 증가하고 있으며, 사업화 활동이 대학연구에 위협을 가하는 것이 아니라, 오히려 사업화와 연구 활동의 분리가 어렵고 성공은 서로가 의존적인 관계에 있다고 생각한다. 이들은 과학적 발견을 기업으로의 이전을 위한 과정으로 보고 조직간 연계 활동이 지식의 추가 생산에 필수적 수단이라고 생각한다. '주저하는 창업자' 유형의 경우 학계와 산업계간 영역의 구분은 어렵지만, 사업화 노력이 학교 고유의 특성을 위협한다고 생각한다.

그림 19 산학관계에 대한 교수 유형

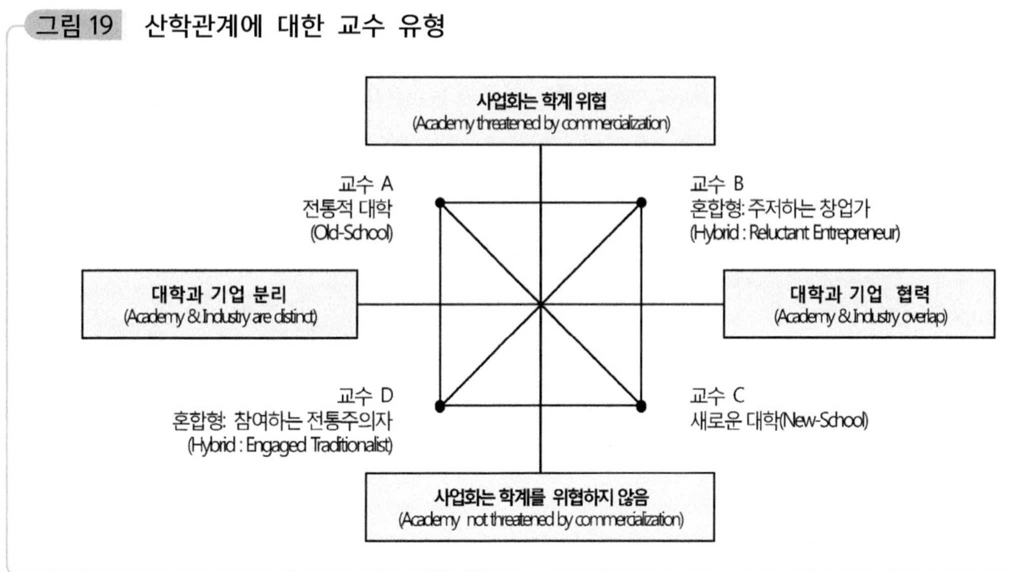

〈출처: Owen-Smith and Powell(2001)〉

이들은 사업화 활동이 학계를 위협할 수 있지만, 연구결과물을 산업계의 침범으로부터 보호하기 위해 특허확보에 열정적인 면도 있다. 마지막 '참여형 전통주의자'의 경우 학계는 산업계와 명확히 분리되어 있으나, 사업화 관련활동이 학계를 위협한다고 생각하지 않기 때문에 사업화 지원을 위한 컨설팅, 특허 출원 등의 활동을 한다. 이처럼 사업화 영역과 연구영역에 있어 한 영역의 성공이 다른 영역의 성공과 서로 밀접하게 관련되어 있다고 생각하는 새로운 대학 내 계층구조가 출현한 현상을 '하이브리드 레짐(Hybrid Regime)'이라는 개념으로 요약할 수 있다(Owen-Smith, 2003).

연구자들이 기술이전 등 기업과의 협력활동에 참여하는 동기를 금전적 보상(gold), 학문적인 명성(ribbon), 문제해결에 따른 연구자 개인의 만족감(puzzle) 세 가지로 구분할 수 있다. 기업협력에 대한 연구자의 가치관을 전통적 가치 기반에서부터 창업가까지를 하나의 연장선상에 놓고, 그 중간에 혼합형을 추가하여 세 종류의 유형으로 연구자들을 분류하면 [그림 20]과 같다.

영국의 연구중심대학 교수들을 대상으로 설문조사와 심층면접을 통한 실증분석 결과, '전통적 연구자'들은 기업협력 활동의 참여를 학문적 명성을 추구하기 위한 자금지원수단 수준으로 간주하면서 마지못해 협력하는 참가자로서, 기업과의 협력활동을 통해 연구커뮤니티에서의 명성과 학술적 경력을 쌓는 데 주력한다. 이처럼 전통적 연구자들은 외적동기에 의해 사업화 활동에 어쩔 수 없이 참여하게 되는 경향이 강하지만 오직 본연의 목적에만 관심을 가지고 있다. '혼합형' 연구자들은 외적인 학문적 명성뿐만 아니라 내적인 만족감에서도 동기부여를 받는다. 이들은 자발적으로 기업과의 협력활동에 참여하고, 경제적 이윤 추구를 통해 내적 만족을 느낀다. 이들은 사업화가 해당 분야에서 잠재력을 구현할 수 있는 또 다른 방법이라 생각하기 때문에, 중요한 학문적 정체성을 희생하지 않는 범위에 한해서 전략적으로 기업과 협력한다. 이에 반해 '창업가적 연구자'들은 금전적 보상에 우선적 가치를 둠과 동시에 만족감에 의해서도 동기부여를 받는다. 결국 연구결과의 사업화 촉진을 위해서는 금전적 보상만으로는 정책의 효과에 한계가 있기 때문에 다양한 내적동기를 감안한 정책의 설계가 필요하다.

그림 20 과학적 동기와 사업화 관여에 관한 분석의 틀

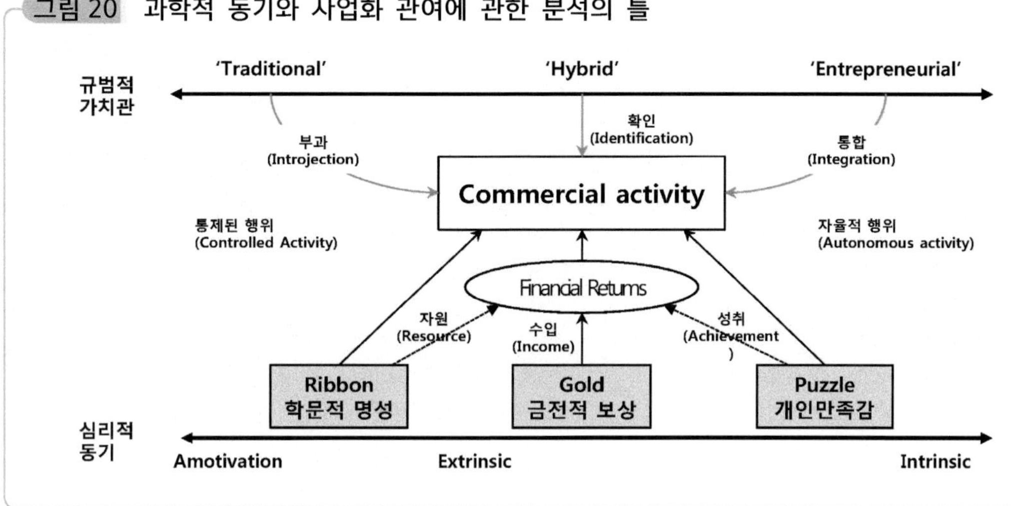

〈출처: Lam(2011)〉

4.3.2. 기술중개조직

'기술이전 에이전트', '기술이전 브로커', '기술이전 컨설턴트' 등으로 불리기도 하는데, 이들은 불필요하고, 넘치는 정보를 제거하기 위해 유용한 관련 정보를 가려내는 사람으로 정의할 수 있다. 기술이전 과정을 촉진함에 있어서 기술이전 에이전트의 역할이 중요하다.

기술이전 에이전트는 기술이전 모드에 따라 다양한 속성을 지닌다. Passive형, Semi-Active형, Active형에 따라 기술이전 에이전트는 각각 DB 검색 등을 통해 정보를 제공하는 역할, 의사소통자의 역할, 그리고 정보를 제공하거나 기술적 해를 적극적으로 찾는 역할을 수행한다. 기술이전 모드를 Broker형과 Comprehensive형으로 구분할 경우, 기술이전 에이전트는 각각 관련 전문가의 연결을 담당하는 역할과 여러 종류의 서비스를 조정 및 통합하는 역할을 수행하는 것으로 나누어진다.

기술이전을 촉진하기 위하여 기술이전 기관보다는 기술이전을 중개하는 중개인의 양성과 활용에 보다 중점을 둔 대표적인 예는 노르웨이의 BUNT(Business Development Using New Technology)이다. 이들 중개인은 기술 및 경영지식을 보유하고 있고, 기술과 경영의 효율적 접목을 통해 기업, 특히 중소기업의 기술 및 경영상의 경쟁력강화와 부가가치 창출을 지원하는 역할을 담당하고 있다.

공공기술은 불특정 다수를 대상으로 연구 개발된 산출물이기 때문에, 당초에 의도하지 않은 다른 응용분야로 이전하는 데 있어서 가장 먼저 당면하게 되는 문제는 그러한 응용분야를 확인하는 작업이 필요하다. 그러나 공공연구기관이 가지는 특성들, 즉 연구업무에 집중, 연구자의 시장지향성 미흡, 외부 탐색능력의 제한 등으로 의도되지 않은 응용분야를 확인하는 작업은 상당한 노력을 필요로 한다. 연구개발로 해결하고자 했던 문제와 현재 기술을 적용하고자 하는 산업의 기술적 문제 사이의 유사성을 발견하는 추가적인 노력이 필요한 것이다.

기업 입장에서는 새로운 기술의 도입에 관한 기업의 "make or buy" 의사결정은 거래비용의 크기가 중요한 요소가 된다. 외부시장에서 기술을 도입하는 비용이 내부 연구개발활동에 소요되는 비용이 보다 낮을 경우 외부기술 도입을 결정할 수 있다. 그러나 기술수요기업들은 이전받을 기술에 대한 사업화 불확실성, 기술정보의 비대칭성, 학습 비용 등 환경적 문제뿐만 아니라, 인적자본 제약 및 관리능력 취약 등으로 이전받는 것이 쉽지 않다.

이처럼 공공연구기관과 기술수요 기업이 가지고 있는 문제점들을 해결하기 위해 전문적인 기술중개조직이 출현하였다(<표 10> 참조). 이들은 기술시장에서 신뢰성 있는 정보의 획득비용을 감소시킴과 동시에 대상고객에게 필요한 기술정보와 서비스를 제공한다. 인터넷 기반의 기술중개조직 출현 또한 기술거래비용을 획기적으로 낮출 수 있게 되었다.

표 10 대표적인 기술중개 회사 사례

회 사	운영특징
Innocentive	– 다국적 제약회사인 Eli Lilly가 2001년 spin-off하여 설립 – 웹 중개시스템을 통해 기술수요자와 공급자를 연결하는 브로커 역할 – 아이디어, 상세설계, 샘플, 최종제품 등을 연계 – 문제해결 공모 프로그램 운영(록펠러 재단, Prize4life 등) – '13년 전 세계 200개국 약 30만 명의 문제해결 전문가(Solver) 확보
Ninesigma	– 2000년 P&G로부터 지원을 받아 설립된 창업벤처 기업 – 기술 확보를 위한 제안서 작성 및 기술제공자와 연결 – 3가지 솔루션 제공: Request for Proposal(기술) / Sample / Partner – 글로벌 1,000대 기업이 활용 중이며, 미국, 유럽, 아시아 등에 70만 명 이상의 기술제공자 확보 – P&G의 경우 나인시그마를 통해서 100여개의 문제를 해결('06년 기준)

회 사	운영특징
Yes2.com	– 기업, 대학, 연구소, 정부기관의 지식재산을 중개하는 사이트로 당사자 간 협의로 계약조건 등을 결정
YourEncore	– 퇴직 과학자들과 연계해 특정문제에 대한 솔루션을 구하는 사이트로, 퇴임 전 연봉에 물가상승률을 반영해 보상수준 결정
UTEK	– '97년 the University of Florida의 기술이전부서에 의해서 설립 – 대학과 연구기관의 지적재산을 유상 구매하여 수요자에게 판매 – 42명의 기술자문단 운영, 전세계 약 2,000개 이상의 대학과 정부연구소를 기술원으로 활용 – '08년 현재 약 5만개의 기술이전이 가능한 기술 DB구축 – '06년-29건(총 5,120$), '07년-16건(총 1,640$)

〈출처: Chesbrough(2006); 이철원(2008)의 연구에 기반을 두어 내용을 수정 및 보완〉

우리나라의 경우 2000년에 제정된 (舊)기술이전촉진법에서 '기술거래기관' 지정제도를 실시하고 있다. 기술이전 대상기술의 파악, 도입 희망기술 수요조사, 기술정보의 관리, 유통과 관련 정보망 구축 등 기술이전을 위한 중개, 알선 등의 업무를 수행하는 조직이 전문인력과 관련시스템 보유 등 몇 가지 요건에 부합될 경우 정부가 지정해 주는 제도이다. 현재까지 2017년 1월 년 말 기준으로 총 101개 기관이 활동 중이며, 70개 민간기업과 31개의 공공기관으로 분류할 수 있다.

이들 기술중개조직 기능을 정보검색, 지식가공, 중개협상, 승인표준화 등의 핵심기능을 활용하여 세분화 할 수 있다. 특허법인은 거래비용을 감소시켜줌으로써 연구자가 연구개발에 몰입할 수 있는 환경을 만들어 준다는 긍정적 효과가 있었고, 벤처캐피탈 역시 기존의 자금투자 업무를 벗어나 기술개발과 경영지원 참여 등 중개조직의 기능까지 역할을 확대함으로써 성과를 창출하고 있다.

기술중개조직에는 기술중개자(technology broker), 공공연구기관 TLO, 지역기술센터, 혁신에이전시(innovation agency) 등을 포함할 수 있으며, 기술적 기회와 사용자 수요 간의 간극을 메워주는 이들 중개조직이 <표 11>과 같은 다양한 역할수행을 통해 기술이전과 기술혁신에 성공적인 영향을 미친다. 또한 컨설턴트, 협회 또는 유통업자 등과 같은 외부 기관이 지식의 전달자로서 정보의 효과적인 이전에 기여하고 있다.

표 11 기술중개조직의 역할

수요자 요구	중개조직의 연계활동	공급자 측면
기술	– 특정 수요의 구체화 – 적합한 옵션을 선택	– 기술의 원천
방법과 인적자원	– 요구사항 식별(identification) – 선택 – 교육과 개발	– 노동시장 – 교육자원(resource)
재무적 지원	– 투자평가 – 사업계획서 작성	– VC, 은행, 정부 등
경영 및 혁신 전략	– 경영 · 혁신전략의 확인과 개발 – 소통과 구현	– 위협과 기회요인 등 환경적 신호
신기술에 대한 지식	– 정보교육과 소통 – 신지식의 핵심원천 위치 – 외부 지식시스템과 연계	– 성공사례 및 외부 지식기반 활용
구현	– 프로젝트 관리 – 외부자원의 관리 – 교육과 방법의 개발 – 조직구조 개발	– 전문가 자원(resource)

〈출처: Bessant and Rush(1995)〉

TLO(Technology Licensing Organization)

2000년 제정된 (舊)기술이전촉진법에 따라 정부출연연구기관, 이공계열 학과를 설치한 학교 등 대부분의 대학과 연구소 등은 기술이전전담조직(이하 TLO) 설치를 의무화하도록 규정하였다. 이들 TLO는 직무발명의 승계, 특허 등의 지식재산권의 출원, 등록, 이전과 활용 등 대학과 연구소의 기술이전 업무를 전담하여 수행하도록 규정하고 있다. 한국산업기술진흥원(KIAT)에서 2014년에 발표한 '2013년 기술이전 · 사업화 조사분석 자료집'에 의하면, 별도부서로 TLO를 운영 중인 기관은 2012년 기준 172개로 2007년 141개에 비하면 양적으로 크게 증가하였다. 아울러 기술이전 업무를 전담하고 있는 인력 수도 2007년 평균 2.86명에서 2012년 3.52명으로 지속적 증가추세를 보이고 있다.

그러나 미국 180개 대학, 연구소의 평균 전담인력 수가 5.7명인 수준(AUTM[7], 2012)임을 감안하면 전담인력 확보가 여전히 미흡한 편이다.

TLO의 조직 구조를 기관으로부터의 자율성 확보수준에 따라 <표 12>과 같이 세 가지 유형으로 구분할 수 있다.

표 12 TLO 조직구조 형태

TLO 구조	설 명	특 징	장 점	예 시
전 통 형	– 대학조직 내 부서형태 – 연구부서로부터 자금지원	– TLO직원은 교직원 – 현금확보를 위한 라이센싱 위주	– 관리가 용이 – 행정당국의 규제가 용이	Johns Hopkins, Dartmouth
비 영 리 재 단 형	– 대학에서 분리된 조직 – 활동의 자유도가 높음	– 비영리 조직 – 독립적 이사회 운영 – 대학과 예산분리 – 대학이 지분보유 가능 – 대학총장이 주로 재단이사장	– 제한된 책임 – 독립성(유연성) – 매출투자 가능	University of Minnesota, University of Michigan, Cornell, Brown
이 윤 추 구 벤처확장형	– 대학내 혹은 독립형 구조가능 – 경영개발이나 창업에 중심	– 독립된 CEO & 이사회 – 창업과 VC경험이 있는 직원들로 구성 – 창업에 집중	– 제한된 책임 – 유연한 구조 – 외부자금조달의 용이	Baylor College of Medicine, Boston University

〈출처: Markman 외(2005)〉

성공적인 기술이전을 위해서는 지속적으로 외부의 잠재적 기술수요자인 다양한 기업들과 관계를 맺는 것이 중요하다. 기술이전은 긴밀한 네트워크를 기반으로 상호협력을 통해 이루어지는 경우가 많아, 기술과 시장 전반에 관한 전문적인 지식을 필요로 한다. 특허 라이센스와 마케팅 분야 등에 경험 있는 전문가가 많을수록 기술도입 희망기업과 긴밀한 관계를 만들 수 있고, 이를 바탕으로 연구자와의 간극을 보다 효과적으로 채워줄 수 있다. 이러한 활동의 누적에 따른 노하우 축적이 성공적인 기술이전에 기여한다.

---

7) Assouiation of University Technology Managers

기술지주회사

기술지주회사란 기술의 현물출자를 통해 신규회사 설립, 외부기업과의 합작기업 설립, 기존 기업의 지분인수 등의 방식으로 자회사를 설립하여 자기 기술의 사업화를 추진하기 위한 전문조직을 말한다. 공공연구기관에서 개발된 기술을 기존의 라이센싱에 국한된 기술이전 방식에서 탈피하여, 기업창업 및 조인트벤처 설립 등 지분참여 방식으로 기술이전 · 사업화를 추진하게 된다. 창업을 통한 일자리 창출과 더불어, 새로운 부가가치를 창출함으로써 지역 경제개발에 기여할 수 있을 것으로 보고 있다.

2000년 초반 벤처 붐을 타고 교수들의 벤처창업이 급증하였으나, 조직 관리와 마케팅 등 기업경영에 관한 역량 부족 등으로 2002년 이후 창업활동이 크게 위축된 상황이며, 학교기업 등 대학의 기술사업화를 촉진하는 기존 제도들이 있지만, 대학의 기본적 존립 목적과 기존 법적, 제도적 제약 등으로 인해 적극적 사업화 활동추구에는 내재적 한계점이 있어, 이를 극복하기 위한 대안으로 기술지주회사 제도가 도입되었다.

현재 복수의 근거법률에 따라 공공연구기관 각자의 입장에 적합한 형태의 지주회사를 설립하고 있는데, 가장 활발하게 운영하고 있는 곳은 대학으로, 2007년도 개정된 「산업교육 진흥 및 산학협력 촉진에 관한 법률」 제36조의2 내지 제36조의9에 근거하여 '산학연협력 기술지주회사'를 설립할 수 있다.

산학연협력 기술지주회사란 [그림 21]과 같이 공공연구기관이 자본금의 50% 초과, 그리고 30% 초과분을 현물 출자하여 설립된 회사로 자회사를 통해 기술의 직접 사업화를 추진하는 전문회사를 말한다. 기술지주회사의 지배구조를 보면, 산학협력단의 출자지분을 초과하지 않는 범위 내(50% 미만)에서 외부기관으로부터 투자를 받을 수 있다. 지주회사의 경우 과반수 지분을 대학에서 확보하여야 하며, 자회사는 의결권 있는 지분 20%이상을 지주회사가 확보하면 된다. 기술지주회사의 사업화 주체는 자회사로 지주회사는 다수의 자회사를 보유할 수 있다. 자회사에서 창출된 수익은 기술지주회사로, 기술지주회사에서 창출된 수익은 다시 공공연구기관으로 환원되는 선순환 구조를 만들게 된다.

그림 21 산학연협력기술지주회사 개념과 출자구조

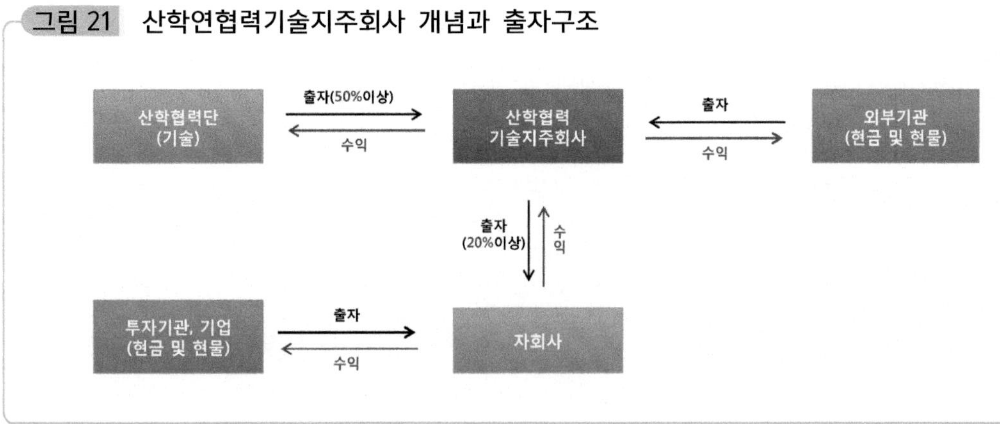

산학연협력기술지주회사는 2015년 12월 기준 36개가 설립되어 운영중이며, 271개의 자회사와 지분관계를 맺고 있는 것으로 조사되었다. 다수가 공동으로 지주회사 설립에 참여한 대학까지를 포함할 경우 총 64개 대학이 설립하였으며, 이는 전국대학 424개 중 15.1%에 해당된다. 기술지주회사의 총 자본금은 1,127.3억 원 수준이며 이 중 대학 보유 기술을 자본화하여 기술을 현물로 출자한 금액은 606.8억 원으로 총 자본금의 53.8% 수준이다.

대학의 활발한 기술지주회사 설립 활동과는 다르게 출연연 등 연구소의 경우 상대적으로 자본금 투자제약 등으로 인해 활성화되지 못하고 있는 상황이다. 다만 한국전자통신연구원(ETRI)의 경우 2010년 에트리홀딩스(주)라는 지주회사를 「벤처기업육성에 관한 특별조치법」에 근거하여 '신기술창업전문회사' 형태로 설립 · 운영 중에 있으며, 2013년에는 17개의 출연연구소가 공동으로 자본금을 출자하여 '한국과학기술지주(주)'를 설립하여 운영 중이다. 2010년 출연연의 지주회사 설립근거로 마련되었던 기촉법('공공연구기관 첨단기술지주회사')의 경우, 설립 과정에서 발생하는 비용과 향후 법인세 등의 혜택 문제로 연구소는 '신기술창업전문회사'를 법적지위로 활용하고 있는 실정이다.

2008년부터 기술지주회사가 설립 · 운영되고 있으나, 아직까지 뚜렷한 성과는 저조하다. 지주회사의 자율성과 책임성 확보, 전문인력 확보, TLO조직과의 역할관계 등에 있어 운영상의 효율성 제고를 위한 노력이 여전히 필요하다.

4.3.3. 기술이전 메커니즘

기술이전 메커니즘은 기술이전의 체계와 수단을 말하는데, 이는 직접 혹은 간접, 계약 또는 비계약, 시장중심 또는 개발중심 등으로 분류하기도 한다. 기술이전은 또한 <표 13>과 같이 시장중심과 비시장중심으로 구별하여 분석되기도 한다.

표 13 기술이전 메커니즘 종류

시장 중심적 매커니즘	비시장 중심적 매커니즘
– 공장, 장비 및 제품구매 – 국제적인 합작투자 – 특허 – 하청 계약 – 턴키 계약 – 제품 계약 – 경영 계약 – 제품 공유 – 공동연구 투자 – 전문가 서비스 – 기술정보 서비스	– 도서, 저널, 잡지 등 – 판매 자료 – 산업 박람회 – 비공식적 개인접촉 – 회의, 세미나, 워크샵 참석 – 훈련

기술이전에 있어서는 제공자와 도입자간의 동기를 정밀하게 분석하고 이해하는 일이 가장 중요하며, 이를 바탕으로 서로 간에 실질적이고 효과적인 협상을 할 수 있게 된다. 또한 기술이전 메커니즘을 잘 선택하는 일이 매우 중요한데, 그 이유는 기술이전의 시점과 지속적인 기술이전의 지원기능이 기술이전 성공의 열쇠가 되기 때문이다.

기술이전 참여자들은 각자의 이해관계에 따라 다양한 방식을 통해 기술이전을 추진한다. 기술이전 방식은 혁신유형이나 필요한 지식유형, 기업의 수용능력과 공공연구기관의 이전능력, 기술시장에서의 시장실패 유형과 정도에 따라 달라진다. 기술이전 방식을 기업의 대졸 인력채용, 대학에서 생산된 지식의 논문이나 특허 등 문서화된 형태를 통한 확산, 연구원들의 창업, 기업과 대학의 공동연구개발 수행 등 네 가지 유형으로 구분할 수 있다. OECD(1999)는 비공식적인 접촉과 인적네트워크 등의 간접적인 연계까지를 포함해 <표 14>와 같은 기술이전 채널유형을 제시하였다.

표 14 기술의 이전유형

이전유형	내 용
연 구 지 원	– 자금지원, 증여, 장비기부, 연구기자재
컨 설 팅	– 기업이 봉착한 기술적 문제 해결을 위한 대학의 암묵지 활용 – 가장 단순한 기술협력 중 하나지만, 확장된 형태로 확장 가능
라 이 센 스	– 기술료를 받고 해당기술에 일정기간 실시권을 허여
계 약 연 구	– 기업이 목적을 가지고 대학과 연구 프로젝트를 위해 자금을 지원
인 적 교 류	– 연구자 교류 및 이동, 학술세미나, 연구인력 간 비공식 네트워크 등
공 동 연 구	– 기업과 대학이 연계해서 수행하는 연구 프로젝트에 정부가 자금 지원 – 다수 기업으로 구성된, 정부 지원 대규모 컨소시엄 연구프로그램
협력연구센터 (사이언스파크)	– 산학협력 및 학제 연구를 목표로 대학 내 연구시설 설치운영 – 비공식적 교류 활발(컨설팅, 세미나, 교육활동 등)

〈출처: OECD(1999) 자료를 바탕으로 재가공〉

기술이전 방식은 크게 비공식적이면서 협력적인 채널과 공식적이면서 상업적인 채널 두 가지로 나누어지는데 정리하면 다음의 <표 15>와 같다(OECD, 2003). 이러한 기술이전 방식은 기업이나 대학의 참여수준과 기대에 따라 분류될 수 있는데, <표 15>를 기준으로 일반적 연구지원 형태에서 협력연구센터 유형으로 갈수록 공공연구기관의 개입은 줄고, 기업의 개입 정도가 높아지며, 기업의 협력에 대한 기대 또한 높아진다.

연구자 입장에서 기업가를 돕는 수준에 머무는 협력적 모드와 기술개발에 대한 책임성을 지니는 기업가 모드로 나눌 수 있다. 또한 산학관계를 5가지 범주, 즉 대학기반 연구중심관계(research relationships), 자문관계(consulting relationships), 특허관련관계(licensing relationships), 자본투자 관계(equity relationships), 그리고 인재육성관계(training relationships)로 나눌 수 있으며, 성공적인 기술이전을 통한 사업화는 단순히 한두 가지의 관계만 강조되는 것이 아니라 다섯 가지 관계가 적절하게 균형을 이루어야 한다.

표 15 기술이전의 비공식적 · 협력 채널과 공식적 · 상업적 채널

비공식적 · 협력적 채널	공식적 · 상업적 채널
– 일반적인 연구지원 – 비공식적 연구협력 – 지식이전 및 훈련(기술자문, 기술이전, 교환 프로그램)	– 계약에 의한 연구 – 연구 컨소시엄 – 대학연구자의 창업, 기술이전을 통한 이윤 창출

〈출처 : OECD(2002)가 제시한 산학협력 방식을 재정리〉

새롭게 발명된 기술은 발명공개라는 형태로 TLO에 제출되고, 사업화 가능성이 판단되어진다. 사업화 가능성이 있는 기술은 기업에 라이센스 형태로 이전되며, 라이센스를 허여 받는 과정에서 기업은 기술개발자가 아닌 대학(TLO)과 계약을 맺는다. 다른 한편으로 특허 개발자인 대학교수가 본인회사를 위해 그 특허를 사용할 때도 대학으로부터 라이선스를 획득해야 한다. 이러한 관계는 복잡한 권한, 소유권, 그리고 거버넌스 양상을 기초로 기술이전을 위한 대학, 기업, 실험실의 상호의존적 관계를 설명한다.

4.4. 기술이전 프로세스

4.4.1. 기술이전 사업화 단계

기술이전 및 실용화 단계에 대하여는 다수의 견해가 있으나 일반적으로 탐색, 협상, 소화, 개량의 4가지 단계를 거치게 된다. 탐색단계에서는 자사의 기술능력을 파악하여 잠재적인 기술수요를 도출하고 유망기술을 파악한다. 협상단계에서는 투자여건 등을 고려하여 기술의 제공자를 상대로 기술도입의 가능성을 파악하면서 최적의 기술제공자를 선택하게 된다.

그리고 소화단계에서는 도입 또는 구매한 기술을 자사의 기술능력으로 내부에 흡수하여 체화하며, 마지막 단계인 개량단계에서는 체화된 기술능력을 바탕으로 차별적인 제품의 구현능력을 갖추게 된다.

이론적으로는 <표 16>과 같이 Teece는 지적 노하우의 이전에서부터 생산공정 노하우에 이르기까지 전체적인 기술이전에 중점을 두고 기술도입단계를 구분하고 있으며, Forster는 기술도입자의 자체적인 수요조사로부터 필요한 기술요소를 결합하는 선별적인

기술이전에 중점을 두고 있는 것이 특징이다.

이와 같은 여러 학자들의 이론을 종합하여 기술이전 및 실용화 단계를 다음과 같이 6단계로 정리해 볼 수 있다.

제1단계는 기술 수요자로서 기업이 필요 기술을 탐색하는 과정이다. 시장에서 순이익 창출이 가능하다고 판단되는 유망한 신제품을 조사하고, 이를 구현할 수 있는 신기술을 분석 평가하는 단계이다. 이를 위해서는 기업 자체적으로 개발제품의 수요를 조사하고 미래기술에 대한 폭넓은 기술예측 자료를 조사 · 분석해야 한다.

제2단계는 필요한 기술의 범위와 특성을 비교 분석하는 단계이다. 이때에는 자체 개발, 위탁 개발, 또는 국내외 기술도입 등을 결정해야 한다.

표 16 기술이전의 단계

Teece(1979)	Foster(1971)
o 준비단계: 타당성 조사 – 시장분석, 기술의 장기평가 등 – 기술적 의견교환 및 계약 협상 o A단계 – 계약체결에 따라 공정 · 제품설계 경보, 연구결과 등 이전대상기술의 기본적 요소 이전 o B단계 – 엔지니어링, 설계내용, 생산계획 시행 o C단계 – 건설 및 기계 · 제조설비의 설치 o D단계 – 설비의 가동 및 교육훈련 실시	o 1단계 – 기업의 자원기반 확충 및 조성 o 2단계 – 시장 수용의 분석 및 필요 기술 파악 o 3단계 – 수요에 적합한 후보기술의 선정 o 4단계 – 통합대안의 평가 · 선정 o 5단계 – 선정대안의 개발 및 보완

제3단계는 외부 도입을 결정하였을 경우 기술제공자를 물색하는 단계이다. 이때 다수의 기술제공 후보자를 조사하여 유리한 계약협상을 통해 기술획득을 모색하는 단계이다.

제4단계는 후보 기술에 대한 적정성을 평가하는 단계이다. 이때에는 그 기술로 구현될 제품의 특성과 시장특성 등을 고려하여야 한다.

제5단계는 협상 및 계약단계이다. 이때에는 도입기술을 완전하게 체화할 때까지 기술

제공자로부터 기술지도 등이 가능한지와 기술료는 적정수준인지, 이 기술이전이 계약자 간에 상호이익에 합치되는지를 판단해야 한다.

마지막 단계는 기술도입의 추진 및 제품화단계이다. 이 단계에서는 기술도입자의 수용능력에 문제가 발생할 소지가 있음으로 이에 따른 양측 간의 격차를 보완하기 위해 계약 당사자 간에 지속적인 기술지도 및 협력이 이루어진다.

4.4.2. 기술이전 절차

기술이전은 일반적으로 아래의 그림과 같이 각 단계별로 진행되나 경우에 따라서는 어느 단계가 생략되거나 또는 다른 단계에 포함되어 진행될 수도 있다.

표 17 기술이전 절차도

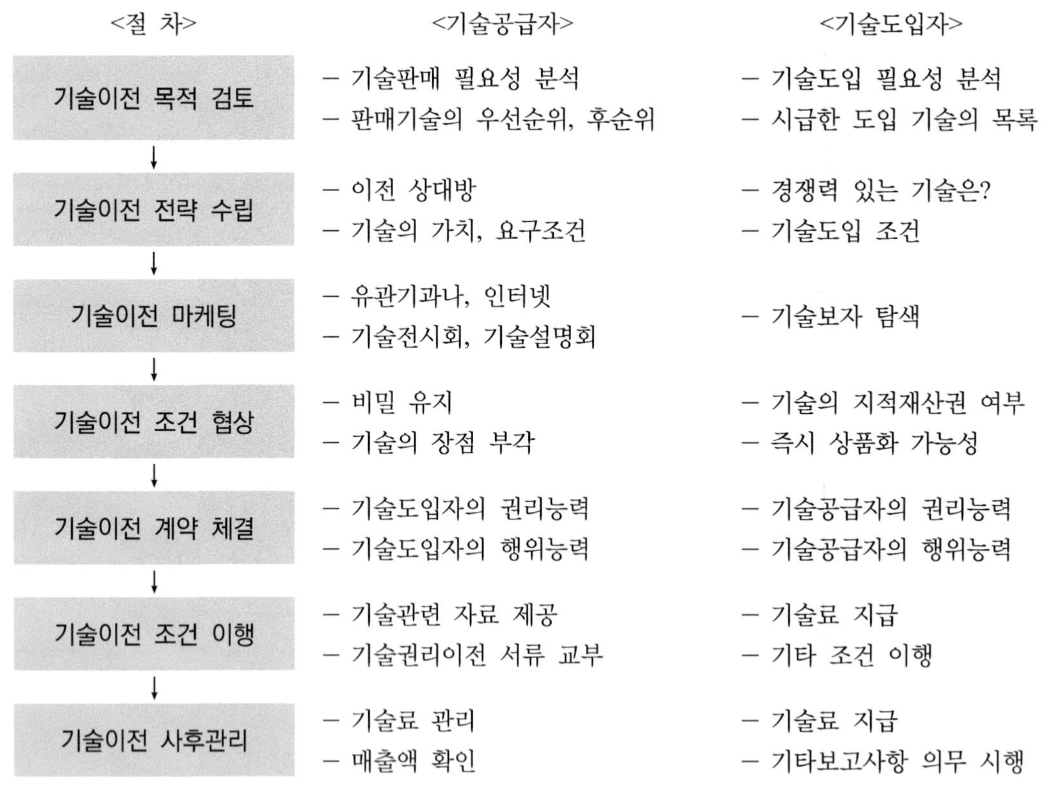

<절 차>	<기술공급자>	<기술도입자>
기술이전 목적 검토	– 기술판매 필요성 분석 – 판매기술의 우선순위, 후순위	– 기술도입 필요성 분석 – 시급한 도입 기술의 목록
↓		
기술이전 전략 수립	– 이전 상대방 – 기술의 가치, 요구조건	– 경쟁력 있는 기술은? – 기술도입 조건
↓		
기술이전 마케팅	– 유관기과나, 인터넷 – 기술전시회, 기술설명회	– 기술보자 탐색
↓		
기술이전 조건 협상	– 비밀 유지 – 기술의 장점 부각	– 기술의 지적재산권 여부 – 즉시 상품화 가능성
↓		
기술이전 계약 체결	– 기술도입자의 권리능력 – 기술도입자의 행위능력	– 기술공급자의 권리능력 – 기술공급자의 행위능력
↓		
기술이전 조건 이행	– 기술관련 자료 제공 – 기술권리이전 서류 교부	– 기술료 지급 – 기타 조건 이행
↓		
기술이전 사후관리	– 기술료 관리 – 매출액 확인	– 기술료 지급 – 기타보고사항 의무 시행

〈출처: 한국기술거래소(2003)〉

① 기술이전 목적 검토

해당 기술을 어떤 목적으로 이전하거나 또는 이전 받고자 하는지를 기술공급자나 기술도입자의 입장에서 검토하여야 한다. 기술도입자의 입장에서는 기업의 경쟁력 제고를 위한 신기술 도입이나 부족한 기술 보완을 위한 기술 이전이 대다수를 차지한다. 기술도입자는 자체적인 개발제품 수요 조사와 미래기술에 대한 기술 예측자료의 조사 · 분석을 통해 시장에서 성공 가능하다고 판단되는 유망한 신제품을 선별하고, 이를 구현할 수 있는 신기술을 분석 · 평가한 후 자체개발, 위탁개발, 기술도입 여부를 결정하여야 한다. 기술도입 필요성과 용도가 구체적일수록 기술도입 성공 가능성이 높으므로 이러한 검토는 반드시 이루어져야 한다.

기술공급자는 해당 기술을 직접 이용하여 제품을 생산 · 판매하는 것보다 외부에 기술이전하여 기술료를 받는 것이 훨씬 안전하고 이익을 극대화할 수 있다고 판단될 경우나 또는 유휴시설이나 부품 판매, 하청업체와의 협력관계 유지를 목적으로 할 경우 기술이전을 추진하기도 한다.

② 기술이전 전략 수립

기술이전이 결정되었다면 해당기술을 어떻게 잘 포장하고, 어떤 형태를 빌어 기술이전을 추진할 것인가에 대한 전략을 수립하는 단계이다. 기술이전 상대방에 대한 초점을 어느 곳에 맞추는가 하는 문제도 전략수립단계에서 정해야 한다. 기술공급자 입장에서는 기술 사업화를 위해 기술도입자의 기술력이나 사업화 능력 등 최소한으로 요구되는 정보를 파악할 필요가 있다. 기술도입자의 입장에서는 찾고자 하는 기술의 보유자를 검색하는 방법, 기술 경쟁력 판단 기준, 최적 기술이전 조건 등에 대해 미리 파악해 보아야 한다.

③ 기술이전 마케팅

이전 대상 기술이 선정되고 기술이전 상대방에 대한 개략적인 요구조건이 결정되면 기술이전 상대방을 결정하기 위한 판매활동, 즉 기술도입자 탐색과정에 착수하게 되며 탐색된 수요자에게는 기술거래조건을 제시한다. 전통적인 인맥에 의한 방법 외에도 인터넷이나 유관기관, 중소기업협동조합, 연구소는 물론 기업 데이터를 전문적으로 취급하는 사이트를 통한 기술 도입자 탐색 활동도 가능하게 되고 있다. 그밖에 직접 주최 또는 타기관 주최의 기술전시회, 기술설명회에 참석하여 적극적으로 홍보하는 방법을 선택할 수도 있다. 기술도입자는 다수의 기술제공자를 물색한 후, 후보 기술로 구현된 제품 특성과 시장특성을 고려해 기술도입 적정성(사업화 타당성)을 평가하는 단계가 필요하다.

④ 기술이전 조건 협상

기술이전 상대방이 결정되면 기술공급자와 기술도입자는 계약서에서 다루어야 할 중요 조건과 부수 조건에 대한 협상에 착수하게 된다. 협상과정에서 기술공급자와 기술도입자는 완전히 상반되는 입장에 서게 된다. 기술공급자는 기술의 가치 즉 상대방이 기술도입으로 인해 어떤 혜택을 얻을지를 부각시키고 이로부터 보다 좋은 조건을 수락하게 할 것이고 또 계약 결렬에 대비하여 비밀유지의 필요성을 강조하기도 한다. 기술도입자는 해당기술에 대한 지적재산권이 확보되어 있는지, 상품화가 바로 가능한지 등에 대해 조사하고 그 결과를 기술이전조건 협상에 반영하려 할 것이며, 가능하면 기술공급자가 제시하는 조건에 하자가 있음을 부각시킴으로써 자기에게 유리한 조건으로 계약체결을 유도할 것이다. 기술이전조건 협상에서는 중요 조건을 우선적으로 진행하되, 쉽게 접근할 수 있는 것부터 합의를 도출하고, 중요한 조건들은 기술거래대가와 연계하여 조건의 양보 여부를 결정하는 것이 바람직하다.

일반적으로 기술을 라이선스할 때 그 대가는 세 가지 방법으로 지급된다. 첫째는 고정금액으로 지급하는 것이고, 둘째는 특허의 사용실적에 비례하여 지급하는 것이며, 셋째는 양자를 혼합하는 것이다.

고정기술료는 특허구매자가 기술을 어떻게 사용하는가에 관계없이 일정한 금액을 지급하는 방법이다. 구체적인 방법으로는 일정기간에 대하여 지불하는 고정로열티(fixed royalty), 기술 구매 전체에 대하여 지불하는 총액로열티(lump-sum royalty), 기술거래 초기에 일정금액을 지불하는 선불금(initial payment) 등이 있다.

사업화 실적에 따른 지급방법은 특허구매가 가져다주는 경제적 이득의 실현여부에 따라서 로열티를 지급하는 방법인데, 이를 경상기술료(running royalty)라고 한다. 연동되는 실적 기준들은 제조원가, 공정기술의 경우 비용절감금액, 순이익, 매출액, 계약제품 단위(대물 로열티) 등이 해당된다.

혼합기술료는 고정기술료와 경상기술료를 함께 사용하는 방법이다. 즉 초기에 일정한 고정금액을 지불하고, 나머지는 사업화 실적에 연동하여 지불하는 방법이다.

⑤ 기술이전 계약 체결

이전 조건에 대한 협상이 완료되면 이를 총체적으로 정리한 기술이전계약서를 작성하여 기술공급자와 기술도입자가 서명 날인함으로써 기술이전계약이 성립된다. 계약 체결 시에 계약당사자가 법적인 행위능력, 권리능력이 있는지 등을 파악하여야 하며, 서명날인 또는 기명날인 당사자가 계약서상의 계약당사자가 아니라면 대리행위를 하게 하거나 여타 방법으로 유효한 계약이 될 수 있도록 조치하여야 한다.

⑥ 기술이전 조건 이행

계약서 작성 및 날인으로 계약이 성립되면 상호 합의한 계약서의 조건을 순차적으로 이행하게 된다. 기술공급자는 기술이전을 위한 서류 제공, 권리이전 절차에의 협조, 기술지도 등의 의무를 이행하고 그 반대급부로서 금전적인 수입을 얻게 된다. 이와는 반대로 기술도입자는 금전을 제공하고 반대급부로서 기술을 이전 받게 된다.

⑦ 기술이전 사후 관리

기술이전계약에서 정한대로 계약조건이 성실하게 이행되었는지를 사후관리하는 단계이다. 이 단계에서는 정상적으로 계약이 이행되는 경우와 정상적으로 이행되지 않는 경우를 상정할 수 있다. 계약이 정상적으로 이행되는 경우에는 원만한 계약종결이 될 수 있도록 하는 차원의 사후관리가 대부분을 차지할 것이나, 계약이 정상적으로 이행되지 않는 경우에는 계약이행 촉구, 채무 변제, 계약 해지 등 일련의 법적 수단이 동원되는 사후관리 절차에 착수하게 된다.

5. 스핀오프

5.1. 개념

스핀오프(spin-off)란 미국의 기업분할 제도에서 유래된 것으로 기업이나 연구소의 창의적이고 도전적인 내부 잠재 창업자들에게 직접 신기술 및 신사업기회를 제공하는 것을 말한다. 이를 위해 회사나 연구소가 투자 및 지원을 하고 독립적인 별도법인의 사업단위를 구성하게 된다. 일반적으로 기업분할은 소유권과 사업 포트폴리오를 조정하는 매각의 한 방법으로 이해되고 있으나, 다운사이징을 목적으로 하는 조직 구조조정과 자산매각을 통해 자금을 확보하는 자산 구조조정과는 다르게 전략적 중요성이 증대되고 있다. 기업분할의 경우 한계사업 분리뿐만 아니라, 핵심역량 강화라는 목적하에 기업규모 축소를 통한 전문화와 유망사업의 집중 육성이라는 전략적인 측면이 강하다.

스핀오프의 필요성은 다음과 같이 세 가지로 요약할 수 있다.

첫째, 변화하는 기술경영 환경에 대응하여 기민한 의사결정이 필요하다. 최근 새로운 아이디어와 기술에 투자하려는 자금이 늘어났으며 제품 주기가 짧아지면서 새로운 시장이 빠르게 창출되고 있다. 따라서 시장에서는 혁신적인 아이디어로 신규 시장을 창출한 작은 규모의 기업들이 강자로 부상하는 현상이 나타나고 있는 것이다. 대규모 기업이 작은 기업에 비해 혁신을 유도하기에 불리한 이유는 조직의 긴 의사결정 라인과 관료주의에서도 찾아 볼 수 있다. 이는 구성원들의 아이디어 창출과 신사업 실행의 효율성을 저하시키는 요소가 된다. 기업분할은 이 의사결정 라인을 줄이고 창업가 정신을 불어넣어 대규모 조직의 단점을 극복할 수 있게 해준다.

둘째, 새로운 성장 사업과 기존 사업에 필요한 핵심역량과 문화가 서로 달라 조직 운영방식을 달리 가져가야 할 필요가 있을 수 있다. 예를 들어 제품의 선도성을 추구하는 사업과 운영의 효율성을 추구하는 사업은 필요역량이 분명히 다를 것이다. 따라서 성과를 측정하는 방식이나 사업 전략 구성도 분명히 차이가 있어야 한다. 이러한 이질적인 사업을 독립 기업으로 분리함으로써 사업 특성에 맞는 전략과 조직 운영 방식의 도입을 용이하게 할 수 있다.

셋째, 기업을 분할하여 상장하는 경우 자금동원이 용이할 수 있다. 기존 사업과 새로운 사업을 분리함으로써 성장성이 큰 새로운 사업에 투자하고자 하는 투자가들을 유인할 수 있다. 또한 신사업에 대한 정보를 공개함으로써 경영의 투명성을 요구하는 투자자들을 만족시킬 수 있게 된다.

스핀오프는 기업경영 확대 및 복잡화에 따른 경영관리와 효율화를 도모할 수 있으며, 영업실적이 좋지 않은 부서가 실적이 좋은 사업부서에 악영향을 끼침으로써 발생할 수 있는 발전의 저해를 제거할 수 있다. 또한 불량 자산을 분리하여 수익의 감소 요인을 제거함으로써 재무 상태를 건전하게 할 수 있을 뿐만 아니라 경영자원을 정상적인 영업부문에 투입할 수 있게 되어 최근 기업 구조조정의 일환, 나아가서는 기업의 회생수단으로 그 중요성이 강조되고 있다. 또한 스핀오프는 신규 사업의 진출, 외자유치 및 사업부문 매각의 추진, 독립채산제의 실행, 지주회사의 설립 및 전환, 이해관계의 조정 및 재산의 분배라는 측면에서도 그 역할이 강조되고 있다. 현재 국내 대기업 및 기술 관련 연구소 등에서 이 제도를 도입해 사내 벤처를 육성하고 있다. 기업에서는 핵심사업 역량 강화를 위해 사업부문 분할 등 스핀오프를 활용한다. 회사는 경영 효율성을 높이고 재무구조를 개선하면서 고용을 유지하는 일석이조의 효과를 누릴 수 있다.

또한 정부출연연구기관의 연구원이 자신이 참여한 연구결과를 가지고 별도의 창업을 할 경우도 스핀오프에 속한다. 이대 분할 기업은 정부보유 기술을 사용한 데 따른 사용료를 면제하고 성공 후 신기술연구기금 출연을 의무화하기도 한다.

한편 대학에서 개발된 기술을 기반으로 창업하는 경우도 이에 속한다. 많은 한국 대학에서 교수가 스스로 연구개발한 기술을 창업하고자 할 때 정해진 기간 동안의 휴직 또는 겸직을 허용하는 규정을 두고 있다. 캐나다의 브리티시 컬럼비아 대학(UBC)은 대학 실험실의 연구 성과를 기반으로 스핀오프 '학교기업'의 설립이 활성화된 대표적인 사례이다. 스핀오프 기업의 수만도 2005년 기준으로 117개에 달했다. 이 학교는 648개의 기술 특허 등을 확보하고 있어 미국 최고 공과대라는 매사추세츠공대(MIT)와 스탠퍼드대를 앞질렀으며 매년 로열티 수입으로 1억5000만 달러를 벌어들이고 있다.

민간연구개발 자원의 효율화와 연구개발 인재의 유동화를 이루고 이노베이션을 촉진함으로써 혁신적 벤처문화를 창출하기 위하여 스핀오프가 필요하다. 대기업의 관점에서는 수익성의 향상, 고정비의 감소, 회사문화의 개혁이 기대되고, 벤처기업의 입장에서는 모기업의 지원, 자율성의 확보, 외부자금의 확보가 용이하며, 개인에게는 도전의 장을 제공하고 도전에 따른 보상이 기대된다는 데 스핀오프의 의의가 있다.

표 17 모기업과 분사기업의 기업분할 효과

모기업	분사기업
• 핵심사업으로의 경영역량 집중 및 사업부문별 적정평가 가능 – 비주력 · 한계사업 등을 분사 · 매각함으로써 핵심사업에 역량을 집중할 수 있을 뿐만 아니라 모기업의 부가가치 향상에도 일조 – 사업 매각으로 단기 유동성 확보 및 재무구조 건실화 도모	• 대기업에 비해 신속한 의사결정, 책임경영, 경비 절감, 애사심 향상 등의 장점을 활용하면 건실한 중소 · 중견기업으로 성장가능 • 분사기업은 대부분 모기업에 서비스를 제공한다는 점에서 아웃소싱 공급업체로서 역할을 수행
• 고용유지와 구조조정을 동시 달성 가능 – 비주력 · 한계 사업을 매각시 임직원의 고용 보장이 어려우나 분사의 경우 고용 유지 가능 – 특히 임직원에 의한 분사는 해당업무의 연속성 유지와 함께 효율성 제고	• 해당 임직원의 고용 유지 – 사업 폐쇄나 매각과 비교하면, 해당 임직원의 고용 불안이 해소 – 분사기업의 경영성과가 좋을 경우, 신규 고용 창출도 가능
• 조직 활성화 및 유능한 인재 육성 – 분사를 통해 소규모 형태로 조직 경영의 효율화를 추구함으로써 조직의 활성화 제고 – 분권경영을 통한 업무 효율성 제고와 함께 기업가 정신의 확산을 통해 유능한 인재 육성이 가능	• 주인의식 제고 및 책임경영체제 가능 – 모기업의 사업부서에 고용되어 있을 때보다 경영자로서 진취적인 기업가 정신이 발휘됨

5.2. 스핀오프의 유형

스핀오프의 형태는 크게 주식의 귀속 여부와 분할회사의 존속 여부에 따라 <표 18>과 같이 분류될 수 있다. 인적분할은 크게 비례적 인적분할과 불비례적 인적분할로 나누어지는데, 비례적 인적분할이란 교부되는 분할신설회사의 주식을 분할회사 주주들의 지분율에 비례하여 교부하는 형태이다. 비례적 인적분할은 스핀오프와 같다고 볼 수 있는데, 스핀오프는 분할회사가 신설회사 또는 기존회사에 회사 재산을 현물출자하고 분할 후 회사의 주식을 취득하여 분할회사 주주들에게 그 지분율에 비례하여 분배함으로써 분할회사의 기존주주가 새로운 법인의 주식을 소유하는 형태를 말한다. 즉 모회사인 분할회사의 주주는 자회사의 주식을 동시에 소유하게 되고, 모회사의 자본이 감소하지 않는 점에서 주주들은 배당의 효과가 발생한다. 결국 모회사와 자회사의 주주구성과 똑같은 지배구조를 가지고 있으므로 모기업과 새로 신설된 자회사의 주주가 같아지게 된다.

표 18 기업분할 형태 및 비교

구 분	한 국		미 국
주식의 귀속에 따른 분류	인적분할	비례적	Spin-Off
		불비례적	Split-Off
	물적분할		Carve-Out
분할회사의 존속여부에 따른 분류	소멸분할		Split-Up
	존속분할		–

불비례적 인적분할은 스플릿오프라고 볼 수 있는데, 스플릿오프는 분할회사가 신설회사 또는 기존회사에 회사재산을 현물출자하고 분할 후 회사의 주식을 취득하여 기존주주가 가지고 있는 분할회사 주식의 전부 또는 일부와 교환하여 기존주주에게 분배함으로써 분할회사의 기존주주는 모회사의 주식만을 소유하는 자와 신설회사의 주식만을 소유하는 자로 구분되어 결과적으로 모회사의 영업 부문을 분할하는 제도이다. 결국 분할쇠사는 교환으로 회수된 자기 주식을 일정기간 내에 소각함으로써 발행주식의 총수에 변동이 생기고 자본이 감소하게 되는 것이다. 스핀오프와 달리 스플릿오프에서는 새로 설립된 자회사의 주식이 모회사의 주주가 소유한 모기업의 주식 전부 또는 일부와 교환되고 회수된 모회사의 주식이 소각됨으로써 자회사의 주주구성과 모회사의 주주그룹이 된다는 점에서 스핀오프와 구분된다.

미국 연방 내국세법에 의해 과세되지 않고 주주에게 회사 자산을 분배하는 방법으로 스핀오프, 스플릿오프, 스플릿 업이 있다. 이들 세 가지 회사 분할형태는 과세대상에서 제외되는 기업구조조정수단으로써 특히 스핀오프 방식이 가장 많이 이용되고 있으며, 당해 회사가 소멸되는 스플릿 업 방식은 거의 이용되지 않고 있다. 또한 특정사업을 분리하여 상장시키고 모기업의 지분율을 축소시켜 경영상의 자립도를 제고하는 부분 기업공개(Initial Public Offering, IPO) 방식의 회사분할로써 지분공개(carve-out)가 있다.

분할 전 회사의 주주가 분할 후 회사의 주주로 승계되는지 여부에 따라 인적분할과 물적분할로 구분될 수 있다. 인적분할의 경우에는 분할회사의 주주는 분할회사에 존재하던 위험과 효익을 분할 후에도 계속적으로 동일하게 부담하는 것으로 하나의 회사가 다수의 회사로 분리되어 그 형태만 변하였다고 볼 수 있다. 물적분할이란 신설회사 또는 분할합병의 상대방회사 주식을 분할회사의 주주에게 귀속시키지 않고 분할회사 자신이 취득하는 형태를 허용하는 기업분할 방법을 말한다. 물적분할을 하게 되면 분할회사의 종전의 주주는 신설회사의 주식을 소유하지 않고 분할회사가 신설회사나 분할합병의 주식을 소유하게 된다. 물적분할의 한 유형으로 미국에서 많이 이용되는 것은 지분공개 또는 분리공개라 불리는 지분공개이다. 지분공개는 특정사업을 분리하여 상장시키고 모기업의 지분율을 축소시켜 경영상의 자립도를 제고하는 부분 기업공개 방식의 회사분할로서 자회사 공개 후 50% 이상의 지분율을 유지하는 자회사형 지분공개와 50% 이하로 지분율을 보유하는 매각형 지분공개가 있다. 매각처분이 약간 변형된 형태로서 주식의 100%를 보유하고 있는 자회사의 보통주 일부를 대중에게 공개해 상장시키는 것이다. 이때 모회사는 보유하고 있는 자회사의 보통주 일부를 일반투자자에게 매출하기 때문에 매각처분과 마찬가지로 모회사에게 주식매각대금의 현금이 유입된다. 그리고 여전히 모회사는 공개 후 자회사의 지배주주로서 남게 된다. 분리공개가 스핀오프와 다른 점은 스핀오프가 모기업의 대주주에게 지분율에 따라 신설된 기업의 소유권이 이전되는 반면, 분리공개는 모기업의 주주가 아닌 모든 투자자들을 대상으로 매각하는 것이다.

한국의 경우 '98년 말 제정된 상법 530조에 기업분할의 내용이 자세히 기술되어 있다. 국내의 경우 주식귀속의 형태에 따라 기존의 미국식 Equity 스핀오프와 동일한 개념의 인적분할과, 모기업이 분할되는 회사의 주식을 100% 소유하고 자회사 형태로 사업부문을 분리하는 물적분할로 구분된다. 그리고 분할회사의 존속 여부에 따라 존속분할과 소멸분할, 그리고 자산 및 부채의 승계방법에 따라 특정부문의 자산과 부채를 신설회사가 포괄적으로 승계하는 단순분할과, 분할에 의하여 1개 또는 수개의 존립중인 회사와 합병하는 분할합병으로 나눌 수 있다. 한국의 기업분할 주요유형 및 특징을 요약하여 비교해보면 <표 19>과 같다.

표 19 한국의 주요 기업분할 유형 및 특징

분할종류	설명 및 특징
인 적 분 할	• 모회사의 특정 사업부문을 분할해 별도 회사로 신설, 분리하여 둘 이상의 기업이 되는 것으로 신설회사의 주식은 모회사 주주의 보유 주식수에 비례하여 균등 배분(미국, Spin-Off) 또는 특정주주에게 불균등 배분(미국, Split-Off)하여 지급하는 방식 • 지배 대주주가 존재하는 경우 수평적 구조의 자회사 설립 • 모회사가 주식시장에 상장되어 있는 경우 일반적으로 분할 후 자회사 상장 – 외부 자본시장에 대한 접근 용이 – 주식시장에 상장되어 있으므로 외부 자본시장의 간섭이 있으며 보다 투명한 경영 필요
물 적 분 할	• 분할되는 회사가 높은 정도의 자율경영과 독자적인 운영을 하나, 분할을 하는 모회사가 분할되는 회사의 주식을 모두 소유하는 방식 • 지배 대주주와 관계없이 모회사가 100% 지분을 소유하는 수직적 구조의 자회사 설립 • 모회사의 주식시장 상장여부에 관계없이 분할 후 자회사 비상장 – 외부 자본시장의 간섭 없이 사업투자 및 처분에 대한 자유로운 의사결정 용이 – 모회사에서 경영에 대한 직간접적인 지원 가능

기업분할 및 유형선택에 대한 의사결정과정은 경영진 또는 지배 대주주가 갖고 있는 조직변경에 대한 동기요인과 전략적인 판단에 의해서 시작된다. 기업분할을 위해서 모회사의 경영진은 분할계획서를 작성하게 되며, 이사회를 통과한 후 주주총회에서 최종 승인결의가 필요한 것으로 규정하고 있다(상법 제530조). 모기업 또는 기업집단 전체의 이윤극대화와 성장 등을 목적으로 하는 경영진 또는 지배 대주주 입장에서 모기업 또는 분할회사에서 일시적인 손실이 있을지라도 장기적인 관점에서 기업분할을 추진하려 할 가능성이 크다. 반면, 비지배 대주주 및 소액주주는 경영진 또는 지배주주와 달리 단기적 관점에서 투자 이익을 얻기 위한 기업전략을 선호할 가능성이 크므로, 이해관계 조정을 위해 기업분할은 필수적으로 주주총회 결의를 거쳐 결정된다.

미국의 경우는 Equity 스핀오프가 기업분할 형태의 대부분을 차지하고 있는 반면, 한국의 기업분할의 통계에 따르면 2000년대에 발생한 기업분할 중 70% 이상이 물적분할에 해당된다. 물적분할의 비중이 높은 이유는 위에서 설명한 바와 같이 한국의 가족소유 지배구조 특성상 수직적 구조를 선호하는 경향이 크기 때문이라고 볼 수 있다.

연습문제

1) Jolly가 제안한 비선형 기술사업화 모형에서 단계와 전이과정에 대해 설명하시오.
2) 비즈니스모델 캔버스(9 Building Blocks)의 구성요소에 대해 설명하시오.
3) 비즈니스모델 유형별(문제해결형, 가치추가형, 네트워크형 비즈니스) 특징 및 차이점에 대해 설명하시오.
4) 기술생태계의 구성요소와 성장조건에 대해 설명하시오.
5) 플랫폼 유형별 차이점에 대해서 설명하시오.
6) 일반적인 기술이전의 절차와 절차별 고려요소에 대해 서술하시오.
7) 스핀오프 유형별(인적분할, 물적분할) 장단점에 대해서 논하시오.

제5장

기술마케팅

제5장

기술마케팅

■학·습·목·표■

- 기술마케팅의 개념과 특성에 대해 이해한다.
- 캐즘의 개념을 이해하고, 이를 극복하기 위한 기술마케팅 전략들에 대해 학습한다.
- 고객세분화, 타케팅, 포지셔닝(STP)과 마케팅 믹스(4P: Product, Price, Place, Promotion)에 대해 학습한다.
- 적절한 시장 진입 타이밍을 찾기 위해 기술선도 전략, 빠른 후발자 전략, 병렬진입자 전략에 대해 이해한다.
- 고객니즈 조사와 수요예측 등 하이테크 시장에서의 마케팅 조사방법을 이해한다.

1. 개요

1.1. 기술마케팅의 개념

마케팅(marketing)은 대체적으로 시대적 흐름에 따라 생산 중심의 마케팅에서 판매 중심의 마케팅으로, 다시 소비자 중심의 마케팅으로 변화되면서 발전되었다. 마케팅 개념이 처음 우리 경제사회에 도입된 것은 생산과 소비를 연결 시켜주는 교환시장이 형성되면서부터이다. 공동생산, 공동분배로 교환활동이 이루어지지 않는 경제적 자급자족 시대에는 마케팅도 존재하지 않았으나, 물물 교환이 이루어지고 교환의 장소로서 시장이 출현하면서 마케팅 개념이 처음 생성되었다. 이러한 마케팅 개념은 시대적 상황과 소비자의 의식변화에 따라 변모되어 왔고, 지금은 단순한 판매개념을 넘어 다양한 소비자 욕구 충족 활동이라는 개념에 이르게 되었다. American Marketing Association는 "기업에서 출시하는 제품 및 서비스의 가치를 고객에게 창조하고, 고객과 커뮤니케이션하며, 고객에게 전달하는 일련의 활동 및 프로세스"라고 마케팅을 정의하고 있다. 즉 고객 중심의 마케팅 개념으로 변화한 것이라 생각하면 된다. 제품을 생산하기만 하면 팔리던 시대에서 이제는 소비자의 선택을 받지 못하면 살아남을 수 없는 고객중심의 시대로 접어들었기에 많은 기업들이 '고객을 위한 가치창조', '고객만족경영', '고객제일주의' 등의 구호를 내걸고 자원과 노력을 집중하고 있다. 이제는 '고객 불만 24시간 처리', '무한책임주의', '100% 품질보증제도', '고객의 달' 등 국내 제조업체들이 실행했던 고객만족 서비스도 금융, 서비스 업체에 이어 공공기관으로까지 확대되어 소비자의 욕구를 어느 정도 만족시켜 주는가 하는 것이 경영의 핵심 목표로 부상하고 있다.

마케팅의 개념이 고객 중심으로 이동하게 되면서, 특정 산업 및 서비스를 대상으로 한 서비스 마케팅, 그린 마케팅, 관계 마케팅 등 세분화된 마케팅 분야가 생성되기 시작하였다. 특히 최근 기업의 경쟁력이 기술력에 의해서 결정되는 정도가 커지면서 "기술마케팅" 개념이 등장하게 되었다. 학자나 전문가들은 나름대로 기술마케팅을 정의하고 있지만, 기술마케팅은 "하이테크 환경에서 하이테크 상품을 대상으로 하는 마케팅"이라 볼 수 있다. '하이테크(high-technology)'란 최첨단 혹은 진보된 기술을 말하고, '하이테크 환경'은 일반적으로 시장의 불확실성, 기술의 불확실성, 경쟁의 역동성 등의 특징이 있다(제1장 참조). 또한 '하이테크 상품'이란 첨단 기술이 사용되어 제조되었거나 연구개발(R&D) 투자비용이 높은 상품이라기보다는, 하이테크 환경에서의 특징인 기술과 시장의 불확실성 등이 높은 상품이라 할 수 있다. 즉 기술마케팅은 일반적 제품과 서비스가 아닌 이런 하이테크 상품의 특성에 맞는 마케팅을 말한다.

많은 기술 중심 혁신기업들이 가장 빠지기 쉬운 함정이 마케팅을 제품개발 후 영업 및 홍보 활동으로 이해하고 있는 현상이다. CB Insight(2014)에 따르면 미국의 도산한 벤처기업들의 42%가 시장에서 실패한 이유를 소비자가 요구하지 않은 기술을 출시하였기 때문이라고 응답하였다고 한다. 기술마케팅은 기술개발 전(前) 단계에서부터 고객의 니즈를 반영하고, 기술을 디자인 하는 동안에 지속적인 커뮤니케이션을 통하여 제품의 수정 및 보완 활동이 이루어져야 하며, 제품 출시 후에 고객과의 접점에서 제품의 가치를 전달하고 확산해야 한다. 특히, 기술은 지속적으로 진화, 발전하기 때문에 시대에 따른 소비자의 니즈에 맞게 변화해야 한다는 점에서 고객 중심의 '시장지향적(market oriented)' 마케팅이 중요하다.

하지만 하이테크 환경에선 과연 고객의 관점에서 모든 마케팅을 전개하는 '시장지향적' 마케팅이 항상 기업에 득이 되는가에 대해선 논란이 있다. 파괴적 혁신을 예기한 크리스텐슨(Clayton M. Christensen)은 하이테크 산업에서 지나치게 고객의 목소리에만 집착하는 것은 위험하다고 주장한다. 소비자들은 미래에 대한 비전보단 주로 현재의 상황과 자신의 경험을 토대로 판단하므로 통찰력과 상상력이 결여되어 있다고 볼 수 있기 때문이다. 따라서 기존의 고객에만 초점을 맞춘 마케팅 전략으론 소비자가 표현하지 않는 잠재적 니즈를 알아내기 어렵고 새로운 시장기회를 놓치기 쉽다. 이를 "기존고객의 횡포(tyranny of the served market)"라 부른다. 파괴적 혁신(disruptive innovation)의 경우와 같이 한때 잘나가던 기업이 후발 경쟁자에게 밀려 하루아침에 몰락하는 이유 중 하나도 미래를 보지 못한 근시안적 마케팅(marketing myopia) 전략에 있다고 할 수 있다. "고객을 무시하라(ignore your customer)"라는 포춘지(Fortune)의 역설적인 기사는 기업의 지나친 시장지향적 마케팅을 경계하고 있다. 결국 기술마케팅은 현재 고객의 이해를 바탕으로 시장을 지향(market-driven)하고, 아울러 소비자의 잠재적인 니즈를 파악하여 신시장을 먼저 창조(market-creation)한 후 하이테크의 불확실성 속에서 구매를 꺼리는 소비자들을 설득하고 교육(educate) 시키며 능동적으로 시장을 공략해 나가는 시장선도적(market-driving) 마케팅이라 할 수 있다.

1.2. 하이테크 제품 소비자의 특성

기업은 소비자가 자신의 욕구충족을 위해 신제품이나 서비스를 언제, 어떻게 구매하고, 평가하며, 또 기업의 마케팅활동에 어떻게 반응을 보이는지를 연구하고 효율적 마케팅활동에 필요한 정보나 자료를 수집하여 마케팅전략에 활용해야 한다. 특히 혁신 기술을 앞세운 신제품을 받아들이는 소비자의 행동과 특성에 대한 이해는 기술마케팅 전략을 수립하는데 중요한 요소이다.

로저스(Everell Rogers)는 혁신제품이 기존의 것보다 더 나은 제품/서비스로 인식되는 정도 (상대적 이점), 혁신제품이 수용자의 기존가치, 과거의 사용경험 및 욕구와 일치하고 있다고 인식되는 정도 (보완성), 혁신제품 사용에 어려움을 느끼지 않는 정도 (비복잡성), 혁신제품을 실제로 사용해 보고 경험해 볼 기회가 많은 정도 (시험 가능성), 혁신제품을 다른 사람이 많이 사용한다고 느끼는 정도 (관찰 가능성)가 높을수록 소비자가 혁신제품을 수용할 확률이 높다고 주장했다.

아울러 Rogers는 아래 [그림 1]과 같이 혁신 기술이나 하이테크 상품을 수용하고 채택하는 데에 걸리는 시간과 혁신성향에 따라 소비자를 5개군(혁신 수용자, 조기 수용자, 조기 다수 수용자, 후기 다수 수용자, 지각 수용자)으로 구분하였다.

① **혁신 수용자(innovators)**: '기술애호가(technology enthusiasts)'로도 불리며 기본적으로 새로운 기술이 반영된 제품/서비스를 구매하는 것을 즐긴다. 이들은 신기술에 열광하고 신제품의 복잡한 사항을 익히기 마다하지 않으며 불확실성에 의해 나타나는 위험을 감수한다. 다른 사람의 구매결정이 혁신 수용자에게 영향을 미치지 않는 가장 먼저 혁신제품을 구매하는 소비집단이다. 제품마다 다르지만 전체 소비자의 약 2.5% 에 해당한다.

② **조기 수용자(early adopter)**: 이들은 혁신적인 제품/서비스를 구매하여 남보다 앞서려고 하는 경향이 있어서 '선견자(visionaries)'라고도 불린다. 다른 소비자들의 구매의사결정에 상당한 영향력을 미치며 초기시장에서 대중화를 이끄는 소비집단이다. 오피니언 리더의 역할을 수행하기에 중요한 그룹이며 전체 소비자의 약 13.5% 정도를 차지한다.

③ **조기 다수 수용자(early majority)**: 주류 시장으로 이동하면서 형성되는 이 부류는 혁명적인 기술이나 제품이 아닌 실제적인 문제에 신경을 쓰는 '실용주의자(pragmatists)'이다. 이들은 혁신제품 소비에 있어 안전을 추구하며 신중하다. 신기술 수용 수용으로 인한 리스크를 줄이기 위해 혁신 수용자와 조기 수용자에 의해 검증된 제품/서비스를 구매하고 베스트셀러를 선호한다. 따라서 가장 마케팅전략을 펴기 힘든 상대로 전체 소비자의 약 34% 정도로 구성된다.

④ **후기 다수 수용자(late majority)**: 위험회피적이고 혁신제품에 대해 의심하는 경향이 있으며, 초기 대다수 소비집단에 영향을 받아 혁신 제품을 구매하는 '보수주의자(conservatives)'이다. 기술을 선도하기 보다는 경쟁자의 기술에 뒤처지지 않고 따라잡기 위해 기술을 구매한다. 가격에 민감하고 주변의 압력에 의해 구매를 결정하는 집단이며, 약 34% 정도의 시장을 차지한다.

⑤ 지각 수용자(laggards): 전통적인 가치를 중시하고 현재의 상황을 유지하기를 바라는 기술 '회의론자(skeptics)'이다. 신기술 혁신제품 수용에 부정적이고 사회에서 대중화 된 후에 마지못해 혁신제품을 구매하는 집단이다. 대개 자신과 비슷한 그룹과만 어울리거나 사회적으로 고립된 경우가 많다.

그림 1 하이테크 제품에 대한 소비자들의 기술수용주기 곡선

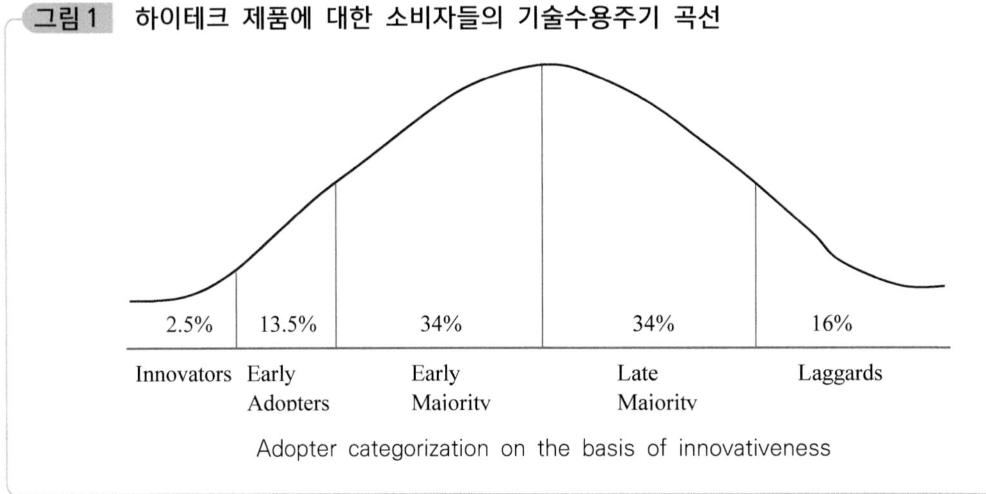

<출처: Rogers and Shoemaker(1971)>

그러나 최근 산업 변화의 주기가 짧아지고 더 변덕스러워져 선도진입자가 그 자리를 계속 지키기가 어려워졌다. 시장의 개척에서건 육성에서건 선도자의 우위(first mover's advantage)는 확보한 시장 지배력이 높은 진입장벽을 통해 상당 기간 유지될 수 있다는 것을 전제해왔다. 하지만 인터넷, 모바일을 필두로 한 정보기술의 발달이 이러한 전제에 근본적인 영향을 주면서 선도자의 우위의 기반마저 흔들리는 경우가 발생하고 있다.

기존에는 연관이 없어 보이던 산업 영역으로부터 훨씬 더 나은 가치 제공자들이 넘어들어와 진입장벽 자체를 무력화시키고 있다. 휴대용 내비게이션 기기의 경우, 지도제작은 소수 기업에 의해 지배되는 성숙한 산업이었다. 그러다가 맵퀘스트(MapQuest)와 야후지도 같은 무료 길 찾기 인터넷사이트로부터 시작된 경쟁은 고급 GPS기기들로 옮겨왔다. 하지만 스마트폰이 나오면서, 구글 지도 내비게이션 앱이 고급 GPS기기들을 비용면에서 압도하게 되었다. 순식간에 무료로 설치되는 내비게이션 어플들은 기존 내비게이

션 제품보다 저렴하고 자동적으로 업데이트까지 된다. 급기야 Garmin, TomTom 같은 내비게이션 업체들의 시장점유율은 급락했다. 이들 시장 파괴자들이 위협적인 것은 소비자 효용을 높이는 방향으로 기존 기술을 적절히 조합해 이용함으로써 기술적 진입장벽을 쉽게 극복한다는 점이다. 스마트폰은 내비게이션뿐만 아니라 카메라, 휴대용 게임기 등 IT기술 제품은 물론이고 도서, 교육, 유통 등 인접 산업의 가치사슬까지도 변화시키고 있다.

유통 측면에서도 온라인 유통의 비중이 증가하고 오프라인 쇼핑 시에도 제품이나 브랜드에 대한 정보를 검색하고 획득하는 것이 손쉬워졌다. 이로 인해 오프라인 유통의 진열 공간(shelf space)과 상관없이 소비자들의 구매의사결정에 더 많은 제품 효용을 고려하는 것이 가능해지면서 퍼스트 무버의 유통 장악력 효과가 감소하고 있다.

이처럼 기존 산업의 진입장벽을 무력화시키는 시장 파괴자의 출현으로 고객의 혁신 수용 패턴과 속도가 달라지고 있다. 앵그리버드 게임은 안드로이드용 기기용 출시 첫날 백만 번 이상 다운로드 되었고, 7개월 만에 다운로드 수가 2억 회를 넘어섰다. 스마트폰 열풍에 힘입은 ‘카카오톡’을 기반으로 국민 게임이 된 ‘애니팡’도 출시 두 달 만에 2천만 번 이상 내려 받아졌다. 이와 같이 무료 모바일 앱에서 고객들이 혁신 제품을 수용하는 모습은 에버렛 로저스의 고전적인 수용곡선과는 달라진 모습을 보인다. 초기 제품 사용을 시도한 그룹과 그 나머지 단 두 그룹뿐이다. 아이패드가 나왔을 때 모든 사람들이 하나씩 가지고 싶어했듯이, 시작부터 모든 그룹이 동시에 수용될 가능성이 있어 수용 곡선은 [그림 2]와 같이 위로 더 볼록하고 포화상태에 도달 후 새로운 혁신 제품이 등장하면 급감하는 형태다.

이는 서로 연결된 소비자들이 제품에 대한 정보를 교환하면서 ‘똑똑한 소비자’로 변모했기 때문이다. 소셜 미디어 서비스 이용의 확대로 소비자들은 제품의 성능, 가격, 만족도 등 사용 경험을 공유하면서 과거처럼 기업이 제공하던 가치를 더 이상 수동적으로 받아들이지 않는다. 오히려 능동적으로 새로운 가치를 찾아 브랜드마저 쉽게 옮기고 있는 추세다. 또한 자기가 신뢰할 수 있는 지인들이나 전문가들이 행하는 기존 사용 제품과 경쟁 제품 간 편익 비교에 지속적으로 노출되면서, 기존 제품의 편익에 대한 무한 신뢰를 거두고 급격히 전환하는 소비자들의 쏠림 현상이 가속화되는 상황이다.

그림 2 혁신수명주기 단축에 따른 소비자의 기술수용주기 변화

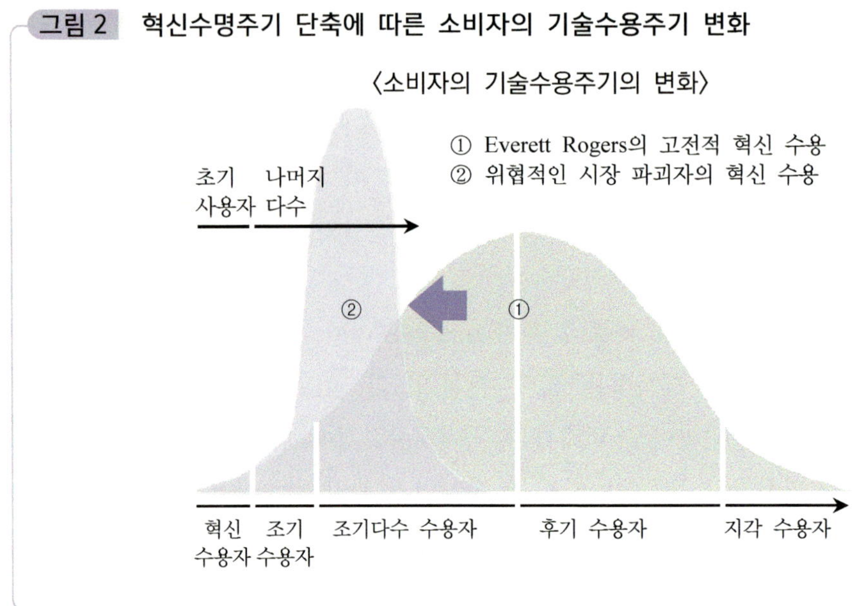

<출처: Downes and Nunes(2013)>

2. 기술마케팅 전략

2.1. 캐즘 넘기

전장에서 혁신 기술이나 하이테크 상품을 수용하고 채택하는 데에 걸리는 시간에 따라 소비자를 혁신 수용자, 조기 수용자, 조기 다수 수용자, 후기 다수 수용자, 지각 수용자로 구분하였다. 위 5개 집단 중 소수의 '조기 수용자(early adoptor)'와 주류 시장인 '조기 다수 수용자(early majority)' 사이에 큰 틈이 생기는 데 이를 무어(Geoffrey A. Moore)는 "캐즘(chasm)"이라고 불렀다([그림 1]). 혁신제품이 고객에게 수용되고 살아남아 주류 시장(mainstream market)에 진입하기 위해선 기업은 이 캐즘을 빠른 시기에 뛰어넘는 것이 무엇보다 중요하고, 이점이 바로 기술마케팅 전략의 핵심이라고 할 수 있다.

캐즘이 생기는 큰 원인은 선견자인 조기 수용자와 실용주의자로 불리는 조기 다수 수용자의 성격에 근본적인 차이가 있기 때문이다. 선견자는 시장에 새롭게 나오는 신기술이나 제품을 지지하고, 위험을 감수하며, 혁명적인 변화를 선호한다. 이들은 남들과 차별화하기 위해 위험을 감수하며 신기술 제품을 기꺼이 구매하므로 이들에겐 특별한 마

케팅 전략이 불필요한 경우가 대부분이다. 반면에 실용주의자로 불리는 조기 다수 수용자는 급격한 변화보다는 점진적인 변화를 지지하고 신중하고 안정적인 선택을 하길 원한다. 따라서 이들을 설득시키고 소비자층으로 끌어들이기 위해선 효과적인 마케팅 전략이 필수적이다.

신기술에 대한 FUD(Fear, Uncertainty, Doubt) 요소를 지닌 하이테크 제품 소비자의 특성상 캐즘을 성공적으로 뛰어넘기 위해선 일반적인 매스마케팅(예: 신문 광고) 전략보다 먼저 단일 목표시장인 교두보에 집중하고 점차 주위 시장을 점유해 나가는 전략이 효율적이라 알려져 있다. 즉 기업은 타겟 시장인 교두보를 정하고 먼저 이 시장에서 실용주의자들이 원하는 완벽한 솔루션인 완전완비제품(whole product)을 제공하여 고객을 만족시키면 이 고객들은 주위 시장으로 좋은 입소문을 퍼트리게 되어 인접 시장 또한 공략하기 수월해지는 것이다. 인접 시장의 성공이 이런 식으로 계속 주위 시장으로 확산되게 되면 결국 대부분의 고객을 만족시키게 되어 주류 시장 진입에 성공하게 되는 것이다. 이 전략을 '볼링 앨리(bowling alley)'에 은유적으로 비유하기도 한다.

그림 3 조기수용자와 초기다수수용자 사이에 위치한 캐즘

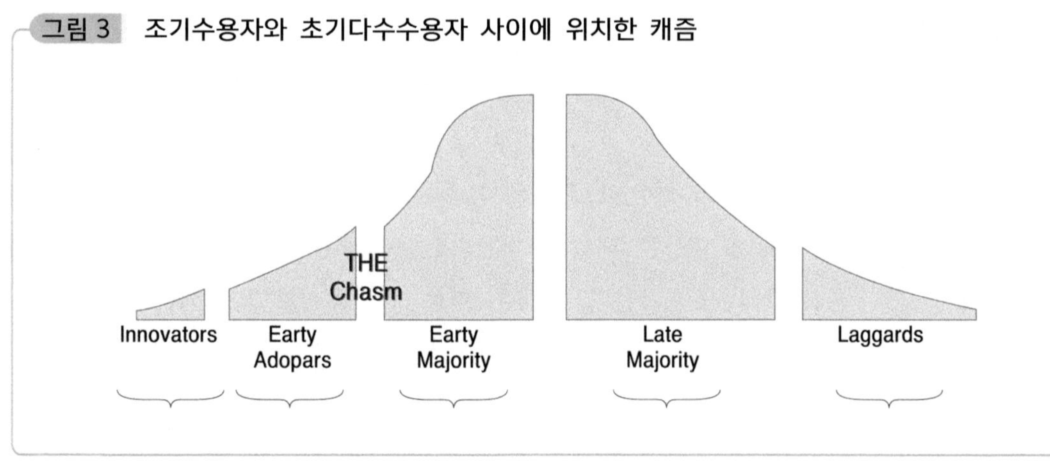

〈출처: Moore(1991)〉

신기술의 불확실성으로 인해 혁신 하이테크 제품의 수용을 꺼리는 고객을 설득시키고 구매로 유도하는 좋은 전략은 자사의 제품이 '지배적 디자인(dominant design)' 혹은 '산업 표준(industry standards)'이 되도록 하는 것이다. 지배적 디자인이란 해당 시장에

서 소비자들이 가장 선호하는 제품으로, 경쟁기업이나 다른 혁신기업들이 시장에서 어느 정도 점유율을 갖기 위해서는 반드시 따라야만 하는 기본적인 디자인을 말한다 (Utterback, 1994). 지배적 디자인을 산업 표준으로 보기도 한다. 지배적 디자인은 대개 이전에 존재한 다양한 모델 제품에서 각각 개별적으로 도입된 기술적 혁신을 종합한 새로운 신제품(혹은 특징들의 집합)으로 나타나기도 한다. JVC의 VHS 비디오테이프나 Internet Explorer, 네트워크 산업에서의 이베이(경매)와 구글(검색), 이동통신 분야에서의 CDMA(Code Division Multiple Access) 방식 등이 표준전쟁에서 승리했던 예이다. 표준의 가장 큰 장점은 고객들에게 기술과 제품의 '호환성(compatibility)'을 제공해준다는 점이다. 호환성이 있는 표준 제품은 많은 다른 소비자들에게도 채택될 것이고 고객의 불안, 불확실성, 의심을 해소한다. 따라서 표준 제품의 사용자는 점점 많아지고 네트워크 외부효과에 의해 그 효용은 점점 커져간다. 표준은 생산자의 측면에서 규모의 경제를 추구할 수 있게 되어 제조 원가를 절감시키고, 소비자들도 제품마다 다른 기능과 사양을 익힐 필요가 없어져 전환비용을 감소시킨다. 보완재를 생산하는 데에도 단일 표준이 용이하다. 산업 표준을 얻은 기업이 전체 시장을 장악하는 '승자독식(winner takes it all)' 현상이 나타나는 이유이다.

표준화 전략

최근과 같이 기술발전 속도가 빠르고 새로운 기술이 등장하여 기존 산업의 경계가 모호해지는 환경에서 표준의 중요성은 더욱 커지게 되어 자신에게 경쟁력이 있는 기술을 산업의 표준으로 선정하기 위한 기업의 경쟁은 더욱 치열해지고 있다. 따라서 표준이 기업들의 경쟁 환경을 어떻게 변화시키고 있는가를 알아보는 것은 매우 중요할 것이다.

표준경쟁에서는 시장에 존재하는 기업들의 상대적 능력의 차이에 따라서도 표준 전략의 형태가 구분 될 수 있다. 특정시장에서 기업들 간의 표준을 둘러싼 경쟁은 그것이 비호환적인 제품들 간의 경쟁(혹은 표준간 경쟁)으로 나타날 수 있고 또 호환성을 확보한 제품들 간의 경쟁(표준 내 경쟁)으로도 나타날 수 있다. 또한 표준경쟁은 서로 경쟁관계에 있는 기업들이 지닌 상대적 능력의 관점에서 보았을 때 서로 비슷한 능력을 지닌 기업들이 경쟁하는 경우(Symmetric: 대칭적 경쟁)와 한 기업이 다른 기업보다 우위에 서서 경쟁하는 경우(Asymmetric: 비대칭적 경쟁)가 있을 수 있다. 한 기업이 능력에 있어 우위에 있다는 것은 그 기업이 상대기업보다 더 넓게 자신들의 제품을 보급하고 있거나, 더 훌륭한 기술 또는 표준설정과 관련된 명성을 가지고 있다는 것을 의미하는 것으로 볼 수 있다. 이렇게 표준 간 경쟁/표준 내 경쟁, 대칭적 경쟁/비대칭적 경쟁을 종합하여 표준경쟁을 유형화하면 <표 1>과 같게 된다. 여기서 표준 간 경쟁이면서 비대칭적 경쟁인 IV의 유형은 표준설정과 관련된 능력이 부족한 기업이 표준설정 능력이 뛰어난 기업과 표준을 둘러싼 경쟁을 할 수 없기 때문에 현실적으로 존재할 수 없다.

표 1 표준경쟁의 유형

	표준 간 경쟁	표준 내 경쟁
대칭적 경쟁	Ⅰ	Ⅱ
비대칭적 경쟁	Ⅳ	Ⅲ

표준화를 위한 비호환간 경쟁

이 경우는 기업들이 시장과 기술측면에서 균형을 유지하는 경우, 표준 경쟁이 소비자에 의한 기술 선택을 크게 지연시키지 않는 경우와 기술 내 경쟁 즉, 표준내의 경쟁을 할 경우, 경쟁자가 많아 수익이 분산될 가능성이 높을 경우에 이러한 경쟁이 나타날 수 있다. 이러한 경쟁상황에서 기업이 취할 수 있는 방안에는 다음과 같은 것이 있을 수 있다.

① 시장 선점

제품이나 기술이 먼저 시장에서 선점을 하여 기반을 구축하게 되면, 기술적으로 우월할 뿐 아니라 저가의 가격경쟁력에 의해서도 대체되기 어렵기 때문에 하나의 표준으로 정착할 가능성이 높아진다. 이에 반해 일단 선점에서 뒤지면 과도한 관성이 존재하기 때문에 역전하기가 쉽지 않게 된다. 시장을 조기선점(early preemption)하기 위해 기업은 때론 무료로 제품을 제공하고, 독점 기술이나 핵심 역량을 무료로 공개하며, 무료로 플랫폼을 제공해 사용자기반을 늘려간다. 최근 테슬라 자동차가 보유 특허를 무료로 공개한 것이 좋은 예이다. 시장을 선점해서 사용자가 늘어나면 브랜드 파워가 생기고 네트워크 외부효과에 의해 표준을 구축할 수 있다.

② 보완재 생산 확대

기업은 항상 자신의 제품에 대한 보완재가 충분히 공급되고 자신의 경쟁자에게는 충분히 공급되지 않기를 원한다. 보완재의 공급자들도 네트워크의 향후 크기에 대한 기대에 따라 공급을 결정할 것이다. 즉, 기업들은 자사제품과 보완관계를 이루는 제품이 시장에서 원활히 공급되어 널리 네트워크를 형성하도록 하는 전략을 취함으로써 궁극적으로 자사의 제품이 시장에서 경쟁제품보다 우월적인 위치를 점하도록 하는 것이다. 주류시장의 소비자인 실용주의자들은 결함이 없는 완전완비제품(whole product)만을 원한다. 이런 제품을 혼자의 힘만으로 제공하기는 쉽지 않으므로 전략적 파트너쉽(strategic partnership)의 필요성이 생긴다(전략적 제휴에 관해선 제3장에서 좀 더 자세히 다루고 있다). 기업은 하이테크 시장에서 공급자들, 보완 제조업체들, 인프라 관련업체들 등과 연계 협력하여 자사 기술이나 제품이 산업 표준으로 채택되도록 되도록 노력해야 한다.

③ 제품 조기 공표

네트워크를 형성하려는 기업은 제품 사전 발표를 통해 소비자들로 하여금 자사의 제품이 소개되기 전에 경쟁자 제품을 구매하지 않도록 한다. 그러나 제품 조기 공표는 더 좋은 버전의 제품이 나올 때까지 소비자들이 구매를 지연시키게 만들어 자사의 현금흐름에 문제를 발생시킬 수 있다.

④ 가격 우대

자사 제품에 대해 장기적으로 저가격을 보장한다면 소비자들은 이 네트워크에 참여함으로써 많은 혜택을 얻을 수 있다고 생각할 것이다. 다음 세대 제품의 품질에 대하여 보장하는 것은 원가와 문제점에 대해 불확실한 측면이 있기 때문에 어려움이 있을 수 있다. 그러나 원가를 예측할 수 있다면 미래의 원가가 낮은 경우 표준 경쟁에서 우위를 점할 수 있을 것이다. 기업이 초기에 더 많은 고객을 확보하기 위해 낮은 침투가격(penetrating price)을 책정하여 시장에 침투하는 방법이다.

호환을 위한 기술 내에서의 경쟁

호환성이 매우 중요하다면 기업들은 기술간 경쟁보다는 기술 내 경쟁을 선호할 것이다. 어떤 경우에 기업은 선호하는 기술이 일치할 수 있고 정규적인 표준 과정이 이러한 상황에 적합할 수 있다. 그러나 기업들이 호환성을 원하기는 하지만 자신이 개발하고 소유하고 있는 기술이 있고 이를 이용하면 경쟁자에 비해 우위를 유지할 수 있기 때문에 개별 기업은 각기 다른 기술을 선호할 수 있다. 각 기업은 다른 기업을 자신의 네트워크에 참여시키기 원하지만 대안이 비호환적이라면 다른 네트워크에 참여할 용의가 있을 수도 있다.

제품공급자들이 표준에 동의하지 않으면 시장수요가 발생하지 않거나 표준간 경쟁이 이루어지면 잠재적인 이익의 소모가 상당한 경우에 기업들은 표준 내 경쟁을 수행한다고 보았다. 이때에 양자의 호환성의 확보가 무엇보다 중요하게 된다. 호환성 확보를 위해 무엇을 표준으로 정할 것인가에 대해서 두 가지의 행태가 나타나게 된다.

첫째, 관련 기업들이 표준으로 될 기술에 공통으로 합의하는 경우로서 이러한 때에는 공식적인 표준화 과정을 통해 산업계의 합의를 이끌어 낼 수 있다.

둘째, 각 기업들이 호환성을 원하지만 각자가 표준으로 설정하려는 기술들이 서로 다른 경우이다. 각 기업들이 표준으로 될 수 있는 특정기술을 가지고 있거나 그 기술을 표준으로 만드는 데 유리한 점이 있는 경우 이러한 행태들이 나타나게 되는데 현실의 표준 내에서의 경쟁은 두 번째의 경우가 많다고 할 수 있다.

호환을 위한 기술 내 경쟁의 경우에 초기 전술은 다른 기업을 자신의 세력권에 참여시키는 방향으로 설득해야 하지만 이 설득은 교섭력의 문제이며 모든 교섭력 문제가 그렇듯이 전술은 몰입(commitments)과 양보(concession)가 전제되어야 한다. 이 경우에 다음과 같은 대안들을 생각할 수 있다.

① 저비용 라이센스

각 기업이 지적재산권에 바탕해서 기술을 소유하고 있지만 상대편의 기술을 적절한 가격으로 이용할 수 없다면 각 기업들은 상대편의 기술을 지원하지 않게 될 것이다. 이때 저비용 라이센싱 한다면 상대편의 기술과 호환성을 확보하려는 기업들과의 협력을 이끌어 낼 수 있다. 잘 알려진 에로는 인텔사가 AMD에게 자신의 마이크로프로세서 설계기술을 라이센싱한 것을 들 수 있다.

② 혼성표준의 채택

혼성표준은 여러 기업들의 기술을 결합하여 표준을 개발하는 것을 의미하는데 이러한 혼성표준은 각 기업들이 가지고 있는 강점들을 결합하여 표준을 개발하기 때문에 좀 더 나은 표준을 개발할 수 있을 뿐만 아니라, 특정기업의 기술을 표준으로 정했을 때 해당 기업에게 돌아가는 경쟁상의 우위를 배제할 수 있기 때문에 기업들 간의 협력을 촉진할 수 있다. 그 예로 Unix 컴퓨터의 여러 판매자들이 공통 표준을 개발한 경우와 각 기업의 기술을 통합하고 라이센싱 비용을 분할한 HDTV(High Definition Television)의 경우가 이 예에 해당한다고 볼 수 있다.

③ 제품개발에의 동참 유도

기술이 발전함에 따라 표준의 정확한 특성이 변화하므로 미래의 개발에 참여하도록 하는 방법으로 많은 제조업체들 VCR의 표준으로 JVC의 VHS 포맷을 소니(Sony)의 Betamax 표준보다 더 많이 선택하게 한 중요한 원인이 되었다.

④ 미래의 표준개발을 제3자에게 이전

미래의 표준개발을 중립적인 제3자에게 이전하는 방법으로 이와 같은 방법으로 참여 기업들은 자신의 경쟁자가 표준을 자신들에게 불리하도록 변경하지 않을 것이라는 확신을 가질 수 있다.

2.2. 시장세분화, 타겟팅, 포지셔닝(STP)

일반적인 마케팅에서와 같이 하이테크 환경에서 하이테크 제품을 대상으로 하는 기술 마케팅 전략의 수립은 STP, 즉 '시장세분화(Segmentation)', '타겟팅(Targeting)', '포지셔닝(Positioning)'에서 출발한다. STP의 목적은 제한된 기업의 자원에서 보다 집중하여 마케팅의 효율성을 높이기 위함이다.

2.2.1. 시장세분화

전체 제품시장을 어떤 기준을 이용하여 동질적인 세부 시장으로 나누는 과정이다. 효과적인 시장세분화의 조건은 세분 시장간의 이질성, 측정가능성, 충분한 규모의 시장, 접근 가능성이며, 시장세분화 기준은 다음의 변수들을 포함한다.

① 지리적 변수: 소비자가 거주하는 지역, 도시와 시골 등

② 인구통계학적 변수: 연령, 성별, 직업, 나이, 교육수준 등

③ 심리적 특성 변수: 라이프 스타일, 구매 행동에 영향을 주는 고객 가치, 신념, 개성, 관심사 등

④ 행동적 특성 변수: 고객이 추구하는 제품의 편익, 사용량, 사용상황, 사용 목적 등

표 2 시장세분화 변수별 체크리스트

분석 요인	체크리스트
인구 통계학적 요소	각기 다른 인구통계학적 변수 그룹의 규모(수)와 매출은 서로 어떻게 다른가?
	새로운 구매 고객군은 과거 형성된 구매 고객군과 어떻게 다른가?
	매출면에서 급성장하고 있는 고객군은 누구인가?
	귀사의 타겟 고객군으로 선정된 집단의 인구 통계학적인 특징은 어떤가? (예: 나이, 성별, 수입, 직업, 교육수준, 자녀 수, 결혼유무, 주거지역 등)
제품 사용 유형	자사의 제품을 사용하는 방식이 서로 다른 고객 집단이 존재하는가?
	다른 기업의 타겟 고객이면서 자사의 제품을 동시에 구매하는 집단의 제품 사용 방식은 어떠한가?
심리학/라이프 스타일 요소	각 고객군별로 개인적 성향과 관심사는 어떻게 다른가?
	각 고객군별로 행동 유형은 어떻게 다른가?
	각 고객군별로 구매 태도는 어떻게 다른가?

2.2.2. 타겟팅

적절한 시장 세분화변수를 선정하여 전체 시장을 다수의 세분 시장으로 세분화 한 후 가장 매력적인 하나 혹은 그 이상의 표적 세분 시장들을 선택한다. 목표고객 선정 평가 기준은 다음과 같다.

① 세분시장 크기와 성장성: 세분 시장의 잠재 매출 및 이익 정도와 미래의 성장 가능성에 대한 추정이 필요하다. 규모가 성장하고 있는 시장은 자사도 성장할 수 있을 확률이 높고 신시장을 개척할 수 있는 기회가 많다는 의미이므로 매력적이다.

② 구조적 매력도: 경쟁자의 시장진입 용이성, 대체상품 위협, 구매자/공급자의 파워이다. 경쟁의 역동성이라는 하이테크 시장 특성상 일반 시장보다 하이테크 시장에

서 경쟁자는 기업에게 큰 위협이 될 가능성이 있다. 따라서 경쟁자의 진입이 어려운 시장일수록 매력적이다.

③ 기업의 목표 일치성과 역량: 세분 시장이 기업의 상품목표와 일치하는지와 내부자원의 지원 가능성이 있는지에 대한 것이다. 기업은 자사의 고객에게 제공할 수 있는 핵심 역량과 가치가 무엇인지를 알아야 최적의 목표 시장을 선정할 수 있다.

다음은 목표고객 선택 전략이다.

① 비차별적 마케팅전략: 제품시장을 구성하는 세분 시장들 중 가장 규모가 큰 세분시장을 타깃으로 하여 하나의 마케팅믹스 프로그램을 제공하는 것이다. 마케팅 믹스란 2.3에서 후술할 4P를 중심으로 다양한 마케팅 요소를 혼합하는 것을 말한다. 규모의 경제 달성을 위해 필요한 전략이다.

② 차별적 마케팅전략: 둘 이상의 세분시장을 타깃으로 하여 각 세분 시장에 적합한 마케팅믹스 프로그램을 제공하는 전략이다.

③ 집중적 마케팅전략: 여러 세분 시장들 중에서 자사에게 가장 큰 우위를 제공하는 한 두 개의 세분시장(틈새시장)을 타깃으로 선정하여 그 시장 내에서 높은 시장 점유율을 추구하는 전략이다.

2.2.3. 포지셔닝

경쟁자에 비교하여 제품이나 기술의 주요 속성에 관해 고객이 느끼는 자사 제품의 이미지이다. 포지셔닝을 통해 기업은 타깃 고객의 마음속에 기업의 제품 및 서비스 가치를 자리 잡게 한다. 불확실성의 하이테크 시장에서 선택과 집중을 위해 필수적인 전략이다. '포지셔닝 맵'은 소비자가 어떤 제품과 관련하여 중요하게 생각하는 속성에 따라 경쟁사의 제품들과 자사의 제품들의 상대적 위치를 비교하는 그림으로 소비자의 선호도를 표시한다.

그림 4 휴대폰 포지셔닝 맵 사례

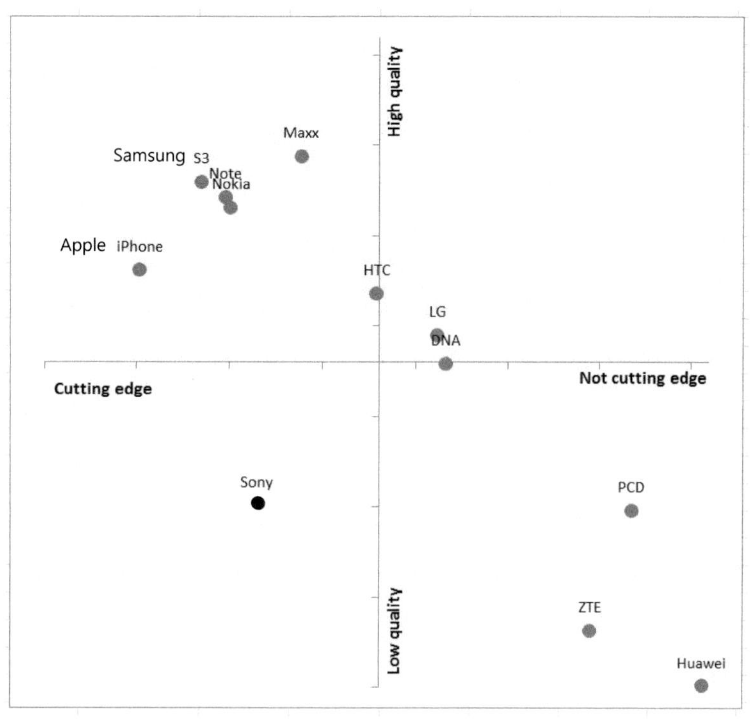

2.3. 제품, 가격, 장소, 촉진(4P)

STP를 통해 수립된 개념적 마케팅 전략은 곧바로 실천적 실행으로 이어져야 하는데, 실행계획은 4P, 즉 제품(Product), 가격(Pricing), 장소(Place), 촉진(Promotion)의 크게 네 가지로 나뉘는 전략에 반영된다. 기업은 효과적인 마케팅을 수행하기 위해 이 네 가지 전략을 적절하게 섞어서 실행해야 한다. 하이테크 시장에서도 기업이 캐즘을 넘어서 주류 시장에 진입하여 마케팅 목적을 달성하기 위해선 제품, 가격, 장소, 촉진에 관한 전략적이고 합리적인 의사결정이 중요하다.

2.3.1. 제품

기업이 고객을 만족시키는 신제품을 적절한 타이밍에 적절한 가격으로 출시하지 못하면 치열한 경쟁 환경에서 즉시 도태되는 것이 경쟁의 역동성으로 대변되는 하이테크 시장의 특성이다. 따라서 하이테크 시장에서의 제품 전략에서 신제품 개발이 차지하는 의미는 매우 크다 하겠다. 또한 신제품 개발 능력은 매출과 이익 측면에서 기업의 성장과 성공의 가장 중요한 요소 중 하나로 볼 수 있다. 한 연구에 따르면 컴퓨터, 전기통신, 자동차, 가전 산업 분야에서 매출의 50% 이상을 최근 5년 동안에 출시한 신제품에 의존하고 있다고 밝혔다. 특히 Intel, Pfizer 등 상위 20% 기업은 신제품이 수익의 42.4%를 차지한다.

(1) 신제품 개발

세계 제2차 대전 후 20~30여년간 세계 경제는 전례 없는 경제 성장과 풍요를 달성했다. 삶이 풍족한 시기가 되었다. 삶이 풍족해 지면서 소비자의 요구 사항은 많아지는데 반해서 이를 만족시킬 공급이 상대적으로 부족하여 무엇이든 "만들면 팔리는" 시대가 오랜 기간 지속됐다. 따라서 기업이 가지고 있는 기술을 가지고 제품을 만들어 팔면 이윤을 창출할 수 있는 그런 기업환경이 조성된 시기였다. 이후 1970년대를 거쳐 1980년대로 들어오면서 소비자의 요구 사항이 어느 정도 충족이 되자, 이제는 만들면 팔리는 것이 아니라 고객이 찾지 않는 제품은 재고로 남는 세상으로 변화되기 시작했다. 이미 까다로워진 고객의 요구사항을 반영한 제품만 팔리고 그렇지 않은 제품은 팔리지 않는 세상으로 바뀐 것이다. 다시 말해, 고객이 요구하는 것을 만들어야 팔리는 세상이 되었다. 이렇게 신제품을 도입할 때 소비자와 생산자의 관점에서 일어나는 상반적인 두 현상을 이미 2장(기술혁신)에서 본 바와 같이 기술 추동(technology push)과 수요 견인(demand pull) 또는 시장 견인(market pull)이라고 한다.

기술 추동 시스템과는 달리 수요 견인 시스템에서는 소비자의 요구사항을 먼저 파악하는 마케팅 활동을 우선적으로 수행해야 한다. 여기서 소비자의 요구를 파악하는 마케팅 활동에 대해서 자세히 알아 볼 필요가 있다. 일반적으로 영업팀은 기업이 제공하는 제품 / 서비스를 소비자에게 제공하고 그 반대급부로 대가를 받는 것이 주업무일 것이다. 이 과정에서 소비자가 드러내는 욕구는 다양할 것이다. [그림 5]와 같이 일부는 가격 또는 품질에 대한 불만을 말할 수도 있고 또 어떤 소비자는 기능이 다른 제품에 대한 요구를 할 수도 있을 것이다. 또는 다가오는 미래에 추가적인 물량이 필요하다라고 말 할 수도 있을 것이다. 영업 촉진팀은 이런 소비자의 요구 사항을 듣고 파악하는 것이 영업 촉진 기능 다음으로 중요한 일일 것이다.

그림 5 영업촉진의 주요 기능, 소비자 요구사항 파악

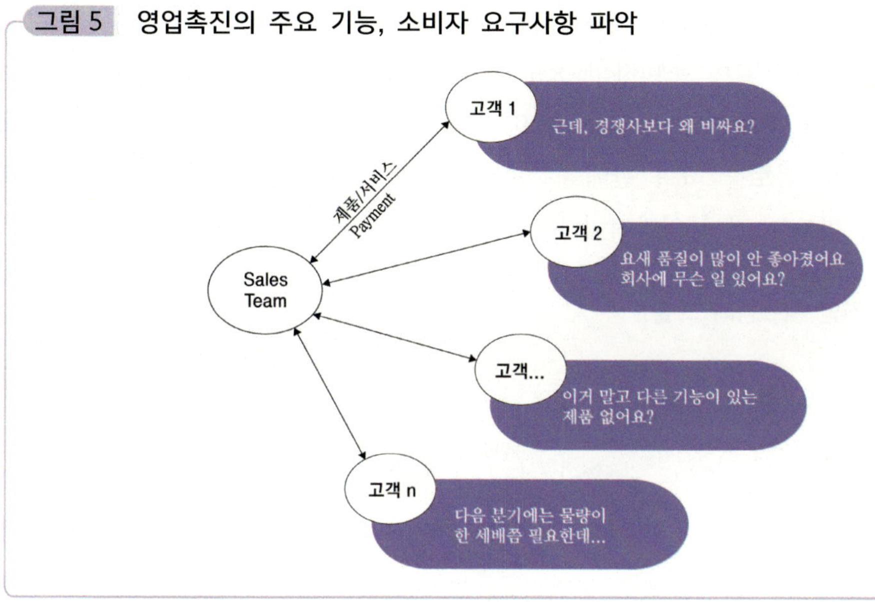

이들 각각의 영업촉진팀이 수집한 정보를 지역본사 단위로 종합해 보면 한 지역에서 어떤 종류의 신제품 요구가 있는지를 파악할 수 있다. 이들 지역본사에서 들리는 소비자의 요구사항을 전체적으로 종합해 보면 글로벌 차원에서 기업이 판매하고 있는 제품/서비스에 대한 소비자의 의견과 신제품에 대한 요구를 종합적으로 파악할 수 있다.

그림 6 지역본사와 글로벌 차원의 소비자 요구사항 종합

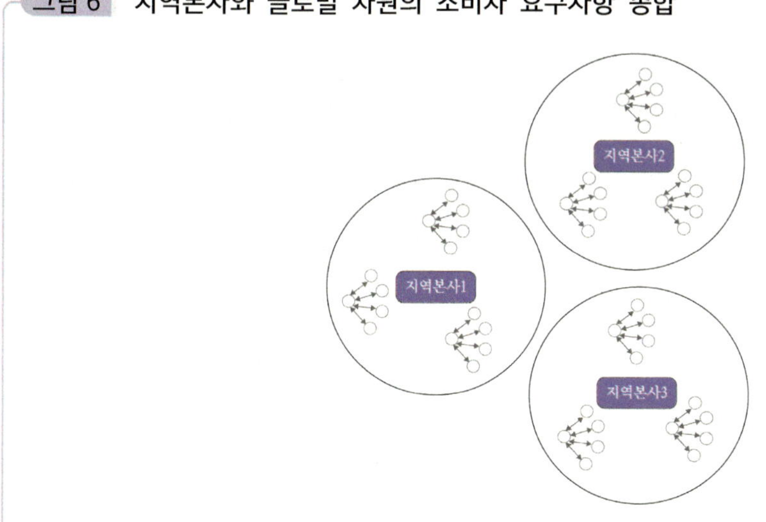

이런 소비자의 요구를 내부에서 제품화하는 단계로 상품기획과정을 거쳐야 한다. 상품기획과정은 [그림 7]과 같이 소비자의 요구를 제품으로 구현하는 것이 가능한지, 가능하다면 디자인은 어떤 형태로 가능한지, 어떤 기능을 포함할 지 등등이 검토되며 최종적으로는 원가수준도 검토를 하여 판매를 하는 경우에 예상 판가와 예상 이익 여부도 판단할 수 있도록 만드는 것이 일반적이다.

그림 7 수요 견인 시스템의 흐름

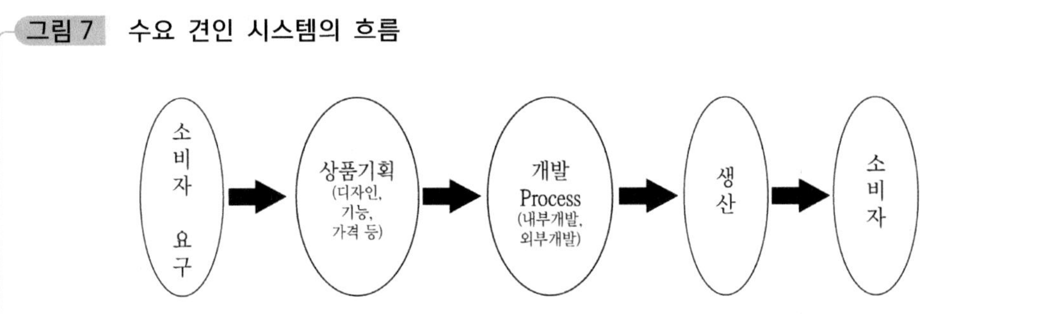

2000년대 이후 들어서는 훨씬 더 까다로워진 고객의 요구사항을 기술적으로 맞추는 것이 쉽지 않아 졌다. 고객이 요구하는 사항을 모아서 분석한 정보를 기반으로 도입할 제품의 디자인과 성능, 그리고 가격의 포지셔닝까지도 포함된 상품기획서를 바탕으로 개발을 추진한다. 상품기획서를 작성하고 개발을 추진하는 과정에서 기술적인 문제점이 발견되거나 소비자의 요구가 변경되는 등의 이유로 중도에 포기하는 사례도 많이 발생하기 때문에 최근 경향은 개발과 마케팅, 상품기획을 동시에 진행하는 전략도 추진되고 있다. [그림 8]과 같이 소비자 요구사항을 파악하는 마케팅과 이를 구현할 개발과 생산공정을 동시에 검토하여 상품기획을 추진하기 전에 사전에 검증하는 절차를 거쳐서 실패할 확률을 줄이는 것이다. 이것은 실제로 생산하여 소비자에게 제공하기 전에 검증 가능한 모든 것을 사전에 검증하여 실패할 확률을 낮추기 위한 노력의 일환이다.

그림 8 기술 추동과 수요 견인 병행 시스템

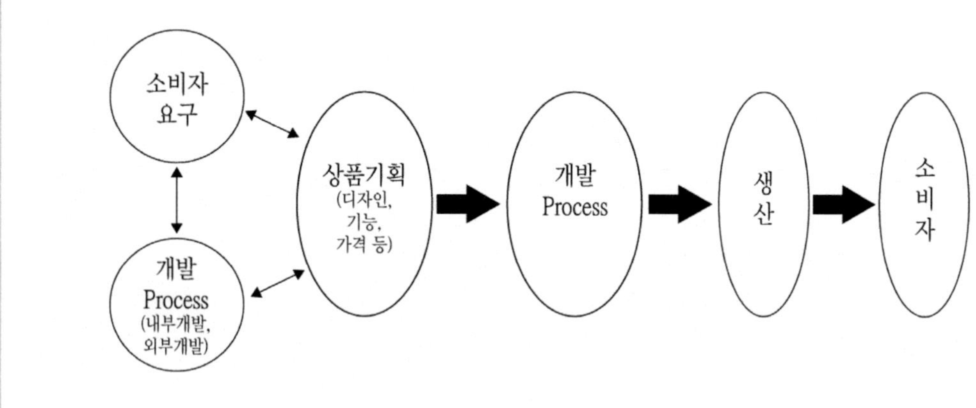

이 두 가지 기술 추동 전략과 수요 견인 전략 중 어떤 것이 더 옳으냐 그르냐를 판단할 수는 없다. 현재 앞서 나가는 기업들의 신제품에는 이 두 가지가 모두 섞여 있는 경우가 많기 때문이다. 실존하는 기술이든 완전히 새로 도입된 기술이든 소비자의 요구에 맞추어서 도입되면 시장이 형성되면서 경쟁 우위를 갖출 수 있기 때문이다. 다만, 기술 추동 쪽이 강하다면 새로운 시장을 창출하는 쪽이 많은 경우이고, 수요 견인이 강하다면 새로운 시장보다는 기존 시장에 대응하는 형태가 될 것이기 때문이다.

(2) 신제품 유형

신제품의 개념은 절대적 신규성(invention)보다 상대적 신규성(innovation) 중심, 즉 수요자 입장에서보다 생산자 입장에서 판단할 때, 시장에 새로운 제품이기 보다는(not new to the world) 해당기업에 새로운 제품(new to firm)으로 볼 수 있다. 시장의 신규성, 기술의 신규성 관점에서 표와 같이 8가지 유형으로 신제품을 구분할 수 있다. 다이슨 청소기는 '기술대체', 나이키 퓨얼밴드는 '제품계열 확장', 위니아 제습기는 '신규용도' 개발의 좋은 예이다.

그림 9 신제품 유형

시장의 신규성				
	새로운 시장 (시장변화 등)	신규용도개발 (New Use)	시장확대 (Market Extension)	제품다각화 (Diversification)
	강화된 시장	상품확대 (Remerchandising)	제품개선 (Product Improvement)	제품계열 확장 (Product Line Extension)
	기존의 시장 (시장변화 적음)	신상품 아님	기술보완 (Reformulation)	기술대체 (Replacement)
		기존의 기술 (기술변화 적음)	개선된 기술	새로운 기술 (기술변화 등)
		기술의 신규성		

〈출처: Ansoff Matrix 9 box grid. Modified from Ansoff(1957)〉

사 례 홈런을 노리는 혁신지향 다이슨(Dyson)

＊ 학습 포인트: 혁신 지향, 고위험 – 고수익형, 완벽한 제품, 실패

"중소기업의 신제품 개발전략도 야구와 유사하다. 대박을 노리는 홈런형 전략은 혁신에 초점을 맞춘 전략이다. 세상에 아직 없고, 그래서 고객들이 생각지 못하는 혁신을 추구하기 때문에 실패의 확률은 높다. 그렇지만, 그런 제품이 나오면 고객들은 열광한다. 애플의 제품이 대표적이다. 고객들은 자신의 잠재적 니즈가 무엇인지 모르기 때문에 혁신적 신제품 아이디어는 시장조사만으로 찾아내기 어렵다. 이러한 혁신지향형 기업들은 위험을 감수하는 경영진의 성향, 경쟁자에 대한 선제적 대응, 목표를 이루기 위한 혁신적이고 대담한 행동을 하고자 하는 조직적 성향 등의 특성을 가지고 있으며, 고위험-고수익형의 혁신성이 높은 제품을 개발하려 한다.

다이슨은 영국 맘스베리라는 시골에서 청소기, 선풍기, 손 건조기 등을 판매하는 작은 가전회사지만, 먼지봉투 없는 청소기와 날개 없는 선풍기(에어멀티플라이어)를 개발한 세계적인 혁신 기업이기도 하다. 다이슨의 창업자이자 영국의 스티브 잡스라 일컬어지는 제임스 다이슨은 혁신이 실패에서 나온다고 믿는다. 먼지봉투 없는 청소기를 만들기 위해 5년 동안 5,126개의 시제품이 나왔고, 5,127번째 제품이 성공작이었다. 그 당시 다이슨은 자신이 세운 회사에서 쫓겨난 백수였다. 돈을 빌려서 연구자금을 댔다. 그의 아내는 미술교사로 돈을 벌어야 했다. 그는 당시 상황을 이렇게 설명했다. 원래 제 성격이 포기하는 걸 아주 싫어합니다. 제가 올해 63살인데, 그 중 41년은 실패하면서 살아왔습니다. 실패에 익숙할 수 밖에요. 엔지니어나 과학자의 삶에 실패는 늘 따라 다닙니다. 성공이 오히려 드물죠. 우리가 기억해야 할 건 나뿐만 아니라 모두가 실패하고 있다는 사실입니다(조선일보 2010.7.17). 숱한 실패 끝에 성공을 이룬 그의 지론은 성공은 99%의 실

패로 이루어진다이다. 그는 직원들에게 실수하게 하면 일을 빨리 배운다며 실패를 장려한다. 완벽한 제품을 추구하다 보니, 다이슨이 내놓은 제품들은 개발기간이 길다. 에어멀티플라이어도 4년여 개발 끝에 2009년말 세상에 나왔다. 적도나 극지방 같은 극한 환경을 만들어 놓고 테스트를 해보는 등 완벽을 추구했다. 1999년 첫 시제품을 공개했던 로봇청소기는 10년 지난 지금까지도 계속 개발 중이다. 완벽한 제품을 위해 더 개선이 필요하다는 이유에서다. 다이슨에서는 직원들이 개발 스케쥴을 맞추지 못하고 실패했다고 문책하는 일은 없다. 에어멀티플라이어의 개발자인 유소프는 다이슨에서는 누구나 아이디어가 있으면 제안할 수 있고, 개발에 실패하더라도 혼나지 않는다면서 오너이자 개발책임자인 제임스 디이슨은 새로운 기술이 아니면 받아들이지 않는다고 했다(동아일보 2011.4.13.).

다이슨은 기존의 상식을 깨는 회사이다. 전문가의 말도 듣지 않고, 고객들이 원하는 것 이상의 발명을 추구한다. 이렇게 해서 출시하는 제품들은 혁신적이지만, 제품 가격은 매우 비싸다. 높은 가격으로 인해 세탁기 등은 시장에서 실패하고 말았다. 그럼에도 불구하고, 다이슨은 가격을 맞추기 위해 기술을 포기하지 않는다. 제품을 싸게 만드는 것보다 연구개발비를 투자하여 혁신적인 제품을 개발하여 노력한다. 이러한 노력 덕분에 다이슨은 창의와 혁신의 아이콘으로 자리 매김하고 있으며, 2009년 7억 7,000만 파운드, 영업이익 1억 9,000만파운드로 20% 이상의 영업이익률을 기록하는 글로벌 기업으로 성장하는 원동력이 되었다."

〈출처: 기술과 경영(2012.2)〉

사례 위니아 제습기

＊ 학습 포인트: 틈새 시장, 소비자 만족도, 신제품 개발, 환경 변화

" '어려운 직원들의 심정을 이해하려면 가장 가까운 곳에 있어야 한다'고 믿고 항상 공장으로 나가는 윤희종 위닉스 대표이사 회장(66)은 먹거리부터 챙기는 오너다. 지독히도 힘들었던 가정형편 탓이다.

공기 중의 습기를 빨아들여 주위를 뽀송뽀송하게 만드는 제습기. 요즘 그야말로 없어서 못 판다는 주부들의 필수아이템이다. 무명에 가까웠던 제습기가 일약 스타 가전으로 떠오른 셈이다. 과거 듣도 보도 못한 김치냉장고가 주부들의 애장품 목록 1순위로 뛰어오르던 분위기와 비슷하다. "집에 제습기 하나 들여 놔야지"라는 말이 주부들 사이에서 자연스럽게 퍼지고 있기 때문이다. 이 공장이 만든 제습기도 이렇게 '입소문' 하나로 글로벌 대기업을 누르고 가정용제습기 시장을 열어 제쳤다. 장맛비 내리는 날에 먼지가 나도록 바쁜 '물먹는 제습기'의 일인자를 경기도 성남시 판교 영업본부에서 만났다.

하루 세끼 밥을 챙겨먹는 것도 어려울 정도로 가정형편이 어려워 영남대(전자공학과)에 들어가

자마자 학업을 포기한 윤 회장은 오로지 가족부양을 위해 서울로 올라와 중소가전업체에 다녔다.

그리고 기술만 파고든 덕분에 입사5년 만인 1973년, 독학으로 '냉장고용 열교환기'를 국내 최초로 만들었다. 이 기술로 세운 회사가 바로 위닉스의 전신인 유신기업사다.

"40여년 전엔 창업이라고 해봐야 가내수공업 수준이었어요. 혼자 기술을 개발해 제품도 만들고 판로개척까지 스스로 해야 했죠. 마침 삼성전자가 냉장고를 만들고 있었는데 주요 부품들이 모두 일본에서 수입된 것들이었어요. 일본 부품을 국산화하면 지금의 벤처기업 대우를 받을 수 있어서 냉장고의 핵심부품인 냉각기(열교환기)국산화에 하루 종일 매달렸죠." 이렇게 탄생한 윤 회장의 냉장고용 열교환기는 1977년부터 삼성전자 냉장고에 장착돼 전세계로 수출됐다. 윤 회장은 이때부터 기술이전과 특허권 사용 등 삼성전자의 전폭적인 지지를 얻으며 대표적인 동반성장 성공사례로 자리매김하게 된다.

제습기는 통풍기 같은 날개(팬)를 이용, 실내에 있는 공기를 물로 응결시키는 역할을 한다. 다시 말해 습기가 열교환기에 닿았을 때 물로 만들어 주는 것이 열교환 사이클기술이다. 이 기술은 냉방기기나 정수기에도 쓰인다.

"스스로 기술을 배워 만든 열교환기가 실제 장착되기까지 물론 쉽지는 않았어요. 하루에도 10여 차례씩 납품할 곳을 찾아가 문을 두드렸지만 20대 청년이 만든 제품을 믿고 써주는 곳은 거의 없었지요. 그래도 삼성전자 납품을 위해 끈질기게 도전해서 좋은 결과를 얻을 수 있었습니다."

비로소 삼성전자와 협력관계를 맺으면서 안정을 되찾은 윤 회장은 열교환기를 이용해 습도 조절이 가능한 제습기 개발에 눈을 돌릴 수 있었다.1999년 3월 윤 회장의 첫 제습기가 시장에 나왔지만 소비자들 사이에선 별다른 반응이 없었다. 사실상 시장 조사에서 실패한 셈이다. 제습기는 최근까지도 연간 1000대 이상 팔린 적이 드물 정도로 지난 10여년 동안 극심한 판매 부진에 시달려야만 했다. 그렇지만 그는 언젠가 열릴 '틈새 시장'을 기대하며 희망의 끈을 놓지 않았다.

"대기업에 냉장고용 열교환기를 납품하면서 매출도 꾸준히 늘었어요. 이후로 한 단계 도약을 위해 전기 냉온수기도 만들어보고 공기청정기 개발에도 뛰어들었죠. 그런데 이미 미국과 유럽을 비롯해 일본 등 선진시장에선 가정용제습기가 보편적으로 팔리더라구요. 다소 시간이 걸리더라도 국내에서도 제습기가 틈새 가전제품으로 떠오를 수 있을 것이란 확신이 들었습니다."

가정용 제습기는 2013년에서야 그야말로 폭발적인 반응을 이끌어냈다. 기후가 빠르게 고온 다습한 아열대성으로 변화하고 있는데다 베란다가 없는 주상복합형 건물이 늘어나면서 빨래 건조용으로까지 제습기의 용도가 무한 확장됐기 때문이다. 제습기와 선풍기를 동시에 틀면 기온 하강 효과도 뛰어나 전력비용 절감을 위한 필수 가전제품이란 '입소문'도 급속히 퍼져나갔다.

특히 '절전 특수'가 한 몫 했다. 정부가 여름철 전력 소비를 줄이기 위해 실내 온도 규제에 나선 게 기름을 부었다. 실내 온도를 26도 이하로 낮추지 못해 사용이 줄어든 에어컨 인기는 시들해진 반면 습도 조절로 체감온도를 낮춰주는 제습기가 반사이익을 얻었다는 게 업계의 해석이다. 업계에서는 정부 덕에 제습기가 실내 공기 관리기를 넘어 '냉방기기'로 발돋움했다는 말까지 나온다.

전기요금 부담을 덜어준 것도 인기 요인이다. 제습기의 평균 소비전력은 시간당 300W 수준으로 선풍기보다 다소 많지만 에어컨에 비해선 20% 수준에 불과하다. 가격은 30만~40만원대다. "무엇보다 제습기 시장이 폭발적으로 성장한 이유는 소비자들이 직접 눈으로 확인한 만족도가 높았기 때문이에요. 장마철에 제습기를 가동하면 실제로 10리터 가까이 물이 나오는데 도대체 이 물이 어디에서 나오는 것인지 매우 신기한 일인 것이죠. 여지껏 팔리고 있는 가전제품 가운데 제습기만큼 소비자 만족도가 높은 제품은 본 적이 없습니다."

위닉스의 제습기는 주로 TV홈쇼핑과 하이마트에서 구입할 수 있다. 물론 이마트, 홈플러스 등 대형 할인 마트에서도 구입할 수 있지만 이 두 곳이 주요 판매처다. 여기엔 '입 소문'을 내주는 40대 주부를 주로 겨냥한 고도의 판매 전략이 숨어있다. 위닉스는 앞으로도 두 곳의 판매채널을 통해 대량으로 제품을 공급할 계획이다. 이 덕분에 홈쇼핑업체들은 판매 신기록을 세우며 함박웃음을 짓고 있다. 롯데홈쇼핑은 본격 장마를 앞둔 5월 중순께 일주일 동안 위닉스 제습기를 론칭해 '시간당 매출액 23억원, 분당 5200만원'이란 창사 이래 최고 매출액을 달성하기도 했다. "제습기 보급률이 급성장하게 된 가장 큰 이유 중 하나가 홈쇼핑 덕분이에요. 주부들이 제습기라는 제품을 전혀 몰랐다가 1시간 동안 자세히 제습기에 대해 설명해주니까 구입에 필요성을 느낄 수 있었던 것 같아요. 이렇게 제습기를 구입해 사용해본 주부들이 놀라 '입소문'을 내주면서 제품 인지도도 덩달아 높아진 것이죠."

위닉스의 국내 가정용 시장점유율은 절반 이상인 60%에 가깝다. 글로벌 기업인 LG전자는 약 30% 안팎으로 집계되고 있다. 위닉스의 제습기는 열교환 시스템의 자체생산 설비를 이용한 '40년 노하우'의 결정체로 가장 큰 경쟁력이 가격이다. 또 유일하게 한국천식알레르기협회로부터 인증을 받은 제습기로 소비자들의 신뢰를 얻는데 어렵지 않았다.

위닉스는 2012년 매출액 1920억원에 40억원 가까운 영업이익을 올렸다. 2013년 매출은 지난해보다 최소 50% 이상 늘어나 3000억원을 웃돌 것으로 보인다. 지난해 40~50만대 팔린 제습기도 세배 정도 불어난 140~150만대 보급이 가능할 것이란 전망이다. "위닉스제습기는 하루 아침에 판매 1위 제품으로 떠오른 것이 아니에요. 이미 5년 전에 미국으로 수출해 인정받고 선진시장에서 소비자만족도 1등을 차지한 제품입니다. 이러한 과정을 거친 덕분에 중소기업이면서도 명실공히 국내에서도 1등 자리를 차지할 수 있었다고 봅니다."

위닉스는 2008년부터 미국 SEARS 백화점의 자체가전 브랜드(PB)인 'Kenmore'에 OEM(주문자가 요구하는 제품과 상표명으로 완제품을 생산) 방식으로 수출하고 있다. 2011년 미국 컨슈머 리포트에서 위닉스의 3개 모델이 평가 대상으로 뽑혔고 이 모델들은 Large capacity 부문 1위, Small Capacity 부문 1위, medium Capacity 부문 2위로 평가 받아 세계 최고의 제품으로 인정받았다. 비영리기관인 소비자협회에서 내놓은 컨슈머 리포트는 미국에서 가장 권위 있는 소비자 정보 관련 보고서다.

위닉스는 2005년 공기청정기로 첫 미국 시장에 발을 내디뎠고 2008년엔 제습기 40만대 수출 주문을 따내기도 했다. 이러한 성과를 바탕으로2010년 7000만불 수출탑을 수상한데 이어 한국수

출입은행이 발표한 '한국형 히든챔피언' 육성대상기업으로 이름을 올릴 수 있었다. 위닉스는 이로써 해외 진출 시 3% 가량의 금리인하 혜택을 누렸다. "제습기로 유명해졌지만 위닉스는 가전부품을 시작으로 40여년 동안 공기청정기 온풍기 정수기 냉온수기에 이르기까지 다양한 완제품을 시장에 내놓고 있는 곳입니다. 특히 제습기 하나만 놓고 봐도 일본의 보급률은 90%에 육박해요. 반면 국내의 경우 올해 성장을 감안해도 약 12~13%에 불과합니다. 향후 2~3년간 가파른 성장이 지속될 것으로 예상되는 대목입니다."

제습기로 홈런을 날린 위닉스는 '가습기'로 또 한번 승부수를 띄울 계획이다. 기존 가습기와 다른 방식의 '에어워셔'로 연타석 홈런을 노리겠다는 것. 여름계절가전인 제습기에 이어 겨울 용가전 가습기로 사업포트폴리오를 다변화하기 위한 포석으로 풀이된다. 위닉스가 개발한 가습기는 최근 논란이 되고 있는 가습기의 세균 번식 위험을 원천적으로 차단할 수 있는 기술에 주안점을 뒀다. 소비자들의 불안을 잠재우면서도 가습 성능을 충분히 발휘할 수 있도록 고안된 것이 특징이다. 그동안 장벽이 됐던 가격도 대폭 낮춰 소비자들의 눈길을 사로잡을 계획이다. 제습기가 소비자들 사이에서 큰 인기를 끌고 있지만 여름계절가전이라는 특수성 때문에 비수기 실적 균형이 이뤄지지 않고 있는 단점도 극복할 수 있을 것으로 회사 측은 내다보고 있다. '안분지족(安分知足)'을 경영철학으로 삼고 회사를 운영하고 있는 윤 회장은 500여명의 위닉스직원들에게 '좋은 사람'이 되고 싶어한다. "한 회사의 오너든 최고경영자든 두 분류로 나눠진다고 봐요. '나쁜 사장'과 '좋은 사장'이죠. 직원들에게 최소한 나쁜 사장이 되지 않으려고 부단히 노력해 나갈 겁니다.""

〈출처: "'스타가전' 제습기 시장 1위", (2013.7.10.), 한국경제〉

사 례 삼성 스파클링 냉장고

＊ 학습 포인트: 골리앗 / 다윗, 신시장 창출

"요즘 그야말로 새로운 시장을 만들려는 자와 이미 구축한 시장을 지키려는 자 간의 싸움이 시작됐다. 삼성전자와 LG전자 등 대형 가전업체와 정수기업계 '빅3' 간 미묘한 신경전을 두고 하는 말이다.

최근 삼성전자와 LG전자가 냉장고와 정수기를 융합한 프리미엄제품군을 앞다퉈 선보이는 상황. 냉장고에 정수기를 탑재한 제품은 10여년 전에도 있었다. 하지만 '스파클링 냉장고', '정수기 냉장고' 등 특정 카테고리를 규정해가며 공격적인 마케팅을 전개하기 시작한 것은 최근 들어서다.

이를 지켜보는 정수기업계의 심기는 불편하다. 코웨이와 청호나이스, 동양매직 등은 정수기 융합형 냉장고에 대해 '팔리면 얼마나 팔리겠냐'며 냉소를 던지면서도 이들 제품이 시장에 새로운 트렌드로 정착되는 건 아닐지 예의주시하는 눈치다. 벌써부터 삼성이 탑재한 스파클링 워터 제공 기능을 도입하려는 정수기 제조업체도 등장했다. 국내 정수기 보급률은 렌털서비스의 확대로 지속적으로 증가하고 있다. 한국갤럽조사연구소에 따르면 2012년 정수기시장은 코웨이가 약 50%, 청호나이스가 14%, 동양매직이 4%를 점유하고 있다. 이러한 시장 구도로 봤을 때 삼성·LG전자가 정수기 기능이 내장된 제품으로 기존 정수기업체들의 아성을 무너뜨리기는 쉽지 않아 보인다. 정수기시장에서는 대기업도 '골리앗'이 아닌 '다윗'이 된다. 실제로 LG전자가 지난해 9월 정수기와 양문형 냉장고를 결합해 출시한 'LG 디오스 정수기 냉장고'는 현재 월 1000대씩 팔리고 있다. 1년치로 단순 환산하면 1만2000대다. 이 회사의 정수기 연 판매량의 약 1/5 수준. LG전자 정수기의 연 판매량은 5만~6만대 정도(업계 추산)다. 코웨이와 청호나이스, 동양매직의 연 판매대수(렌탈+일시불 판매)가 각각 약 65만대, 20만대, 25만대에 달하는 것에 비하면 '새발의 피'다. 삼성전자가 올해 초 출시한 '스파클링 냉장고'의 경우 북미시장에서 월 1000대 정도 팔리는 것으로 알려졌으나 국내에서는 얼마나 팔리는지 공개된 바 없다. 이 제품은 정수된 물과 얼음에 탄산수까지 마실 수 있는 기능을 탑재한 냉장고다. 그렇다면 '효자' 제품군도 아닌 정수기 · 냉장고 융합형 제품군을 삼성전자와 LG전자가 '미는' 이유는 무엇일까. 정체된 국내 냉장고시장에서 숨통을 틔우고, 기존 빅3업체들이 쉽게 자리를 내주지 않는 정수기시장을 뚫기 위해 아예 새로운 시장을 만들어버리는 전략을 펼친 것으로 해석된다. 업계의 관심도 삼성전자와 LG전자의 정수기 · 냉장고 융합형제품의 단순 판매대수에 있다기보다는 과연 이들 제품이 새로운 시장을 주도할 것인지, 그리고 기존시장에 어느 정도의 파급력을 가져올 것인지에 집중된 모습이다."

〈출처: "가전 공룡' 뛰어드니 정수기시장 지각변동?" (2014.4.), 머니위크〉

신제품 개발의 성공을 위해서 전략적 관리가 필수적인데, 첫째, 소비자의 요구가 무엇인지를 정확히 파악하여 만족도의 극대화를 추구해야 한다. 만약 소비자가 중시하는 가치에 대한 이해 부족으로 중요치 않은 기능들에 과도한 투자를 한다거나, 특정기능에 대한 소비자의 선호를 과대평가하여 비싼 가격의 제품을 출시하면 소비자에게 외면당하는 원인이 된다. 애플의 뉴튼(Newton MessagePad)이나 필립스(Philips)의 게임기 CD-i는 신제품 개발 실패의 예이다. 그리고 몇몇 고객 그룹의 요구로 개발한 절충 제품이 누구도 만족시키지 못한 경우도 주의해야 한다.

둘째, 신제품 개발 기간의 최소화가 필요하다. 제품의 빠른 출시는 브랜드 충성도 구축, 희소 자원 획득, 고객측 전환비용의 조기 형성, 보완재 개발시간의 확보, 개발비용(급여 및 자본비용) 감소, 투자한 고정비용의 상환 가능성 상승 등 많은 장점이 있다. 컴퓨터나 반도체 등 제품수명주기가 짧은 분야에서 신속한 신제품 출시는 더욱 중요하다. 반면에 빠른 제품 출시에는 위험도 따르는데, 품질 저하 및 미완성 출시 가능성(제품테스트 불량 등),

개발팀에 과중한 부담으로 디자인/프로세스상의 문제점 간과, 부정적인 소비자 반응 유도 등의 단점이 있다. 상기 위험에도 불구하고, 신제품 개발속도와 상업적 성공 사이에 대체로 긍정적인 상관관계가 존재한다.

셋째, 개발 비용의 효율적 관리가 필요하다. 개발비용은 개발기간 및 Team Size에 비례하여 증가하고, 개발단계가 상용화에 가까울수록 대량생산과 마케팅 비용 증가로 인해 개발 시간 및 비용이 늘어나게 되는데, 자동차, 항공기 분야와 같이 복잡하고 여러 기술이 통합되어야 하는 분야나, 의약품처럼 불확실성이 높은 다단계의 개발 과정을 거치는 사업에서의 경우 효율적 개발 비용 관리의 필요성은 더욱 증대된다.

글라소 홀딩스(Glaxo Holdings) 제약회사는 잔탁(Zantac)이란 위장약을 경쟁사들보다 먼저 시장에 출시하고자 컨셉개발, 제품디자인, 프로세스 디자인, 상업적 생산 등의 제품개발 절차를 부분적으로 동시에 진행하는 즉 병렬적 개발을 하여 성공을 거두었다.

신제품 개발 프로세스 향상을 위해 스테이지 게이트(stage-gate) 프로세스, 품질요소전개(Quality Function Deployment, QFD), 제조 용이성 디자인(design for manufacturing) 등의 도구를 이용한다. 아울러 신제품 개발 프로세스에 프로젝트 후원자와 소비자 및 공급자를 참여시켜서 긍정적 효과를 기대할 수 있다. 생산수준 또는 기술적 시너지 효과에 대한 의사결정을 내릴 때 소비자를 참여시키는데, 이때 베타버전(beta version) 혹은 선도사용자(lead users)를 활용하는 방법이 있다. 또한 공급자로부터 아이디어 제안, 제품개선 및 효율성 제고 측면의 의견을 듣고, 부품 적기공급 및 부품 공급선 변화 등을 추진하여 기업은 개발기간과 비용, 품질 측면의 향상을 도모한다. 예를 들어 공급사와 원가절감 제안 프로그램(SCORE: Supplier Cost Reduction Effort) 운영한 미국 크라이슬러(Crysler)사는 1989년~1998년 사이 25억 달러 원가절감 효과를 거두었다.

2.3.2. 가격

가격은 광고나 브랜딩 등 다른 마케팅 활동보다 수익에 직접적이고 즉각적인 영향을 준다. 따라서 가격 책정은 기업에 있어서 매우 중요한 기술마케팅 전략 중 하나이다. 하지만 하이테크 시장에서의 적절한 가격 전략을 세우기란 쉽지 않다. 하이테크 혁신 신제품의 경우 과거 유사한 제품이 없으므로 참고할만한 가격 관련 데이터나 자료가 없고, 고객이 하이테크 신제품에 대해 잘 이해하지 못하고 또 자신들의 니즈가 무엇인지 정확히 표현하지 못하는 경우가 많으므로 소비자 조사를 통한 가격 책정에 어려움이 따른다. 또한 하이테크 속성상 기술과 시장이 급변할 때마다 가격 전략도 수정되어야 한다.

가격을 결정할 때 기본이 되는 것은 소위 3C라고 불리는 원가(Costs), 고객(Customer), 경쟁(Competition)이다.

① **원가**: 원가는 제품을 생산할 때 발생하는 최저 가격수준(floor)이다. '비용중심적 가격결정(cost based pricing)'은 제품의 생산과 판매에 들어가는 비용을 충당하고 목표이익을 실현할 수 있는 수준에서 가격을 결정하는 방식이다. 이에 반해 '비용가산에 의한 가격결정(cost-plus pricing)'은 사전에 결정된 목표이익을 총비용에 가산함으로써 가격을 결정하는 방법으로

가격 = (총고정비용 + 총변동비용 + 목표이익) / 총생산량

과 같이 도출될 수 있다.

'가산이익률에 따른 가격결정(markup pricing)'은 제품 단위당 생산비용이나 구매비용을 계산 후 판매비용을 충당하고 적정이익을 남길 수 있는 수준의 가산이익률을 결정하여 가격을 책정하는 방법으로,

가격 = 단위비용 / (1 − 가산 이익률)

로 계산할 수 있다.

'목표투자이익률에 따른 가격결정(target return pricing)'은 기업이 목표로 하는 투자이익률을 달성할 수 있도록 가격을 설정하는 방법으로

가격 = {(투자비용 × 목표투자이익률(%)) / 표준생산량} + 단위비용

와 같다.

마지막으로 '손익분기점분석에 의한 결정방법'은 주어진 가격 하에서 총수익(가격 매출수량)이 총비용(고정비 + 변동비)과 같아지는 매출액이나 매출수량을 산출해 이에 근거해 가격을 결정하는 방법을 말하며,

손익분기점(판매량) = 총고정비용 / (가격 − 단위당 변동비용)

과 같다.

② 소비자: 표적시장 소비자들의 제품에 대한 평가와 그에 따른 수요를 바탕으로 가격을 결정한다. '직접가격평가법'은 소비자들에게 지각된 상품가치를 직접 물어보는 방법이며, '직접지각가치평가법'은 상품의 상대적 지각가치를 조사하는 방법이다. '진단적 방법'은 소비자들로 하여금 조사제품에 대하여 제품속성의 중요도와 속성별 신념을 평가하도록 하여 소비자의 지각된 상품가치를 조사하는 방법이다.

③ 경쟁: 경쟁사들의 가격결정을 가장 중요한 기준으로 간주한다. '시장가격에 따른 가격결정'은 자신들의 비용구조나 수요보다는 경쟁자의 가격을 보다 중요하게 생각하며 주된 경쟁자의 제품가격과 동일하거나 비슷한 수준에서 다소 높게 또는 낮게 책정하는 방법인 반면, '경쟁입찰에 따른 가격결정'은 2개 이상의 기업들이 각각 독자적으로 특정 제품이나 서비스, 프로젝트 등에 대한 가격을 제시하는 방법이다.

기업이 선도자로서 하이테크 신제품을 출시하고 시장진입에 성공하면 완전경쟁(perfect competition)이 아닌 어느 정도 독과점적(monopoly, oligopoly) 시장 구조에 직면하게 된다. 이 경우 기업이 이익을 극대화하기 위해 실행할 수 있는 가격결정 전략은 일반적인 것과는 다를 수 있다. 기업이 시장 지배력을 갖게 되거나, 이밖에 특수한 비용과 수요구조하에서의 가격설정 전략은 다음 <표 3>과 같다.

표 3 가격결정 전략 및 세부내용

전 략	내 용
가격차별화 (price discrimination)	– 서로 다른 세분시장에 대해 상이한 가격을 책정하는 것 – 가격변화에 비탄력적인 세분시장에 대해서는 고가격을, 탄력적인 시장에 대해서는 저가격을 제시
가격계열화	– 한 제품에 대하여 단일가격을 설정하는 것이 아니라 품질이나 디자인의 차이에 따라 가격대를 설정하고 그 가격대 내에서 개별상품에 대한 구체적 가격을 결정
2부 가격 (two-tier pricing)	– 가격체계를 기본가격과 사용가격을 구분하여 2부제로 부가 – 소비자에게 제품을 구매하는 권리에 대해 고정요금과 매 구매 단위에 대해 단위당 요금이 추가로 부과되는 가격설정

전 략	내 용
블록가격 설정 (block pricing)	– 이윤을 증대시키기 위해 동일한 제품 몇 개가 함께 포장되어 소비자가 전부 아니면 전무의 구매 의사결정을 하도록 하는 전략
상품 일괄판매 (bundling pricing):	– 여러 상이한 제품을 함께 묶어 그것들을 하나의 "일괄판매가격"으로 파는 방법 – 기본적인 제품과 선택사양, 서비스 등을 묶어서 하나의 가격을 제시
최대부하가격 설정 (peak-load pricing)	– 더 높은 가격을 높은 수요 시간대에 부과하는 가격설정
교차보조 (cross-subsidy pricing)	– 한 제품의 판매에서 얻은 이윤을 관련된 제품의 판매에 보조하도록 하는 가격 전략
가격 매칭보장 (price matching)	– 기업이 경쟁자에 의해 제공된 낮은 가격에 대해 동등한 가격을 약속하는 방법
무작위 가격설정 (randomized pricing)	– 기업이 의도적으로 소비자와 경쟁자로부터 가격을 숨기기 위한 시도로 자신의 가격을 변화시키는 가격설정 전략
심리적 가격	– 최종가격의 선정에 있어 가격에 대한 소비자 지각을 반영하는 방법. 단수가격결정, 준거가격 등이 해당
초기 고가전략 (market-skimming pricing)	– 신제품을 시장에 내놓을 때 혁신 소비자층을 상대로 가격을 높게 책정
시장침투 정책 (market-penetrating pricing)	– 일반대중 및 대량 소비자층을 흡수하기 위하여 신제품에 대하여 낮은 가격을 설정 – 규모의 경제가 존재하거나 단위당 이익이 낮을지라도 대량판매를 통하여 높은 총이익을 확보할 목적으로 사용
가격할인과 공제	– 판매, 보관 등과 같은 판매업자가 해야 할 일을 대신 수행하는 중간상에 대해 이루어지는 가격할인 – 기존제품을 신형제품과 교환할 때 기존 제품가격을 적절하게 책정하여 신제품의 가격에서 공제해 주거나, 제조업자의 광고나 판매촉진 프로그램에 참여하는 유통업자들에게 보상책으로서 가격을 할인해 주거나 일정 금액을 지급하는 전략

2.3.3. 유통

유통채널이란 제품이나 서비스를 생산자로부터 최종 소비자에게 이동시키는 과정에 참여하는 기업과 개인들의 집합이다. 생산자의 마케팅 시스템이 보다 효율적으로 운영되도록 도와주며 생산자와 소비자들 사이를 원활하게 연결하는 역할을 하는 유통은 마케팅에서 중요한 부분이다. 하이테크 시장에서의 유통 전략은 전통적인 시장과는 다를 수밖에 없고, 기술의 발달로 인해 이전에 없었던 새로운 유통 방법이 등장하기도 한다. 모바일 채널의 등장으로 나타난 "생산과 유통의 분리" 현상은 그 단적인 예이다. 최근 각광을 받고 있는 배달의 민족, 요기요, 배달통 등의 배달앱들은 유통업체가 한곳에서 다양한 제품을 비교할 수 있는 장을 마련하고, 고객의 선택과 결재를 도울 수 있는 정보와 편리한 수단 제공을 통해 소비자에게 어필하면서 전통적인 유통채널을 위협하고 있다. 따라서 하이테크 시장에서 기업이 생존하기 위해서는 타 기업과 차별화된 가치를 제공하고 유통업체는 고객의 불편을 해소하려는 노력을 꾸준히 해야만 한다. 또한 채널의 구조(직접판매, 간접판매, 하이브리드 판매)와 채널관리를 적절히 고려해서 유통전략을 수립해야 한다. 유통채널 구조 결정 프로세스는 우선 고객의 서비스 기대수준을 분석하고, 제품 특성에 따른 유통채널을 선택한 후, 유통채널 목표를 설정하고, 마지막으로 유통채널 전략을 결정하는 순으로 이루어진다. 각 단계에서 고려할 사항들은 다음과 같다.

첫 번째, 고객의 서비스 기대수분의 분석 단계에선 기다리는 시간, 취급제품의 다양성, 입지의 편리성, 고객의 최소구매단위 등을 고려해야 한다. 제품을 주문하고 상품이 나오기까지의 시간이 짧을수록 고객은 만족할 것이고, 제품의 구색이 다양할수록 그 경로가 제공하는 서비스의 수준은 높다고 평가한다. 이를 위해 경로비용과 전략상품의 전달력을 위한 충분한 분석이 요구된다. 그리고 시간적, 금전적 비용절감을 위한 편리한 입지가 필요하고, 제품의 최소구매단위를 작게 하면 할수록 서비스의 기대 수준은 높아진다.

두 번째는 제품 특성에 따른 유통채널 선택인데, 제품서비스의 용도, 제품의 성숙단계, 고객이 인지하는 위험정도, 희소성, 대체재의 존재여부, 맞춤화 가능성 등이 고려대상이다. 즉, 용도가 명확한 제품은 다이렉트 마케팅채널, 용도나 사용법은 어느 정도 알고 있으나 세밀한 설명이 필요한 제품은 전문소매점 채널, 소비자가 모르는 혁신적이고 사용법이 까다로운 제품은 전문 영업 인력이 직접 접촉하는 채널이나 전문적으로 소비자를 담당하는 파트너 회사를 선택해야 한다. 초기혁신제품은 잠재적인 채널파트너를 찾아 접근할 수 있는 시장을 극대화하고, 성장기제품은 간접채널의 수를 줄이면서 가능한 채널파트너에 대한 동기 부여가 필요하다. 위험 지각이 높은 제품일수록 제품에 대한 지식이 충분한 인력을 동원하고, 희소성이 높은 제품은 고급 전문점을 이용한다. 대체재가 많은 상품은 다이렉트 마케팅채널이 유리하고, 대체재가 존재하지 않는 상품은 도/소매상을 선택한다. 표준화제품은 저비용의 다이렉트 마케팅채널이나 간접채널, 맞춤화제품은 전문가 인력풀(pool)을 통한 직접 채널이 적합하다.

세 번째는 기업의 목표, 기업의 특성, 제품특성, 중간상의 특성, 경쟁적 특성, 환경 특성에 맞는 유통채널 목표설정이다. 기업목표와 마케팅목표가 부합하도록 유통경로를 설계하고, 자사만이 보유하고 있는 특성을 분석한 후 적합한 유통경로를 선택한다. 또한 제품의 크기, 유통기한, 각 제품 간의 크기 편차 등과, 촉진, 협상, 저장, 거래 및 신용 등을 고려한다. 경쟁기업의 점포들이 밀집되어 있는 곳에서 동일한 형태의 유통 구조를 이용하며, 경제적 상황에 따라 경로의 길이를 단축하고, 불필요한 경로채널을 제거한다.

마지막으로 유통채널 전략을 결정한다. 전속적 유통경로는 일정한 상권 내에서 제한된 수의 제품만을 취급할 수 있는 소매점을 가지는 유통경로(예: 애플 스토어)이다. 선택적 유통경로는 개방적 유통경로와 전속적 유통경로의 중간적 형태이다. 그리고 개방적 유통경로는 제품이나 서비스를 취급하는 소매점을 확보하는 유통전략이다.

2.3.4. 촉진

기업이 마케팅 목표를 달성하기 위하여 소비자들과의 원활한 의사소통을 통해 제품을 알리고 설득하여 구매를 자극하는 총체적 마케팅 커뮤니케이션 활동이 촉진 전략이다. 촉진은 전통 시장에서처럼 하이테크 시장에서도 중요하다. 기업은 자사의 제품이 타사의 제품보다 우수하다는 것을 소비자에게 알리기 위해 TV, 라디오, 신문, 잡지 등의 전통적 커뮤니케이션 매체와 인터넷, 온라인, 모바일 등 하이테크 매체를 융합하여 판매를 창출하고 개별 고객과의 관계를 구축, 강화시킬 수 있도록 통합적인 마케팅 커뮤니케이션(integrated marketing communication)을 수행해야한다. 이를 위해서는 고객 데이터베이스를 이용하여 소비자들의 구매 습관에 따라 보다 세분화하거나 광범위한 소비자 프로파일을 활용한다.

(1) 촉진믹스

촉진믹스엔 광고, 인적판매, 판매촉진, 홍보(PR) 등이 있는데, 범위, 비용, 장/단점은 <표 4>와 같다.

표 4 마케팅 촉진믹스별 장 · 단점

촉진믹스	범 위	비 용	장 점	단 점
광 고	대 중	보 통	신속 메시지의 통제가능	효과 측정의 어려움
인적판매	개별고객	고 가	정보의 양과 질 조정가능	높은 비용 / 느린 속도
판매촉진	대 중	고 가	주의집중 / 즉시적 효과	모방이 쉬움
홍보(PR)	대 중	무 료	신뢰도 확보	통제곤란 / 간접효과

기업이 수립할 수 있는 촉진 전략의 기본 방향은 '푸시전략(push strategy)'과 '풀전략(pull strategy)'으로 구분할 수 있다. 푸시전략이란 제조업자가 중간상을 대상으로 적극적인 촉진전략을 사용하여 도매상, 소매상들이 자사의 제품을 소비자에게 적극적으로 판매하도록 유도하는 방법이다. 따라서 제조업자가 이 방법을 사용하면 인적판매와 중간상 판매촉진의 중요성이 증가하게 되고, 최종 소비자를 대상으로 하는 광고의 중요성은 상대적으로 감소하게 된다. 풀전략이란 제조업자가 최종소비자를 대상으로 적극적인 촉진을 사용하여 소비자가 자사의 제품을 적극적으로 찾게 함으로써 중간상들이 자발적으로 자사 제품을 취급하게 만드는 전략이다. 이 전략엔 최종소비자를 대상으로 하는 광고와 소비자 판촉이 중요하다.

촉진전략의 수립단계는 먼저, 제품의 잠재적 구매자나 현재 사용자들을 표적 고객으로 파악하여 어떤 메시지를 어떻게 전달하고, 언제, 어디서, 누가 전달할 것인가를 결정하는 '표적고객 파악', 표적 고객의 제품구매와 관련한 심리적 단계(인지, 지식, 호감, 선호, 확신, 구매)에서 커뮤니케이션 목표를 수립하는 '표적고객 니즈파악', 메시지의 내용을 선정, 전문성, 매력도 등을 고려하는 '메시지 선택', 인적 의사경로(판매사원, 혁신자 등), 비인적 의사경로(방송매체, 인쇄매체, 온라인 등) 등의 '매체 선택', 그리고 메시지의 기억 여부, 노출 횟수, 이미지에 대한 조사 등 커뮤니케이션 효과를 측정하는 순으로 이루어진다.

(2) 브랜드

브랜드(brand)는 이름, 상호, 용어, 기호, 상징, 디자인 또는 이들의 조합으로, 자사의 제품을 차별화하고 제품의 가치를 나타내는 커뮤니케이션 수단의 일종이다. 하이테크 시장에서 차별적인 우위성과 이익을 창출하는 브랜딩 전략은 매우 중요하다. 왜냐하면 좋은 브랜드는 고객의 마음을 움직여 신뢰와 충성을 이끌어낼 수 있으므로 하이테크 소비자의 불안, 불확실성, 의심을 없앨 수 있는 좋은 수단이기 때문이다. 인터브랜드(Interbrand)사의 2015년 세계 톱 10 브랜드 중에 Apple, Google, Microsoft, IBM 등 하이테크 기업이 다수를 차지하고 있는 점은 이 같은 사실을 반영한다고 하겠다.

그림 10 하이테크 시장에서의 브랜딩 전략

브랜드 인지도는 소비자가 한 제품범주에 속한 특정 브랜드를 인식(recognition)하거나 회상(recall)할 수 있는 능력을 말하는데, 브랜드 인지도가 높은 브랜드가 한층 더 강력하고 호의적이며 독특한 브랜드 연상들을 더 많이 가질 수 있다. Mohr(2010)는 브랜드 인지도를 높이고 강력한 브랜드를 개발하는 전략을 다음과 같이 제시했다.

첫째, 강력한 가치 제안으로 꾸준한 혁신의 흐름을 창출해야 한다. 예로 애플이나 삼성의 신제품 스마트폰 출시의 연속적인 성공은 긍정적인 브랜드를 창출한다.

둘째, 가격 홍보 보다는 브랜드 이미지와 관심을 불러일으키는 광고에 역점을 두어라. 브랜드 이미지란 소비자가 그 브랜드에 대해 갖는 전체적인 인상을 말하는데, 이러한 브랜드 이미지는 브랜드와 관련된 감정, 태도, 연상 등 여러 연상들이 결합되어 형성된다.

셋째, 웹 기술과 뉴미디어를 효율적으로 활용하라. ICT 기술의 발달로 하이테크 시장에서 온라인 매체의 중요성이 점차 증가되고 있다.

넷째, 영향력 행사자들(influencer)에게 영향을 미치고 그들을 통한 입소문 마케팅 전략을 펼쳐라. 선도자 오피니언 리더들을 만족시키는 길이 좋은 브랜드 아이덴티티를 갖게 해 캐즘(chasm)을 성공적으로 극복하고 주류 시장에 진입하는 첩경이 된다. 브랜드 아이덴티티란 기업이 고객들로부터 자사 브랜드에 대해 궁극적으로 갖기를 기대하는 연상들 또는 이미지를 말한다.

다섯째, 기업의 사회적 책임(CSR)에 대해 신경 써라. 소비자는 사회에 대하여 책임감을 갖고 수익을 사회에 환원하는 기업을 선호하므로 브랜드에도 긍정적인 영향을 미친다.

여섯째, 기업, 플랫폼, 또는 아이디어를 브랜드화해라. 하이테크 기업은 제품 이름이나 기업의 상호와는 별도로 특정 제품군의 핵심 기술 플랫폼(예: 윈도우즈)이나 플랫폼 내 개별 제품(예: 윈도우 비스타)을 상표화하여 차별화 포인트로 삼는 전략도 필요하다. 또한 기업은 'Powered by Google'이나 애플사의 'Think Different'처럼 제품 이면에 있는 아이디어를 브랜드화 할 수도 있다.

일곱째, 브랜드 개성을 창출하기 위하여 상징이나 형상화된 이미지를 이용하라. 애플사의 사과, 마이크로소프트사의 창, 기업은 아니지만 고려대학교의 호랑이, 연세대학교의 독수리 등은 좋은 예이다.

여덟째, 다른 기업들과 협력하라. 제휴 파트너들과의 공동 브랜딩(co-branding)은 효과적으로 브랜딩을 구축할 수 있는 좋은 전략이다. 야후나 인텔, 휴렛패커드 등은 타 기업과의 전략적인 협력으로 브랜드 인지도를 높이고 경쟁우위를 창출한 기업들이다.

3. 시장 진입 타이밍 전략

3.1. 기술선도 전략

선도자(first mover) 전략은 단숨에 경쟁사를 압도할 수 있는 전략이다. 경쟁사보다 앞선 제품을 시장에 도입하여 시장을 선점함으로써 독점적인 지위를 누릴 수 있는 전략이다. 반면에 선도자 지위를 차지하기 위해 들어간 개발비 및 설비투자비등을 감안하면 실패할 경우의 리스크가 큰 전략이라고 할 수 있다.

경쟁기업보다 더디게 움직이는 기업조차도 선발 진입자(first-to-market)가 될 수 있다. 비록 개발과정이 더 오래 걸릴지라도 경쟁기업에 앞서 기회를 파악함으로써 선도 진입기업이 될 수 있다.

첫째, 일정한 기간 동안에만 포착되고 활용될 수 있는 한시적인 사업기회의 창(window of opportunity) 기간 동안에는 경쟁이 없거나, 낮은 상태에 있으며 이 기간 동안 선발 진입자는 후발자가 참여하기 전까지 이익의 독점이 가능하다. 고객들이 어느 누구로부터도 유사한 제품을 구매할 수 없으므로 경쟁이 있을 수 없다. 선발 진입자는 일시적인 독점기업이 된다.

초기 시장에서의 강력한 지위에 더하여, 다른 이점도 있다. 보다 혁신적으로 인식됨으로써 기업의 평판(reputation)을 향상시킬 수 있다. 이를 이용해 해당 기업은 시장을 선점하고 진입장벽을 구축할 수 있다. 이미 선도 진입기업이 시장에서 우위를 구축했기 때문에 경쟁기업에게 추종전략(follower strategy)은 매력적으로 보이지 않게 된다.

1977년에 래리 엘리슨(Larry Ellison)은 관계형 데이터베이스 소프트웨어를 개발하기 위해 오라클 시스템즈(Oracle Systems)를 공동 설립했다. 그는 관계형 데이터베이스 개념을 설명한 IBM의 한 연구보고서를 읽고 영감을 얻었다. 역설적으로 오라클은 IBM보다 3년 앞서 시장에 진출했다. 그 후 오라클은 제품을 수정하여 다른 컴퓨터에서도 작동되도록 하였다. 1993년까지 오라클의 매출액은 15억 달러 이상으로 증가했고, 시장점유율이 34%였는데, 이때 IBM의 시장점유율은 26%였다.

기업이 틈새시장을 목표로 할 때 선발진입 우위는 특히 성공적일 수 있다. 레이켐(Raychem Corporation)은 방사성 플라스틱이나 특수 커넥터와 같은 고급 재료를 만든다. 이 기업은 25년 동안 이십만 개의 제품을 출시했다. 이 기업은 1천만 달러 규모의 틈새시장에서 90%의 운영이익과 100%의 시장점유율을 달성할 수 있었다.

둘째, 선도 진입기업은 더 빨리 경험을 습득하게 된다. 시장에 먼저 진입함으로써 고객, 기술, 공급자, 유통채널 등에 대한 경험을 먼저 쌓을 수 있다. 이러한 경험을 이용하여 기업들은 제품을 개선할 수 있고, 이를 통해 경쟁에서 앞서 나갈 수 있다. 고객이 진정으로 무엇을 원하는지 알고자 한다면 실제 제품을 고객의 손에 쥐어주는 것보다 더 좋은 방법은 없다. 시장에 먼저 진출함으로써 경쟁기업보다 일찍 이러한 경험기회를 가질 수 있다. 경쟁기업들은 고객과 인터뷰하거나 동일한 공급기업을 선택함으로써 이러한 정보의 상당 부분을 획득할 수 있다. 그들이 얻는 이러한 정보는 보통 덜 정확하고 구체적이지 못하지만, 훨씬 적은 비용으로 얻을 수 있다. 일부 기업들은 선도 진입자를 따라잡는데 실패하는데, 이는 선발자들이 더 많이 연구하고 더 많이 학습하기 때문이다.

신기술에 기반한 제품을 처음으로 개발하는 기업은 해당 기술의 정교화와 제품에의 적용에 있어 우위를 점하게 된다. 제록스(Xerox)는 1949년에 최초의 상업용 복사기를 출시하였다. 초기에 이 제품은 성공적이지 못했고 대부분의 고객들이 반품을 했는데, 그 이유는 작동이 너무 복잡하고 한 장을 복사하는 데 몇 분이 걸렸기 때문이다. 이 복사기의 유일하게 성공적인 적용분야는 옵셋 인쇄를 위한 종이 마스터를 제작하는 것이었다. 그 후 3년 동안 3M, 아메리컨포토그래피(American Photography), 코닥(Kodak) 등의 경쟁자들이 제록스를 추격하였는데, 이들 또한 성공적이지 못했다. 그러나 제록스는 계속하여 제품을 정교화하고 개선하였는데, 드디어 1959년에 제록스 914를 출시하게 되었다. 이 제품은 성공적이었고, 이를 통해 제록스가 성장할 수 있었다. 이 제품은 사용하기 편리했고, 한 장 당 0.05달러에 탁월한 복사를 할 수 있었다. 제록스는 초기 경험을 이용하여 시장을 더 잘 이해하고 기술을 발전시켰다. 3M이나 코닥 같은 경쟁기업들은 제록스를 따라잡지 못했다. 초기 경험의 이점은 유통채널, 제조 프로세스, 공급기업 등에서도 얻을 수 있다. 이러한 이점의 핵심은 초기 경험을 적용하는 것이다. 경험 자체만으로는 아무런 우위를 창출할 수 없다.

셋째, 선도 진입기업은 표준의 정의에 영향을 끼칠 수 있다. 비공식적으로, 소비자들은 시장에 출시된 첫 번째 제품을 사실상 표준(De Facto Standard)으로 만드는 경향이 있다. 예를 들면, 1956년 IBM은 최초의 고급 프로그래밍 언어들 중의 하나인 FORTRAN을 출시했다. 이 언어는 초기 수학용 및 과학용 프로그래밍의 표준으로 광범위하게 채택되었다. 사실 표준기구들은 표준을 결정함에 있어 첫 번째 제품을 많이 이용한다. 첫 번째라는 이유만으로 표준이 되는 것은 아니지만, 분명히 이점이 있다.

그러나 첫 번째 제품도 약점이 있는데, 이는 이미 특정 접근방법에 너무 많은 투자를 해놓은 상태여서 변화가 요구될 때 유연성이 떨어진다는 것이다. 가정용 VCR 시장에서 소니(Sony)는 Betamax 방식을 이용하여 경쟁자들보다 18개월 먼저 진출하였다. 경쟁기업인 JVC와 마쯔시타(Matsushita)가 그 뒤를 추격했는데, 상호 호환이 불가능한 방식인 VHS를 채택하였다. Betamax는 우수한 화질과 음질을 제공한 반면, VHS는 저렴하고 장시간 녹화가 가능했다. 결국 장기 녹화시간이 고객이 선호하는 차별화 요인으로 확인되었고, Sony는 최초 진입자였음에도 불구하고 경쟁에서 패하고 JVC에 산업표준(industry standard)의 자리를 내어주었다. VHS 방식을 채택한 기업들은 최종 디자인을 확정하기 전에 시장을 이해할 수 있는 충분한 시간을 가졌다. VCR 기술이 처음으로 출시되었을 때, 사람들은 미리 녹화된 테이프를 보거나, TV 프로그램을 녹화하거나, 집에서 영화를 보는 것에 대한 생각이 전혀 없었다. 고객들이 TV 프로그램을 녹화하는 것에 대한 선호를 나타내자, 녹화시간이 품질보다도 더 중요한 차별화 요인이 되었다.

다만 후발주자가 시장을 재정의함으로써 기존 시장의 선발자가 몰락하거나 시장 규모가 더 커진 경우 누구를 기술선도자로 보아야 하는지에 대한 개념의 모호성이 존재한다. 탄산음료에서의 코카콜라, 안전면도기에서의 질레트, 진공청소기의 후버(Hoover) 등 단순히 세상에 없던 제품을 최초로 출시하면서 초기 시장을 개척한 경우라 보는 것이 적당한지, 에디슨의 백열전구, P&G의 팸퍼스, 온라인 서점의 아마존 등 최초로 제품을 출시하지는 않았지만 시장의 대중화를 선도한 경우를 의미하는, 혹은 애플의 아이팟과 아이폰, 페이스북과 트위터의 SNS 등 기존 기술을 응용하여 시장을 새롭게 재정의한 경우로 정의내려야 할지는 다소 논란의 여지가 있다. 결국 고객이 이러한 제품과 서비스에 대해 이전에 경험하지 못한 차별적인 가치를 느끼고 행동이나 삶의 방식에까지 스며들어 변화시킬 때 진정한 기술선도자로 정의내리는 것이 바람직할 것으로 생각된다.

기술선도자의 장점과 단점은 다음과 같다.

- 기술선도자의 이익
  - 브랜드 로열티와 기술리더십
  - 희소자산의 선점
    주요입지, 정부승인, 유통채널, 공급업자와의 관계 등
    (예: 무선방송 주파수 대역의 선점)
  - 구매자 전환비용(switching cost)을 미리 형성
    고착(Lock-In) 효과
    (예: 소니 베타방식 vs, VHS방식, QWERTY 자판 vs, Dvorak 자판
  - 수익체증에 의한 이점의 활용(학습효과, 네트워크 효과로 인한 비용우위)
    자기강화의 긍정적 피드백을 통한 시장지배력 제고
    (예: Intel의 마이크로프로세서 개발 → BASIC프로그램 → 새로운 프로그램 개발 등)
- 기술선도자의 위험
  - 막대한 연구개발 비용: 탐험적 연구에 소요되는 비용, 보완재 개발에 투자 등
  - 미개발된 공급 / 유통 채널
  - 보조기술과 보완재의 미성숙
    (예: 과거 PDA는 배터리와 모뎀기술 기반이 미비, 전기자동차는 배터리와 충전소가 필요)
  - 소비자 욕구의 불확실성
    소비자 선호도를 형성할 기회를 가지나, 많은 노력과 비용이 소요

사 례 선도자 전략

애플이 2007년 도입한 iPhone을 대표적인 선도자(first mover) 전략의 사례로 볼 수 있다. 디지털 무선 통신기술이 시장에 도입되어 시장이 어느 정도 포화되어 있던 시대인 2000년~2007년에는 절대강자인 노키아, 그리고 모토롤라와 삼성전자가 2위와 3위를 차지하고 그 뒤를 이어 LG와 소니 에릭슨 등 기타 업체들이 순위를 차지하고 있었다. 절대 강자인 노키아의 시장 점유율은 40%대이고 2~3위 업체들의 점유율은 10%를 약간 넘긴 수준이었기 때문에 그 어떤 업체도 노키아를 넘볼 수는 없을 것으로 보였다.

[Nokia의 성공요인과 미래전략 - KDB산업은행 경제연구소, 점유율 추이]

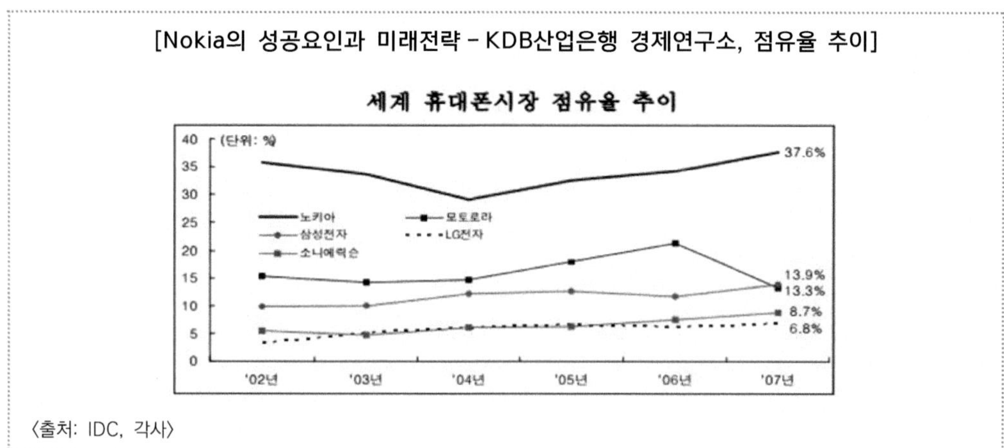

〈출처: IDC, 각사〉

단순한 시장 점유율뿐만 아니라 영업이익률 측면에서도 경쟁사대비 2배 수준의 이익률을 기록하였는데, 더욱 놀라운 것은 평균 판매가에서는 가장 저가를 기록하고 있다는 점이었다. 이것을 해석하면 평균적으로 휴대폰을 가장 싸게 판매하고 있으면서도 이익률은 경쟁사대비 2배 수준이라는 점에서 엄청난 경쟁력을 보유하고 있는 것으로 평가를 받고 있었다.

[Nokia의 성공요인과 미래전략 - KDB산업은행 경제연구소, 영업이익율 추이]

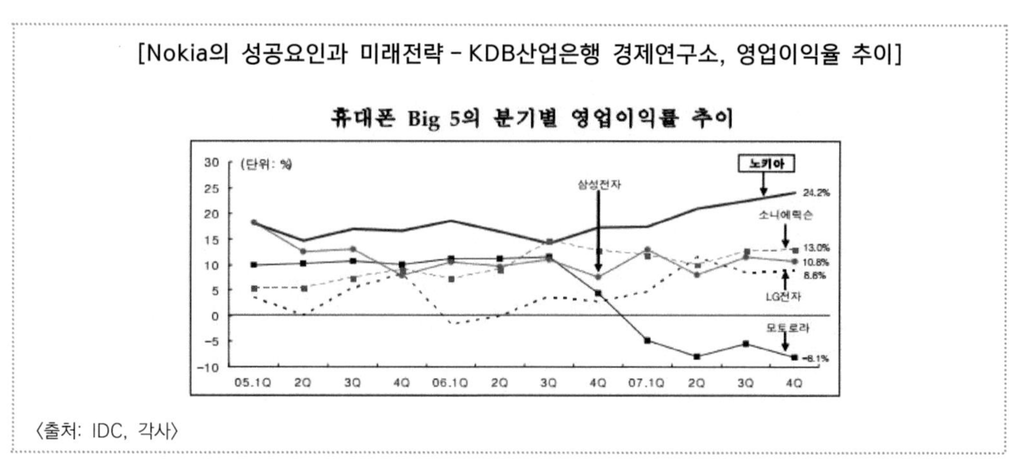

〈출처: IDC, 각사〉

노키아의 성공요인으로 철저한 원가절감 전략을 들 수 있다. 이를 위해 하드웨어에서는 부품의 표준화와 공용화를 추진하여 부품 수를 크게 줄였으며, 소프트웨어에서는 4개의 플랫폼 전략을 구사하여 운영체제를 크게 단순화하였다. 또한, 부품 조달에서부터 완제품 공급에 이르는 공급망 관리에 있어 탁월한 수준의 관리를 추진하였다. 이렇듯, 시장점유율은 40%에 이르고 원가경쟁력은 경쟁사대비 압도적으로 우세하여 영업 이익율 차이가 2배 수준으로 나던 노키아의 몰락은 상상도 할 수 없었다. 그런데, 무선 통신기기에 분야에 대해서는 초년병에 불과한 애플이 스마트폰이라는 신제품을 들고 2007년 새로운 시장 창출에 나섰다. 이때까지만 해도 그 누구도 무선 통신기기에서의 절대 강자였던 노키아 휴대폰 사업의 몰락을 예견했던 사람은 아무도 없었다.

[Nokia의 성공요인과 미래전략 – KDB산업은행 경제연구소, 분기별 ASP 추이, IDC]

휴대폰 Big 5의 분기별 ASP 추이

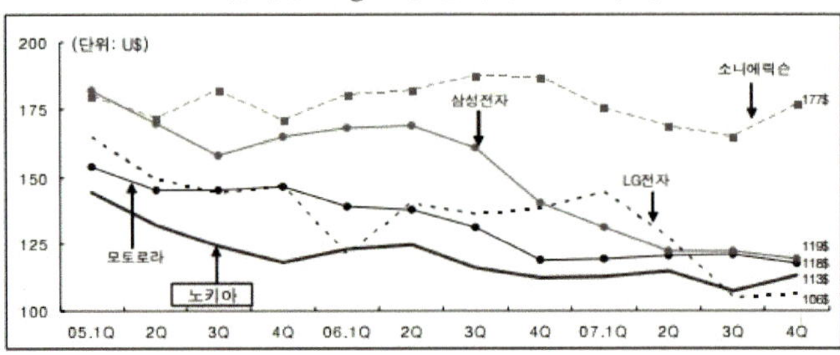

〈출처: IDC〉

애플은 2001년 도입한 iPod의 성공으로 인한 성장에도 불구하고 차세대 제품에 대한 고민을 시작한다. iPod은 단순한 음악 재상 기능만이 가능했다. 그 당시 소비자들은 무선 휴대전화, 그리고 전자메일 주고받을 수 있는 기기인 블랙베리(Blackberry), 음악을 들을 수 있는 3개의 기기를 별도로 사용하고 있었는데 이들 기능을 하나의 기기로 통합할 수 있는 단일기기의 개발이 필요하게 됨을 인식하고 있는 시점이기도 하였다.

애플은 모토롤라, 통신사업자이던 싱귤러(Cingular)와 전략적 협력을 추진하여 2005년 9월 ROKR 모델을 도입하지만 궁극적으로 실패하였다. 이 교훈을 바탕으로 애플은 휴대폰을 직접 만들기 위한 전략을 수립하고 통신사업자인 싱귤러와 협상과정을 통해 자신만의 독자적인 휴대폰을 만들 수 있는 권리를 확보하고 이를 구현하기 위한 개발에 착수하였다. 개발과정에서 Apple은 세 가지 기능의 복합화에 집중하였다. 첫째, 터치스크린이 가능하도록 기기를 설계하는 것, 둘째 혁신적인 휴대전화 기능, 셋째 획기적인 인터넷이 가능하도록 설계하고 이것들을 확보하기 위한 개발에 모든 노력을 기울였다.

이 결과 2007년 발표된 iPhone은 발표되는 순간부터 기존의 휴대폰 위주의 시장에서 새로운 패러다임인 스마트폰 시장을 열었다는 평가를 받았다. 비교적 높은 가격으로 판매되었음에도 불구하고 소비자들로부터 사고 싶은 제품으로 묘사되면서 크게 반향을 일으켰고 그 이후 디지털 휴대폰시장은 급격하게 스마트폰 시장으로 전환되었다. iPhone이 발표되었던 시점인 2007년 휴대폰 시장 1위 업체였던 노키아는 이런 변화에 대응하기 보다는 자체의 강점이었던 원가절감과 저가형 휴대폰에 더욱 집중한 결과 2014년 휴대폰 사업부를 마이크로소프트(Microsoft)사에 매각하기에 이르렀다.

당시 세계 시장 점유율 40% 이상으로 10년 이상 세계 1위를 유지하던 업체를 끌어 내리고 새로운 1위 기업으로 도약한 애플은 선도자로서 새로운 시장을 창출하고 향유했다고 볼 수 있다. 엄청난 자원과 인력을 투입한 iPhone 개발에 실패했다면 애플의 역사가 어떻게 되었을지는 상상해 보면서 선도자 전략의 장점과 단점을 볼 수 있다.

3.2. 빠른 후발자 전략

빠른 후발자(fast follower) 전략은 대부분의 한국 업체가 성장하는데 밑거름이 된 전략이다. 선두업체가 도입하는 기술 및 제품을 파악한 후 이를 품질, 성능, 원가 측면에서 개선한 제품을 시장에 도입하는 전략이다. 이렇게 함으로써 선두업체가 점유한 시장의 일부분을 차지할 수 있어 실패할 Risk는 적지만, 시장을 주도할 가능성도 동시에 적은 전략이다.

새로운 시장을 창출하는 전략은 오직 기회가 있을 때만 가능하다. 이때에는 기회를 활용하여 선도 진입자가 될 수도 있고, 다른 기업이 먼저 진입하기를 기다려 빠른 후발 진입자 전략을 채택할 수도 있다. 빠른 후발 진입자가 되는 것은 늦게 진입하는 것과 다르다. 오히려 업계 표준이 되는 지배적 디자인이 형성되는 적절한 시점에 움직임으로써 실질적인 선도기업이 되고자 하는 전략이다. 빠른 후발 진입자 전략은 시장 출시까지의 시간이 짧은 기업에게 성공적일 수 있다. 이 전략의 목표는 진입하기 전에 시장이 충분히 명확해지길 기다리는 것이다. 빠른 후발 진입자 전략에는 두 가지 유형이 있다.

첫째, 신시장이 명확해질 때까지 기다리는 것이다. 신시장에는 경쟁자가 거의 없고, 성장속도가 빠르다. 또한 시장이 어떻게 구조화 될지, 고객들이 신제품을 어떻게 사용할지, 그리고 어떤 경쟁요인이 가장 중요할지 명확하지 않다.

빠른 후발 진입자 전략은 기술진보에 의해 창출된 신시장에서 특히 성공적인데, 그 이유는 고객들이 제품을 어떻게 사용할지, 그리고 무엇을 선호할지 아무도 알지 못하기 때문이다. 맨 먼저 제품을 출시하는 기업은 시장이 원하는 바를 잘못 추측함으로써 실패하기 쉽다. 다른 기업들은 옆에서 지켜보고 있다가 그것이 명확해질 때 진입하면 된다.

예를 들면, 처음 전자 오븐이 출시되었을 때 리튼(Litton)과 같은 초기 제조업체들은 이들을 전통적인 부엌 난로를 대체하는 것으로 보았다. 그러나 이 아이디어는 잘 맞지 않았다. 전자 오븐은 전혀 새로운 요리 방식으로 제품이 재 포지셔닝되었고, 크기가 줄어들면서 대성공을 거두었다. 그러나 불행히도 리튼의 경험으로부터 이득을 본 것은 후발 진입한 일본과 한국의 제조업체들이었다.

하이테크 시장을 중심으로 한 신시장의 시장진입을 위해서는 먼저 시장의 수용성을 높이기 위한 교육이 필요하다. 여기에는 비용이 많이 들고, 이 비용은 대부분 선도 진입자가 감당해야 한다. 초기 고객을 교육할 수 없거나 이를 바라지 않는 기업들은 다른 기업에게 시장을 먼저 내주어야 한다. 예를 들면, 가정용 온라인 데이터 서비스 시장에서 기존 기업들은 IBM과 시어스(Sears)의 신생 합작기업인 프로디지서비스(Prodigy Services)가 먼저 시장을 교육시키도록 허용한 상태에서 때를 기다렸다. 1984년 프로디지는 공격적으로 가정용 시장을 공략했고, 1993년까지 2백만 사용자를 확보하였으나 누적 손실이 10억 달러에 이르러 이익을 내지 못했다. 프로디지는 이 대규모 시장에서 초기 고객들에게 왜 이 서비스가 필요하고 어떻게 사용하는지를 가르쳐야 했는데, 이를 위한 광고와 지원에 막대한 투자가 요구되었다. 많은 초기 고객들은 컴퓨터를 전화선에 연결하기 위해 왜 모뎀이 필요한지도 알지 못했다. 경쟁기업들은 프로디지가 시장을 개발하기 위한 초기 투자를 하도록 만들었고, 고객들이 어느 정도 교육되었을 때 시장에 진입하였다.

세분시장(market segmentation)의 구조, 가격, 고객들이 중시하는 진정한 차별화 요인 등은 신시장일수록 더욱 알기 어렵다. 프로디지 사례에서 보면, 경쟁자였던 컴퓨서브(CompuServe)와 아메리카온라인(America Online)은 더 수익성 높은 세분시장에 포지셔닝하고, 적절한 가격전략을 선택할 수 있었다. 컴퓨서브는 기업 고객에게 초점을 맞추고, 필수 데이터에 대해 프리미엄을 부과하였다. 아메리카온라인은 가정 고객에게 초점을 맞추었다. 1993년에 이 두 기업은 이익을 보았지만, 프로디지는 계속 적자를 보았다.

때때로 빠른 후발 진입자는 실제로 제품을 개발한 후, 적절한 시기가 올때까지 출시를 보류하기도 한다. 한 통신업체는 1980년대 후반에 ISDN(Integrated Service Digital Network) 제품을 개발하고서도 경쟁기업들이 출시할 때까지 출시를 미루었다. 적절한 시점에서 이 기업은 경쟁자들보다 우수한 가격 대비 성능으로 제품을 출시하였다. 이때에 이 기업은 이미 6개월마다 새로운 ISDN 제품을 출시할 수 있는 능력을 확보한 상태였다.

둘째, 성공적인 경쟁제품을 역엔지니어링(reverse engineering)을 이용하여 모방하는 것이다. 역공학은 성공적인 경쟁제품의 기능(function)을 모방하여 제품을 설계하는 프로세스이다. 이것은 직접적으로 제품 자체를 모방하는 것과는 다른데, 초점이 특정 디자인을 모방하는 것이 아닌 기능을 모방하는 것이기 때문이다. 역공학은 이미 시장에서 성공적인 비교 가능한 제품이 존재하기 때문에 개발 비용을 줄이고 시장진입을 용이하게 해준다. 예를 들면, 많은 PC 제조업체들이 IBM PC를 모방하여 기능적으로 유사한 제품을 판매하였다. 그들은 이미 고객들이 수용한 제품을 모방함으로써 대규모 기술개발투자를 회피하고 시장 위험을 줄일 수 있었다.

사이릭스(Cyrix)는 인텔의 486 마이크로프로세서가 소프트웨어를 처리하는 방법을 모방하여 자체적인 제품구조를 설계하였다. 이 마이크로프로세서는 인텔과 동일한 소프트웨어 인터페이스 프로토콜을 따랐기 때문에 인텔의 제품과 호환 가능하였다. 더욱이 사이릭스는 자신의 CX 486 마이크로프로세서가 인텔의 제품보다 더 빠르고 효율적이라고 주장하였다.

사 례 빠른 후발자 전략 사례

삼성전자의 반도체 사업은 명실상부한 세계 최고의 기술력을 자랑한다. 그러나 1983년 이병철 회장의 이른바 '도쿄선언' 이후 1992년 D램 반도체에서 세계 1위가 될 때까지 선진업체, 특히 일본업체를 뛰어 넘기 위한 많은 개발 노력을 하였다. 1983년 선언 이후 64K D램의 개발을 시작으로 1984년 256K D램을 개발할 때는 선진업체와의 기술격차가 3년으로 평가되었다. 그 이후 매 2년 주기로 집적도를 4배씩 늘린 제품을 개발하면서 드디어 1990년 16M D램 기술은 선진업체인 일본과 거의 동시에 개발했다. 4M D램까지 제품들은 선발업체의 개발정보와 기술자료 등을 부분적으로 이용했지만, 16M D램에서는 완전히 삼성전자만의 독자적으로 개발했다라는 점에서 의미가 크다 하겠다. 또한, 삼성전자의 품질에 대한 신뢰도를 높이는 점에서도 큰 기여를 하였다. 1990년 7월에 샘플을 대형 거래선에 제공했을 때 거래선들은 성능에 감탄하였다. 하지만, 몇 개월 후 경쟁업체가 제공한 샘플의 성능이 더 우수하다는 평가를 전해들은 삼성전자 개발진은 완전 재설계에 들어가서 3개월 만에 속도와 성능이 개선된 제품을 전달한 후 최고의 품질을 인정받았다. 특히, 1992년 개발한 64M D램은 드디어 일본 업체들 보다 선행 개발하고 시장에 도입하여 기술적인 우위를 확보하게 되었다. 이런 노력의 결과로 1992년 D램 시장, 그리고 1993년에선 D램을 포함한 메모리 전체시장에서 세계 1위에 오른다(삼성 반도체 세계 일등 비결의 해부 참조).

[삼성전자 D램 반도체 개발 역사, 삼성반도체 세계 일등 비결의 해부(2006), 신장섭, 장성원, 삼성경제연구소]

회로 집적도	256K	1M	4M	16M	64M	256M	1G
개 발 년 도	1984	1986	1988	1990	1992	1994	1996
선진업체와의 기 술 격 차	3년	2년	0.5년	동일	선행	선행	선행
회 로 선 폭	1.1um	0.7um	0.5um	0.4um	0.35um	0.26um	0.18um

〈출처: 삼성전자가 뚱뚱한 고양이가 될까 걱정된다는 말에 이윤우 부회장이 그린 그림. 서울신문 2008년 9월〉

이 사례는 선도자 전략을 추진함으로써 실패할 가능성을 줄이면서 선두업체의 지위까지 차지한 대표적인 사례로 볼 수 있다. 하지만, 업계를 선두업체로 나선 이후의 고민을 다음의 사례에서 찾아 볼 수 있다. 그런 고민을 2008년 9월 서울신문과의 인터뷰에서 이윤우 삼성전자 부회장은 다음과 같이 언급했다. 세계 1위에 오른 이후 한 번도 메모리 반도체 세계 1위 자리를 양보한 적이 없이 너무 1위만 유지하니까 1996년 거래선과의 미팅에서 삼성전자가 요즘 배가 부른 것 아니냐는 얘기를 들은 이윤우 부회장은 뚱뚱한 고양이는 쥐를 잡지 못한다는 것을 그림으로 그려 삼성전자의 국내외 사업장에 걸어 놓고 성공에 너무 도취하지 않도록 경각심을 일깨웠다.

저장장치로 많이 쓰고 있는 플래시 메모리는 일본 도시바(Toshiba)에서 근무하던 마쑤오카(Fujio Masuoka) 박사가 1984년 발명했다. 당시로서는 획기적으로 데이터를 지우고 다시 기록할 수 있는 비휘발성(非揮發性) 기억장치를 발명한 것이다. 이 비휘발성(非揮發性) 특성 때문에 MP3, 디지털 카메라, 휴대전화에 기록장치로 사용하고 있으며 최근에는 PC에 들어가는 HDD까지 대체하는 SSD로도 많이 사용하고 있다.

도시바는 이 발명을 기초로 해서 최근 많이 쓰이고 있는 방식인 NAND 플래시메모리를 1989년부터 세계 최초로 양산에 성공해서 압도적인 우위를 지켜 나가고 있었다. 2001년 당시 시장 점유율은 도시바 45%, 삼성전자는 25% 정도로 기술과 원가경쟁력에서 뒤 떨어지고 있는 상황이었다.

2001년 세계적인 반도체 불황이 닥치자 도시바는 삼성과 플래시메모리 사업 합작을 극비로 제안하였는데 이는 NAND 시장을 완전히 장악하기 위한 목적과 또한, 급속히 성장하는 삼성이 두려웠던 이유도 있었던 것으로 파악된다. 이에 대한 대응방안을 수립하기 위해 삼성의 이건희 회장을 포함한 고위급 임원들이 모였다. 이 자리에서 핵심 토의 사항은 "삼성 독자적으로 개발해서 도시바를 이길 수 있느냐"에 집중됐고 결국 내부 논의 끝에 합작 제안을 정중히 거절하고 세계 1위업체인 도시바와 협력 없이 독자적으로 개발해 보자는 것이 이날 회의의 결론이었다.

하지만, 독자노선의 경영은 험난했다. 이 때 위기의식을 가지고 있던 삼성전자는 시장확대 전략을 추진한다. 당시로서는 생소한 USB메모리 사업을 대만의 PC업체들에게 제안하여 위기를 넘길 수 있었을 뿐만 아니라 2003년 세계 1위에 오를 수 있었다. 하지만 2005년 시장에 다시 공급과잉이 다가오자 이번에서는 애플의 iPod Nano에 HDD 대신 플래시메모리를 사용하자는 제안을 하여 애플도 사업 성공을 하였을 뿐만 아니라 삼성전자의 플래시메모리도 세계 1위를 강화하는 계기가 되었다.

이처럼 메모리 사업은 일본 업체보다 한발 늦게 사업을 시작하여, 항상 뒤따라가는 형상이었지만, 개발과 생산 노력을 집중한 결과 어느 순간부터는 일본 업체보다 앞서 나가는 사업이 되었다. 그런 결과로 선도자로서 성공하여 어느 정도 입지를 구축한 다음에는 새로운 시장, 즉 PC용 USB 사업과 iPod용 플래시메모리 시장을 개척함으로써 1위 기업의 입지를 확실히 강화할 수 있었다. 즉, 선도자로서 기술을 개발한 다음에는 새로운 시장을 만들어 가는 전략을 추진함으로써 세계 1위의 자리를 강화할 수 있었다.

3.3. 병렬 진입자 전략

빠른 후발자 전략에서 선도자 전략으로 움직이기 전에 적절한 균형을 찾는 전략인 병렬 진입자(parallel mover) 전략을 찾아야 한다는 논리도 있다. 선도자 전략으로 전환하기 위해서는 한 가지 기술을 선택해야 하는데 현대와 같은 빠른 기술 전환시대에는 한 가지 기술만 선택해서는 실패할 경우 변화에 대응하기가 어렵다는 판단이다. 이럴 때에는 미래를 위한 다양한 기술을 연구하다가 하나의 기술이 표준이 될 때 이 기술로 빠르게 전환하여 양산에서 선점하자는 취지의 전략이 병렬 진입자 전략이다.

사 례 **병렬 진입자 전략**

1980년에 발매된 Abba의 노래 'The Winner Takes it All'의 노래처럼 승자가 모든 것을 갖는다는 것이 선도자 전략의 핵심일 것이다. 앞의 사례처럼 애플의 iPhone은 도입되자 당시 세계 1위였던 노키아를 무너뜨리고 단숨에 스마트폰 시장의 강자로 떠올랐다. 하지만, 역사적으로 보면 이 전략이 반드시 옳다고 할 수 없는 경우가 많다.

신규 사업분야에서 선도자 전략을 택할 경우 업계 표준을 정할 수도 있고 또한, 경제의 규모를 얻을 수도 있으나, 반드시 성공한다는 보장은 없다는 것과 실제로 그런 사례도 많다는 것이다. 요새 우리가 많이 쓰고 있는 마이크로소프트의 Excel 프로그램만 보더라도, VisiCalc라는 프로그램이 1979년에 최초의 스프레드시트로 등장했지만, 이내 Lotus 1-2-3에 의해서 대체되었고, 이마저도 Excel에 의해서 대체되었다.

Golder, Tellis 가 1993년에 발표한 논문 "Pioneer Advantage: Marketing Logic or Marketing Legend?" 와 연도 서지사항의 "Here's Why the First-Mover Advantage is Extremely Overrated" 에 의하면 500개의 브랜드가운데 선도자 전략을 택한 업체 중 47%가 실패를 했으나, Fast Follower 전략을 택한 브랜드 중 8%만이 실패를 기록했다고 한다. 이 연구에서 얻은 결론은 목표로 하는 시장에 선도자로서 들어가는 것이 중요한 것이 아니라, 목표 시장을 정확하게 이해하고 들어가는 것이 더 중요하다는 점이었다. 즉, 선도자는 시장의 성격이나 소비자의 요구사항을 완벽하게 이해했다 라기 보다는 추정한 상태에서 시장에 진입한 반면, 빠른 후발자는 어느 정도 시장 상황을 더 이해한 다음에 진입하기 때문에 실패할 가능성이 적다는 점이다.

이근 서울대 교수도 조선일보 기사 "추격자와 선도자 사이… 병행자 전략으로 돌파하라"에서 이런 주장을 한바 있다. iPod의 최초 모델은 한국 iRiver사의 MP3 Player였다라는 주장과, 스카이프라는 인터넷 전화도 한국의 새롬이 개발한 다이얼패드가 원형, 그리고 소셜네트워크의 원조 역시 싸이월드라는 주장도 있다. 이들 제품들은 세계 최초로 도입되었으나 글로벌 시장의 창출 실패와 기술표준을 확립하지 못했기 때문에 성공하지 못했다. 이런 사례들을 보면, 시장에 처음으로 도입하는 것이 반드시 성공한다는 보장도 없다고 할 수 있다. 그러면서 "한국은 빠른 추격자와 선도자 전략 사이의 적절한 균형을 찾아야 하는" 것이 필요하다고 주장했다.

그렇다면, 택할 수 있는 전략은 삼성그룹이 택한 디지털 TV 전략을 생각해 볼만하다. 디지털 TV의 표준이 성립되지 않았던 1990년대 말~2000년대 초에는 많은 업체들이 PDP TV와 LCD TV 사이에서 고민을 거듭하고 있었다. 40인치 이상 대형 디지털 TV로 산업이 움직이고 있다는 방향성은 확실하나 어느 한쪽 기술로 표준화될 것인지 또는 두 기술이 모두 표준화되는 방향으로 되는 것이지 등등이 모두 불확실하던 시대였다. 당시 TV분야에서는 선두 기업이었던 일본 대형 업체들은 모두 시장에 일찍부터 도입된 PDP 기술을 선호하고 있었고 후발업체인 한국과 대만 업체들은 방향성에 신경을 곤두세우고 있었을 시기였다.

2006년 3월 주간경향 "LCD와 PDP의 TV 전쟁"에 따르면 "상대를 죽이지 않으면 내가 죽는다면서 배수진을 치고 있다. 갈수록 치열해 지는 TV시장의 디스플레이 전쟁을 구경해보시라"라고 표현하고 있다. 2005년 40인치 이상 대형 TV에서는 PDP TV가 LCD TV 대비 10배 이상 많이 팔리고 있었지만, 삼성을 포함한 LCD 진영에서 40인치 이상 생산이 가능한 생산라인을 가동하기 시작하면서 가격을 낮추고 물량을 확대하는 전략을 구사하고 있던 시점이었다. 당시 LCD 진영은 삼성전자와 Sony의 합작사인 S-LCD, 샤프, LG필립스LCD가 있었고, PDP 진영에는 삼성 SDI, 마쓰시다전기, 히타치 제작소, 파이오니어 등이 있었다. 여기에 LG전자는 LCD와 PDP진영 모두에 참여하고 있었다 또, 하나 특징적인 것은 일본업체들은 샤프를 제외하고는 대부분 PDP 제품을 밀고 있었다. 즉, 샤프는 LCD를, 마쓰시다 및 히타치, 파이오니어 등은 주로 PDP를 주력으로 밀고 있었다. 그런데 비해서 삼성은 삼성전자는 LCD를, 또 삼성 SDI는 PDP를 주력으로 생산하지만 이를 바탕으로 TV를 만드는 삼성전자 TV 사업부는 LCD TV와 PDP TV 모두를 생산 판매하는 것이었다. 이는 LG전자의 경우도 마찬가지였다.

그 후에 LCD가 PDP와의 경쟁에서 승리를 거두자 삼성전자와 LG 전자는 건재한 반면 대부분 일본업체의 TV 산업은 명맥을 잇지 못했다. 특히, 이 때 PDP에 올인했던 마쓰시다전기와 히타치, 파이오니어 등의 TV 사업은 큰 타격을 입었다. 특히, 삼성전자는 LCD를, 삼성 SDI는 PDP를 각각 추진하면서 경쟁을 하였지만, 삼성그룹 차원의 TV산업은 양대 진영의 싸움에 크게 영향을 받지 않았고, 또한 소니와 마쓰시다를 앞지르고 세계 선두에 서는 결과까지도 얻게 되었다. 즉, 기술의 표준화가 정립되지 않는 상황에서는 모든 기술을 추진하되, 표준화가 되는 순간에는 모든 역량을 집중하여 표준화된 기술의 시장 확대에 전략 투구하는 것도 병렬 진입자 전략으로 볼 수 있다.

2014년 4월 ZDNet 뉴스에 따르면 2015년 이후 CRT와 PDP는 시장에서 자취를 감출 것으로 예상하고 있었고 실제로 현재는 PDP TV의 존재를 찾기 쉽지 않은 상황이다.

[CRT, PDP, LCD 수요 변화]

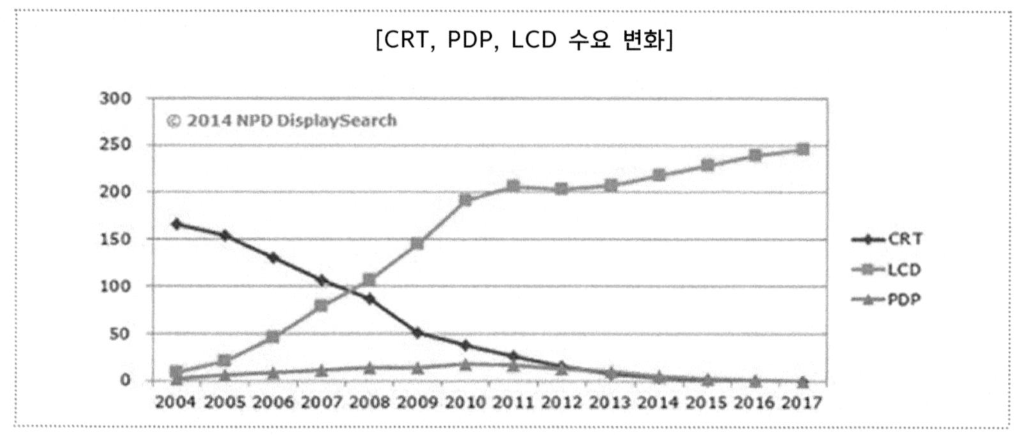

결과적으로, 시장의 성격에 부합하는 기술을 병렬적으로 추진하되 시장의 불확실성이 줄어드는 시점에서 과감하게 한 가지 기술을 선택하여 집중하는 전략과, 또한 기술을 선택하는 과정에서 단기적인 어려움 극복 여부 보다는 장기적인 관점에서 잠재력이 더 큰 기술을 선택해야 한다. 이렇게 하면 나중에 기술의 전환이 필요할 때 전환할 수 있지만, 이마저도 준비되어 있지 않다면 미래를 생각할 여지조차 없어지기 때문이다. 여기에 더하여 일단 의사결정을 한 다음에는 빠른 시간 내 대량생산을 할 수 있는 개발－생산간 통합 연계 체제를 갖추는 것이 필요하다.

4. 하이테크 시장의 마케팅조사

4.1. 고객니즈 조사

앞서 기업이 지나치게 현 고객과 시장에만 초점을 맞추고 시장지향적이 되면 미래를 내다보는 통찰력이 결여되고 신시장을 개척하려는 노력을 게을리 하게 될 위험이 있다고 하였다. 그럼에도 불구하고 결국 마케팅에 성공하기 위해선 기업은 고객의 니즈를 반영하여 제품을 개발하고, 고객과 지속적인 커뮤니케이션을 통하여 제품을 수정 및 보완하며, 제품 출시 후에도 고객을 만족시키는 가치를 전달해야 하므로, 기술마케팅에서 기업의 마케팅조사를 통해 고객을 이해하려는 노력은 매우 중요하다. 하지만 하이테크 환경에서 마케팅조사를 수행하는 데는 어려운 점이 많다. 왜냐면 고객은 하이테크 제품에 대해 때론 잘 이해하지 못하고 또 자신들의 니즈가 무엇인지 정확히 표현하지 못하는 경향이 있다. 그리고 소비자들은 하이테크 제품이 산업 표준이 되어 일반화되기 전까지는 구매를 미루고 의심하는 경향이 있는 점도 고객의 니즈나 신제품 수용여부를 정확히 파악하기 어렵게 만드는 요인이다.

Mohr 등은 상황적합이론(contingency theory)을 바탕으로 하이테크 시장의 기회를 찾아내기 위한 마케팅 조사방법은 개발 중인 신제품의 유형에 부합해야 한다고 주장하였다.

그림 11 혁신의 종류에 따른 마케팅 조사 방법

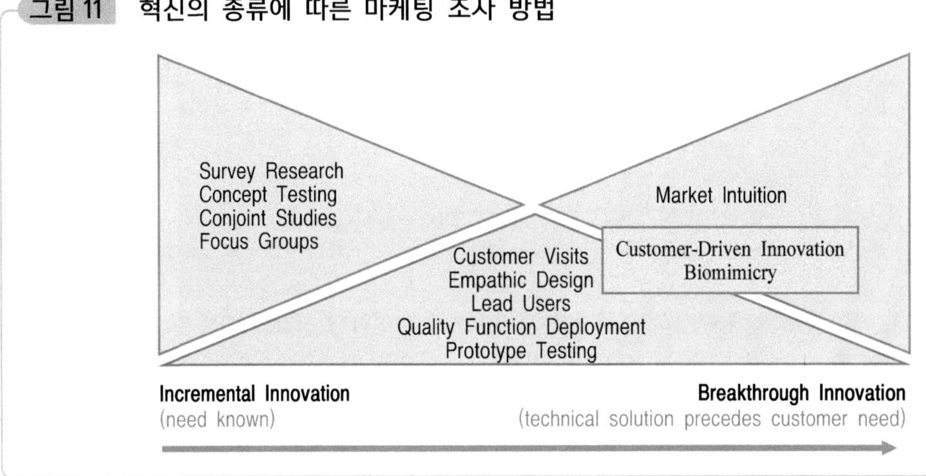

〈출처: Mohr, Sengupta, and Slater(2010)〉

(1) 컨셉 테스트

초기 아이디어 단계에서 향후 제품개발에 대한 의사결정을 위해 사용되는 방법이다. 기업 자원은 한정되어 있으므로 기업은 신제품 개발 초기에 아이디어를 평가하여 성공 가능성이 높을 것 같은 컨셉을 테스트 추출할 필요가 있다. 아이디어 도출 방법에는, 창의적인 토론을 통한 브레인스토밍(brainstorming), 목표시장 소비자에게 제품 및 서비스 아이디어들이 어떻게 니즈를 충족시킬 수 있는지 물어보는 포커스 그룹(focus group), 1 대 1 인터뷰로 소비자의 니즈를 충족시킬 솔루션을 알아내는 심층인터뷰(depth interview) 등이 있다. 컨셉 테스트(concept test)는 신제품 개발 단계에서 제품 이름, 가격, 제품의 차별성, 제품의 관심도, 구매할 의향이 있는지 등을 간략히 조사하는 방법으로 고객의 의견을 반영하여 콘셉트를 수정, 보완하는 방법이다.

(2) 컨조인트 분석

컨조인트 분석(conjoint analysis)은 설문조사기법으로 다양한 제품의 중요 속성을 조합하여 어떠한 조합일 경우에 소비자들의 구매확률이 높아지는가를 통계적으로 예측하는 기법이다. 즉 응답자들에게 어떠한 가격, 브랜드, 디자인 등에 대해서 여러 가지 대안들을 만들었을 때, 그 대안들에 부여하는 소비자들의 선호도를 판단하게 하여 소비자가 각 속성에 부여하는 상대적 중요도와 각 속성수준의 효용(utility; 부분가치, part-worth)을 추정한다. 컨조인트 분석은 측정 대상이 갖고 있는 여러 가지 속성이 과연 어느 정도의 중요성을 내포하고 있는지를 알려줌으로써 특정 제품을 구성하는 속성에 대한 선호도와 그 선호의 순위를 파악할 수 있도록 함으로써 신제품 개발의 방향성을 설정하는데 큰 도움을 준다.

(3) 고객방문 프로그램

신제품 개발, 만족도 조사, 새로운 세분 시장 발견 등 소비자의 니즈를 정확히 파악하기 위해 소비자를 직접 찾아가는 방법이다. 대면 의사소통, 현장조사, 상호간의 대화 등의 특징이 있는 고객방문(customer visit) 프로그램이 효과적이 되기 위해서는 고객 방문팀에 마케팅 전문가 뿐 아니라 엔지니어를 포함시키고, 특정 고객만이 아닌 다양한 소비자층의 방문이 필요하며, 몇 번의 임의적인 방문보다는 수십 회 정도의 꾸준하고 체계적인 방문이 필요하다. 고객 방문은 하이테크 제품 개발에 있어서 중요한 정보와 효용을 제공하고 소비자와의 원만한 관계를 구축하는 데도 유용한 방법이다.

(4) 감정이입 디자인

하이테크 신제품을 개발할 때 소비자가 제품을 갖고 무엇을 하는지 관찰하는 것이 직접 물어보는 것보다 필요한 정보를 얻는데 더 유용할 경우가 있다. 소비자들이 하이테크 제품을 사용할 때 잠재적 니즈를 말로 표현하기 어려움을 겪을 때가 있기 때문이다. 감정이입 디자인(empathic design)이란 직접적으로 소비자의 니즈가 무엇인지 물어보자 않고 소비자의 관점에서 감정이입을 통해 소비자의 니즈를 알아내는 조사기법이다. IBM, HP, 인텔, 현대자동차 등 하이테크 기업들에서 많이 사용한다.

그림 12 고객 감성

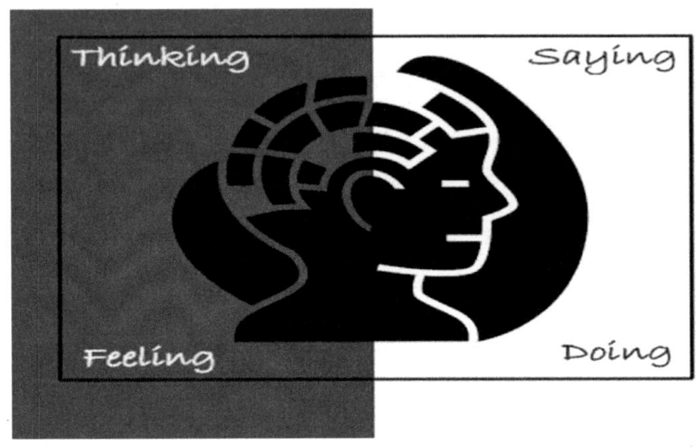

〈출처: Kelly and Kelly(2013)〉

고객 감성(Customer Affection)은 Saying, Doing 영역 뿐 아니라 Thinking, Feeling 영역까지 파악해야 하는 어려운 영역이다.

(5) 선도사용자 조사

선도사용자(lead user)는 시장의 트렌드를 미리 파악하는 소비자로, 일반 대중들의 니즈를 파악하고 이에 대한 솔루션을 제공해 주는 집단이다. 시장에서 성공한 혁신으로 여겨지는 많은 제품과 서비스들이 기업에서부터가 아닌 소비자에서부터 출발된 것이 더 많다는 통계 자료를 통해 많은 연구들에게 선도사용자의 중요성을 강조하고 있다(von Hippel, et al, 1999). 기업은 일반 사용자보다 시장추세에 앞서 있는 선도 사용자를 조사함으로써 획기적인 혁신제품을 개발하기 위한 아이디어를 얻고 소비자의 니즈에 맞는 제품과 솔루션을 개발할 수 있다.

(6) 품질기능전개

다양한 고객의 요구로부터 기술적으로 적합한 CTQ(Critical To Quality)를 선정하여 제품 개발에 반영하기 위한 체계적인 품질 전개 방법이다. QFD(Quality Function Deployment)는 먼저 고객방문 혹은 감정이입 디자인을 이용하여 소비자의 목소리를 수집하고, 설문조사 등을 통해 경쟁제품에 대한 소비자 관점을 알아낸 후, 소비자 요구조건 전개(customer requirement deployment)를 하여 소비자 니즈를 충족시켜 줄 제품 속성을 인식한다.

QFD의 단계는 [그림 13]과 같이 먼저 고객이 누구인지 확인하고 고객이 원하는 요구조건을 정리한다. 둘째, 요구조건의 상대적 중요도를 결정하고, 경쟁사의 제품을 확인한다. 셋째, 고객의 요구조건에 어떻게 대응할 것인가를 정하고 품질의 특성(설계변수)을 명확히 한다. 넷째, 고객 요구조건과 설계변수 사이의 상관 정도를 규명하고, 다섯째, 설계변수의 구체적인 목표치를 설정한다. 마지막으로 설계변수들 사이의 관련성을 규명하고 업무 분담표를 작성한다.

그림 13 QFD(Quality Function Deployment) 전개 단계 및 주요내용

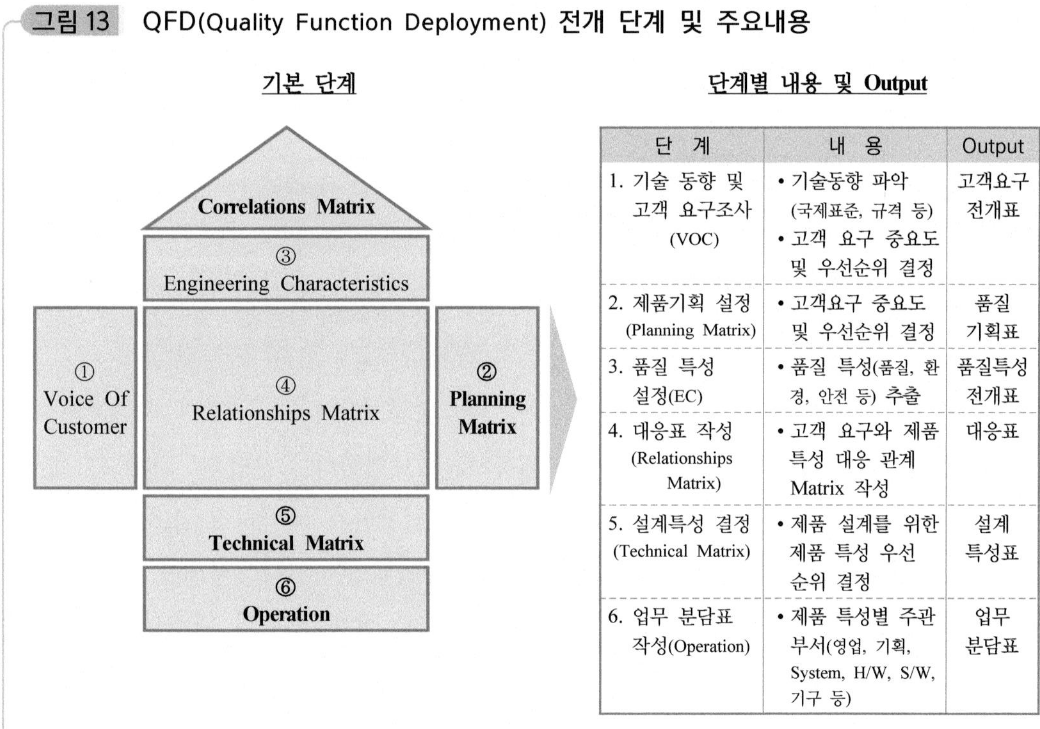

단 계	내 용	Output
1. 기술 동향 및 고객 요구조사 (VOC)	• 기술동향 파악 (국제표준, 규격 등) • 고객 요구 중요도 및 우선순위 결정	고객요구 전개표
2. 제품기획 설정 (Planning Matrix)	• 고객요구 중요도 및 우선순위 결정	품질 기획표
3. 품질 특성 설정(EC)	• 품질 특성(품질, 환경, 안전 등) 추출	품질특성 전개표
4. 대응표 작성 (Relationships Matrix)	• 고객 요구와 제품 특성 대응 관계 Matrix 작성	대응표
5. 설계특성 결정 (Technical Matrix)	• 제품 설계를 위한 제품 특성 우선 순위 결정	설계 특성표
6. 업무 분담표 작성(Operation)	• 제품 특성별 주관 부서(영업, 기획, System, H/W, S/W, 기구 등)	업무 분담표

QFD 툴 중 하나는 [그림 14]와 같이 카노 모델(Kano model)의 개념을 활용하는 것이다. 이 개념은 제품의 속성(attribute)과 소비자 만족간의 관계를 다양한 형태의 그래프로 나타낸 모형이다. 특정 제품 속성이 있으면 또는 없으면 어떨지 설문조사를 하고, 각각의 속성이 고객의 만족 혹은 불만족에 미치는 영향이 [그림 14]에서 어느 영역과 패턴에 속하는가를 판단하여 그 속성을 따라 제품 개발에 포함시킬지를 결정한다.

하이테크 시장에서 빠른 시장 진입과 함께 중요한 소비자의 니즈와 필요조건을 파악하는 데 유용한 QFD는 제품개발팀의 디자인을 돕고, 마케팅, 제조, 엔지니어링 프로세스간의 협력을 증진시킨다.

그림 14 Kano 컨셉

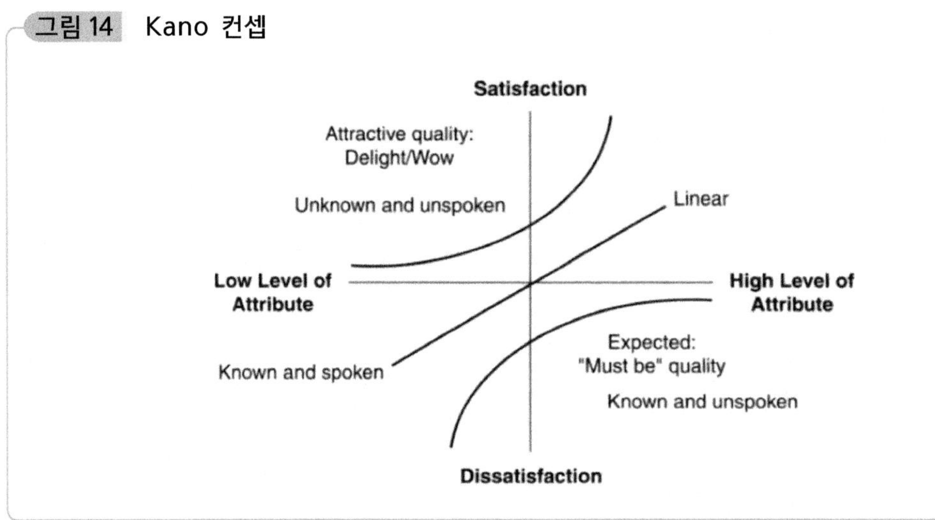

〈출처: Adapted from Kano, Shinichi, Nobuhiko, and Fumio(1984); Mohr, Sengupta, and Slater(2010)〉

(7) 시제품 테스트와 베타 버전 테스트

시제품은 최종 제품의 핵심 요소만 제공하는 모델이다. 기업은 시제품 테스트(prototype test)를 통해 신제품의 기술디자인 사양에 적합한지 파악하고 소비자의 반응과 피드백을 빨리 그리고 낮은 비용으로 효율적으로 알아낼 수 있다. 시제품 테스트 결과에 따라 기업은 기술 사양 등을 적절히 수정해 나가고 잠재 고객의 니즈를 만족시키는 제품을 출시할 수 있다.

베타버전은 기업이 신제품을 시장에 내놓기 전 고객이 사용해 볼 수 있게 하는 출시 전 제품 버전이다. 베타 테스트(beta version test)란 하이테크 제품을 정식 상품으로 내놓기 전에 오류가 있는지를 발견하기 위해 미리 정해진 사용자 계층들이 써보도록 하는 것을 말한다. 베타 테스트는 소비자가 신제품의 초기 버전에 대한 평가를 기업에게 제공하여 출시 전 제품의 기능을 향상시킬 수 있도록 한다.

4.2. 수요예측

하이테크 제품을 개발하고 출시할 때 또 하나의 어려움은 미래 시장의 크기, 즉 수요를 예측하는 일이다. 기술과 시장의 불확실성 등이 특징인 하이테크 환경에선 소비자들은 FUD(Fear, Uncertainty, Doubt) 요소로 인해 신상품이 표준이나 산업기준에 부합할 때까지 구매를 미루는 경향이 있고 소비자의 요구사항이 빠르게 변화하는 등 제품의 구매 패턴이 불확실하기 때문에 미래 수요나 잠재적 시장의 규모를 예측하기 매우 힘들다. 다음은 혁신제품의 잠재수요를 예측하는 기법들이다.

(1) 델파이 기법

델파이 기법(Delphi method)은 전문가 패널들의 경험적 지식을 통해 미래 예측을 하는 '정성적 방법'으로, 전문가들의 의견을 수 차례의 질문－응답 과정을 거치며 수렴시키는 합의도출 방법이다. 먼저 다른 패널들의 의견에 영향을 받지 않도록 전문가들을 비대면(非對面)으로 분리하여 신제품이 언제 널리 수용될지 등 예측하고자 하는 내용에 대해 질문을 하고 응답을 받는다. 1회차 질문에 대한 결과를 패널들에게 공개해 재정리하고 토론을 거친 두, 2회차 질문－응답 과정을 실시하고, 마찬가지로 이후 회차 과정을 반복함으로써 수렴된 의견이 도출되도록 유도한다. 토론자의 익명성을 보장하고 반복되는 정보교환과 예측치의 구간 형태 제시 등을 통해 수요 예측 결과의 정확성을 높인다.

(2) 배스 모형

배스 모형(Bass model)은 시장에 새로운 제품이 출시되었을 때 잠재시장의 규모, 외부로부터의 혁신, 내부의 모방에 따라 수요가 확산(diffusion)된다고 가정하고, 과거의 매출 실적 등 기존 데이터를 기반으로 미래의 매출 규모를 수학적으로 예측하는 '정량적 방법'이다. 제품 출시 전 예비 판매치를 얻기 힘든 시점에 추정하는 것으로, 경쟁기술이 없는 신기술 혁신 제품의 수요를 예측하는 데 적합하다. 모형을 식으로 표현하면 다음과 같다.

$$n(t) = m[p + qF(t)]\,[1 - F(t)]$$

$n(t)$는 t기에 처음으로 제품을 채택하는 소비자의 수(현 시점에서의 확산률), $F(t)$는 누적 수용자의 비율(현 시점까지 혁신을 채택한 대상의 수), m, p, q는 추정해야할 파라미터이다. 여기서 p는 대상 집단의 혁신계수, q는 대상 집단의 모방계수를 나타낸다. 혁신계수란 소비자가 제품 자체의 혁신성에 의거하여 제품을 채택할 확률을, 모방계수란 소비자가 주위에 이미 그 제품을 채택한 인구, 즉 누적 사용자의 비중을 보고 그 제품을 채택할 확률을 의미한다. 결과적으로 $mp[1-F(t)]$는 혁신효과, $mqF(t)[1-F(t)]$는 모방효과를 나타낸다.

연습문제

1) 하이테크 제품을 수용하는 소비자들의 특성을 구분한 Rogers의 제품수용곡선에 대해 설명하시오.
2) 캐즘의 개념과 이를 극복하기 위한 표준화 전략 포지셔닝 의사결정 방법에 대해 설명하시오.
3) 마케팅믹스(4P)의 구성요소와 주요내용을 설명하시오.
4) 기술선도전략과 후발진입 전략의 장단점에 대해 설명하시오.
5) 성공적인 마케팅을 위한 고객의 니즈를 조사하는 방법들에 대해 설명하시오.

제6장

기술금융

제6장 기술금융

학·습·목·표

- 기업금융, 기술금융, 프로젝트 금융 사이에 개념 차이를 분명히 이해한다.
- 기술금융의 제반 수단으로 어떤 것들이 있는지를 자기자본금융, 타인자본금융, 집합성/구조화 금융상품의 범주별로 파악하며, 각 수단마다 특성과 장단점은 무엇인지 이해한다.
- 금융기관에서 기술금융 의사결정 시 활용하는 정보생성 활동으로서 신용평가와 가치평가의 기본 개념을 이해한다. 특히 기술가치평가에 대해서는 수익접근법, 비용접근법, 시장접근법의 3대 방식의 기본 개념과 절차를 이해한다.
- 기업이 성과를 창출하는 제반 활동의 상호관계 속에서 기술개발에 관련된 비용지출과 기술자산의 생성을 위한 투자가 차지하는 지위 및 역할을 이해한다.

1. 개요

1.1. 기술금융의 개념

금융시장은 자금의 수요와 공급을 연결해 주는 공간이다. 자금에 대한 수요자는 연구개발(R&D)과 기술사업을 수행하는 기업만 있는 것이 아니라, 가계에 속하는 개인들, 그리고 정부도 있다. 기업금융은 자금공급자인 금융기관과 자금수요자인 기업 간에 이루어지는 금융 활동 일체를 의미한다. 한편 기술기업이 자신의 기술력 또는 기술 관련 자산에 기반을 두고 자금공급자로부터 조달을 하는 행위를 기술금융이라고 정의할 수 있다.

기술금융이 실제로 일어나는 형태는 궁극적으로 기업금융이다. 금융기관 입장에서 보면, 기술 자체는 소구권을 행사할 수 있는 대상으로서 법인 또는 개인이 아니기 때문이다. 기술 자체가 아니라 그 기술이 체화된 법인 또는 개인만이 금융기관과 책임 있는 계약을 체결할 수 있는 주체가 된다. 이렇게 체화된 기술은 법인 또는 개인이 금융계약상의 권리와 의무를 수행하는 데에 기여하는 한에서만 자금공급자(금융기관)의 의사결정에 영향을 미친다. 이 가운데에서 개인을 상대로 한 기술금융은 실제로 존재하기 어렵다.[1] 왜냐하면 기술사업화 자체가 대부분 법인의 형태로 이루어지기 때문이다. 그러므로 기술금융은 궁극적으로 기업금융의 한 부분이 된다.

기업이 보유한 기술력 또는 기술 관련 자산에 기반을 두고 이루어지는 전통적 기업금융수단은 투자형으로는 VC투자, 엔젤투자가 대표적이고, 대출형으로 기술보증대출, TCB기술신용평가 대출, 혁신형 중소기업 대출, 특허권 담보대출 등이 있다. 반면 복수의 기술관련 자산을 대상으로 하는 집합형 금융수단은 자산유동화증권, 펀드 등이 있다 ([그림 1] 참조).

그림 1 기술금융 조감도

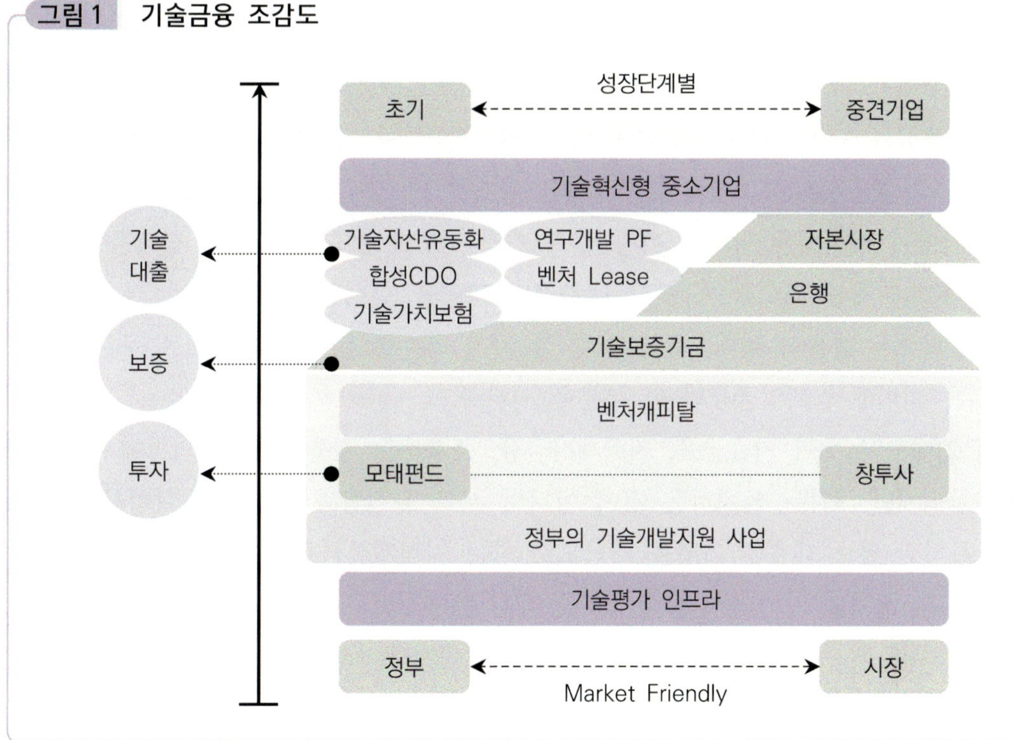

〈출처: 정찬우 외 3인(2010); 김영수, 송경모, 신인화, 유문재, 황유진(2016)〉

1) 일부 개인 발명가나 개인 사업자를 대상으로 하는 대출이나 후원이 있을 수 있으나, 그 사례는 매우 희소하고 엄밀한 의미의 기술금융이라고 보기는 어렵다.

한편 기업금융의 한 형태로 프로젝트 금융(Project Finance, PF)이 가능하다. 프로젝트 금융은 기술 관련 자산, 특정 기술사업의 현금흐름에 대한 청구권, 특정 기술 사업 등을 별도로 분리하여 설립한 프로젝트 회사와 금융기관 사이에 계약이 체결되는 것이다. 일반적으로 특수목적회사(Special Purpose Company, SPC 또는 Special Purpose Vehicle, SPV)가 프로젝트 회사가 된다. 특수목적회사는 법률적 실체만이 존재하는 명목상의 회사(paper company)일 수도 있고 실제로 인력과 조직, 시설을 보유하고 사업을 수행하는 회사 형태를 띨 수도 있다. 전자를 비(非)사업형SPC, 후자를 사업형SPC라고 한다.

기술 이외의 지식재산, 예컨대 브랜드 소유권, 저작권, 상표권, 판권, 데이터베이스 등에 대해서도 앞의 구조는 동일하게 적용된다. 지식재산금융은 기업이 자신의 지식재산에 기반을 두고 자금조달을 하는 행위를 일컫는다.

이상의 관계를 그림으로 요약하면 [그림 2]와 같다. 기술금융과 지식재산금융은 금융행위가 요구하는 담보 또는 금융의사결정에 필요한 핵심 자산의 내용을 기준으로 구분한 것이다. 기술금융은 특허권처럼 지식재산 형태를 띨 경우에는 지식재산금융의 일부가 되지만, 기술이 지식재산 형태를 띠지 않고 기업 전반에 체화된 지식의 형태를 띨 경우에는 비(非)지식재산 기술금융으로서 독자적인 영역을 형성한다. 프로젝트 금융은 자금수요자가 취하는 법률적 형태, 즉 기업의 한 가지 특수한 형태를 기준으로 구분하는 것이며, 넓은 의미에서 기업금융의 한 부분을 이룬다.

[그림 2]에서 보듯이 기술금융, 지식재산금융, 프로젝트 금융은 넓은 의미에서 기업금융에 포함되지만, 3자는 일치하는 것이 아니며 서로 교집합과 여집합을 형성한다. 예를 들어서 특허권 담보 대출은 기업을 대상으로 하는 지식재산금융이지만, 프로젝트 금융은 아니다. 또는 신기술 사업의 성장성에 주안점을 둔 VC의 투자는 기업의 지분을 대상으로 이루어지는 투자로서 비(非)지식재산 기술금융이지만, 종종 프로젝트 금융의 형태로 수행될 수도 있다[2].

2) 자유기업으로서 VC가 SPC에 투자하는 행위 자체가 금지되는 것은 아니지만, 우리나라에서는 중소기업청의 감독 하에 있는 창업투자조합은 문화콘텐츠 프로젝트 회사에만 투자할 수 있도록 규제를 받는 반면, 기획재정부와 금융위원회의 감독 하에 있는 신기술사업조합은 SPC 투자에 대한 규제가 적다.

그림 2 기업금융, 기술금융, 지식재산금융, 프로젝트 금융의 포함관계

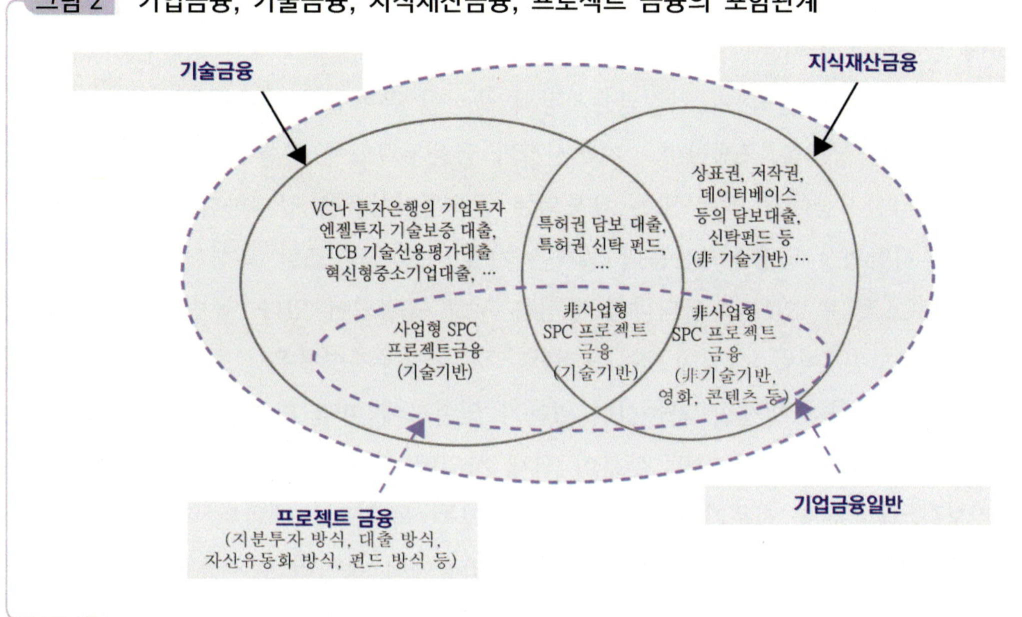

〈출처: 펜타노바(2012)〉

1.2. 전통적 금융수단

기업이 자금을 조달해 온 전통적인 금융수단은 1) 주식으로 대변되는 지분증권, 2) 은행차입금, 채권, 기업어음 등을 포함하는 채무증권으로 대별할 수 있다. 최근에는 지분증권과 채무증권의 성격을 동시에 지니고 있는 혼합형(hybrid) 증권, 예를 들어 우선주, 전환사채, 신주인수권부 사채, 영구채 등이 많이 활용되고 있다.

자금조달이 이루어지는 시장도 지분증권을 대상으로 하는 지분시장(equity market)과 채무증권을 대상으로 하는 채무시장(debt market)으로 나뉜다. 상법상 주주로서 의결권과 배당청구권 등을 확보하려는 자금이 지분시장에서 거래되며, 약정된 기간에 소정의 이자 수령과 원금 상환의 권리를 요구하는 자금이 채무시장에서 거래된다.

이 두 시장을 구분하는 중요한 기준은 변제의 우선 순위다. 흔히 채무는 변제 우선순위에 따라 선순위 채무(senior debt)와 후순위 채무(junior debt)로 구분하고, 더 나아가서 이 둘 사이에 위치한 중순위(mezzanine)가 존재한다. 지분증권은 모든 채무성 유가증권에 대한 변제가 이루어진 뒤 최후순위로 변제받게 된다. 후술하겠지만 기술사업화 주

체는 사업 진행 단계 및 그에 수반하는 위험도에 따라 지분시장과 채무시장에 적절히 구분하여 접근해야 한다.

우리나라에서는 「은행법」이 간접금융시장의 중심인 은행권의 대출상품을, 「보험업법」이 보험사의 대출상품을 규제하며, 「자본시장과 금융투자업에 관한 법률(일명 '자본시장법')」이 직접금융시장에서 발행 또는 유통되는 금융투자상품을 규제한다.

한편 자본시장법상 금융투자상품의 성격은 자금 수요자의 조달 특성이 아니라 투자자의 이익이 보호될 수 있느냐 아니냐에 중심을 두고 규정되어 있다. 동법상 금융투자 상품의 정의를 보면 이런 사실이 잘 드러난다.[3]. 금융투자상품은 그 손실이 투자원본(principal)을 초과하여 발생할 가능성이 있는가 없는가에 따라 파생금융상품과 증권으로 양분되는데, 파생금융상품의 상당 부분이 실제 사업에 필요한 소요자금 조달 용도로 개발된 것보다 금융투자 전문기관들의 투자차익 획득 목적으로 개발된 것들이기 때문에 금융투자상품에 대한 법상 정의가 주로 투자자 입장에서 부여된 취지를 이해할 수 있는 면이 있다.

기술사업이 자금을 조달하는 일반적 수단인 주식, 채권, 기업어음과 같은 증권은 자금 수요자의 입장과 자금공급자(투자자)의 상반된 입장이 항상 동전의 양면처럼 동시에 존재한다는 사실을 잊어서는 안 된다. 자금 수요자 입장에서는 상환의무의 부담이 없는 자금을 더욱 희망하겠지만, 자금공급자 입장에서는 손실을 보지 않고 투자원본 이상으로 높은 수익을 안정적으로 회수하기를 희망할 것이다. 사실상 이런 두 가지 상반된 힘이 작용하여 금융시장이 효율적으로 작동하는 것이다. 하지만 정작 현실을 들여다보면 자금 공급자의 수가 자금 수요자의 수에 비하여 적은 것이 일반적이기, 자금공급자가 희망하는 조건으로 거래가 이루어지는 것이 보통이다.

1.3. 사업의 성장단계

일반적으로 기술기반 창업기업은 창업 이후 일정한 성장 단계를 거치며, 초기에는 지분성 조달 수단에 주로 의존하며, 후기로 갈수록 부채성 조달 상품에 의존하게 된다. 초

3) 자본시장법상 금융투자상품은 "이익을 얻거나 손실을 회피할 목적으로 현재 또는 장래의 특정 시점에 금전, 그밖의 재산적 가치가 있는 것(이하 "금전 등")을 지급하기로 약정함으로써 취득하는 권리로서, 그 권리를 취득하기 위하여 지급하였거나 지급하여야 할 금전 등의 총액이 그 권리로부터 회수하였거나 회수할 수 있는 금전 등의 총액을 초과하게 될 위험이 있는 것"으로 정의되고 있다.

기일수록 이익 규모가 과소하여 자칫 이자를 지불할 만큼의 여력이 없을 가능성이 높기 때문이다. 레버리지는 시간이 경과하면서 충분한 이익이 발생함으로써 자산수익률(Return on Asset, ROA)이 차입이자율을 보상할만한 수준이 된다고 판단될 때라야 효과가 있게 된다. 특히 단기성 차입금은 사업이 충분히 성장하여 현금흐름의 회전이 원활해진 이후에 일정 한도 내에서 확대시켜야 한다. 이런 전반적인 원칙을 준수하면서 기업 전반의 성장 과정별로 이용가능한 금융수단의 종류는 [그림 3]과 같이 표현할 수 있다.

그림 3 기업의 성장 과정에 따른 자금조달 수단의 변화

주 기	설립기	성장기	성숙기	포화기
매출 (시장) 규모	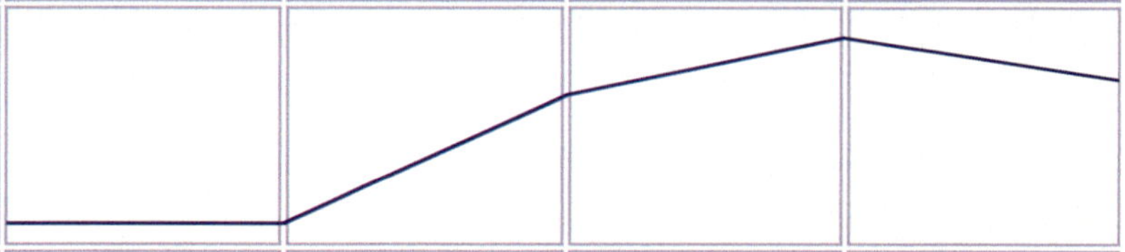			
주요기능	기술개발	영업	안정화 및 확장	구조조정 및 확장
조달시장	자기자금, 3F (Family, Friend, Strange Foolhardy)	벤처캐피탈, 은행, 캐피탈	기업공개, 국내외 자본시장	PEF, 기타 구조화 자본시장
조달 수단	지분금융	투자, 리스, Loan, CBO, 무역금융	기업공개, 증자, 회사채, ABS Mezzanine 등	회사채, 증자, ABS, Mezzanine, 인수금융 등

성숙기에 도달한 기업으로서 이미 안정적인 현금흐름 창출원이 존재한다고 해도 신기술 개발에 소요되는 자금은 자기자본 성격의 자금에 의존하는 것이 원칙이다. 왜냐하면 기술사업화의 실패율이 그만큼 높기 때문이다. 안정적인 현금흐름을 창출하는 사업일수록 그 확장을 선순위 자금으로 충당하고, 실패 가능성이 높은 신기술 사업일수록 후순위 자금으로 충당하는 것이 재무위험을 올바로 관리하는 방법이다.

가장 바람직한 것은 영업에서 창출된 현금흐름으로 신기술 개발에 투자하는 것이다.4)

4) 삼성전자는 반도체 메모리 사업으로 막대한 영업이익을 창출하게 되면서 2000년대 초반부터 회사채 발행할 필요가 사라졌다. 영업에서 창출한 현금흐름이 충분했기 때문에 핸드폰과 디스플레이 연구개발에 과감히 투자할 수 있었고, 오늘날 글로벌 기업으로 성장할 수 있는 계기가 마련됐다.

성숙기업이라 해도 아직 사업화 성공 여부가 불투명한 신기술 개발 자체를 독립시켜 자금을 조달하기는 매우 어렵다. 증자나 회사채 발행도 계약의 주체가 기업이라는 사실, 즉 자금조달은 기업금융의 형태로 이루어진다는 사실에 유의하자. 이미 창출하고 있는 현금흐름의 성과가 탁월할 때에 투자자들은 반응한다. 투자자는 기업 전체의 경영능력과 현금흐름 창출 능력이 주된 관심이(어야 하)며, 신기술 개발도 여기에 기여하는 한에서만 투자의 근거로 인정이 될 뿐이다. 물론 1990년대 말 닷컴 버블(dotcom bubble)에서 나타났던 것처럼 많은 투자자들이 맹목적인 신기술 환상에 사로잡혀 투자하는 경우도 있었지만, 대부분은 투자 실패로 끝났다는 교훈을 상기해야 한다. 그런 의미에서 자금 부족에 시달리는 창업 소기업보다 내부 자금 창출력이 있는 독점적 대기업에서 보다 연구개발이 활발히 일어나게 된다는 슘페터(J.A.Schumpeter)의 주장에는 일말의 타당성이 있다.

2. 자기자본 조달

2.1. 기술기업과 주식발행

기술기업이 주식발행을 통하여 자금을 조달할 수 있는 근거는, 주주에게 귀속되는 현금흐름에 대한 기대를 줄 수 있기 때문이다. 흔히 그런 현금흐름은 정기적으로 수령하는 배당금(dividend)과 유통시장에서 처분을 통한 차익인 자본이득(capital gain)의 두 가지 종류로 나눌 수 있다. 그러나 기업이 보유한 기술력이 잠재적 주주를 대상으로 현금흐름에 대한 기대에 긍정적으로 영향을 미칠 수 있을 것인지 아닌지는 단언하기 어렵다. 일반적으로 기술력의 향상은 기업의 주가에 긍정적인 영향을 미칠 것이라고 생각되나 이런 판단을 내리기에 앞서 몇 가지를 생각해 보아야 한다.

첫째, 측정 가능성의 문제가 있다. 기업의 기술력이 과연 정확한 수치 지표로 측정될 수 있는가에 대해서는 아직까지 만족할만한 해답이 없다. 흔히 대출보증용 평가나 기술가치평가 시에는 기술 인력의 수, 매출액 대비 연구개발비의 비중, 등록 특허의 수 등을 기술력을 반영하는 대리변수로 활용하고 있으나, 모두 부분적인 측정에 그친다는 한계가 있다. 종합적인 기술력 지표를 개발할 수도 있지만 여전히 기업의 진정한 기술력을 반영하는 데에는 부족하다.

둘째, 기업의 성과에서 기술력이 차지하는 위치의 문제가 있다. 기업의 재무적 성과는 매출액의 발생으로부터 출발하지만, 실제로 매출액을 발생시키는 요소 가운데 기술력은 하나의 필요조건에 불과하다. 매출은 기술력 이외에 마케팅 전략, 고객 관리, 조직 문화, 종업원의 사기, 외부 환경의 예상치 못한 변화 등 비기술 영역의 요소들이 다 함께 작용함으로써 이루어진다. 기술력이 부족하더라도 여타 역량이 탁월하면 매출 발생이 원활하게 이루어지곤 한다. 또한 생산 과정, 판매 및 관리 업무에서 기술과 무관하게 발생하는 비용 요인은 사업의 이익, 더 나아가서 최종적으로 주주에게 귀속되는 현금흐름의 수준에 영향을 미친다.

엔지니어나 과학자들은 자칫 기술력이 기업의 가치를 결정한다고 무의식적으로 생각하기 쉽다. 하지만 금융투자자들은 기술과 관련이 있을 수도 있고 없을 수도 있는 이익 창출력이 가치를 결정한다는 기본 원리에 충실하다. 증권회사의 애널리스트들은 이렇듯 자본을 거래하는 사람들의 의사결정을 보조하기 위해 주식가격 예측 보고서를 수시로 생산한다.

사 례 **기술기업은 일반기업에 비해 높은 성과를 내는가?**

조기헌(2015)은 애널리스트의 주식가격 예측 성과가 KOSPI를 구성하는 기술기업과 일반기업 간에 유의한 차이가 나는가를 분석했다. 물론 많은 애널리스트의 주가예측치는 기술기업이나 일반기업을 막론하고 실제치에 비해서 과대평가되는 경향이 있음은 당연히 확인할 수 있는 결과였다. 다만 기술기업의 주가 예측 결과는 일반기업에 비하여 정확성이 더 낮은 것으로 나타날 뿐이었다. 이는 그만큼 기술기업의 주가예측이 어렵다는 사실을 반증하는 것이다. 특이한 사실은 기계, 재료, 건설처럼 유형자산의 비중이 큰 업종의 주가예측 정확성이 무형자산의 속성이 큰 IT나 바이오 기업의 그것보다 더 낮게 나타났다는 것이다. 그러나 어떤 경우에든 주가 예측이 어렵다는 것은 주가 수익률이 높다는 것과는 논리적으로나 실증적으로나 큰 상관이 없다.

사실 기술력이 우수한 기업의 주가상승률이 그렇지 않은 기업에 비하여 더 높은지에 대해서는 정확한 결론을 내리기 힘들다.

먼저 긍정적인 결론을 내린 예를 살펴보자. 2013년 10월에 조선일보와 IBK자산운용은 특허가 많은 우수기업으로 가상 포트폴리오를 구성해서 그 해의 수익률을 분석했다. 선정기업은 국책은행에서 우수기업으로 선정된 사례가 있는 기업 중에서 특허가 가장 많은 상위의 100개 기업이었다, 분석 결과 우수 기술기업 가상 포트폴리오의 10개월간 수익률은 24.8%로서 같은 기간 일반 코스피 상승률 2.2%에 비하여 11배나 높은 수익률을 낸 것으로 나타났다.

이런 조사만 보면 기술력이 우수한 기업이 주가 수익률도 높을 것이라고 단정 짓기 쉽다. 이번에는 정반대로 부정적인 결론을 내린 연구를 보자. 박정희, 여인국, 문종범(2011)의 연구에서는 그와 정반대의 결론이 나왔다. 그 연구에 따르면 연구개발집중도와 주가수익률은 오히려 반대방향으로 움직인다는 의아한 결과가 나왔다. 더욱이 국내 특허 출원건수 및 국내 특허등록 건수는 주가수익률과 그 어떤 유의한 상관관계도 보이지 않았다. 다만 일부 고기술 산업에 한하여 특허 출원건수가 주가수익률 사이에 양의 상관관계가 있는 현상이 확인될 뿐이었다.

기술기업과 일반 제조업 사이에 주가를 결정하는 요인에도 차이가 있을 수 있다. 백원선(2003)에 따르면, 1997년~1999년 사이에 거래소 및 코스닥에 상장된 비금융 1,372개를 대상으로 분석한 결과 정보통신기술기업과 비금융제조기업간 주가를 차별적으로 결정하는 항목으로 판매비, 연구개발비, 유동비율 등이 확인되었는데, 이 변수들은 정보통신기술기업의 주가에 유의한 영향을 미치는 것으로 나타난 반면에 비금융제조기업에 대해서는 그렇지 않았다.

2.2. 벤처캐피탈

벤처캐피탈은 신기술 사업을 추진하는 창업기업에 투자하는 전형적인 금융투자자다. 현대에 금융투자회사의 형태로 조직을 갖추기 전에는 부호나 권력자들이 엔젤 투자의 형태로 벤처투자를 수행했다. 콜럼버스의 신대륙 탐험을 후원한 스페인의 이사벨라 여왕은 전형적인 엔젤 투자자였다. 산업혁명 시대에는 증기기관을 발명한 왓슨을 지원한 존 로벅(John Roebuck, 1718-1794)과 매슈 볼턴(Matthew Boulton, 1728-1809), 증기기관차를 개발한 제임스 스티븐슨을 후원한 에드워드 피스(Edward Pease, 1767-1858)처럼 유력한 사업가들이 엔젤 투자자이자 원시적인 벤처캐피탈의 역할을 했다. 19세기 후반에는 프랑스에서 페레르 형제[5]의 끄레디 모빌리에 은행(Société Générale du Crédit Mobilier), 독일에서 지멘스(Georg Siemens)의 도이체방크(Deutschebank), 미국에서 제이피모건 은행, 그리고 유럽 전역에서 로스차일드 은행 등이 당시 신기술 사업이었던 철도, 전기, 화학 등에 투자하고 창업기업을 육성하는 벤처캐피탈 역할을 했다. 2차대전 후 미국 동부 보스톤에서 출발한 도어리어(Georges F. Doriot, 1899-1987)의 공모형 벤처캐피탈 사업모델이 반도체 사업에 투자하여 큰 성공을 거둔 것을 출발점으로, 서부 실리콘 밸리에서 잇따라 등장한 벤처캐피탈이 IT기술에 기반을 둔 기업에 투자했고, 그

5) 에밀 페레르(Émile Péreire, 1800-1875)와 이삭 페레르(Isaac Péreire, 1806-80).

결과 오늘날 휴렛팩커드, 마이크로소프트, 구글과 같은 기술기업들이 성장하는 토대가 됐다[6].

벤처캐피탈은 기술에 기반을 둔 사업에 투자하지만, 그 중심은 사실 기술 자체가 아니라 사업에 있다. 실제로 벤처캐피탈 투자심사역들이 대상 기업을 선별할 때 어떤 점을 중시하는가를 보면, 아니라 기술이 아니라 사업, 궁극적으로는 이 사업을 이끌어가는 핵심 주체인 경영자에 투자한다는 사실을 확인할 수 있다.

벤처캐피탈리스트(이하 VC)의 투자 의사결정 요인이 무엇인가에 대한 연구가 경영학자들의 관심을 끌게 된 것은 1970년대 이후다. 1974년에 웰스(W.A. Wells)는 경영 숙련도 및 경험, 인적 동기 부여, 제품 속성, 제품 차별화, 경쟁력 보호능력, 시장 규모, 시장 성장성, 회수 방법, 유동성, 유사 투자 사례를 꼽았다. 이후 몇몇 연구를 거친 뒤, 1980년대에 와튼스쿨의 맥밀란(I. C. MacMillan) 교수와 시겔(R. Siegel), 수바 나라시마(P. N. Subba Narashima, 1986)는 VC의 의사결정 변수를 경영 숙련도 및 경험, 벤처팀, 기업가적 인성, 제품 속성, 경쟁력 보호능력, 시장 수용성, 시제품, 시장 성장성, 경쟁 위협, 신시장 창출능력, 기대 투자수익률로 집약했다

최근까지 수많은 연구자들이 VC가 투자 의사결정에 영향을 미치는 중요한 변수들을 연구했다.[7] 연구자의 관점이나 연구 표본의 특성에 따라 조금씩 다른 변수들이 강조되기는 했지만, 대부분의 연구에서 공통적으로 등장하는 것들은 1) 경영 숙련도 및 경험 2) 창업가 3) 경영진 4) 제품 속성 5) 제품 차별화 6) 경쟁력 보호 능력(모방의 난이도, 지식재산 보호능력), 7) 시장규모, 8) 시장성장성, 9) 경쟁위협, 10) 기대 투자수익률, 11) 유동성의 10개 요인으로 요약할 수 있다.

기술우위 자체를 명시적인 변수로 거론된 연구는 파텔과 드소우자(Patel & D'Souza, 2008)나 국내의 구경철과 유왕진(2008)의 것이 있다. 최근에 관심을 받고 있는 지식재산(Intellectual Property, IP)요인은 2000년대에 들어서기 전까지는 대부분의 연구에서 명시적인 변수로 언급조차 되지 않았었다. 다만 경쟁력 보호를 위한 하나의 수단 정도로 연구 본문에서 잠깐 언급되는 정도였다.

결국 VC들은 경영 역량과 의지를 지닌 경영자에 대한 믿음, 충분히 큰 시장 규모와

6) 벤처캐피탈의 역사와 그 배경에 대해서는 송경모(2015.1)를 참조할 것.

7) VC의 투자의사결정 요인에 대한 선행연구들은 Zacharakis & Meyer(1998, 200)를 참조하라.

그 안에서 경쟁력을 유지할 수 있는 능력, 그리고 투자금 회수에 대한 기대라는 3가지 인상에 크게 좌우되는 경향이 있다고 판단된다. 기술력은 단지 이런 요소들에 기여할 수 있는 수단으로서만 유효한 것이다. 우수한 기술력을 자부하는 엔지니어 출신 기업가들은 자신의 기술력을 좀체로 인정해 주지 않는 VC들의 심리를 이해하기 어려워할지 모른다. 하지만 금융의 목적은 투자 수익률을 달성하는 데에 있지 결코 기술을 사업화하는 것 자체에 있지 않다는 사실은 분명히 인식할 필요가 있다. 그러므로 VC들은 높은 기대수익률이 가시권에 들어오기만 하면, 첨단 기술, 전통 기술, 평범한 기술을 굳이 가리지 않으며, 초기 기업과 성장 후기 기업을 가리지 않는다.

지금까지 설명한 VC의 고려 요소는 일종의 사전 선별 내지 1차 의사결정 과정에서 작용하는 것들이다. 이렇게 투자 후보 기업이 선별되면 VC는 이후 정밀 실사(due diligence) → 투자 조건 협상 → 투자심의위원회 → 투자 집행 → 사후관리 → 회수의 절차를 밟는다. 특히 정밀 실사와 투자 조건 협상 시 자금조달기업은 회사의 상황을 정확히 알리고 VC로부터 긍정적인 평가를 받을 수 있도록 힘써야 한다.[8)]

VC의 투자 형태는 의결권을 지닌 보통주가 가장 많으나, 그밖에 우선주, 전환사채, 전환우선주 등 다양한 복합형 증권의 형태를 취하기도 한다. 또한 VC는 투자 수익률을 제고하기 위해 피투자기업과 다양한 종류의 약정(contractual provisions)을 체결하는 경우가 많다. 이 약정에는 일정 기간 후 투자 지분을 발행기업이 되사주는 역매입 옵션(buy-back option), 매출액 대비 일정 비율의 수수료를 VC에게 지급할 의무, 후속 자금조달 시 저렴한 가격에 참여할 수 있는 권리의 보장, 또는 투자 이후 상황이 변화해도 투자 가치의 유지를 보장하는 일명 역진(逆進)방지조항(ratchet-clause) 등이 있다. 예를 들어서 IPO 가격이 투자 가격보다 낮을 시 주식수를 증가시켜 원래의 투자 금액수준으로 맞출 수 있다는 조항 같은 것이다[9)].

투자 후 VC들은 기업의 이사회의 일정 의석을 배정받거나 CEO, CFO, CTO 등 경영진을 파견함으로써 투자기업 경영에 간접적으로 참여한다. 이 기간 중 VC는 투자기

8) 벤처캐피탈을 통해서 자금을 조달하는 과정에서 유의해야 할 보다 상세한 사항들에 대해서는 윤정문, 송경모 외(2015). pp.991-1008을 참조하라. 벤처캐피탈의 역할과 그를 통한 자금조달 과정에 대한 가장 교과서적이면서도 상세한 서술 가운데 하나는 Timmons & Spinellli(2004)의 Ch.14, pp.469-499를 참조하라.

9) 래칫 계약에 따라, 최근에 뉴욕증시에 상장한 핀테크 기업 스퀘어(Square)는 공모가가 목표가에 미치지 못하여 그 차액 9,300만 달러(1,030주에 해당)를 투자자에게 지불해준 것으로 알려져 있다. 국제금융센터, 주간금융브리프, 제26권4호(2015.11.28.~12.4), p.17.

업의 경영자와 수시로 사업 진행 상황에 대하여 논의하고 자문을 제공하기도 한다. 이런 수단을 통해서 VC들은 단순히 금융투자 후 수익을 기대하는 데에 그치는 수동적인 투자자가 아니라 목표 수익률을 달성하기 위해 피투자기업과 지속적으로 의사소통하는 적극적인 투자자 역할을 수행하는 것이다.

투자 집행 후 회수까지 소요되는 기간은 짧게는 1~2년에 그치기도 하지만, 대개 4~5년 이상의 장기가 소요된다. VC는 투자기업에 대해서 최초기업공개(IPO) 또는 지분매각(M&A) 등의 수단을 통해 투자수익을 얻는 것을 목표로 투자기업을 관리한다.

VC가 목표로 하는 투자수익률은 투자 단계(stage), 투자 업종, 투자 / 회수 조건에 따라 다르기 때문에 일률적으로 규정하기 어려우나, 통상적으로 투자금액 대비 회수금액 최소 2~3배 이상, 연평균 투자수익률 최소 20% 이상 수준으로 형성되어 있다. 이는 경험적으로 벤치마크 수익률인 일반 주식시장[10] 투자수익률 대비 약 2배 내외의 수치다. 극도로 성공적인 투자의 경우 투자가치가 수십 ~ 수백배 상승하거나, 연평균 투자수익률이 100%를 넘는 높은 수치를 실현하는 경우도 있지만, 소수에 불과하다. NBER의 존 코크레인(John Cochrane)의 분석에 따르면, 1987~ 2000년 기간 중 벤처캐피탈 투자의 기대수익률은 약 57%, 위험(표준편차)은 107%로 추정됐다[11]. 국내 벤처캐피탈을 대상으로 한 분석에서는 1987~2008년 기간 중 벤처캐피탈 투자조합의 기대수익률은 15.2%, 위험(표준편차)은 47.6%로 도출된 연구가 있다[12]. 같은 기간 KOSPI지수의 연평균 수익률이 8.8%, 표준편차가 31.5%였다는 사실과 잘 비교가 된다[13].

---

10) S&P500, KOSPI, MSCI등 투자자 접근가능한 대체 투자안의 수익률은 다 벤치마크 수익률이 될 수 있다.

11) http://www.nber.org/digest/may01/w8066.html. John Cochrane(2005). 한편, 유지상(2010)은 1960년부터 1990년까지 미국 벤처펀드의 연평균 수익률과 표준편차를 각각 45%, 115.6%로 추정한 Chen Baierl and Kaplan(2002)의 연구를 소개했다.

12) 유지상(2010)이 같은 기간 중 한국벤처투자의 해산된 조합 386개를 대상으로 조사한 것이다. 한편 이 연구에서는 역시 한국들을 대상으로 1987~2007년간 해산된 374개 창업투자조합을 대상으로 분석한 결과 기대수익률 19.8%, 표준편차 57%로 추정한 Kim(2008)의 연구를 소개하고 있다.

13) 유지상(2010), p.19.

2.3. 엔젤과 크라우드펀딩

2.3.1. 엔젤투자

한편 VC와 비슷한 역할을 하나, VC처럼 조직 차원이 아니라 개인 차원에서 활동하는 엔젤투자자들이 있다. 본인이 직접 사업을 하거나 기타 수단을 통해서 부를 축적한 자산가들이 엔젤투자자가 된다. 그중에서도 대개 본인이 기업가 정신에 투철하여 이미 신기술 사업의 경험이 풍부하거나 신기술 사업에 관심이 많은 기업가들이 주도적인 역할을 한다. 엔젤투자자들은 18세기 이후 서구에서 근대 이후 등장하는 신기술, 신산업에 적극적으로 투자함으로써 혁신 기술의 사업화를 촉진하는 역할을 했다. 오늘날 실리콘밸리에서 활동하는 엔젤투자자들은 단순히 자산가가 아니라 신기술에 대한 지식, 창업과 경영 경험이 풍부한 전문가들이다.

엔젤투자자의 관점은 VC와 대동소이하나, 가장 큰 차이점은 역시 조직이 아닌 개인 차원의 투자라는 점이다. 그만큼 의사결정 과정이나 사후 관리 등 여러 측면에서 VC에 비해 체계성이 떨어진다. 이사회 의석 배정이나 약정 체결 등을 통해 투자 후 성과를 관리하기도 하지만[14], 아무래도 VC에 비해서는 추진력이 미흡한 것이 사실이다. 또한 엔젤투자자가 투자 대상 선별 시 고려하는 요소들은 전술한 VC와 대동소이하다. 둘 다 피투자 기업의 지배적 경영자, '사람' 요소를 가장 중시하는 것은 사실이지만, 굳이 차이를 들자면 엔젤은 창업가의 열정에, VC는 창업가의 신뢰도에 상대적으로 높은 비중을 둔다는 점 정도를 들 수 있다[15].

수익률은 VC의 그것보다 더욱 편차가 심하고 평균수익률도 낮은 편이다[16]. 엔젤 투자 수익률에 대한 통계는 엔젤 투자 현황만큼이나 입수하기 어렵다. 왜냐하면 엔젤투자 계약이 사적으로 이루어지므로 공개된 자료가 매우 부족하기 때문이다. 그 중의 하나로 윌트뱅크(Robert Wiltbank, 2006)가 표본으로 선정한 121명의 엔젤투자자가 이룩한 414건의 회수(exit)실적을 분석한 결과에 따르면 표본의 약 절반에 이르는 200건이 전액 손

14) 엔젤투자자나 VC를 막론하고 경영자 통제를 하기 위한 대표적인 수단 가운데 대표적인 것은 이사회 의석을 확보하는 것이다. 엔젤투자자들은 평균적으로 이사회 의석의 5분의 1~6분의 1 정도를 확보하며, 신디케이션, 단계투자(staging), 발행증권의 종류 선택, 지분에 재매입옵션(re-purchase option) 등 다양한 약정을 체결함으로써 투자 후 관리를 행하려 한다. 이를 포함하여 엔젤투자자의 다양한 행동에 대한 실증연구로 Douglas Cumming ed(2010)의 Ch 5, Angel Finance: The Other Venture Capital (by Andrew Wong), pp.71-110.을 참조하라.

15) Osnabrugge and Robinson(2000), p.121.

16) 이하 엔젤투자 수익률에 대한 설명은 송경모(2015)에 같은 내용으로 소개되었던 것을 재편집해서 인용했다.

실(total loss)을 기록했다. 전액 손실과 부분 손실을 포함하여 마이너스(−)의 수익률을 기록한 비율은 약 3분의 2다. 3분의 1만이 플러스(+)의 수익률을 낼 수 있었다.

<표 1>의 조사 결과를 구간별로 대표 수익률을 설정하여 가중평균수익률을 추산해보면 3.9%가 나온다. 이는 통상적인 무위험 국채투자수익률 수준에 가깝다. 물론 이 414건은 하나의 주체가 관리하는 포트폴리오가 아니라, 여러 개별 주체들이 별도로 투자한 것들이기 때문에 3.9%라는 수익률은 의미가 없다. 중요한 것은 개별 엔젤 투자자의 수익률이지만, 조사결과에서 보듯이 적어도 수익률의 상하 편차, 즉 투자의 리스크(risk)는 대단히 크다고 말할 수 있다.

표 1 엔젤투자 수익률 분포

손실규모 규분	건 수
전액손실	200
대규모 손실	33
소규모 손실	27
(소 계)	260
수익률(IRR)	건 수
0 ~ 25%	29
26 ~ 49%	25
50 ~ 100%	18
100 ~ 300%	33
300% ~	49
(소 계)	154

〈출처: Robert Wiltbank의 조사결과를 Preston(2007)에서 재인용〉

엔젤투자는 대개 시장의 분위기와 기술 추세에 대한 낙관적 기대에 휩쓸리는 경향이 있다. 예를 들어서 우리나라에서는 1990년대 내내 눈에 띠지도 않던 엔젤투자가 1999~2000년에 비정상적일 정도로 폭증했다. 지금도 주식시장이 활황이거나 창업기업의 IPO 성공 사례가 집중되는 시기에는 엔젤투자가 급증하고 주식시장이 침체되면 엔젤투자가 급감하는 경향이 있다. 엔젤투자자들은 대부분 기술분야에 대한 지식 또는 본인의 경영과 투자 경험에 바탕을 두고 고수익을 기대하면서 들어오지만 앞의 조사 결과에서 보듯이 극단적인 고수익을 실현한 소수를 제외하면 전체적으로는 그 결과는 신통치 않은 것이 보통이다.

2.3.2. 크라우드펀딩

엔젤투자가 진화한 한 가지 형태로 크라우드펀딩(crowd funding)[17)]이 있다. 크라우드펀딩은 불특정 다수의 개인들이 SNS 망이나 중개회사를 이용하여 신사업에 각각 소액 투자함으로써 기업이 목표한 규모의 자금을 조달하는 방식이다.

크라우드펀딩은 그 방식에 따라 크게 후원형과 투자형으로 나뉜다.

원래는 1990년대에 인터넷이 보급된 이후 주로 뮤지컬이나 대중, 영화, 소프트웨어, 출판과 등 소규모 문화예술 프로젝트의 비용을 후원형으로 조달하는 수단으로 처음 등장했다. 후원형은 다시 자금후원에 대해 별도의 댓가를 지불하지 않는 기부형과 댓가를 지불하는 보상형으로 나뉜다. 보상형은 자금 후원자에게 프로젝트 완성품 또는 관련된 서비스를 제공하는 선주문 방식이 대종을 이룬다.

2000년대 후반에는 기업에 대한 투자형 자금 모집 방식이 등장했다. 투자형은 미국에서 2012년 4월에 JOBS법(Jumpstart Our Business Startups Act)이 의회를 통과되면서 본격화했다. 이 법을 통해 신생 기술기업이나 BM기업이 초기 단계에 자금조달을 용이하게 할 수 있도록 기존의 금융투자 관련 규제가 대폭 완화되었다.

우리나라에서는 2014년 7월에 크라우드펀딩 시행을 가능하게 하는 조항이 반영된 자본시장법 개정안이 국회 본회의를 통과했고, 2016년1월부터 증권형 자금 모집 사업이 시작됐다[18)]. 투자형은 다시 지분투자형과 대출 방식으로 구분된다. 기술사업의 경우 주

17) 소셜 펀딩(social funding), 크라우드 소싱(crowd sourcing)이라고 불리기도 한다.

18) 증권형 자금의 발행 한도는 이후 수차례의 개정을 거치면 조정되어 왔다. 2020년 10월 22일 금융감독원은 「온라인소액투자중개(크라우드펀딩) 발전방안」후속조치를 위한 자본시장법 시행령 · 금융투자업규정 개정안 입법예고를 통해 한 기업의 크라우드펀딩을 통한 주식 발행한도를 연간 30억원으로 상향하고, 채권은 연간 15억원으로 유지하기로 한 상태이다. 그리고 크라우드펀딩 중개회사는 금융투자회사가 아니라 단순히 중개업자로 분류되어 있기 때문에, 그 행위들도 여러 가지 제약을 받는다.
"(동법) 제117조의7 ③에 따르면 온라인소액투자중개업자는 발행기업의 신용 또는 투자여부에 대한 투자자의 판단에 영향을 미칠 수 있는 자문이나 발행기업의 경영에 관한 자문에 응하여서는 안 된다. 크라우드펀딩 기업이 발행기업에 대한 심사분석 기능을 강화해서 그 정보를 투자자에게 제공하려는 서비스가 과연 이 조항을 위배하는 것인지, 법 해석이 다소 모호해진다. 이는 향후 크라우드펀딩 기업의 혁신을 저해할 수 있는 요소다. 물론 크라우도펀딩 기업은 자신의 평판 관리를 위해 모집신청 사업들을 선정할 때 서류의 진실성, 회사의 실재성과 같은 요소들을 점검할 것이다. 더욱이 중개 사업의 갯수가 많아져서 백화점식으로 되다보면, 소속 직원들이 발행기업들을 세심하게 관리하는 데에 한계에 봉착하게 된다." 송경모(August 2015)

로 지분투자형을 전제하고 자금을 조달한다.

크라우드펀딩은 개인투자자에 의존한다는 면에서 엔젤 투자 같고 다수의 투자자가 동시에 참여한다는 면에서 연합투자(syndication)와 같다. 하지만 기존의 방식과 다음과 같은 면에서 차이가 있다[19].

첫째, 투자자가 고액자산가로부터 평범한 대중으로 바뀌었다. 과거에는 충분한 재력과 여유 자금이 있는 사람들이 엔젤의 주종을 이루었지만, 크라우드펀딩에서는 그럴 필요가 없다.

둘째, 크라우드펀딩 투자자는 엔젤처럼 이미 충분한 기업 경영, 창업, 투자 경험을 지닌 전문가일 필요가 없다. 물론 기존의 엔젤 가운데에는 그런 전문성 없이 단지 자신의 재산을 운용할 수단으로 참여하는 사람도 일부 있었지만, 대부분은 전문가 집단이었다.

셋째, 크라우드펀딩에서는 투자자들 사이에 익명성과 평등성이 유지된다. 과거의 연합투자에서는 대개 주(主) 투자자와 종(從) 투자자의 역할이 구분되는 것이 관행이었다. 또한 투자자들은 서로 이해관계를 가능한 한 일치시키면서 기업을 상대로 투자 조건을 조정할 수 있었다. 하지만 크라우드펀딩에서는 그렇게 할 수 있는 여지가 적다.

넷째, 의사결정 과정에서 실사(due-diligence)와 투자 후 경영자 감시(management monitoring)의 기능이 부족하다. 따라서 수익률을 적극적으로 관리할 수 있는 수단에 제약이 있다. 크라우드펀딩 중개회사는 단순히 중개업자로서 투자자를 대리하여 실사나 경영자 감시를 수행할 수 있는 권한이 부족하다. 경제학적으로 정보 비대칭성과 본인-대리인 문제가 복합적으로 작용할 수밖에 없는 영역이 된다.

그러나 투자자 보호 수단이 미흡하다는 이런 결점은 집단지능(collective intelligence)의 장점으로 보완될 가능성을 기대해볼 수는 있다. 비록 전문가의 심사와 사후 관리 절차는 부족하지만, 다중의 참여를 통해 모집이 성사되는 사업과 그렇지 않은 사업을 구분하는 집단적 심사 기능이 그것이다. 그러나 그 성과는 좀 더 시간을 두고 지켜보아야 할 것이다. 지분투자형 크라우드펀딩의 역사가 미국이나 우리나라를 막론하고 짧고 아직 신뢰할만한 투자 수익률 분석 자료는 얻기 힘든 실정이다. 지분형 크라우드펀딩에서 집단지능의 작동 여부는 충분히 검증된 수익률 자료가 구축된 뒤에야 가능할 것이다.

19) 이 특성들을 송경모(August 2015)에 제시된 내용을 다시 인용한 것이다.

3. 타인자본 조달

전통적으로 성숙 기업의 경우에 기술력이라는 분리된 대상에 대출이 제공되거나 기술력만을 평가기준으로 하는 대출이 제공되지는 않았다. 대신에 실행되는 것은 오직 기업 전체의 상환능력 또는 담보여력에 의거한 대출일 뿐이었다. 그러나 기업의 수익 창출력으로서 유형자산에 비하여 지식재산의 중요성이 날로 증가해 오면서, 세계적으로 지식재산 담보대출은 점점 증가 추세에 있다. 글로벌 기술기업들은 지식재산담보, 특히 특허담보대출을 활용하고 있다. 특히 JP Morgan Chase, Bank of America, Citi Bank와 같은 글로벌 상업은행 및 GE Capital과 같은 여신전문금융사들은 지식재산담보 대출을 활발히 수행하고 있다. 이 가운데에서도 기술관련 자산, 특히 특허담보대출의 비중은 정확히 알려져 있지 않지만 상당히 높은 비중을 차지하고 있는 것으로 추정된다.

그림 4 주요 글로벌 기술기업의 지식재산담보 대출 신청 규모

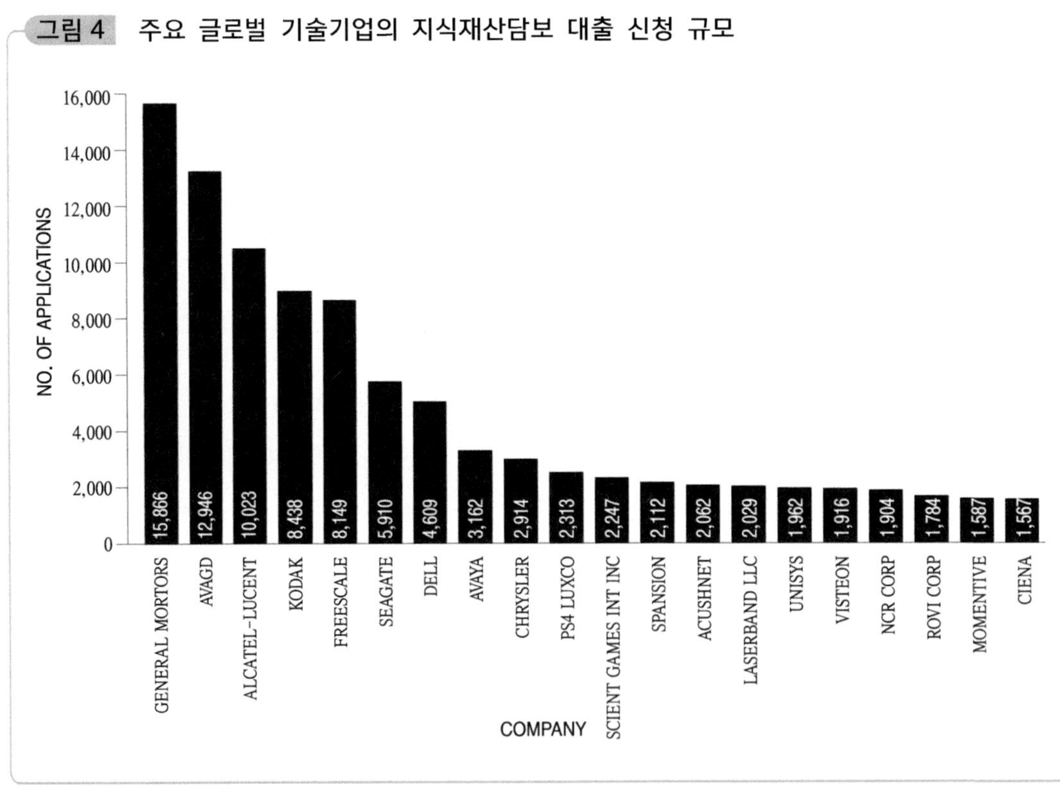

〈출처: Relecura Inc,(2015)〉

표 2 JP Morgan Chase Bank 지식재산담보대출 산업 분포

산 업	JP Morgan 지식재산담보대출 신청 건수
교 통	4,898
데이터 스토리지	4,778
디지털 데이터 처리	3,770
IT 경영관리 시스템	2,340
디 지 털 통 신	2,324
TV, 비디오 전송	2,176
기 계	2,171
의 료 기 기	1,877
통 신	1,866
반 도 체	1,331

〈출저: Relecura Inc.(2015)〉

중국에서는 국가지식산권국(SIPO)의 특허담보 및 특허담보시범사업은 2006년 1월부터 시작되었고 담보대출을 적극 장려한 이래로 많은 성, 시, 자치구에서 빠른 속도로 확산되고 있다. 2010년에 SIPO가 재정부 등 8개 부처와 공동으로 「지식재산권 담보대출과 평가관리강화 및 중소기업 발전지원에 관한 통지(关于加强知识产权质押融资与评估管理支持中小企业发展的通知)」, 「특허권 담보등기 방법(专利权质押登记办法)」 등을 토대로 각 지방정부에게 현지상황에 맞는 관련 규정을 제정하고 시행하도록 적극 지원한 이후 특허권 담보대출은 급증했다. 2011년 자료에 의하면, 특허권 담보대출이 1,953건, 대출금액 90억 위안을 달성하였고 전년 대비 28% 증가할 정도로 빠른 신장세를 보였다.

우리나라에서도 기술력에 의거하여 실행되는 기업 대출은 점점 활성화되고 있다. 기술보증기금이 발급하는 기술평가인증서를 바탕으로 하는 "기술평가인증서부 대출", 한국산업은행의 "기술력 평가대출", 시중은행과 기술평가기관이 공동으로 시행하는 "혁신형 중소기업 기술금융", 기술보증기금과 시중은행이 시행하는 "보증대출", 시중은행과 TCB 기관이 공동으로 시행하는 TCB대출이 있다. 여기에 예로 든 기술력에 초점을 둔 기업 대출을 제외하고, 우리나라 금융기관에서 실행되는 대부분의 기업 대출에서 기술력은 중요한 검토 요인이 되지 않고 있다.

- 기술평가인증서부 대출: 기술보증기금과 협약을 체결한 은행에서 기술보증기금의 별도 보증 없이 순수하게 기술력 평가등급에 의해서만 대출이 실행된다. 무보증 신용대출의 성격상 TCB 대출이 등장하기 전에 그 전신과 같은 역할을 했다고 평가된다.
- 기술력 평가대출: 한국산업은행(KDB)이 내부에서 작성한 기술평가서를 바탕으로 산업은행 영업점에서 여신을 제공한다.
- 혁신형 중소기업 기술금융(www.tf.or.kr): 2006년 이후 국민은행 등 6개 일반 및 특수은행이 한국산업기술진흥원 등 정부가 지정한 기술평가전문기관이 제공하는 기술평가 결과와 자체 여신심사를 토대로 특허담보 또는 신용대출을 지원한다.

이 중에서도 기술보증기금의 보증서를 담보로 한 보증서 대출이 기술기업 대출의 주종을 이루고 있으며, 최근에 TCB의 기술신용평가 대출등급서에 의거한 TCB대출이 크게 성장하고 있으며, 이하 이 두 가지 대출 상품에 대하여 좀 더 상세히 설명하고자 한다.

3.1. 기술보증대출

기술보증기금은 신기술사업을 영위하는 중소기업을 대상으로 대출 보증을 제공한다. 기술보증기금과 유사한 기능을 제공하는 기관으로 신용보증기금이 있지만, 신용보증기금은 일반 사업을 영위하는 중소기업을 대상으로 한다는 면에서 기술보증기금과 업무 대상에서 차이가 있다.

기술보증기금으로부터 일정 금액에 해당하는 보증서를 발급받은 신기술사업 중소기업은 이 보증서를 담보로 시중은행 또는 연구개발 정책자금 취급 기관 등으로부터 대출을 받을 수 있다[20].

기술보증대출은 우리나라의 수많은 신기술사업 중소기업들이 성장 과정에서 필요한 자금을 공급하는 긍정적인 역할을 했다. 이 과정에서 기금은 위험관리 차원에서, 보증을 제공받는 기업의 대주주 또는 실질적 최고경영자 개인으로 하여금 연대보증을 서게 했다. 만약 보증수혜 기업이 대출원리금을 상환하지 못할 경우 기술보증기금은 보증계약에 따라

20) 제공되는 보증의 종류는 보증 대상을 기준으로 대출보증 외에 비은행 대출보증, 회사채 보증, 어음보증, 이행보증 등 매우 다양하다. 연구개발평가 특례보증, 특허기술가치평가 연계보증제도, One-Stop보증제도 등 기술사업화의 특성별로 다양한 보증 상품이 마련되어 있다. 그리고 중소기업청, 산업통상자원부, 문화체육관광부, 지방자치단체 등의 지원자금에 대한 보증도 제공하고 있다. 정책 목적에 의하여 수시로 보증 상품의 종류가 변경되므로 홈페이지 등을 통하여 수시로 확인할 필요가 있다. www.kibo.or.kr

시중은행에 상환금을 대지급한 뒤, 연대입보를 제공한 개인에게 구상권을 행사했다. 그 결과 그 개인, 즉 창업가 내지 실질적 최고경영자가 신용불량자가 되는 문제가 종종 발생했다.

이런 현상은 실패한 기술 창업가들의 금융 활동에 제약을 가함으로써 그들의 재기가 곤란해지는 결과를 낳았다. 이런 현상에 대한 부정적인 여론이 발발하면서, 정부에서는 연대보증 제도를 폐지하려는 움직임을 보이기도 했다. 그러나 연대보증을 폐지하게 되면 기술창업기업의 도덕적 해이(moral hazard)가 증가하고 보증기관의 수익성이 악화되며, 결과적으로 신규 보증대출이 위축될 가능성이 높아진다. 현재는 기업의 성장성과 기술력 등 다양한 요인을 고려하여 연대보증을 받는 경우와 그렇지 않은 경우로 구분하여 탄력적으로 운용하고 있다.

정부기관의 보증을 통해 신기술사업 중소기업이 보다 용이하게 차입금을 조달할 수 있도록 한 정책은 기업 입장에서는 당장의 자금 확보에는 유리할지 모른다. 그러나 차입금에는 반드시 만기 상환의무가 따르므로, 당장의 자금조달에 대한 욕구보다는 만기도래서 상환 가능성에 대한 신중한 판단이 앞서야 한다. 영업으로부터 현금유입이 안정화되지 않은 초기 기술기업은 차입금보다는 지분성 자금의 확보에 보다 주력하는 것이 올바른 방향이다.

기술보증기금은 보증대상 기업을 선별하고 보증료율을 차등화하기 위해 보증용 기술신용평가를 수행한다. 기술신용평가 등급은 일반 회사채 신용평가나 시중은행의 대출신용평가의 그것과 동일한 S&P 표기법, 즉 AAA, AA, A, BBB, BB, B, CCC, CC, C, D와 같은 방식을 따른다. AAA로 향할수록 예상 부도율이 하락하고 반대 방향으로 갈수록 예상 부도율이 상승한다는 특성은 모든 경우에 공통이나, 그 구체적인 정의는 신용평가의 내용이나 그 주체의 성격에 따라 조금씩 차이가 난다.

일반적으로 신용등급의 유의성은 등급별 부도율의 분포 또는 ROC(Receriver Operating Curve)[21] 곡선과 같은 예측적합성 지표를 사용한다. 먼저 기술보증기금의 보증을 제공받

21) ROC 곡선은 수신자 작용 특성 곡선이라고 하며 원래 전기분야의 신호탐지이론에서 활용되던 개념이다. 여타 분야에서 등급기반 예측모형의 성과를 검증하는 수단으로 널리 활용된다. 그 중 하나로 기업의 부도 가능성을 예측하려는 신용평가등급 모형의 유의성을 검증하기 위해서도 활용된다. 세로축에는 전체 부도 발생 기업 중 등급별 부도기업의 누적비율을 표시하고, 가로축에는 연초 유효 등급 가운데 부도가 발생하지 않은 기업의 누적비율을 표시한다. ROC곡선의 해석 방식은 좀 복잡하지만, 일반적으로 곡선이 45도 직선일 경우 모형은 아무런 예측 효과가 없고, 좌상단으로 고르게 휠수록 예측 효과가 높다고 판단한다. 또는 ROC곡선의 아래 면적이 클수록 예측 효과가 우수하다고 판단한다. ROC곡선 외에 Moody's 의 CAP곡선, S&P의 Lorenz 곡선이나 Gini계수 등을 활용하기도 한다.

은 기업의 등급과 그들의 부도율을 분석해보면 낮은 등급으로 갈수록 부도율이 상승하는 바람직한 특성을 보이는 것으로 알려져 있다([그림 5] 참조).

그림 5 기술보증기금의 보증등급별 1년 이내 사고율

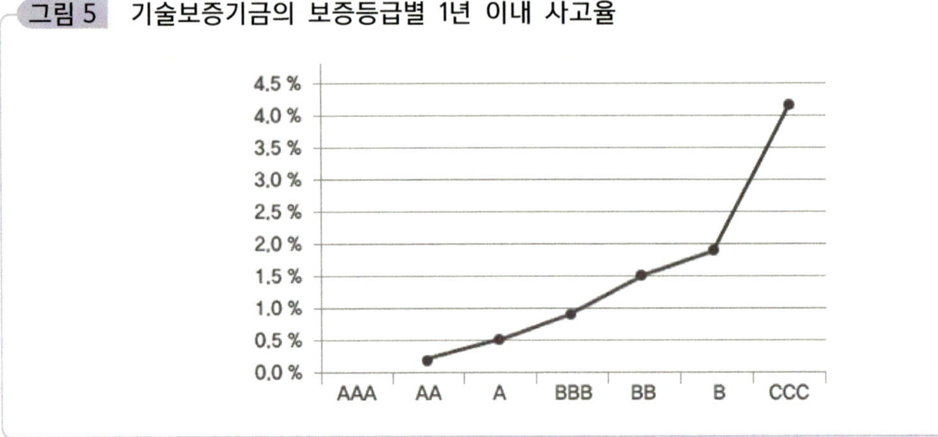

〈출처: 기술보증기금 홈페이지의 KTRS[22]등급별 사고율. www.kibo.or.kr〉

보증등급은 기업 자체의 신용등급과 기술등급이라는 2종의 등급을 결합하여 산출된 기술신용등급의 성격을 지닌다. 기술등급과 신용등급, 그리고 양자를 결합한 기술신용등급을 대상으로 ROC곡선의 형태를 분석한 결과, 기술등급 또는 신용등급만을 대상으로 했을 경우에 비해, 기술신용등급을 대상으로 했을 경우에 ROC곡선이 더욱 좌상향한 것으로 나타났다. 이는 기술만을 단독으로 평가하거나, 기업신용도만을 평가하는 것보다, 양자를 결합하여 평가한 등급이 더욱 높은 부실화 예측 성과를 보인다는 것을 의미한다.

22) KTRS란 기술보증기금의 기술등급평가시스템(Kibo Technology Rating System)을 의미한다.

그림 6 기술보증용 등급의 ROC곡선

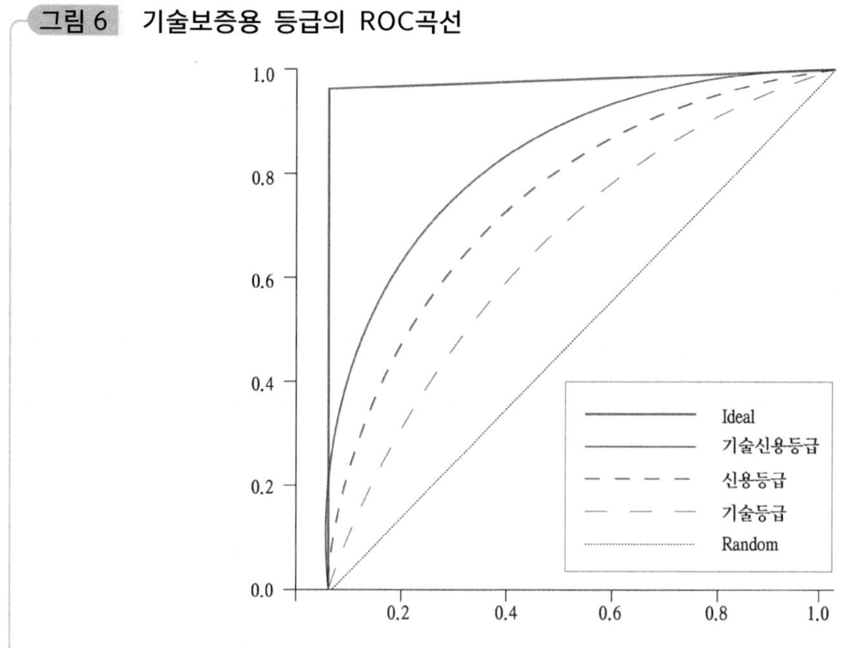

3.2. TCB 대출

TCB(Technology Credit Bureau)는 기업 · 법인의 신용정보와 기술력 정보를 이용하여 기술신용정보를 산출하는 기관을 말한다. 우리나라에서는 2014년 7월에 도입되었고, 2020년 12월 31일 현재 한국기업데이터, NICE평가정보, 이크레더블, 나이스디앤비, SCI평가정보의 5개 기관이 TCB로 지정되어 있다.

TCB대출이 기존의 대출과 다른 점은 원칙적으로 개인에 대한 연대보증이 없이 전적으로 기술신용등급에 의거해서 기업대출이 실행되며, 별도의 담보를 요구하지 않는다는 사실이다. 한국산업은행의 온렌딩(on-lending)[23] 대출이나 시중은행의 TCB신용평가 연계 대출에 대하여 적용된다. 기술기업으로서 TCB대출을 이용할 의사가 있는 기업은 먼저 거래 은행에 요청함으로써 TCB에 연결되고 자료 제출 및 평가 수행과 같은 절차를 밟는다.

TCB는 자체 보유 정보 및 별도로 운영되는 TDB(Tech Data Base)[24]로부터 제공받

23) 온렌딩(on-lending)이란 정부기관(예를 들어서 한국산업은행)에서 집중해서 자금을 민간금융기관에 배분하고, 민간은행은 자율적으로 의사결정하여 여신 및 대출을 실행하는 제도를 말한다.

24) TCB대출범과 같은 시기에 전국은행연합회 내에 기술정보부 형태로 운영되었으나, 2016년 1월 이후 한국신용정보원이라는 별도 기구로 독립했다.

는 최신 기술 및 시장 정보를 활용하여 기업이 보유한 기술력과 신용도를 종합적으로 판단하여 등급을 부여한다. 그러나 기술신용등급에 대한 수요자는 궁극적으로 은행의 여신심사 담당자이므로 은행권의 의사결정에 기여하는 방식으로 등급 정보가 제공된다.

TCB대출이 도입되면서 일어난 변화는 몇 가지가 있다.

첫째, 기술기업의 자금조달 경로가 기존에 비하여 더욱 확대되었다. 특히 대출 시장에서 전통적인 보증대출 이외에 신용대출 방식이 자리잡게 되는 계기가 되었다.

둘째, 기술금융 시스템의 성과를 검증하고 개선할 수 있는 정보 인프라가 구축되는 계기가 마련되었다. 향후 기술신용등급에 대한 세부정보와 관련 기업의 성장 또는 부실화 정보가 충분히 축적되고 분석된다면, 기술사업화 전용 금융상품을 개발할 수 있는 효과적인 인프라가 될 수 있다.

셋째, 은행 내부에 기술력 평가 인력을 확충하는 계기가 됐다. 한국산업은행처럼 이미 기술력 평가 기능을 보유하고 있던 은행을 제외하고, 대부분의 은행들이 과거에 기술력 평가 기능이 전무했다. TCB대출이 도입된 이후 일부 은행들이 내부 기술 평가 인력과 시스템을 확충하기 시작하는 긍정적인 신호가 있었다.

3.3. 채권발행

아직 사업이 안정화되지 않은 기술벤처기업들은 대부분 투기등급의 신용등급을 받는다. 이들은 이미 안정화된 충분한 규모의 기존 사업 현금흐름이나 기타 재무적 융통성이 현저히 부족하기 때문에 신기술 사업만으로는 신용도를 보완할 만한 수단이 현저히 부족하기 때문이다. 실제로 국내에서 신용등급을 받은 투자등급 기업들의 면면을 살펴보면 대부분 업력이 오랜 중견기업 이상이거나, 그렇지 않은 경우라면 우수한 신용등급을 지닌 대기업이 모기업으로서 자금 지원 가능성이 확실시되는 경우 등으로 한정되어있음을 알 수 있다.

기술벤처기업들은 독자적으로 채권을 발행하기가 매우 어렵다. 설령 그들이 신용등급을 받았다 하더라도 BB급 이하의 등급에 머물 가능성이 높다는 것이 큰 제약이 된다. BB급 이하의 채권에 대해서는 투자자들이 좀처럼 인수 의사를 보이지 않기 때문에[25],

25) 이는 BB급 이하의 채권이 지니는 위험 때문이기도 하지만, 투자금융회사를 지배하는 각종 업무 규정에서 투기등급 채권의 매입을 제한하고 있기 때문이기도 하다.

기술벤처기업들이 개별적으로 채권을 발행해서 자금조달을 하기는 매우 어렵다.

물론 기술기반의 성숙기업들 가운데 투자등급을 받을 수 있는 기업들은 독자적으로 채권을 발행하여 자금을 조달할 수 있다. 우리나라의 일반기업들 가운데 3개 신용평가회사로부터 회사채 유효등급을 보유하고 있는 기업의 수는 2015년 중 약 500여개에 달하는 것으로 추산된다. 이 기업들이 조달하는 자금은 그 투자 용도가 특정되어 있지 않으며, 차환, 설비 증설, 운전자금 조달. 기술사업화 등 다양한 용도에 투입될 수 있으며, 기술사업화는 그 다양한 용도 가운데 하나가 될 수 있을 뿐이다.

이런 이유 때문에 창업 초기의 기술벤처기업들은 전통적인 채권에 지분증권의 요소를 가미한 복합형 증권 발행을 자주 활용한다. 무의결권 우선주(non-voting preferred stock), 전환사채(Convertible Bond, CB), 신주인수권부사채(Bond with Warrant, BW), 교환사채(Exchangeable Bond, EB) 등이 대표적인 예다[26].

한편, 기술벤처기업의 고수익－고위험 구조를 감안하여 시장에서는 집합형 자금조달 수단이 자주 활용기도 한다. 벤처기업의 투기등급 채권과 중견기업의 투자등급 채권을 집합화하여 위험을 분산시킨 뒤, 원리금 미지급 발생가능성에 대비하여 지급보증기관 또는 부족자금 대납기관으로 신용도를 보강하는 증권이 등장했다. 후술하는 발행시장 채권담보부증권(Primary Collateralized Bond Obligations, Primary CBO)이 그 대표적인 예다.

참 고　메짜닌(mezzanine) 금융

변제우선 순위상 중간에 위치한 금융상품을 가리킨다. 이탈리아어로 복층 주택의 1층과 2층 사이에 위치한 중간층을 뜻하는 메짜닌에서 유래했다.

주식이 최후순위, 채권이 선순위라고 할 때, 양자의 성격을 결합하여 만든 배당우선주, 신주인수권부 사채, 전환사채와 같은 복합형 증권을 메짜닌이라고 부르기도 한다. 자산유동화증권에서 선순위 트랜치(tranche)와 후순위 트랜치 중간에 위한 중순위 트랜치를 가리키기도 한다. 트랜치란 자산유동화증권 발행 시, 만기, 금리, 상환 금액 등이 상이한 형태로 분할된 개별 채권을 의미한다. 보통 1 묶음의 자산유동화 증권은 복수 개의 트랜치 묶음 조합으로 구성된다.

26) 여기에서 사채(社債)라는 표현은 회사채(會社債)의 줄임말이며, 금융기관을 통해서가 아니라 사적인 계약을 통해서 발생한 채무를 일컫는 사채(私債)와는 다른 개념이므로, 혼동이 없어야 한다.

4. 집합성 / 구조화 금융상품

앞의 전통적인 재무자원 조달 수단들은 자금을 조달하는 개별 주체, 즉 기업을 대상으로 실행되는 것이었다. 이는 기업이 금융의 대상으로서 충족해야 할 두 가지 조건을 갖추고 있었기 때문이다.

첫째는 청구권을 행사할 대상이 하나의 실체로서 존재해야 한다. 기업은 상법상 법인격을 갖춘 독립된 실체다. 그러므로 법인은 자연인과 마찬가지로 금융기관을 상대로 여러 권리와 의무의 관계를 형성할 수 있다. 그러므로 금융기관은 기업을 상대로 대출 원리금의 지급과 상환을 요청할 수 있고, 투자금의 배당 지급 등을 요청할 수 있다. 특히 그런 요청이 거부당했을 때 금융기관은 관련 계약에 따라 대상 기업의 자산 또는 그 관계인들을 상대로 소구권(溯求權, recourse)을 행사할 수 있다.

둘째, 담보물 또는 청구권을 행사할 대상 자산이 기업을 구성하는 여타 자산으로부터 분리 및 양도 가능해야 한다. 무형자산의 경우에는 특별히 이를 식별성(identifiability)이라고 부른다. 어떤 자산의 분리 및 양도성은 가치평가(valuation)가 가능하기 위한 필수적인 조건이다. 대출 금융기관 입장에서는 담보물이, 지분투자자 입장에서는 보유 주식이 분리 및 양도 가능하다는 속성, 특히 적절한 가격 하에 교환될 수 있다는 특성을 갖추고 있기 때문에 기꺼이 금융 거래에 참여한다.

반면에 기술 자체로만 놓고 보면 이 두 가지 속성이 매우 불분명하다. 기술은 자연인 또는 법인에 체화된 부분으로서 무형의 정보나 정신적 능력의 형태로 존재하는데, 청구권을 행사할 수 있는 독립된 실체로 인정받기 어렵고, 그 대상만을 분리하여 다른 자산과 적절한 가격으로 교환하기가 어렵기 때문이다. 이런 특성 때문에 기술관련 금융상품을 설계하는 데에 큰 제약이 발생하는 것이다.

이 때문에 기술의 원래 속성에 기반을 두되 실체성이나 분리양도 가능성을 갖춘 실체를 구성함으로써 기술관련 금융상품을 설계하려는 시도는 계속 있어왔다.

4.1. 기술자산펀드

펀드란 「자본시장법」 상 '집합투자기구'를 말한다[27]. 집합투자란 2인 이상에게 투자 권유를 하여 모은 금전 등을 재산적 가치가 있는 투자 대상 자산을 취득, 처분, 그 밖의 방법으로 운용하고 그 결과를 투자자에게 귀속시키는 행위를 말한다. 그러므로 집합투자기구는 이런 성격의 투자를 위해 형성된 자금의 집합체를 의미한다. 좀 더 비공식적으로 표현하면, 펀드는 특정 대상에 투자하여 수익을 얻을 목적으로 다수의 개인이나 법인으로부터 모은 자금의 단일한 묶음이다.

기술 관련 자산도 충분히 재산적 가치가 있는 투자 대상이 될 수 있으나, 부동산, 주식 등 전통적인 자산들에 비하여 기술 관련 자산에 투자하는 펀드 결성은 현실적으로 활발하게 이루어지지 못하고 있다. 기술관련 자산으로서 펀드의 대표적인 대상은 특허권이다. 특허권이 펀드의 투자 대상이 될 수 있는 근거는 로열티라는 정기적 수익을 수령할 수 있는 권한이 있을 뿐 아니라, 분리 양도하여 매각도 가능하기 때문이다.

우리나라에서 특허권 펀드가 설정된 사례는 아직까지 소수에 불과하다. 그 중에서 대표적인 것 몇 가지만 소개하면 다음과 같다.

사 례 CJ자산운용의 특허권 펀드

2007년에 CJ자산운용(현 하이자산운용)은 운용규모 350억원의 'CJ베리타스 First Rcoup 지식재산권 펀드'를 출시했다. 사모 펀드로서, 주요 투자자들은 우리투자증권, 신한캐피탈 등 20여 개 회사가 재무적 투자자(FI) 자격으로 참여했다.

투자 대상 특허들이 확정된 프로젝트 펀드로 출발했다. ETRI, 스카이웍스 등의 200여개 핵심특허을 매입하거나 통상실시권을 획득한 뒤 무단사용 기업으로부터 실시료를 수취하는 형태로 수익을 발생시켰다. 그리고 이렇게 매입한 특허는 해산시 국내 대기업에 재매각했다.

27) 자본시장과 금융투자업에 관한 법률, 제9조제18항

사 례 아이디어브릿지자산운용의 특허권 펀드

2012년 아이디어브릿지자산운용은 아이디어브릿지Opportunity사모특별자산투자신탁1호를 설정했다. 사모펀드로서, 주요 투자자는 한국산업은행 등이었다.

기업이 보유한 특허를 매입한 후 그 기업으로부터 실시료를 받는, 매각 후 재라이센싱(Sales & License Back) 방식으로 운용했다. 그리고 이 특허에 대하여 제3의 기업들에게 실시권을 부여하여 실시료를 수취할 수 있다.

매각 후 재라이센싱은 전통적으로 기업들이 소유 부동산을 매각 후 재임대(Sales & Lease-back)하는 방식에서 착안하여, 이를 기업 보유 특허권에 적용한 것이다. 이 방식을 통해서 기업의 입장에서는 보유 자산을 처분하여 유동성을 확보하고 투자자 입장에서는 정기적인 수익을 수취할 수 있다.

[매각 후 재라이센싱 구조]

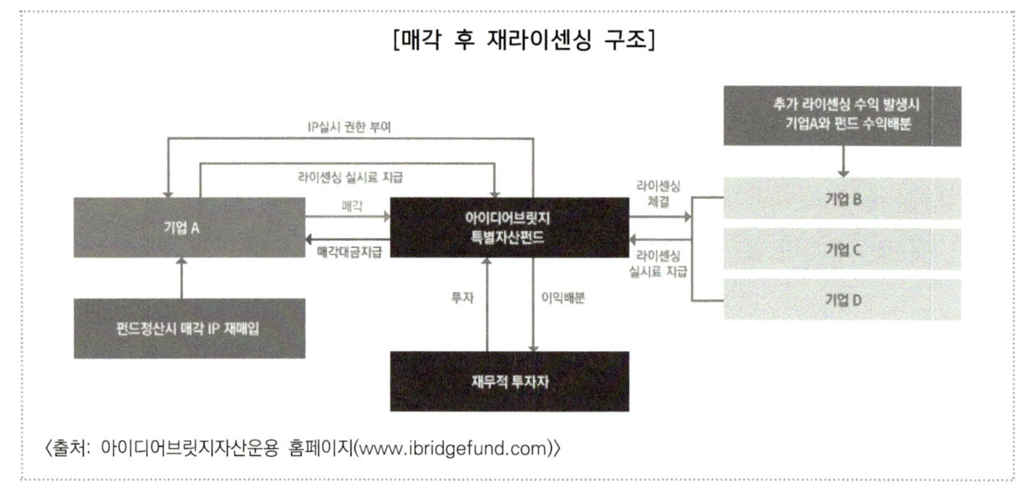

〈출처: 아이디어브릿지자산운용 홈페이지(www.ibridgefund.com)〉

사 례 한국산업은행의 지식재산 펀드

2015년에 한국산업은행은 운용규모 1,000억원의 KDB인프라IP캐피탈 펀드를 출시했다. 신탁형(신탁기간 10년) 사모펀드로서 운용사는 산은인프라자산운용이다. 한국산업은행과 기업은행 등이 투자자로 참여했다.

투자대상이 사전에 확정되지 않은 블라인드 펀드로서, 설정 후 지속적으로 투자 대상을 발굴해서 매입하는 구조를 취했다. 사업화 가능한 국내 연구소, 기업, 대학 등의 사업화 가능한 유망 특허나 해외로부터 특허 침해 소송에 걸린 국내 특허의 매입, 특허보유 기업에 대한 직접 지분 투자를 수행한다.

[한국산업은행 지식재산 펀드 구조도]

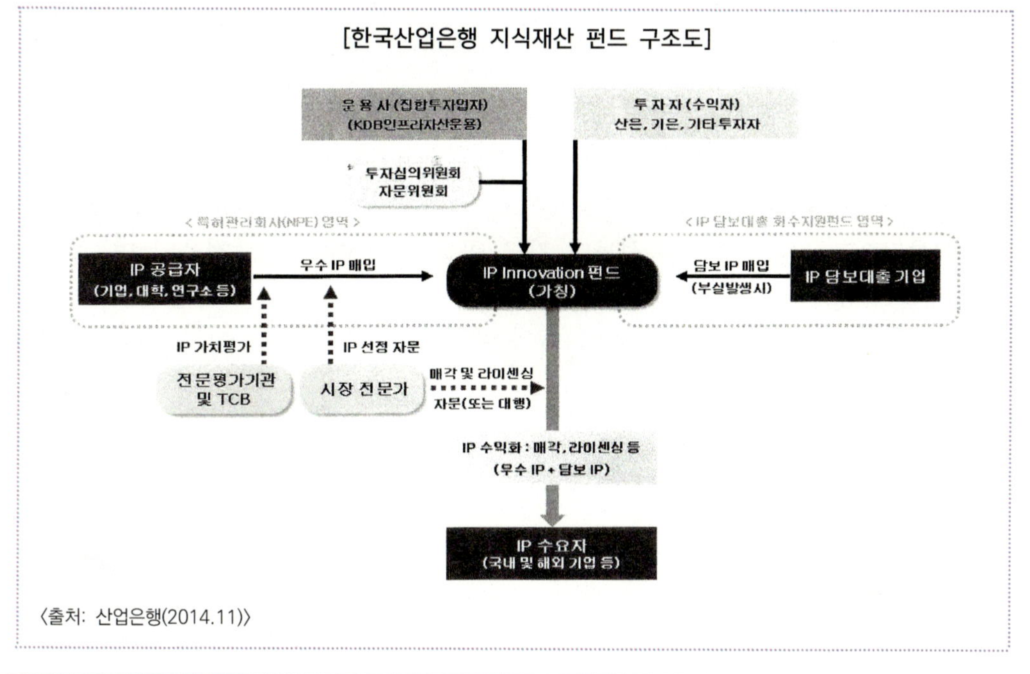

〈출처: 산업은행(2014.11)〉

한국산업은행의 펀드는 지식재산 보유 기업에 대한 투자 및 육성을 지향하는 테크노뱅킹(Techno-Banking)의 일환으로 실시된 것이다. 테크노뱅킹은 기술사업화 성공률 제고를 위해 연구개발단계에서 산업은행의 풍부한 거래 기업 네트워크를 기반으로 필요 기술탐색 및 거래를 지원하고, 시장진입단계에서는 정부지원 기술사업화 컨설팅 및 금융 연계를 지원한다. 이렇게 지식재산 위주의 금융 수단을 발굴하려는 시도는 우리나라에서 기술금융의 중요한 축을 이뤄왔던 기술보증기금, 또는 벤처캐피탈의 방식과는 차별화된 것이다.

한편 기존에 등장한 특허권 펀드들은 크게 비실시기업(Non-Practicing Entity, NPE)의 수익 창출 방식을 따르고 있다는 특징이 있다. 비실시기업은 특허를 보유하되 그에 기반을 둔 사업을 수행하지 않는다는 의미에서 '비실시'라고 부르며, 특허권 매입 후 라이센싱, 소송, 거래, 자문 등 다양한 수익모델을 가동하여 수익을 창출한다. 우리나라에도 산업은행의 지식재산 펀드나 인텔렉츄얼디스커버리처럼 비실시기업 방식의 사업이 등장했지만 아직 초기 단계에 있다. 비실시기업은 여타 금융 부문에 비하여 활동과 성과가 아직 상대적으로 저조하지만, 기술금융의 모태로서 무한한 잠재성을 지니고 있다. 특히 지식재산의 집합화, 구조화를 통해 설계하는 펀드와 자산유동화 증권은 비실시기업의 역할이 기대되는 분야다.

한편 기술기업에 직접 투자하는 펀드도 존재한다. 특허권과 같은 기술 관련 자산에 투자하는 방식이 아니라, 기술력이 우수하여 성장성이 양호한 기업의 지분에 투자하는 것이다. 우리나라에서 신기술 기업에 대한 대출형 자금조달은 보증대출이나 TCB 대출 중심으로 이루어져 왔고, 투자형 자금조달은 벤처캐피탈 투자에 주로 의존해왔다. 대출형은 기본적으로 기술기업의 육성보다 자금 공급과 그 상환에 초점을 두며, 우리나라의 벤처캐피탈도 현실적 한계로 기술기업의 육성과 경영 지원 여력은 부족한 감이 있었다.

정부는 기존에 민간 및 공공 부문에서 동원 가능한 다양한 자금조달 수단을 종합적으로 활용함과 동시에, 기업의 경영상 애로를 해소하는 자금공급 수단을 설계하려고 시도하고 있다. 성장사다리펀드가 중심이 되어, 은행권 대출과 민간 LP[28]를 혼합한 기술가치펀드를 예로 들 수 있다.

기술가치펀드의 첫 번째 특징은 기술개발 사업화기관(Tech-Value Enhancer)을 운용과정에 참여시켰다는 사실이다. 이 기관은 기술발굴 · 개발 · 융합, 기술이전을 지원하고, 적극적으로 사업화 자문을 수행하는 역할을 한다. 이는 이 펀드가 단순히 기술사업화 자금을 공급하는 데에 그치지 않고 경영의 성공을 위한 지식을 병행하여 공급하는 역할을 한다는 사실을 보여준다.

두 번째 특징은 수익권에 대해 투자자별로 적절히 우선순위를 달리 구성했다는 사실이다. 기술기업에 내재한 높은 사업 위험에도 불구하고 민간 투자자를 유인하기 위해 민간 LP에 선순위 수익권을 부여하고, 은행권과 성장사다리펀드는 상대적으로 중, 후순위 수익권을 부여받도록 설계했다. 기술가치펀드의 이런 기본구조는 [그림 7]을 참조하라.

28) 펀드에서 GP(General Partner)란 펀드의 구조설계 및 운용을 총괄하고 LP를 모집 · 관리하는 핵심 투자자를 의미한다. LP (Limited Partner)란 전략적 · 재무적 이익의 향유를 목적으로 펀드에 자금을 납입하는 투자자를 의미한다.

그림 7 기술가치펀드의 구조

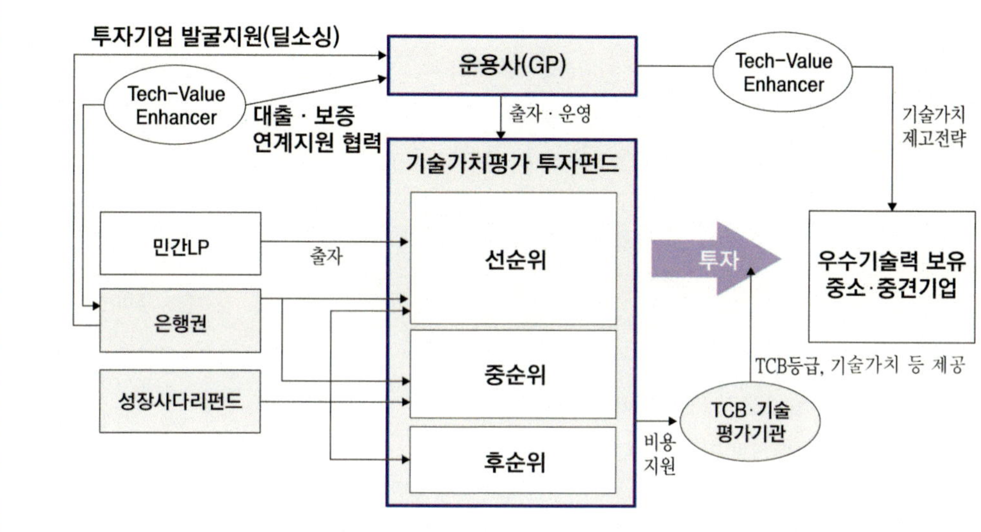

〈출처: 성장사다리펀드 사무국(2014.11)〉

사 례 성장사다리펀드(www.glfkorea.or.kr)

유망한 벤처 중소기업, 성장자금이 필요한 중견기업에 자금을 공급하기 위해 KDB산업은행, IBK기업은행, 은행권청년창업재단이 공동으로 출자하여 2013년에 결성됐다. 직접 운용을 하지 않고 모태펀드처럼 하위펀드 운용사를 선정하여 운용을 위탁하는 형태를 취한다. 성장사다리펀드는 아래의 기술가치펀드를 포함하여, 스타트업 부문, 성장지원(매칭), 코넥스, 세컨더리, 재기지원 부문에서 다양한 형태의 펀드들을 운용하고 있다.

사 례 기술가치펀드

성장사다리펀드와 은행권이 공동으로 조성하였으며, 기술가치를 평가하여 기술력과 성장성이 우수한 기업을 선정, 투자하는 펀드이다. 2015년 10월말 현재 5개 펀드가 하위펀드로 선정되었으며 설정 규모는 총 4,510억원[29] 규모에 달한다(<표 4> 참조). 기술가치펀드는 블라인드 펀드로서, 투자 가치가 있는 기술기업을 지속적으로 발굴해 나가면서 출자를 약정한 투자자로부터 자금을 납입 받는 구조를 취한다.

29) 물론 이 설정액은 단지 약정 금액일 뿐 아직 납입이 된 것은 아니다. 본문에서 전술할 것처럼, 투자 대상이 지정되고 나면 최초에 출자를 약정한 투자자는 소정의 조건에 따라 자금을 납입하는 절차를 취한다.

<표 3> 기술가치펀드 현황

참여은행	위탁운용사(펀드명)	조성규모(억원)
기업은행	기업은행－SK증권 (기술금융제일호사모투자전문회사)	1,000
우리은행	한국투자파트너스 (우리성장파트너십신기술사모투자전문회사)	1,300
신한은행	파트너스인베스트먼트 (파트너스제4호Growth투자조합)	800
	네오플럭스 (네오플럭스기술가치평가투자조합)	600
JB금융지주 (광주＋전북)	큐캐피탈파트너스－JB자산운용 (큐씨피제이비기술가치평가사모투자전문회사)	810
합　계		4,510

〈출처: 성장사다리펀드 보도자료(2015.11.24.)〉

4.2. 기술자산 유동화증권

4.2.1. 자산유동화의 개념

자산유동화(asset securitization)[30]는 채권 원리금 상환의 확실성을 제고하기 위해 담보(collateral) 자산[31]을 구조화하거나, 다양한 신용보강 수단을 설계하여 발행된 증권이다.

---

30) securitization의 번역어로 '유동화(流動化)' 외에 일본식으로 '증권화'를 사용하는 경우도 많다.

31) 현재 통용되는 담보자산으로는 주택담보대출(Residential Mortgage, RMBS), 상업용부동산담보대출(Commercial Mortgage, CMBS), 회사채(Bonds, CBO), 신용카드대출(Credit Card Loan), 자동차할부대출(Auto-Loan), 학자금대출(Student Loan), 인수자금대출(M&A Loan), 매출채권(receivables), 부동산 분양수익권, 부동산 임대수익권, 정부의 세수(稅收)권, 보험사의 보험료 수입권, 로열티 수입권이 있는 지식재산권(상표권, 저작권, 특허권 등) 등이 있다.
이 가운데 대종을 이루는 자산은 대출채권들이다. 특히 은행, 주택금융대출전문은행, 신용카드회사, 리스회사, 할부금융회사 등 금융기관이 양적으로 다수를 차지한다. 그러나 일반 제조기업, 유통기업, 지방정부 등도 현금흐름을 안정적으로 수취할 것으로 예상되는 자산은 이론적으로 모두 유동화의 대상이 될 수 있다.
현금흐름 구조에서는, 이런 자산을 원래 보유하고 있는 주체를 자산보유자(originator)라고 부른다. 앞서 말한 다양한 자산을 보유하고 있는 법인, 금융기관 등은 자산보유자의 유력한 후보가 된다. 그리고 이렇게 양도된 담보자산을 기초자산(underlying asset)이라고 부른다. 반면에 합성 구조에서는, 자산을 법적으로 SPC에 양도하는 것이 아니라 단지 그 상환위험만을 준거로 프리미엄과 디폴트 시 배상기준을 설계하므로, 준거자산(reference asset)이라고 부른다.

자산유동화는 크게 현금흐름(cash flow) 구조와 합성(synthetic) 구조로 나뉜다.

1) 현금흐름 구조

담보 요건을 갖춘 자산을 원래의 자산소유자로부터 법적으로 분리하여 제3의 주체인 특수목적회사(Special Purpose Company, SPC)에 양도 또는 신탁한 뒤, 특수목적회사는 이 자산에 의거하여 채권을 발행하거나 대출을 실행한다. 여기에 추가적으로 다양한 신용보강(credit enhancement) 수단[32]을 결합하여 투자자에 대한 원리금 상환 가능성을 제고한다.

2) 합성 구조

현금흐름 구조보다 뒤늦게 1990년대에 등장했는데, 성격상 일종의 보험 상품과 같은 것이다. 자산을 특수목적회사에 양도하는 것이 아니라 자산보유자의 장부에 그대로 보유한 채 신용부도스왑(CDS: Credit Default Swap) 등을 통해 그 위험을 헷지(hedge)하는 방식을 취한다. 현금흐름 구조는 자산을 장부에서 분리 · 양도함으로써 위험을 헷지한다는 면에서 합성 구조와 근본적으로 차이가 있다.

자산유동화증권은 파생금융상품(derivatives)과 더불어 현대 금융공학(financial engineering)의 중요한 한 부문을 이룬다. 많은 기업들이 자산유동화를 통해 자금을 조달하고 있고, 지금도 새로운 구조의 유동화 상품이 속속 등장하고 있다. 자산유동화증권 전체 시장에서 기술금융 수단으로 활용되는 비중은 아직 미미하지만, 향후 발전 가능성은 매우 높다.

32) 담보자산에서 나오는 현금흐름이 부족해져서 상환 계획에 충당할 수 없을 경우를 대비해서 일반적으로 다음과 같은 수단들이 활용된다.
- 자산을 발행액보다 충분히 많은 규모로 양도하거나 (초과담보 over-collateralization)
- 원래의 자산에서 발생하는 이자보다 투자자에게 지급해야 할 이자를 작게 하거나 (초과스프레드 excess-spread)
- 투자자들별로 상환 우선순위를 차등화하거나(트렌치 구분 Tranching)
- 일정액의 현금을 유보적립해 두거나(reserve)
- 외부 기관의 지급보증과 같은 신용보강(External Credit Enhancement): FannieMae(FNMA), Ginnie Mae(GNMA), Freddie Mac 등의 GSEs(Government Supported Entities); 한국의 신용보증기금, 기술보증기금, 산업은행 등

4.2.2. 기술자산 유동화

자산유동화의 대상이 되는 기초자산의 범위는 전통적인 대출채권 이외의 영역으로 점점 확대되고 있다. 1990년대 이후 지식재산이 새로운 후보로 등장했다. 투자자들은 펀드의 형태를 취하여 지식재산에 투자할 수도 있었지만 자산유동화 형태로 투자하는 것도 가능했다. 펀드 방식은 투자자의 자금을 모아서 이를 지식재산 또는 지식재산 보유기업에 투자하는 방식이지만, 자산유동화 방식은 지식재산을 보유한 기업이 이를 특수목적회사에 양도하고 이를 담보로 채권을 발행하여 자금을 조달하는 것이다.

표 4 미국의 분야별 지식재산 유동화의 자금조달액(1997-2003)

기초자산	조달금액(백만달러)		거래건수	
		비율(%)		비율(%)
영 화	2,715	63	4	15
음 악	533	12	15	57
스 포 츠	315	7	1	4
패스트푸드	290	7	1	4
의 약	325	8	2	8
패 션 의 류	119	3	3	12
합 계	4,297	100	26	100

〈출처: 이승현(2007)〉

물론 지식재산 유동화의 규모는 전체 유동화 규모에 비하여 현저히 낮다. 미국 SIFMA (Securities Industry and Financial Markets Association)의 자료에 따르면 1997~2003기간 중 미국의 전체 자산유동화증권 발행액이 연평균 3천억 달러에 달했던 것에 비하여, 같은 기간 지식재산을 기초 자산으로 하는 유동화증권 발행액은 연평균 6억 달러에 불과했다. 더 나아가 지식재산 유동화 가운데에서도 기술관련 자산의 비중은 현저히 낮다. 1997~2003년 기간 중 미국에서 발행된 지식재산유동화 딜 26건 가운데 특허권은 의약부문에서 2건에 불과했다. 나머지는 대부분 영화나 음악 분야의 콘텐츠 저작권, 스포츠, 패스트푸드, 패션의류 분야의 상표권(브랜드)으로 구성되어 있다. 이는 후술하겠지만 유동화 대상으로서 기술 자산이 지니는 몇 가지 특성, 즉 빠른 진부화 속도, 경험 부족, 신뢰성 있는 통계 부족 등과 같은 데에 기인한다. 그런 와중에도 해외에서 등장한 특허권 유동화 몇 건을 소개하면 다음과 같다.

사례 일본 스카라 특허권 유동화

이는 일본의 제1호 특허권 유동화 사례다.

- 발행시점: 2003
- 발행사(SPC): TMK
- 발행액: 2억1천5백만 엔
- 담보자산 현금흐름: 건강미용기구 관련 특허권 소유자인 스카라가 실시권자인 핀체인지(Pin Change, 마쓰시타전기의 자회사)로부터 받는 실시료

[일본 스카라 사의 특허권 유동화 구조]

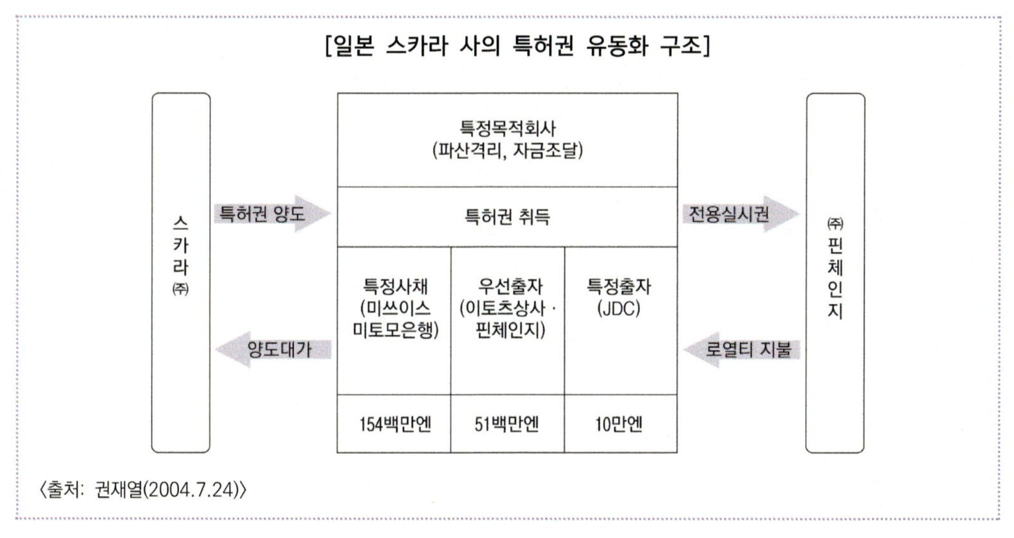

〈출처: 권재열(2004.7.24)〉

사례 미국 예일대학 제약 특허권 유동화

이는 세계적으로 특허권 유동화에 성공한 최초의 사례로 알려져 있다.

- 발행시점: 2000년 8월
- 발행자: BRT(BioPharma Royalty Trust)
- 사무 수탁사: Bankers Trust Co.
- 신용등급: 선순위 증권 A(Standard & Poor's)

– 자산보유자: Pharmaceutical Royalties
– 발행액: 선순위 증권 5천7백15만 USD, 중 순위 증권 2천2백만 USD, 지분증권 2천1백16만USD
– 신용보강: 초과담보 및 ZCZC의 보험 제공
– 담보자산 현금흐름: 미국 예일대학이 글로벌 제약회사인 Brystol-Myer Squibb(S&P 신용등급 'AAA')를 상대로 체결한 특허권 실시 계약에 의거한 현금흐름 수입(HIV와 AIDS 특허 약품인 Zerit과 Videx)

이 유동화증권은 2001년 초반 1분기에 브리스톨마이어스퀴브의 매출이 과대 계상되면서 유동화증권 상환 분 이상의 초과 수익이 발생하기도 하였으나, 이후 매출이 3분기 연속으로 감소하면서 실적 트리거(Performance Trigger) 조항에 걸려 2002년 강제 조기 상환되는 사태가 발생하였다.

사후관리가 실패했음에도 불구하고, 이 유동화증권의 발행의 성공에 힘입어 이후 Royalty Pharma의 13종 약품 로열티 유동화(AAA) 2억2천5백만USD, Drug Royalty의 로열티 유동화(A) 4천2백만USD 등 제약분야 특허권의 유동화가 계속적으로 이루어지는 계기가 됐다.

[예일대학 제약 특허권 유동화 구조]

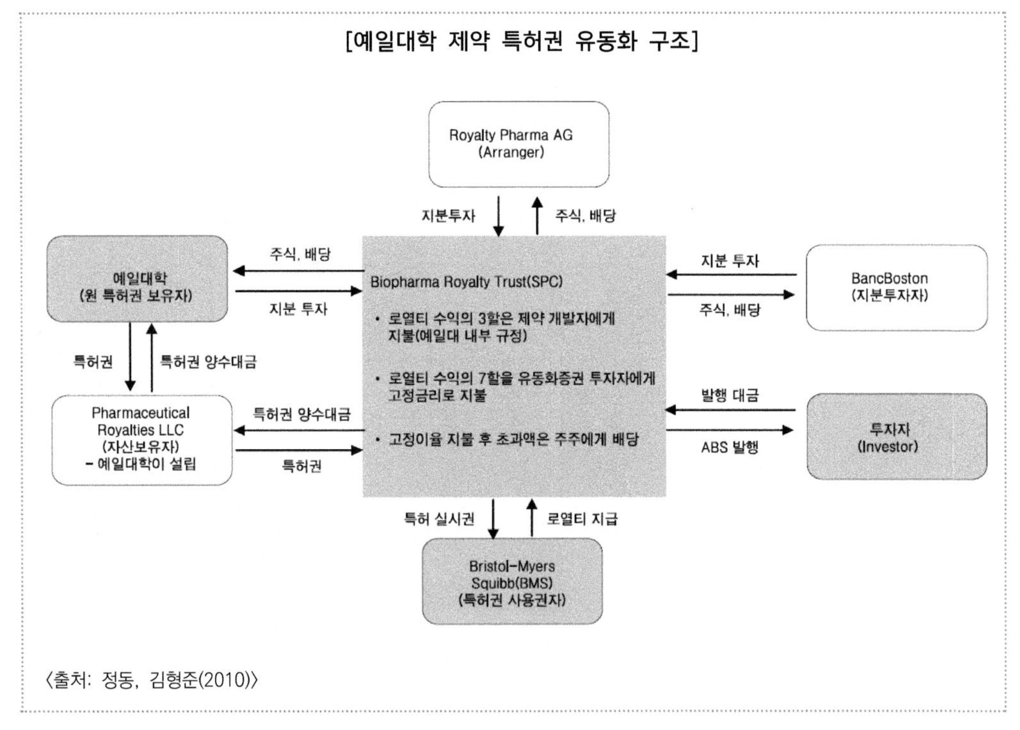

〈출처: 정동, 김형준(2010)〉

4.2.3. 기술신탁과 자금조달

자산유동화와 밀접한 관련이 있는 금융의 한 형태로 신탁(trust)이 있다. 신탁은 위탁자(trustor)가 수탁자(trustee)에게 재산권을 관리 또는 처분하도록 맡기는 행위이다. 신탁의 대상이 되는 재산은 금전, 유가증권, 금전채권, 동산, 토지와 그 정착물(부동산), 지상권, 전세권 및 토지임차권, 무체재산권 등이다. 무체재산권은 바로 회계상 무형자산 또는 지식재산기본법 상 지식재산에 해당하며, 좁은 의미에서는 공업소유권(특허권, 실용신안권, 의장권, 상표권)과 저작권(저작인격권, 저작재산권)을 의미한다. 신탁업은 은행, 증권사, 그리고 독립된 신탁회사들이 수행할 수 있다.

2005년 1월 신탁업법 개정시 무체재산권도 수탁가능재산에 포함되어, 법적으로는 특허권 신탁이 허용되어 있다. 이론상으로 수탁자는 수탁 받은 특허권을 이용하여 라이센싱, 매각, 유동화 자금 조달 등 다양한 방식으로 수익을 추구할 수 있다. 그러나 실제로 금전신탁이나 부동산 신탁과는 달리 특허권 신탁은 활성화되지 않고 있다. 지식재산권 신탁 문화는 저작권 등 일부 영역을 제외하고는 매우 부진한 편이다[33].

자금조달은 기술신탁에서 가능한 여러 사업 형태 가운데 하나다. 기술신탁은 관리형, 유통촉진형, 자금조달형 신탁으로 구분할 수 있다. <표 5>에 소개한 것처럼 관리형 신탁은 수탁자가 대학, 연구소, 기업 등을 대신하여 특허의 등록 관리, 침해대응 등 제반 업무를 대행해 주는 것이며, 유통촉진형 신탁은 수탁자가 위탁 받은 기술을 수요기업을 대상으로 이전거래를 수행하는 것이다[34]. 자금조달형 신탁은 수탁자가 특허권의 미래현금흐름, 예컨대 예상되는 실시료 수입 등을 기초자산으로 유동화증권을 발행하여 자금을 조달하는 것이다.

---

33) 저작권은 신탁업자가 관리하는 것이 아니라 관련 협회가 위탁 관리하고 있지만, 일괄 위탁해서 수익권을 관리하는 문화가 형성되어 있다는 것을 긍정적이다.

34) 예를 들어서 일본 토키와 세이키 사는 보유한 특허 기술을 은행에 신탁하고 은행이 특허의 모든 수익권의 관리를 대행한 것이 관리형과 유통촉진형 사업의 대표적인 예라고 할 수 있다.
- 시점: 2004
- 신탁자산 보유자 ㈜도키와세이키
- 신탁은행: 미츠비시UFJ신탁은행
- Advisor: (재)오타구산업진흥협회, TMI종합법률사무소
- 신탁 특허권의 내용: 파워 셔블 등의 제조에 사용되는 유압배관 제조 공정 개선 기술

특허실시권은 여전히 도키와세이키가 지닌 상태에서, 타 기업에 대한 라이선스 계약, 특허 침해 시 대응, 기타 특허를 이용한 사업화 등 일체의 업무를 신탁은행이 대행해주는 역할을 수행했다. 협상력이 미약한 중소기업 대신 대형 은행이 특허권 관리를 대행함으로써 특허 침해 위험에도 효율적으로 대응할 수 있고, 은행이 주도하여 유동화 등의 자금조달 수단을 마련할 수 있다는 장점이 있다.

표 5 기술신탁의 형태

활용분야	내 용
관 리 형	지식재산의 관리능력이 부족한 중소기업 등을 대신하여 신탁회사가 특허 침해소송, 특허등록 등의 업무를 수행
유통촉진형	신탁기관이 대학, 중소기업의 여러 기술을 Package化하여 수요기업에 이전하거나 사업화하여 그 수익(기술료)을 배분
자금조달형	신탁기관이 수탁된 지식재산의 미래현금 흐름을 바탕으로 기술유동화증권 등을 발행하고 조달된 자금을 대학이나 중소기업에 공급

〈출처: KISTEP(2011)〉

우리나라의 자산유동화법에 의하면, 자산유동화는 기초자산을 특수목적회사에 양도하는 전형적인 방식 외에, 자산의 소유권을 양도하지 않고 신탁 방식을 통해 수익증권을 발행하는 것을 허용하고 있다. 2005년 「기술의이전및사업화촉진에관한법률」(이하 기술이전촉진법) 제5장 제27조 등에서 기술유동화 촉진사업을 실시할 수 있다고 규정하여, 자산유동화법에 의거한 신탁방식 유동화의 법적 근거는 마련되었다. 그렇지만, 이런 규정에도 불구하고 아직 특허권을 기초자산으로 하는 신탁방식 유동화 상품은 우리나라에서 등장하지 않고 있다.

2008년 3월 21일 기술이전촉진법이 개정되면서 특허신탁관리기관 제도도 도입되었다. 기술이전촉진법 상 특허신탁관리업은 특허권을 신탁 받아 특허권 또는 실시권의 이전, 기술료의 징수 및 분배 등의 관리업무를 행하는 업으로 정의된다. 이후 한국산업기술진흥원((구)한국기술거래소)과 대덕연구개발특구지원본부가 특허신탁관리기관으로 지정된 바 있다. 이들 기관은 기업, 대학, 연구소 등의 특허를 신탁받아 관리형이나 유통촉진형 사업을 꾸준히 전개해 오고 있으나 자금조달형 사업은 아직 부진하다.

(구)한국기술거래소(현 한국산업기술진흥원에 흡수)가 기술자산 유동화증권 발행을 시도했으나, 후순위 채권 매입이나 지급보증을 담당할 보증기관 확보에 난항을 겪어 실패한 적이 있다. 이후에도 기술자산 유동화 증권 발행 실적은 2015년 말 현재까지 등장하지 못했다. 비록 소수이긴 하지만 일본에서 특허권 신탁 유동화가 이루어진 것과는 대조적인 현상이다.

사례 일본 코나미 사의 신탁 유동화 방식

- 발행시점: 2000
- 기초자산보유자: 게임개발사 코나미
- 펀드명: 게임펀드 두근거려 메모리알
- 특징: 신탁회사와 유동화 특수목적회사를 거친 2단계 유동화
- 발행액: 7억7천만엔
- 담보자산의 현금흐름: 미래의 게임 판매 수익

[코나미 사의 신탁 유동화 방식]

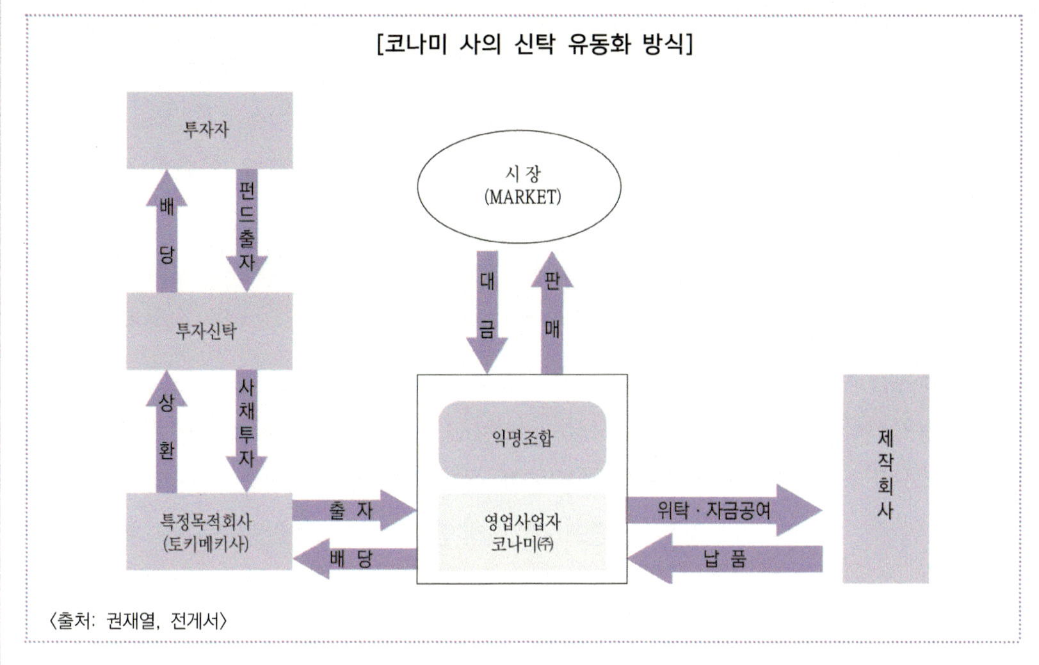

〈출처: 권재열, 전게서〉

특허 외의 콘텐츠, 상표권 유동화 사례는 상대적으로 풍부한 편이다. 1988년 월트디즈니는 도쿄 디즈니랜드로부터 받는 브랜드 이용료 수입을 기초자산으로 유동화 증권을 발행했다. 1993년 캘빈클라인은 향수 브랜드 이용료를 기초자산으로, 2003년에는 게스(Guess)가 마찬가지로 자신의 의류 브랜드를 기초자산으로, 1997년에 록 가수 데이비드 보위가 자신의 음판판매 예상 수익을 기초자산으로, 2002년에 영화사 드림웍스(DreamWorks)가 현재 및 미래의 영화판매 수익을 기초자산으로 유동화증권을 발행해서 자금을 조달했다.

4.2.4. 기술자산 유동화가 부진한 이유

저작권 콘텐츠와 상표권이 비교적 인기 있는 유동화 대상이 된 것과 달리, 특허권을 비롯한 기술 관련 자산의 유동화가 부진한 이유는 무엇일까? 일반적으로 기술관련 자산이 펀드 투자 및 유동화증권 기초자산으로서 매력이 미흡한 이유는 다음과 같이 정리할 수 있다.

첫째, 기술자산의 빠른 진부화 속도 때문이다. 기술자산은 특허권처럼 법적으로 보호된 권리의 형태로 존재하거나, 기업에 체화된 지식으로 존재하거나를 막론하고, 언제든지 진부화될 위험에 노출되어 있다. 보다 경쟁력이 있는 대체 기술은 수시로 등장하며 기술에 대한 수요와 같은 경제적 환경도 쉽게 변화한다.

이를 금전이나 부동산과 비교해보자. 금전은 인플레이션의 속도가 완만한 이상 그 가치가 급격히 하락하는 일은 없으며, 일반적 교환 수단으로서 언제든지 추가적인 수익 창출 기회에 참여하여 가치를 증대할 기회를 보유하게 된다. 부동산은 폭락 위험이 있기도 하지만, 본질적으로 신규 공급이 제한되어 있는 상황에서 시간이 웬만큼 경과해도 가치가 하락하기보다는 상승할 가능성이 높다.

함께 무형자산에 속하는 브랜드는 시간이 지날수록 가치가 줄어들기는 커녕 보유기업의 경영 성과에 따라 오히려 증대될 가능성이 높다. 저작권은 기술 자산과 마찬가지로 가치 하락 위험성이 크지만, 일부 콘텐츠(장기 공연물, 장기 출판물 등)에 대해서는 초장기에 걸쳐 수익력이 유지되는 경우가 많다. 그러나 기술자산은 태생적으로 이런 특성이 충족되기가 힘들다. 이런 특징이 펀드의 투자대상으로서 또는 유동화증권의 기초자산으로서 기술의 매력을 감소시키는 요소다.

이런 특징은 둘째 이유인 매각 시장의 부재와도 연결이 된다. 시간경과에 따른 높은 진부화 가능성 때문에 투자자는 장기간에 걸쳐 기술 자산을 보유할 동기가 적을 수밖에 없다. 일반적으로 자산의 매각 가격은 매각 시점에 형성되는 미래현금흐름 창출 규모에 의하여 결정되는데, 시간이 경과할수록 그 가치 하락 가능성이 높기 때문에, 나중에 되팔 가능성을 염두에 두는 매수 희망자의 입장에서는 매수 동기가 현저히 떨어진다. 이렇게 매각 시장이 형성되지 않기 때문에 투자 유인이 좀체로 발생하지 않는다.

이를 부동산 시장과 비교하면 특성이 명확히 드러난다. 비교적 손쉽게 매각할 수 있는 원활한 부동산 매매 시장이 존재하기 때문에 투자자들은 부동산을 기꺼이 매수하고, 은행은 부동산을 담보로 대출을 실행하는 것이다.

셋째, 금융기관의 업무 경험이 미숙하고 지식이 부족하다. 우선 금융기관 근무자들은 특별히 해당 분야의 과학이나 엔니지어링 전공자가 아닌 이상, 기술의 구체적인 내역에 대하여 지식이 제한되어 있다. 공학적으로 어떤 문제점과 난관이 존재하는지, 사업화 과정에서 어떤 강점과 약점이 있는지 구체적으로 파악하기가 대단히 어렵다.

이를 부동산과 비교해 보면, 금융기관 종사자들은 금융거래 대상으로 부동산의 특성에 대하여 일반적으로 숙지하고 있다. 관련 거래를 행하기 위해 갖추어야 할 법적 문서와 각종 행정 절차는 체계적으로 확정되어 있다. 이런 정보는 금융기관이 오랜 기간 부동산 투자 및 담보설정 업무를 해오면서 축적되는 노하우다.

기술자산에 대해서는 금융기관의 경험과 지식이 절대적으로 부족하다. 비록 신탁이나 유동화 업무가 법적으로 허용되어 있어도, 그 과정에서 어떤 위험이 도사리고 있는지에 대해 지식이 부족하기 때문에 금융기관의 보수적인 생리상 쉽사리 시도하기 힘들다. 기술금융 이외에 전통적인 부동산 금융이나 M&A이 원활히 이루어지는 이유는 투자 대상 자체가 지닌 매력도 있지만 무엇보다 관련 업무 경험이 축적된 전문가의 존재를 무시하지 못한다. 그런 의미에서 보다 많은 경험이 축적된 기술금융 전문가를 양성할 필요가 있다.

넷째, 투자위험을 평가할만한 신뢰성 있는 수치자료가 존재하지 않는다. 대출이나 채권투자의 경우 부도율(default rate), 손실율(loss rate), 회수율(recovery rate), 수익률 등, 부동산의 가격변동 정보, 주식이나 외화의 가격변동 정보는 비교적 풍부하게 존재한다. 이 때문에 관련 금융상품, 예컨대 펀드나 유동화증권을 설계가 활발히 이루어질 수 있는 것이다.

반면에 기술에 대해서는 기술금융상품의 설계를 위한 기초자료가 아직 절대적으로 부족하다. 이런 상황에서 투자자들로 하여금 단지 육감에 의거해서만 기술에 투자하라고 요구하기는 어려운 일이다[35].

35) 2014년부터 실행된 TCB나 TDB의 정보가 보다 축적된 이후 보다 신뢰성 있는 자료의 축적을 기대할 수 있다.

5. 기술신용평가

5.1. 신용평가의 개념

신용평가란 기업의 원리금 상환의 위험을 등급으로 표기하는 행위다[36]. 이 등급을 신용등급이라고 하며, 통상적으로 AAA, AA, A, BBB, BB, B, CCC, CC, C, D의 등급체계를 지닌다. 개별등급 내에서 상대적인 우열을 구분하기 위하여 +, −가 첨부될 수 있다.

신용평가를 수행하는 주체는 은행의 대출심사 또는 평가부서, 그리고 채권의 신용등급을 전문적으로 평가하는 신용평가회사 등이 대표적이다. 금융채무는 여러 가지가 있는데 은행으로부터의 차입금, 채권(bond) 또는 자산유동화 증권 발행대금, 기업어음(commercial paper) 발행대금[37], 캐피탈사·신용카드회사 등의 여신전문금융회사 차입금, 상호저축은행으로부터의 차입금 등이 포함된다.

신용평가회사는 사업위험과 재무위험을 구성하는 제반 요소를 면밀히 분석한 뒤 그 결과를 종합하여 부여한다([그림 8 참조]). 이는 스탠더드앤푸어스(Standard & Poor’s), 무디스(Moody's), 피치(Fitch)와 같은 영미계 신용평가회사나 우리나라의 신용평가회사 모두 유사한 방식으로 신용등급을 도출한다.

사업위험이란 채무자가 차입원리금을 상환하기 위한 재원으로서 사업현금흐름이 지속적으로 창출될 가능성을 보는 것으로서 기업의 영업활동(operational activity)에 초점을 둔다. 이는 다시 산업위험과 개별기업의 경쟁력 요소항목으로 구분된다.

재무위험이란 채무자가 영위하는 사업활동이 아닌 영역의 활동, 주로 차입, 증자, 재무적 보증 등을 포함하는 자금조달활동과 비영업활동에서 발생할 수 있는 위험이다.

최근에는 사업위험과 재무위험 가운데에서도 최근에는 조직위험(organizational risk) 또는 경영위험(managerial risk)을 별도로 부각해서 분석하는 경향이 강화되고 있다. 사람에 따른 위험, 지배구조의 안정성, 조직 및 운영체계의 안정성 등 조직위험은 사업과 재무위험 모두에 영향을 미칠 수 있다.

---

36) 물론 보다 넓은 의미에서 금융채무의 상환 약속뿐만이 아니라 상거래, 물품의 인도 및 대금지급 등에 대한 약속, 기타 기업 활동을 위한 제반 계약에 수반되는 약속의 이행 가능성에 대한 평가도 포함할 수 있다. 이렇게 상거래 의무의 이행가능성을 평가하는 회사를 유가증권 신용평가회사와 구분하여 특별히 신용사무국(credit bureau)라고 부른다. 미국의 Dun&BreadStreet나 우리나라의 한국기업데이터(KED)등이 대표적이다. 유가증권 신용평가회사는 미국의 S&P, Moody's, 우리나라의 나이스신용평가, 한국신용평가, 한국기업평가, 서울신용평가정보 등을 들 수 있다.

37) 기업어음과 같은 만기가 1년 이내인 단기유가증권에 대해서는 통상적인 장기유가증권과 달리, 신용평가회사마다 약간의 차이는 있지만, 대개 A1, A2, A3, B, C, D 등의 신용등급 체계를 사용하는 것이 관행이다.

그림 8 신용평가회사의 평가 요소 흐름도

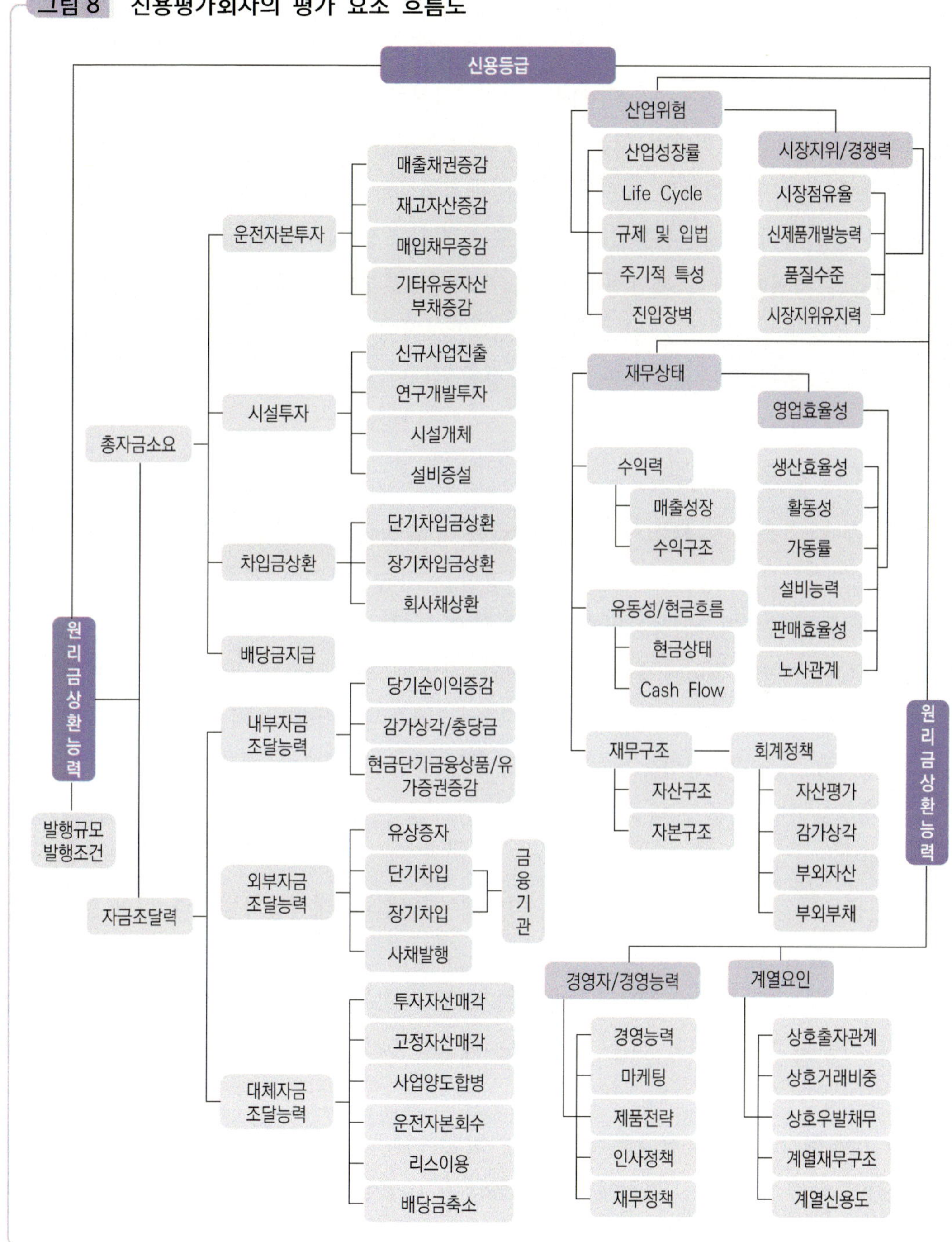

〈출처: 한국신용평가(2006); 윤정문 외(2015)〉

또한 관계회사의 위험은 신용평가에서 매우 중요한 고려 요소가 된다. 관계회사 위험이란 모기업, 계열사처럼 지분관계가 있는 회사로부터 영업적 · 재무적 지원의 제공 또는 지급보증을 받거나, 그 반대방향으로 지원 또는 지급보증을 제공하는 데에서 오는 위험이 된다. 관계회사 위험을 고려하지 않는 상태의 신용등급을 독자신용등급(stand-alone ratings)이라고 하며, 신용평가회사는 피평가회사가 관계회사와 사업적 · 재무적으로 연결되어 있는 강도를 감안하여 독자신용등급을 상향 또는 하향조정하는 절차를 취한다. 예를 들어서 피평가기업의 사업이 다소 불안정하더라도 모기업으로부터 지원 가능성이 높다면 신용등급은 상향 조정될 수 있고, 사업 자체가 매우 안정적이라 해도 관계회사에 거액의 지급보증을 제공하고 있다면 신용등급을 하향 조정될 수 있다.

5.2. TCB 신용평가

TCB대출에 활용되는 TCB신용평가 등급은 기술등급과 신용등급을 결합하여 산출한 등급이다. 기술등급의 평점과 신용등급의 평점을 가중결합하여 최종평점을 산출하고 해당 평점과 매칭되는 기술신용등급으로 표현하게 된다.

기술등급은 기업의 기술 자체의 경쟁력과 사업화 역량이라는 두 요소를 종합적으로 평가한 등급이다. 기술등급 평가항목의 구조는 기술사업역량과 기술경쟁력을 구성하는 다양한 평가요소를 검토한다(<표 6> 참조). 신용등급은 기업의 재무상황 등을 평가하여 미래의 채무불이행 위험을 나타내는 등급이므로 앞 절에서 말한 일반적인 신용평가등급을 의미한다.

기술신용등급은 기업의 기술 사업화 역량에 기반한 미래성장가능성과 그에 수반하는 채무불이행위험을 종합적으로 평가하는 등급이라고 말할 수 있다. 기술등급과 신용등급은 기관에 따라 다소의 차이는 있으나 일반적으로 3 : 7 또는 4 : 6 정도로 신용등급 쪽에 좀 더 높은 비중을 두고 있다. 이는 아무래도 대출금융의 속성상 손실률을 적절히 유지해야 할 필요성이 작용하기 때문이다.

TCB 신용평가도 최종 등급표기 체계는 일반적인 신용평가와 동일하다. 다만 기술등급과 신용등급을 종합하는 과정에서 기술등급은 10등급 체계(T1, T2, T3, T4, T5, T6, T7, T8, T9, T10)로 분석한다는 점이 일반 기업용 신용평가와 다를 뿐이다.

표 6 기술등급 평가항목 구조 예시

대항목	중항목	소항목	대항목 가중치	중항목 가중치
기술사업 역량	경영주 역량	기술경영 경험수준	60	14
		기술경영 지식수준		
		기술경영 관리능력		
	경영진 역량	주요 경영진 전문성		11
		CTO 전문성		
		주요 경영진 사업 몰입도		
	기술개발 역량	연구개발활성화 수준		18
		연구개발투자		
		기술인력 전문성		
		기술개발 및 수상(인증) 실적		
		지식재산보유현황		
	제품화 역량	생산역량		8
		자본조달능력		
	역업역량	판매처의 다양성		9
		판매처의 안정성		
		부가가치 창출능력		
기술 경쟁력	기술 우위성	기술의 차별성	40	14
		모방 난이도		
		기술완성도		
		기술자립도 및 확장성		
		기술수명		
	시장현황	시장 규모		13
		시장 성장성		
		시장 구조 및 특성		
	시장 경쟁력	시장 지위		13
		경쟁제품과의 비교우위성		

〈출처: NICE평가정보, (2014.9.1.), 기술신용평가(TCB) 업무 안내〉

그림 9 표준 기술신용평가서 견본(한국기업데이터)

(주)OOOOOO 표준기술신용평가서 발급번호: KED-20140430-01-00001

I. 기술신용등급

■ 개요

기업명	(주)OOOOOO	기술신용등급	기술등급
대표자명	최OO	BB+	T-3
사업자번호	123-86-XXXXX		
법인등록번호	134111-XXXXXXX		신용등급
설립일자	2009년 1월 5일		ccc+
본사주소	경기 안양시 OO구 OO로 XX		
(연락처)	Tel. 031-463-XXXX / Fax. 031-463-XXXX	평가일자: 2014년 04월 30일	
제출처(의뢰일)	OOOO은행 (2014.00.00)	재무기준일: 2013년 12월 31일	

■ 등급정보

구분	← 취약					보통				우수→	설명
기술신용등급	D	C	CC	CCC	B	●	BBB	A	AA	AAA	기업의 미래성장가능성을 반영한 채무불이행위험을 나타내는 등급
기술등급	T-10	T-9	T-8	T-7	T-6	T-5	T-4	●	T-2	T-1	기술경쟁력과 기술사업역량을 평가하여 미래성장가능성을 나타내는 등급
신용등급	d	c	cc	●	b	bb	bbb	a	aa	aaa	계량모형에 의해 재무상황 등을 평가하여 미래의 채무불이행위험을 나타내는 등급

■ 종합의견

동사는 LED조명사업과 휴대폰CASE제조 등을 목적으로 2009년 1월 설립된 중소기업으로 사업부분별 매출비중은 LED조명 55%, 휴대폰CASE 45%이나, 기술신용평가시 LED조명 60%, 휴대폰CASE 40%의 비중으로 평가함.

LED조명기기 제조분야는 동사의 주력 사업이며, 동사가 보유한 방열설계 기술은 LED조명기기 제조에 있어 핵심기술로 가격경쟁력 및 유지/보수의 편의성 등으로 인하여 제품경쟁력을 확보하고 있으며, 2014년 업황호조로 큰 폭의 매출증가 추세를 보이고 있음.

휴대폰CASE 제조에 있어서도 제품의 밀도 및 강도를 향상시키는 마그네슘(Mg) 티소몰딩(Thixomold) 다이캐스팅(Diecasting) 주조 기술을 인정받아 LG전자(주)와 우호적 거래관계를 구축하고 있어 매출 확대가 기대됨.

동사는 2013년 자산진부화에 따른 재고자산의 폐기로 대규모 적자 발생, 관계사 인수에 따른 차입금 증가 등 재무구조 취약한 상황으로 재무위험을 반영한 신용도은 보통이하(ccc+) 수준이나, 휴대폰CASE 부문의 안정적 매출 시현, LED 조명기기 부문의 매출 확대를 통한 현금유입으로 재무구조 개선이 가능하여 기술신용등급은 2등급(10등급체계) 상향된 BB+ 등급으로 평가함.

〈출처: 한국기업데이터 은행배포용 견본(2014.6.20.)〉

6. 기술가치평가

6.1. 가치와 가격

사물의 가치(value)는 그 사물이 제공하는 효용(效用, Utility)의 크기를 의미한다. 또는 사물의 생산에 투입된 비용(費用, cost)의 크기를 의미하기도 한다. 그러나 사물의 생산에 비용을 투입하는 이유는 궁극적으로 효용을 통해 보상받기 위해서다.[38] 따라서 가치는 궁극적으로 효용의 측정으로 귀결된다.

가치평가(valuation)란 이 효용을 화폐액으로 표시하는 행위를 일컫는다. 가치는 판매자나 구매자의 심리적으로 부여하는 크기다. 가치평가는 단순히 이 크기를 심리상으로 부여하는 행위에 그칠 수도 있지만, 더 나아가서 보다 체계적인 절차를 통해 그 크기를 측정하고 그 절차와 결과를 명문화(明文化)하는 작업을 의미하기도 한다.

반면에 가격(price)이란 판매자와 구매자가 각각 형성한 가치에 기반을 두고 협상을 통해 결정된 거래 가격이다. 협상은 대면(對面) 협상의 형태를 따를 수도 있고 시장의 가격 형성 절차를 따를 수도 있다. 판매자와 구매자가 1대 1로 만나서 가격을 흥정하는 것이 전자의 형태이고, 판매자가 투입한 총비용에 적절한 금액을 가산하여 책정한 가격을 구매자가 시장에서 선택하거나 거부하는 절차는 후자의 형태이다. 출시된 상품 가격에 대한 구매자의 반응은 판매자에게 다시 피드백되고 가격은 동태적으로 조정된다.

그런 의미에서 세상에 존재하는 모든 가격은 가치에 기반을 두고 형성된다. 그리고 가치 역시 이미 형성된 가격을 참조하여 형성된다. 이렇게 한 사물에 대하여 가치와 가격은 동전의 양면처럼 불가분의 관계에 있다.

기업이 상품의 출시 가격을 책정하는 과정도 가치평가에 바탕을 둔다. 특히 이 계산은 비용(cost)가치에서 출발한다. 기업은 상품 출시에 이르기까지 투입된 모든 비용을 계산한 뒤 그 비용을 보상할 수 있는 수준으로, 즉 사업의 지속성을 유지하는 수준으로

38) 마르크스 경제학에서는 사물을 생산하는 과정에 투하된 노동(embedded labor)의 크기로 가치를 정의하기도 한다. 하지만 일반적으로 효용을 향유하려는 사람이 지불하는 금액은 사물에 투하된 노동과 반드시 일치하지는 않는다. 그런 의미에서 효용은 사물에 투하된 노동이 아니라, 맬더스(T.R.Malthus) 식으로 사물에 지배되는 노동(commanded labor)의 크기라고 말할 수 있다. 경제학이 아니라 철학에서는 가치를 행위의 판단 기준, 즉 선하거나 그렇지 않은 것, 또는 올바른 것과 그렇지 않은 것을 판단하는 척도로 사용한다. 철학에서 말하는 가치와 경제학에서 말하는 가치는 공리주의(utilitarianism)를 통해 내적으로 연결되어 있지만, 재무와 금융 이론에서는 경제학에서 말하는 가치의 의미를 채택한다.

가격을 책정한다. 투입된 비용은 흔히 기업의 매출원가, 판매비와 관리비, 그리고 영업외 비용(금융 이자 등) 등의 항목으로 계산된다. 기업은 이렇듯 비용 가치를 계산하는 데에서 출발하지만, 기업의 지속가능성을 결정하는 요인은 결국 구매자의 효용 가치에 의존하므로, 기업은 비용 가치와 효용 가치 사이에서 가격을 제시하게 된다.

기업이 출시하는 다양한 생산재나 소비재 외에 특수한 매매 시장들이 있다. 주식 가치평가, 부동산 가치평가, 기업 가치평가, 파생금융상품 가치평가처럼 매우 특수한 계산 절차를 거쳐야 하는 상품들이 그곳에서 거래된다. 또한 각종 무형의 서비스(통신요금, 교통요금, 관람요금 등) 나 무형자산(특허, 브랜드 실시권, 저작권 등)의 소유 및 이용권에 대한 가치평가도 곳곳에서 이루어지고 있다. 모든 거래되는 사물은 가치에 기반을 두고 가격이 결정되며, 효용을 누리려는 주체들은 그 가격을 지불한다.

6.2. 기업의 기술자산

기술 자산은 시장에서 거래가 제한되어 있는 경우가 대부분이기 때문에, 시장가격을 통해 공정가치를 추출하기가 어렵다는 단점이 있다. 그래서 기술이 창출하는 미래의 효용을 추정하거나, 기술개발에 투입되는 과거의 비용을 추계하는 방법을 통해 간접적으로 가치를 추정하는 방법을 사용한다. 합리적인 절차를 거쳐 도출된 기술가치평가 결과에 의거하여, 의사결정자는 비로소 기술자산 담보대출, 기술기업 투자, 기술자산 거래 등을 수행할 수 있다.

기술가치평가는 기술이 자신의 가치를 구현할 조직, 예컨대 기업이 전제되어 있을 때에만 의미가 있다. 더 나아가서 아무리 조직이 갖추어져 있다 해도, 기술이 단지 조직 구성원 개인의 두뇌나 육체에만 머물면서 조직의 경제적 성과를 창출하지 못하는 상태로만 남아 있다면 결코 가치평가의 대상이 될 수 없다.

그런 의미에서 기술가치평가는 기업이 창출하는 경제적 수익 내에서 기술이 기여한 부분을 추출해 내는 작업이라고 말할 수 있다. <표 7>에서 보듯이 기업은 경제적 성과를 창출하기 위해 수많은 형태의 자산들이 결합한 상태로 경영된다. 기술자산은 그 가운데 일부를 차지한다. 기술자산이 이외의 어느 것 하나도 중요하지 않은 것이 없다.

표 7 기업의 경제적 성과를 창출하는 다양한 자산

<table>
<tr><td rowspan="7">자 산</td><td colspan="3">유동자산: 현금성 자산, 매출채권(외상매입금, 받을 어음) 등</td></tr>
<tr><td rowspan="6">고 정 자 산</td><td colspan="2">투자자산: 비상장주식, 채권 등</td></tr>
<tr><td colspan="2">유형자산: 건물, 기계장치, 차량운반구, 공기구비품 등</td></tr>
<tr><td rowspan="4">무형자산*</td><td>지적 자산</td></tr>
<tr><td>기술 자산</td></tr>
<tr><td>시장 자산</td></tr>
<tr><td>인적 자산</td></tr>
</table>

* 여기 무형자산 내 항목들은 엄밀한 의미의 회계적 명칭은 아니며, 그 실질적 성격을 감안하여 부여한 명칭들이다. 예를 들어서 기술자산이라는 계정항목은 존재하지 않지만, 기술은 무형의 상태에서 기업의 성과를 창출하는 자산으로서 역할을 분명히 수행한다.

기술의 가치를 평가할 때에도 원칙으로 평가 대상 기술의 특성에 따라 수익접근법, 비용접근법, 시장접근법의 3가지 방법 중의 하나를 선택한다.

6.3. 수익접근법

6.3.1. 기업의 경제적 수익과 기술가치

수익접근법은 기업이 미래에 창출하는 경제적 수익 가운데, 기술이 기여하는 부분을 측정하여 현재가치로 합산한 금액을 기술가치로 인정하는 방법이다. 그런데 여기에서 가능한 경제적 수익의 종류는 여러 가지가 있다. 매출액에서 발생한 현금흐름이 어떤 성격의 이해관계자들에 순차적으로 지급되고 남은 상태를 기준으로 할 것이냐에 따라 매우 다양한 경제적 수익이 정의될 수 있다. 이런 관점에서 매출총이익, 영업이익, 당기순이익과 같은 여러 회계적 이익과 EBIT(Earnings Before Interest and Tax), EBITDA(Earnings Before Interest, Tax, Depreciation, Amortization), 여유현금흐름(Free Cash Flow, FCF), 경제적 부가가치(Economic Valued Added, EVA) 등 다양한 재무적 잉여가 존재한다.

여러 경제적 수익 또는 재무적 잉여의 정의식은 다음과 같다.

매출총이익 = 매출액 − 매출원가
영업이익 = 매출총이익 − 판매비와관리비

당기순이익 = 경상이익 + 특별이익 − 특별손실 − 법인세 등
EBIT: 회계상 세전영업이익에 대응하는 개념이다.
EBITDA = EBIT + 감가상각비 + 무형자산상각비
FCF = 세후영업이익
+ 감가상각비 + 무형자산상각비 + 기타 비현금비용(충당금 등)
− 유무형자산 투자액 − 운전자본 투자액
+ 자산처분 시 또는 처분가정시 회수액 + 운전자본 회수액
EVA = 당기순이익 − 자기자본비용

수익접근법 기술가치평가는 적용 방법론의 취지에 따라 이 중 적절한 경제적 수익을 하나 선택한 뒤, 이를 바탕으로 일정 비율을 적용하거나 차액을 계산함으로써 기술가치를 도출한다. 즉 수익접근법 기술가치평가법의 본질은 적절하게 선정된 경제적 수익을 대상으로 그 안에서 기술이 기여하는 부분을 측정하는 방법이라고 말할 수 있다.

<표 8>은 한 회계연도 중 다양한 회계상의 여러 이익과 다양한 재무적 잉여의 값이 달라짐을 보여주고 있다.

표 8 **다양한 회계상 이익과 재무적 잉여의 계산 예시**

(단위, 천원)		EBIT 540,544 =	EBITDA 594,817 =	FCF 170,161 =	EVA 295,416 =
A. 매출액 =	12,996,929				
+ 상품매출	2,000,000				
+ 제품매출	10,996,929				
B. 매출원가 =	9,933,234				
+ 상품매출원가 =	1,500,000				
+ 기초상품재고액	100,000				
+ 당기상품순매입액	1,600,000				
− 기말상품재고액	200,000				
+ 제품매출원가 =	8,433,234				
+ 기초제품재고액	2,000,000				
+ 당기제품제조원가	8,833,234				
+ 기초재공품재고액	311,234				
+ 당기총제조비용 =	8,957,000				
+ (재료비) =	7,930,316				
+ 기초원재료재고	63,459				

	+ 당기원재료매입액				7,950,269				
	− 기말원재료재고				83,412				
	+ (노무비)				756,742				
	+ (경비 중 감가상각비 제외 부분)				248,616				
	+ (경비 중 감가상각비)				21,326		+	+ (비현금비용 가산)	
	− 기말재공품재고액				435,000				
	− 기말제품재고액				2,400,000				
A−B: 매출총이익	= A−B				10,596,929				
C. 판매비와관리비	=				1,424,772				
	+ 급여				132,689				
	+ 퇴직급여충당금				97,840			+ (비현금비용 가산)	
	+ 복리후생비				116,462				
	+ 감가상각비				32,947		+	+ (비현금비용 가산)	
	+ 광고선전비				17,336				
	+ 연구비, 경상개발비				424,673				
	+ 무형자산상각비				0		+	+ (비현금비용 가산)	
	+ 기타				602,825				
D. 영업이익	= A−B−C				540,544	+	+	+ (세후 영업이익으로 환산 후)	
E. 영업외수익					140,126				
F. 영업외비용					70,123				
(이자비용)	타인자본비용				65,887				
G. 특별이익					114,785				
H. 특별손실					13,824				
I. 세전순이익	= D+E−F+G−H				729,829				
J. 법인세비용					585				
K. 당기순이익	= I−J				729,244				+
유형자산투자					145,934			−	
무형자산투자					0			−	
	투하자본 대비 비용비율	자기자본 대 타인자본 비중	가중평균 자본비용	총자본비용(금액)	각 자본 비용(금액)				
자기자본비용	0.13	0.78	0.1168	499,715	433,828				−
타인자본비용 (=이자비용)	0.07	0.22			65,887				
W. 운전자본투자액 계산									
2015년말 운전자본잔액(W1) = 2015년말 매출채권 + 재고자산 − 매입채무 잔액 =					2,509,012				
2014년말 운전자본잔액(W0) = 2014년말 매출채권 + 재고자산 − 매입채무 잔액 =					2,132,450				
2015년 중 운전자본투자액(=W1−W0)=					376,562			−	

이 가운데에서, 기술의 가치를 계산하는 근거가 되는 잉여가치로서 FCF가 자주 활용되고 있다. 왜냐하면 영업이익이나 당기순이익 등 여러 회계상의 이익들은 기업이 당기간 중 창출한 현금흐름을 정확히 반영하지 못한다는 한계가 있으며, EBIT, EBITDA도 마찬가지의 한계가 있기 때문이다. 한편, 사업의 수명기간 중 EVA에 기반을 두고 산출된 사업가치는 논리적으로 FCF와 동일한 금액으로 도출된다는 사실이 알려져 있다[39].

개념적으로 FCF는 재무적 이해관계자인 주주와 채권자를 제외한 모든 이해관계자에게 지출되는 현금흐름을 매출액에서 차감한 것이라고 이해할 수 있다.

먼저 잉여가치(surplus value)로서 FCF가 지니는 성격을 두 가지 차원에서 이해해야 한다. 그래야만, FCF 내에 기술가치가 일부분으로 포함되어 있음을 이해할 수 있다. 동일한 숫자로 표현되는 FCF는 두 가지의 다른 측면을 지니고 있다([그림 10] 참조).

그림 10 잉여가치로서 FCF의 두 측면

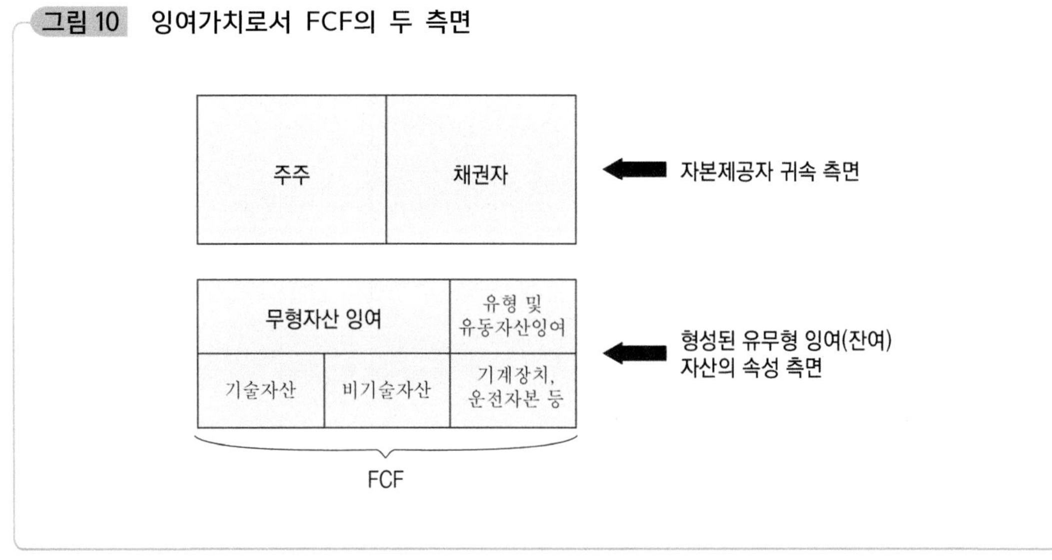

첫째, 자본제공자의 관점에서 FCF는 주주와 채권자에게 귀속되는 잉여가치다. FCF는 기업이 창출하는 모든 현금흐름 가운데 주주와 채권자를 제외한 모든 이해관계자, 즉 종업원, 공급자, 국가 등에게 현금이 지출된 뒤 남는 부분이기 때문이다.

둘째, FCF는 내용 면에서 자본제공자에게 귀속되는 유형자산 가치와 무형자산의 잔

39) 이 관계에 대해서는 Arzac(2008), p.406, p.84-86, Damodaran(2002) pp. 884-870을 참조하라.

여 가치로 구성된다([그림 10] 참조). 역으로, 매출액으로부터 시작해서 FCF에 이르기까지 차감 또는 가산하는 모든 현금흐름은 결국 최종의 유형자산과 무형자산 가치를 창출하는 데에 기여하고 사라져 버린 지출들이다. 기업 입장에서 보면, 매기 지출하는 인건비, 재료비, 외주비, 각종 경비는 그 기간에 관련 이해관계자에게 지급되면서 사라지는데, 이 과정에서 직·간접적으로 생성된 자산만이 감모 또는 상각을 거치면서 기업의 수중에 남게 된다. 결국 최종적으로 자본제공자가 수취할 수 있는 현금을 기준으로 하면 특정의 유형자산과 무형자산만이 남게 되는 것이다([그림 11] 참조).

그림 11 재무적 자본 → 기술 및 비기술 관련 지출 → 재무적 잉여 산출 과정

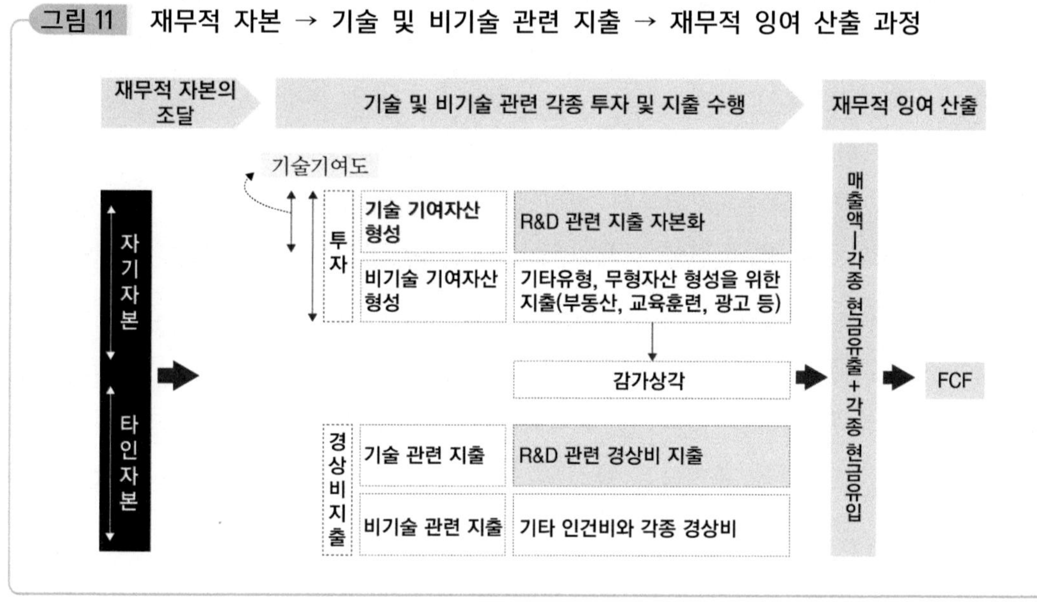

미래의 기술사업 예상 수명기간 중 창출될 것으로 예상되는 FCF를 모두 현재가치화하여 합산한 것이 바로 자본제공자 입장에서 기대하는 기업가치가 된다. 결국 어떤 기업의 기술가치를 도출할 때에는, 이 FCF 기업가치에서 현재 시점의 유형자산(단기에 현금화 가능한 유동자산 포함)의 가치를 차감한 뒤 남는 무형자산의 가치를 도출하고, 이 무형자산 가치 중에서 다시 기술자산을 도출하는 절차를 취하게 된다.

FCF기업가치 중 기술가치 = FCF기업가치 − 유형자산 및 유동자산 가치 − 비(非)기술 무형자산 가치

이 방법은 후술할 기술요소법의 논리적 근거가 되고 있기도 하다. 우리나라의 기술보증기금, 과학기술정보연구원 등 기술가치평가를 수행하는 대표적인 전문기관들은 이 논리에 의거하여 기술의 가치를 계산한다.

그러나 기술가치 도출의 근거가 되는 경제적 수익으로서 FCF가 유일한 것은 아니다. 로열티법에서는 매출액을, 25% 규칙의 관행법에서는 순이익이 준거점이 되기도 한다.

어떤 경우에든 수익접근법 가치를 결정하는 핵심은 추정 매출액에 상당 부분 좌우 당한다. 매출액 추정 작업은 재무의 영역이라기보다는, 산업, 시장, 전략, 기술분석이 종합된 비재무 영역에 속한다. 매출액 추정은 사업과 기술에 대한 깊은 통찰과 풍부한 지식을 바탕으로 수행되는 고도의 지적 작업이다. 물론 최종 단계의 경제적 수익을 추정하기 위해 매출액 추정 못지 않게 비용 추정도 중요하고 비용 추정에도 나름의 비재무 지식과 판단이 필요하지만, 어떤 경우에든 매출액 추정이 미치는 영향에는 미치지 못한다. 사업이 창출하는 경제적 수익으로부터 합리적으로 기술기여분을 도출하기 위해서는, 무엇보다도 합리적인 매출액 추정이 전제되어야 한다. 매출액 추정 방법론은 본서의 범위를 넘어서므로 생략한다[40].

6.3.2. 경제적 수익에서 기술기여분을 도출하는 방식

기술이 기여하는 부분을 측정하는 방식은 크게 증분법, 기술요소법, 비율법, 잔여법의 4가지로 나눌 수 있다.

증분법(incremental method)

증분법은 기술이 존재하지 않았을 경우에 기업이 창출하는 경제적 수익에 대비하여, 기술을 추가로 적용했을 경우에 기업이 창출하는 경제적 수익의 증가분을 현재가치화하여 합산하는 방법이다.

이 방법은 경제학적 정의에 가장 부합하는 방법이나, 기술을 적용하지 않을 경우 또는 기술을 적용하지 않았을 경우의 경제적 수익 어느 한 가지라도 측정할 수가 없으면 계산이 불가능하다. 기술이 경제적 수익의 증분을 발생시키는 요소로는 매출 확대, 단위

40) 매출액 추정 방법에 대한 보다 상세한 지침은 김영수, 송경모, 신인화, 유문재, 황유진(2016)의 pp.381-418을 참조하라.

당 비용(재료비, 시간비용 등) 절감 등이 있다. 대개 기존 사업과 비교하여 신기술 도입 후 비용 절감 규모나 고객 확대 효과를 명확히 측정할 수 있는 경우에만 적용이 가능하다는 제약이 있다.

증분법을 산식으로 표현하면 다음과 같다. 평가시점은 현재, 즉 $t=0$으로 가정한다.

$$V=\sum_{t\in \text{기술수명}}\frac{R(\text{기술 적용시})_t-R(\text{기술 미적용시})_t}{(1+r)^t}$$

단, R은 측정 기준이 되는 경제적 수익이다. 일반적으로 영업이익이나 당기순이익과 같은 회계적 이익을 사용하는 경우도 있으나, FCF를 사용하기도 한다.

표 9 증분법 기술가치평가

(단위: 억원)

	1기	2기	3기	4기
기술이 적용되었을 경우 FCF	−10	50	70	90
기술이 적용되지 않았을 경우 FCF	−5	40	50	60
FCF증분	−5	10	20	30
현재가치	−4.5	8.3	15.0	20.5
현재가치 합계	39.2 (1기간 할인율 10% 적용)			

기술요소법(technology factor method)

기술요소법은 기업이 창출하는 경제적 수익 가운데 기술이 기여하는 요소의 비중을 통계적 방법 또는 기타 방법으로 추정하는 방법이다.

$$V=\sum_{t\in \text{기술수명}}\frac{CF_t}{(1+r)^t}\times \text{기술요소비율}$$

우리나라에서는 기술보증기금 또는 과학기술정보연구원 등 공인된 기술평가기관에서 기술요소법이 보편적으로 사용되고 있다[41]. 기술보증기금의 방법은 기업이 창출하는 기술수명 기간 중 여유현금흐름(Free Cash Flow, FCF)에 기술기여도를 곱하고 이를 현재 가치화한 뒤 합산하는 방법이다.

여기에서 기술기여도란 표준화된 업종별 산업기술요소[42] 비율에 평가 대상에 부여한 개별기술강도 계수를 곱한 값이다. 개별기술강도 계수란 산업 평균 대비 개별 기업의 기술경쟁력의 상대적인 강도를 표현하는 것이다. 실무적으로는 대개 기술성이나 사업성과 관련된 여러 질적 평가 항목에 점수를 부여하여 총점 100점 만점 하의 평가점수, 즉 백분율로 처리된다. 예를 들어 평가점수가 69점이면 개별기술강도 계수는 69%가 된다. 질적 평가항목들은 기술평가 전문가 또는 전문기관에 따라 조금씩 다르게 설정할 수 있으나, 대개 기술의 혁신성, 파급성, 활용성, 전망성, 차별성, 수요성, 시장진입 가능성, 생산용이성, 예상 시장점유율, 예상 경제적 수명과 같은 것들로 구성된다.

$$\text{기술기여도} = \text{업종별 산업기술요소} \times \text{개별기술강도 계수}$$

업종별 산업기술요소는 상장기업의 시가총액에서 장부가액을 차감한 부분을 무형자산 가치로 보고, 이 무형자산 중 기술자산의 비율을 곱한 값으로 계산된다.

$$\text{업종별 산업기술요소} = \text{대푯값}[(\text{개별기업 시가총액} - \text{자산의 장부가치}) \times \text{무형자산 중 기술자산의 비중}]$$

무형자산 중 기술자산의 비중은 직접 파악하기 어려우므로, 그 대리변수로서 기업의 무형자산을 창출하는 데에 기여하는 비용인 연구개발비, 교육훈련비, 광고선전비의 총액 가운데 연구개발비가 차지하는 비율을 사용한다.

---

41) 산업통상자원부가 공표한 「기술가치평가 실무가이드(2014.11)」에서 수익접근법은 이 방법을 소개한 것이다. 과학기술정보연구원의 기술가치평가 시스템인 stavalue.or.kr 도 이 방법을 사용한다.

42) 매년 상장기업 재무제표로부터 정기적으로 갱신한다.

$$\text{무형자산 중 기술자산의 비중} = \frac{\text{연구개발비}}{\text{연구개발비} + \text{교육훈련비} + \text{광고선전비}}$$

이렇게 계산된 산업기술요소의 예를 들자면, 표준산업분류 21 의료용 물질 및 의약품 제조업은 66.96%, 24 1차 금속 제조업은 56.82%로 알려져 있다[43].

표 10 기술요소법 개념 예시

(단위: 억원)

	1기	2기	3기	4기
매 출	0	100	200	300
비 용	−100	−110	−120	−130
기타 현금조정요소(세금 포함)	−60	10	12	13
여유현금흐름(FCF)	−160	0	92	183
현재가치합계	48.7 (1기간 할인율 10% 적용)			
기술자산 기여도*	27% (= 해당업종 산업기술요소 56% * 개별기술강도 49%)			
기술자산 가치	13.14 (= 48.7 × 27%)			

주: 기술수명 4년 가정. 기술수명 표준 통계는 산업통상자원부의 『기술가치평가 실무가이드』에 국제특허분류(IPC) 기준으로 제시되어 있다.

비율법(proportional method)

비율법은 매출액이나 당기순이익 등 특정 재무성과를 대상으로 일정한 비율을 곱한 금액을 현재가치화하여 합산하는 방법이다. 대표적으로는 매출액에 적정 로열티율을 곱하거나, 당기순이익에 관행 수치(rule of thumb)인 25%를 곱하는 방법이다.

이 가운데 적정 로열티율은 시장에서 유사 기술에서 거래된 사례를 참조한다는 면에서 시장접근법의 성격도 지니고 있다. 만약 현재 보유하고 있는 기술에 대해 가상 로열티를 가정하여 그만큼의 로열티 비용을 절감하고 있다는 것으로 해석할 때, 이 방법을 로열티 공제법(relief-from-royalty method)이라고도 부른다. 만일 자신이 직접 생산하지

43) 표준산업분류 상 주요 산업의 산업기술요소 통계도 역시 산업통상자원부가 공표한 「기술가치평가 실무가이드(2014.11)」에 상세히 제시되어 있으므로, 참고하라.

않고 단지 로열티를 획득하고 있는 상태라면 실제 로열티율을 적용해야 할 것이다.

로열티율을 적용하는 경우 기술가치의 산식은 다음과 같다.

$$V = \sum_{t \in \text{기술수명}} \frac{S_t \times \text{로열티율} \times (1 - \text{법인세율})}{(1+r)^t}$$

단, S_t는 로열티율 적용 기준이 되는 t기의 매출액이다.

관행법 25%를 적용하는 경우 기술가치의 산식은 다음과 같다.

$$V = \sum_{t \in \text{기술수명}} \frac{P_t \times 25\% \times (1 - \text{법인세율})}{(1+r)^t}$$

단, P_t는 25% 적용 기준이 되는 t기의 순이익이다.

표 11 비율법 기술가치평가: 매출액 대비 로열티 비율 적용

(단위: 억원)

	1기	2기	3기	4기
매출액	100	120	150	180
가상 또는 실제 로열티율*	5%	5%	5%	5%
세후 로열티 가상수익(법인세율 20% 가정)	4.0	4.8	6.0	7.2
현재가치	3.6	4.0	4.5	4.9
현재가치합계	17.0 (1기간 할인율 10% 적용)			

주: 비율 적용 기간 4년 가정. 실제로는 기술의 예상 수명이나, 로열티 수령 계약 기간에 따라 달라질 수 있다.

* 유사 거래 사례의 참조용 로열티율 통계에 대해서는 6.5절 〈표 13〉를 참조하라.

표 12 비율법 기술가치평가: 순이익 대비 관행비율 25%

(단위: 억원)

	1기	2기	3기	4기
당기순이익	10	15	20	30
관행법 기술기여 비율	25%	25%	25%	25%
세후 기술기여 수익(법인세율 20% 가정)	2.0	3.0	4.0	6.0
현재가치	1.8	2.5	3.0	4.1
현재가치합계	11.4 (1기간 할인율 10% 적용)			

주: 비율 적용 기간 4년 가정. 실제로는 기술의 예상 수명이나, 이익의 25% 금액을 수령하기로 한 계약 기간에 따라 달라질 수 있다.

잔여법(residual method)

잔여법은 기업이 창출하는 전체 경제적 수익에서 비(非)기술 자산들이 창출하는 수익을 차감한 금액을 현재가치화해서 합산하는 방법이다. 흔히 다기간 초과이익법(Multiple Excess Earnings Method, MEEM)이 여기에 해당한다. 그러나 이 방법은 개념상으로는 정확하나, 비기술자산의 가치들을 추정하는 작업이 번거롭고 오류가 많아서, 실무에서는 잘 사용되지 않는다. 기술자산이 기여한 부분을 찾기 위해, 기술자산 아닌 여타 수많은 자산의 기여분을 일일이 계산한다는 것은 대단히 비효율적이다.

참 고 위험을 반영한 수익접근법

미래의 경제적 수익은 결코 현재 예상하는 단일 경로대로 실현되지는 않는다. 계획했던 매출과 이익의 실현은 고사하고, 현재 계획하고 있는 연구개발 투자가 과연 제품 출시로 이어질 수 있을지 조차도 알기 어렵다.

산업연구원(2011)의 보고서에 의하면 국내 기업들의 기술개발 및 사업화 단계별 생존율은 2.81%에서 47.50%에 이르는 범위에 분포한다. 한국신약개발연구조합에 의하면, 의약품 등의 전임상 단계에서의 사업화 성공률은 0.4%이며, 1상은 15%, 2상은 30%, 3상은 62.5%이다. 신약허가 신청에 들어간 경우 사업화 성공률의 95%임. 또한 후보물질 탐색 단계에서의 성공률은 0.01% 수준으로 알려져 있다[44].

발생 가능한 몇 가지 시나리오별로 추정 매출액 또는 FCF 등을 별도로 추정하고, 시나리오별 확률을 적용하여 기술가치의 기댓값을 구할 수 있다. 이런 방법을 동태적(dynamic) DCF법이라고 한다.

또한 사업진행 단계별로 경영자가 선택할 수 있는 행동, 예를 들어서 추가 투자, 투자 포기, 사업 대체 등을 감안하여 가치평가를 하는 방법을 실물옵션(real option) 가치평가라고 부른다. 옵션이란 증권을 미래에 특정한 가격에 사고 팔 수 있는 권리를 말하며, 옵션 가치평가는 그 권리의 가치를 계산하는 방법을 말한다. 실물옵션은 금융 옵션(financial option) 가치평가 이론을 실물 투자사업에 적용하여 개발한 방법이다[45].

6.4. 비용접근법

기술개발에 실제로 투입한 과거 비용의 현재가치를 구하는 방법이다. 평가 기준 시기(현재)에 동일한 기술을 재생산하는 데에 소요되는 비용을 측정하는 재생산비용법(reproduction cost method), 또는 동일한 효용을 제공하는 대체기술을 취득하는 데에 소요되는 비용을 측정하는 대체비용법(replacement cost method)이 있다.

재생산비용법을 사용할 경우, 과거 취득 당시에 투입된 명목 금액을 그대로 사용하는 것이 아니라, 취득 이후 시간이 경과하면서 투입요소들이 감가상각되거나 증액되는 가치를 감안한 비용으로 현재 다시 계상하게 된다. 대개 기계장치는 감가상각이 되는 경향이 있지만, 연구개발에 투입된 인건비는 임금상승률 추세에 따라 상승하는 경향이 있다. 물론 연구개발 투입 인력에 대한 인건비가 개발 분야 특성에 따라 오히려 하락하는 경우도 있다.

경제학적으로는 계산을 더욱 엄밀화하기 위해서 실제로 투입된 항목의 지출비용뿐만 아니라 그 기회비용(opportunity cost)을 가산하기도 한다. 예를 들어서 신기술 A를 개발하는 데 2년이 소요되었고, 이 기간 중 관련된 인건비, 장비비, 재료비, 시험비, 산업재산권 취득 비용 등 총 15억원이 소요되었다고 하자. 이 15억원이 유발한 기회비용은 여타 수익 기회, 예컨대 이 15억원을 이 연구개발에 투입하지 않고 동종 사업의 주식을 매입했을 때 기대할 수 있는 수익률이나, 예금에 가입했을 때 기대할 수 있는 이자수익이 될 것이다. 이렇게 포기한 수익률이 연간 7%였다고 가정하면, 15억원이 분산 투입된 시점에 따라 그만큼 현재까지 포기한 수익이 발생했을 것이다. 15억원을 24개월에 걸쳐

44) 한국신약개발연구조합,http://www.bioin.or.kr/board.do?num=171881&cmd=view&bid=stat

45) 동태적 DCF, 이항실물옵션(binomial real options), 블랙-숄즈 옵션(Black-Scholes real options) 평가 방법에 대한 상세한 설명은 Jonathan Mun(2002), 송경모(2013), pp.254-346 등을 참조하라.

매달 6.250백만원씩 균등하게 지출했다고 가정하면, 그 포기한 수익은 약 1천1백만원에 달하게 된다[46].

6.5. 시장접근법

유사한 기술의 거래 가격 사례를 참조하여 평가 대상 기술의 가치를 산정하는 방법이다. 기술 거래 사례의 상당 부분은 로열티를 정기적으로 지급하는 거래이며, 기술에 대한 모든 권리를 일시불로 거래하는 사례는 그리 많지 않다. 또는 선급금 형태로 1차 지급을 하고 이후 매출발생 대비 정기적 지급을 병행하는 경우도 많다.

앞절의 수익접근법에서 이미 소개했던 로열티공제법(<표 13> 참조)은 로열티의 시장거래 사례에 기반을 두었다는 면에서 시장접근법의 성격을 동시에 지니고 있다. 그러므로 로열티 공제법은 수익접근법과 시장접근법의 성격이 혼합된 방방법이라고 말할 수 있다.

만약 이미 라이선싱 계약이 체결되어 있다면, 이 계약 내용에 따라 추정한 세후 로열티 수입의 현재가치가 곧 기술가치가 될 것이다. 반면에, 이작 라이선싱 계약이 체결되어 있지 않다면, 로열티 수입 발생 수명 기간과 그 기간 중 매출액을 적절히 추정하고, 과거에 유사 기술거래 사례에서 발생했던 로열티율을 추정 매출액에 곱하여 기술가치를 산정해야 할 것이다.

과거에 유사한 기술 분야에서 이루어진 로열티 거래 사례는 개인적 경로, 언론, 또는 다양한 매체를 통해 관련 정보를 입수하거나, 외국의 royalysource.com, 우리나라의 한국산업기술진흥원 업종별 로열티 데이터베이스, 산업통상자원부(2014)의 <기술가치평가 실무가이드> 상 업종별 로열티 통계 등을 참조할 수 있다.

46) 예를 들어서 개발 개시 후 7개월 차에 지출된 650만원은 현재에 이르기까지 18개월 간 대안 투자 기회의 수익 650만원 $\times (1+7\%)^{18/12} - 1 \approx$ 66만7천원을 포기한 셈이다. 이런 식으로 24개월 간 매달 지출된 금액이 현재에 이르기까지 포기한 수익들을 합산하면 약 1천1백만원이 나온다.

표 13 업종별 거래 사례 로열티 통계

(단위: 건, %)

구 분	자료수	최소	Q1	중앙값	Q3	최대	평균	왜도
식료품 제조업	15	1.00	2.00	3.50	10.00	70.00	13.53	2.03
화학물질 및 화학제품 제조업: 의약품 제외	17	1.00	2.00	3.00	5.00	50.00	6.68	3.66
의료용 물질 및 의약품 제조업	15	1.00	1.50	3.00	5.00	40.00	5.40	3.68
비금속 광물제품 제조업	17	1.00	2.00	3.00	3.00	5.00	2.79	0.89
금속가공제품 제조업: 기계 및 가구 제외	14	1.00	3.00	3.25	10.00	25.00	6.49	2.12
전자부품, 컴퓨터, 영상, 음향 및 통신장비 제조업	77	0.10	2.00	3.00	3.00	65.00	3.66	8.28
의료, 정밀, 광학기기 및 시계 제조업	37	0.50	2.00	3.00	3.50	10.00	3.41	1.69
전기장비 제조업	38	1.00	2.00	3.00	3.00	10.00	3.21	2.10
기타 기계 및 장비 제조업	37	1.50	3.00	3.00	5.00	10.00	3.57	1.35
하수 · 폐기물처리, 원료재생 및 환경복원업	18	2.00	3.00	5.00	5.00	10.00	4.89	0.92
건설업	36	0.05	1.50	3.00	5.25	50.00	4.99	5.17
출판, 영상, 방송통신 및 정보서비스업	142	0.20	2.00	3.00	4.88	45.00	4.58	4.40

〈출처: 산업통상자원부, (2014,11), 기술가치평가 실무가이드〉

주: 왜도는 자료 분포의 대칭성 또는 치우친 정도를 측정하는 것으로, 1보다 큰 것은 오른쪽으로 치우친 분포를 나타내는 것으로 상대적으로 로열티가 높은 사례가 포함됨

- 자료 분포에서 평균과 중앙값의 편차가 크고 왜도가 클 경우, 업종별 로열티의 대푯값은 평균보다 중앙값을 사용하는 것이 적절함

6.6. 할인율

할인율은 미래 t기에 발생할 현금흐름 C를 현재가치 $\frac{C}{(1+r)^t}$로 할인하는 비율 r을 말한다. 할인율은 금융시장에서 형성된 다양한 정보에 바탕을 두고 투자 수익의 구현 가능성에 대한 투자자의 기대가 종합적으로 반영되어 있는 지표로서, 금융상품 가격의 핵심 역할을 한다. 그만큼 기업재무 또는 기술재무를 막론하고 학습자는 할인율의 개념을 필수적으로 이해할 필요가 있다.

할인율은 사업에 자본을 제공하는 주체의 성격 여부에 따라 타인자본비용, 즉 대출이자율의 형태로 나타나기도 하고, 자기자본비용으로 나타나기도 한다. 통상적으로 한 사업은 자기자본과 타인자본을 일정한 비율로 함께 사용하므로, 이때의 할인율은 가중평균자본비용이 된다.

6.6.1. 할인율을 구성하는 두 요소

개념적으로 할인율의 크기에는 시간에 대한 선호(time preference)와 현금흐름의 발생 불확실성(cash flow uncertainty)의 두 가지 요소가 반영되어 있다. 모든 사람은 효용을 당장 또는 보다 가까운 미래에 즐기기 원하지 오래 기다린 뒤에 즐기기 원하지 않기 때문에 발생한다. 또한 앞서 언급한 다양한 위험 요소가 예기치 않게 발생하여 현금흐름이 기대했던 대로 지급되지 않을 가능성이 있다. 이 가운데에서 오직 시간에 대한 선호만을 반영한 수익률, 즉 위험요인이 전혀 존재하지 않는 상태의 수익률은 무위험 수익률이다.

r = 무위험(risk free) 수익률 + 위험 프리미엄(risk premium)가산수익률)

무위험 수익률

무위험은 개념상 기대하는 수익률이 100%의 가능성으로 실현되는 상황을 말한다. 이 경우의 수익률을 무위험 수익률(risk-free rate of return)이라고 한다. 예를 들어서 도산할 염려가 없는 은행의 정기예금에 가입하거나 국채를 매입하는 것은 무위험 투자에 가깝다. 약정 상 예정된 이자와 원금을 100%의 확률로 수령할 수 있기 때문이다. 무위험인 경우에 수익률은 단 한 가지의 값만으로 계산되며, 표준편차는 사실상 0이 된다. 그러나 현실적으로 완벽한 무위험 투자란 존재하지 않는다. 은행도 도산할 수 있고 정부가 발행한 채권도 지급불능 사태에 빠질 수 있기 때문이다. 그러나 관행적으로 내국의 투자자 사이에서 자기 정부가 발행한 국채 수익률은 무위험 수익률로 간주한다.

2015년 기간 중 내국 투자자 사이에서 무위험 수익률의 대표적인 대리 변수로 활용된 대한민국 정부 국고채 3년물의 수익률은 약 2%내외를 유지했고 2016년 초에는 1.5%대로 하락했다. 2011년 당시만 해도 3~4%대를 유지했으나 미국 금융위기 이후 전 세계적으로 경기 부양 목적으로 금리를 인하한 추세에 따라 동 수익률은 계속 하락 추세를 보여 왔다.

그림 12 무위험수익률의 대용 변수, 국고채3년물 수익률 추이

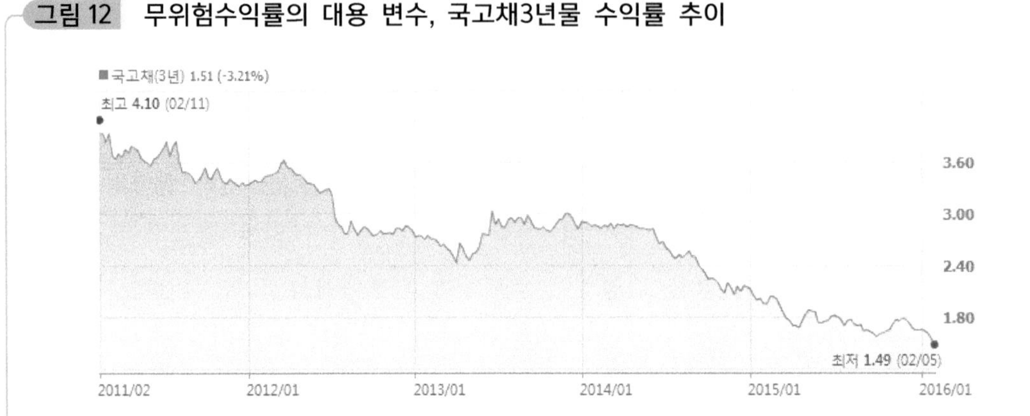

〈출처: 네이버 금융 국고채 수익률(3년) info.finance.naver.com, 2016. 2. 6.〉

위험 프리미엄

투자자는 자신이 투자한 대상으로부터 기대수익률이 실현하지 못할 위험에 대부분 노출되어 있다. 투자자는 무위험 수익률에 이 위험을 프리미엄으로 가산함으로써, 위험에 상응하는 보상을 받으려 한다.

A. 대출자 또는 채권투자자의 경우

대출자 또는 채권 투자자라면 개별 대출 또는 채권의 부도위험(default risk), 즉 약정불이행 또는 미상환 위험을 반영하여 무위험 수익률에 가산할 것이다. 은행 또는 자본시장에서 결정한다. 은행 내부에서 결정하거나 외부의 전문 신용평가회사에서 부요한 신용등급(credit rating)에 따라 이 위험프리미엄에 차이가 날 것이다.

금리에 가산하는 프리미엄은 차입자의 예상부도율(default rate)을 감안하여 대출자의 자본비용을 보상할 수 있을 정도의 수준에서 결정된다. 이 논리를 단순화한 산식으로 설명하면 다음과 같다.

대출자 Y는 차입자 A에게 1년 만기로 100원을 대출하기 위해 다른 대출자 X로부터 100원을 조달해야 한다. Y가 X로부터 5%의 이자로 차입했다면 이 5%는 100원에 대한 조달비용이 된다. Y가 A에게 100원을 대출한 뒤 1이 지나 A로부터 상환을 받을 때 5%+ α의 이자를 받아야 이 조달비용을 최소한 충당할 수 있을 것이다. α는 대출자 Y

의 각종 유지관리 비용을 의미하는데, 설명의 편의상 $\alpha = 0$이라고 가정하자.

A가 100% 원금과 이자를 상환가능하다면 Y는 A에게 5%의 이자를 부과하면 적어도 명목금액 상으로는 손해를 보지 않을 것이다. 이렇게 부과되는 5%의 이자는 A의 신용등급을 최상위등급(예컨대 1등급 내지 AAA등급)으로 간주한 것이다. 이렇게 해서 Y는 A로부터 상환 받은 105원을 거꾸로 X에게 상환할 것이다.

그러나 A가 경험상 90%의 확률로 원리금 전액을 상환하고 10%의 확률로 원리금 전액을 상환하지 못한다고 예상하면 Y는 과연 A에게 무위험 이자 5%에 얼마의 프리미엄을 가산해야 평균적으로 자신의 조달비용을 보상할 정도가 될까? 이 값은 다음의 방정식을 r_p에 대해서 푼 값이 될 것이다.

$$105 = 100 \times (1 + 5\% + r_p) \times 90\% + 0 \times 10\%$$

이 식을 만족하는 r_p는 11.67%가 된다[47]. 즉, Y는 차주의 1년 부도율이 10%에 해당하는 신용등급일 때 그에게 금리 16.17%를 부과해야만 평균적으로 자신의 조달비용을 충당할 수 있을 정도가 된다.

이는 극도로 단순화한 수치로 보여준 것이며, 실제로는 기간별 예상 부도율과 회수율(recovery rate)이 복잡하게 계산에 포함된다. 회수율이란 부도 시 손실 금액 중 회수되는 금액의 비율을 의미한다. 차주의 부도로 대출자가 총 100원의 손실을 보았는데 적절한 채권보전조치를 통해 60원을 회수하였다면 회수율은 60%가 된다. 대출금리에 가산되는 위험 프리미엄은 결국 차주(borrower)로부터 예상하는 부도율, 회수율의 크기에 의존한다.

채권의 경우, 유통채권의 신용등급별 수익률이 동일 만기의 국고채 수익률을 상회하는 크기가 바로 이 부도율과 회수율이 종합적으로 반영된 위험 프리미엄이라고 말할 수 있다. 예를 들어서 2016년 2월5일 현재, 잔존만기 3년의 BBB 회사채의 수익률이 6.6%이므로, 동일 만기의 국고채 수익률 1.495%를 초과하는 5.105%가 해당 채권의 부도율과 회수율을 반영한 위험 프리미엄이다. 이는 시장에서 거래되는 호가에 부도율과 회수율에 대한 투자자의 기대가 반영된 결과라고 해석할 수 있다.

대출에 대해서는 은행이 차주에게 부과하는 신용대출 이자율 가운데 무위험 수익률을

47) 신용부도수왑(CDS) 금리 프리미엄을 대표적인 방법인 Hull-White 모형도 개념상으로는 이런 논리에 의거하고 있다.

초과하는 금액이 바로 위험프리미엄이 될 것이다. 담보대출의 위험프리미엄이 신용대출보다 낮은 이유는 부도율이 높다 해도 담보가 부도후 회수율을 그만큼 높여 주기 때문이다. 대출의 종류는 만기, 담보 유무, 상환 방식, 고정금리 대 변동금리 여부 등에 따라 수없이 많겠지만, 기본적으로 기업의 차입금리에는 어떤 경우에는 위험프리미엄이 포함되어 있다.

실무의 편의를 위해 산업통상자원부는 정기적으로 발간하는 <기술가치평가 실무가이드>[48]에서 업종별 기업의 재무제표와 유통채권 수익률 자료로부터 타인자본비용 표준지침을 도출하여 제시하고 있다. 여기 제시된 업종별 타인자본비용의 일부를 소개하면 <표 14>와 같다. 단 여기에 소개하는 할인율을 세전(pre-tax) 할인율이다. 실제로 기업의 현금흐름을 할인할 때 적용하는 수치는 세후(after-tax) 할인율이다. 세전할인율을 r_d, 법인세율을 t라고 하면, 세후할인율은 $r_d \times (1-t)$가 된다. 이렇게 할인율 자체를 줄여주는 이유는 차입금의 절세효과 때문이다. 차입금 이자는 법인세를 계산하기 이전 단계의 이익에서 차감되어 과세대상 이익 규모를 줄여주는 역할을 한다. 절세효과만큼 기업의 비용을 절감시켜주는 역할을 하기 때문에 세후타인자본비용을 실제 NPV 계산시에 활용한다.

표 14 **산업통상자원부의 대출 또는 채권 투자용 할인율(세전 타인자본비용) 지침**

대분류	중분류코드	산업명칭	상장	대	중	소	창업
C	17	펄프, 종이 및 종이제품 제조업	3.67%	4.01%	6.62%	7.66%	9.03%
C	18	인쇄 및 기록매체 복제업	3.28%	6.23%	7.27%	8.64%	10.66%
C	19	코크스, 연탄 및 석유정제품 제조업	3.28%	6.23%	7.27%	8.64%	10.66%

48) 이는 기술보증기금에서 자체적으로 계산한 할인율 지침표를 공적인 목적으로 공개한 것이다.

대분류	중분류코드	산업명칭	상장	대	중	소	창업
C	20	화학물질 및 화학제품 제조업; 의약품 제외	3.86%	4.20%	6.81%	7.85%	9.22%
C	21	의료용 물질 및 의약품 제조업	4.27%	4.61%	7.22%	8.26%	9.63%
C	22	고무제품 및 플라스틱제품 제조업	4.15%	4.49%	7.09%	8.14%	9.51%

〈출처: 산업통상자원부, (2017), 기술가치평가 실무가이드, 133〉

B. 지분투자자의 경우

지분투자자라면 주주에게 귀속되는 현금흐름에 대한 과거의 변동성 자료를 염두에 두고서 무위험 수익률에 적절한 프리미엄을 가산할 것이다. 그는 대출자나 채권투자자처럼 원리금을 상환 받지 못할 가능성을 보는 것이 아니라, 배당금의 수령 가능성, 보유 주식의 가격이 하락할 가능성 등을 전반적으로 볼 것이다. 그리고 그 위험을 보상할만한 최소요구수익률을 기업에 기대할 것이다[49].

대출 이자나 채권 수익률은 정보로 기록되는 반면, 지분투자자가 요구하는 수익률은 기업의 재무제표를 포함한 어떤 장부에도 기록되지 않는다는 특징이 있다. 다만 유사 기업의 재무제표나 유통되는 유사 주식 가격을 통해 자신이 요구할 수 있는 수익률에 대한 정보를 얻을 뿐이다.

지분투자자의 자본비용이 반영된 수치는 비교가능한 기업 또는 기업군의 자기자본수익률(Return on Equity, ROE), 벤처캐피탈 등 지분투자 전문가들이 위험을 보상하기 위해 요구하는 주관적인 수익률 등이 후보가 될 수 있다.

$\text{자기자본수익률} = \dfrac{\text{당기순이익}}{\text{(연평균) 자기자본}}$ 로서, 비교가능한 유사 기업 또는 유사기업군의 재무제표로부터 개별치 또는 평균치의 형태로 계산할 수 있다.

벤처캐피탈의 주관적 요구 수익률은 업종별로, 투자의 단계별로, 투자 조건별로 다르나, 이는 모형이나 절차에 의해 계산된다기보다 경험에 의거한 직관에 의존한다. 상황에

49) 이하의 논의는 보통주를 대상으로 한다. 배당우선주는 비록 법적 형태는 지분이기는 하지만, 성격상 채권에 가까우므로 그 요구수익률은 보통주와 달리 예상배당금/투자액으로 계산될 것이다.

따라 다르기는 하나 IPO직전 기업은 10% 내외, 초기 창업기업은 20% 이상까지 자본비용을 요구하는 것으로 알려져 있다.

또한 지분투자 또는 주식투자를 전문으로 하는 투자은행에게 적절한 업종별 자기자본비용을 제시하는 유료 상품으로서 이보트슨(Ibbotson)의 할인율 데이터베이스 같은 것들이 있다. 이런 서비스는 위험프리미엄을 성격별로 구분한 뒤 차례차례 가산하는 적산(build-up) 방식의 자료를 제공하는 것이 보통이다.

이론적으로 비교적 정교하게 자기자본비용을 추정하는 하나의 방법으로, 상장주식에 한해 적용할 수 있는 자본자산가격결정모형(CAPM: Capital Asset Pricing Model)이 있다. CAPM에 의하면 자기자본비용은 개별 주식 i의 자기자본비용은 무위험수익률과 주식시장의 평균수익률, 그리고 주식 i로부터 계산된 β계수로부터 다음과 같이 계산된다.

자기자본비용 = 무위험수익률 + 위험 프리미엄

$$r_e = E(r_i) = r_f + [\beta \times (E(r_m) - r_f)]$$

여기에서 베타(β)란 시기별 주식시장 전체의 평균 수익률을 독립변수로, 개별 주식 수익률을 종속변수로 설정한 선형회귀 추정계수를 의미한다[50]. 주식시장 전체의 평균 수익률은 예컨대 KOSPI지수나 S&P500지수 수익률의 일일 통계 등으로부터 얻을 수 있을 것이다. 개념적으로는 주식시장 전체의 수익률 변동성에 대비하여 개별 주식 가격 수익률의 변동성이 민감하게 반응하는 정도를 의미한다.

만약에 β가 1이라면 개별주식의 수익률은 주식시장 지표의 수익률과 사실상 동일한 폭으로 변동한다는 것을 의미한다. 이를 대상주식의 위험이 주식시장 전체의 위험과 동일하다고 해석하는 것이다. 앞의 식에서 $\beta = 1$이면 $r_e = E(r_m)$과 같아짐을 알 수 있다.

β가 1보다 크다면 개별주식의 수익률은 주식시장 지표의 수익률보다 더 큰 폭으로 변동한다는 것을 의미한다. 이를 대상주식의 위험이 주식시장 전체의 위험보다 크다고 해석하는 것이다.

50) 정확한 산식은 다음과 같다. $\beta = \frac{\sum[r_m - E(r_m)][r_i - E(r_i)]}{\sum[r_m - E(r_m)]^2} = \frac{Cov(r_m, r_i)}{Var(r_m)}$

β가 1보다 작다면 개별주식의 수익률은 주식시장 지표의 수익률보다 더 작은 폭으로 변동한다는 것을 의미한다. 이를 대상주식의 위험이 주식시장 전체의 위험보다 작다고 해석하는 것이다. 앞의 식에서 극단적으로 $\beta = 0$이면 $r_e = r_f$가 됨을 알 수 있으며, 이 때 대상 주식은 무위험 증권이 된다. 물론 이런 경우는 통계적으로 존재할 가능성이 전무하지만 말이다.

그러나 β는 오직 주식의 정기적인 거래 가격이 존재하는 상장기업에 대해서만 적용할 수 있으며, 비상장 기업에 대해서는 적용이 불가능하다[51]. 따라서 비상장 상태의 모든 사업에 적용하기에는 한계가 있다.

실제로 비상장 기업에 지분투자자로 참여하는 데에는 상장기업에 참여하는 경우에 비하여 더 높은 위험 프리미엄을 보상받아야 한다. 비상장기업의 크기에 따라서, 대상 사업의 구체적인 기술사업화 위험에 따라 그 위험 프리미엄은 다 달라져야 한다.

산업통상자원부는 정기적으로 발간하는 <기술가치평가 실무가이드>에서 CAPM 자기자본비용에 의거하되 비상장 기업의 구체적인 사업에 적용할 수 있는 자기자본비용, 즉 지분투자자 입장의 할인율을 제시하고 있다. 여기에는 CAPM법에 의한 상장기업의 업종별 자기자본비용에 비상장기업의 규모별 위험 프리미엄을 가산하도록 되어 있고, 사업화 위험 프리미엄을 별도로 점수 평가한 뒤 해당하는 위험 프리미엄을 가산하도록 되어 있다.

산업통상자원부 <기술가치평가 실무가이드> 상 업종별 자기자본비용의 일부를 소개하면 <표 15>와 같다.

표 15 산업통상자원부의 지분투자자 할인율(자기자본비용) 지침

대분류	중분류 코드	산업명칭	자기자본비용					
			상장기업 CAPM 자기자본비용	사업화 위험 프리미엄*	비상장 기업의 규모위험을 가산한 후의 자기자본비용			
					대규모	중규모	소규모	창업기업
C	24	1차 금속 제조업	8.76%	별도 계산	9.46%	10.21%	11.08%	12.29%
C	25	금속가공제품 제조업; 기계 및 가구 제외	7.91%	별도계산	8.52%	9.17%	9.93%	10.99%

51) 물론 하마다 방법(Hamada rule)처럼 상장기업의 유사 주식 베타와 부채비율, 비상장기업의 부채비율을 이용하여 비상장기업의 대용 β를 추정하는 방법이 있기는 하나, 고급과정에서 다루는 주제로서 여기에서는 설명을 생략한다.

대분류	중분류 코드	산업명칭	자기자본비용					
			상장기업 CAPM 자기자본비용	사업화 위험 프리미엄*	비상장 기업의 규모위험을 가산한 후의 자기자본비용			
					대규모	중규모	소규모	창업기업
C	26	전자부품, 컴퓨터, 영상, 음향 및 통신장비 제조업	7.91%	별도 계산	8.65%	9.44%	10.36%	11.64%
C	27	의료, 정밀, 광학기기 및 시계 제조업	7.71%	별도 계산	8.54%	9.42%	10.45%	11.89%
C	28	전기장비 제조업	8.35%	별도 계산	8.96%	9.61%	10.37%	11.43%
C	29	기타 기계 및 장비 제조업	7.99%	별도 계산	8.7%	9.46%	10.35%	11.58%
C	30	자동차 및 트레일러 제조업	7.67%	별도 계산	8.26%	8.9%	9.64%	10.67%
C	31	기타 운송장비 제조업	8.22%	별도 계산	9.19%	10.23%	11.45%	13.14%

〈출처: 산업통상자원부, (2017), 기술가치평가 실무가이드, 133〉

* 사업화 위험 프리미엄은 기술안정성(기술우수성, 기술경쟁성, 기술 모방 용이성, 기술 사업화 환경, 권리의 안정성), 시장 및 사업위험(시장 성장성, 시장 경쟁성, 시장진입 가능성, 생산 용이성, 수익성 및 안정성)에 속하는 총 10개 항목을 각각 1~5점 사이에서 평가하여 총 50점 만점으로 점수를 부여하고, 점수별로 최고 10.01%로부터 최하 0.18%까지 해당하는 프리미엄을 가산한다. 예를 들어서 C20 기타 기계 미치 장비 제조업의 소규모 기업의 자기자본비용 15.5%에 해당 기술사업의 사업화 위험 평가점수 40점에 해당하는 2.22%의 사업화위험 프리미엄을 가산하면, 지분투자자 입장의 할인율은 17.72%가 된다.

6.6.2. 가중평균자본비용(Weighted Average Cost of Capital, WACC)

기업 전체의 자본비용은 기업의 전체 자산투자자들이 요구하는 최저기대수익률이다. 이를 자본조달 측면에서 보면 대출 금융기관 또는 채권 투자자가 요구하는 타인자본비용과 주주들이 요구하는 자기자본비용의 평균치가 된다.

앞에서 설명한 타인자본비용 r_d와 자기자본비용 r_e을 재무상태표 상 타인자본과 자기자본의 구성비율로 가중평균하면 가중평균자본비용이 된다.

$$WACC = w_d r_d + w_e r_e$$

w_d : 타인자본의 구성비율

w_e : 자기자본의 구성비율

이때 주의할 점이 몇 가지 있다.

첫째, 자기자본에는 단지 주주의 납입금뿐만 아니라 이이잉여금의 내부유보분도 포함된다. 내부유보이익은 배당금으로 지급되기 전까지는 성격상 자본과 같은 역할을 하여 적절한 금융자산 또는 기타 자산의 형태로 분산하여 투자된다.

둘째, 타인자본은 이자를 지급하는 성격의 금융부채(장기차입금, 단기차입금, 유동성장기부채) 사채만을 포함해야 하며 상거래용 외상대금이나 미지급금 등 영업상 부채는 원칙적으로 포함해서는 안 된다.

셋째, 자기자본과 타인자본의 비중은 원칙적으로 해당 되는 부채와 주식의 시가 기준으로 해야 하나, 시가를 계산하기 어려운 상황일 경우 장부가를 적용해도 무방하다. 재무상태표 상의 수치는 과거 자금조달 당시의 가치를 나타내는 역사적 원가(historical cost)로서 현재가치를 반영하지 못할 가능성이 높기 때문이다.

넷째, 우선주의 경우 항목상 자기자본에 포함되어 있으나, 성격은 채권에 가까우므로 그 자본비용을 별도로 계산할 수 있을 경우 그 값을 이용한다[52]. 우선주의 자본비용은 과거 배당 실적에 의거하여 예상배당금/시가와 같은 식으로 계산한다. 우선주를 자기자본에 포함하든 타인자본에 포함하든, 어떤 경우에든 그 자본비용과 자산의 비중을 알기만 하면 가중평균값을 계산하는 데에는 지장이 없다.

이런 사항들을 고려하여 가중평균자본비용을 계산하는 과정은 <표 16>에 예시되어 있다.

표 16 가중평균자본비용 계산 예시

자본원천	장부가치	가중치	자본비용	가중비율
금융부채	20,000,000	29.41%	5.14	1.51%
우선주	8,000,000	11.76%	13.40	1.58%
보통주	32,000,000	47.06%	17.10	8.05%
유보이익	8,000,000	11.77%	16.00	1.88%
합계	68,000,000	100%	WACC = 13.02%	

52) 이 점에 대해서는 회계기준에서도 다소의 혼란이 있다. 기업회계기준(K-GAAP)에서는 우선주가 주식이라는 특성 때문에 자본으로 분류되지만, 국제회계기준(K-IFRS)에서는 그 실질적 성격을 감안하여 부채로 분류한다. 이는 성격이 모호한 여타 신종자본증권에 대해서도 마찬가지다.

그러나 가중평균자본비용을 할인율로 사용하기에 앞서, WACC는 자기자본제공자와 타인자본제공자 전체의 관점에서 현금흐름, 즉 FCF의 현재가치를 계산하려 할 때에 한하여 적용할 수 있다는 사실을 명심해야 한다. 즉 자기자본 제공자의 관점에서 현금흐름 현재가치를 계산하려면 WACC가 아니라 자기자본비용만을 사용해야 한다.

FCF에 대해서 WACC를 적용한다 해도 여기에는 한 가지 중요한 전제가 있다. 자기자본과 타인자본의 비중이 미래 현금흐름 추정 기간 내내, 최초 WACC에 적용된 비중과 동일하게 유지되어야 한다는 것이다. 만약에 이 비중이 최적자본구조(optimal capital structure)라면, 이것을 목표자본구조(target weights)로 삼을 수 있을 것이다. 그러나 현실에서 경영자가 최적자본구조의 존재를 인지하고 그를 달성한다는 것은 불가능하며, 따라서 목표자본구조라는 개념도 유용성이 사라진다.

다만, 기업은 재무위험 발생 가능성을 최소화하면서 사업의 지속 가능성을 높이기 위해 부채비율, 차입금 의존도, 매출액 대비 차입금 비율과 같은 몇 가지 지표에 대해 최저한도의 가이드라인을 정하고 이를 준수해 가면서 사업을 전개할 수 있을 뿐이다. 그런 관점에서 보면 미래에 타인자본과 자기자본의 비중이 어떻게 달라질지는 누구도 알 수 없는데, 이때 WACC도 적어도 논리적으로는 타당성을 상실하게 된다는 약점이 있다. 그런 의미에서 WACC는 평가 시점 현재의 자본구조가 미래에도 동일하게 유지된다는 가정 하에 추정의 일관성과 편리성을 유지하기 위한 한 가지 방법에 불과하게 된다.

부 록

부록 A. 기업 재무 활동과 기술의 관계

기술금융은 기술사업 주체가 외부의 금융주체를 상대로 수행하는 활동이지만, 넓은 의미에서 기업이 수행하는 다양한 재무 활동의 한 부분을 구성한다. 그런 의미에서 기술금융의 배경이 되는 기업 재무활동의 전반적인 구조를 함께 이해할 필요가 있다.

기업 재무활동은 행위 주체와 프로세스라는 두 가지 차원에서 나눌 수 있다. 행위 주체란 앞서 말했듯이 기술경영에 필요한 자금, 즉 재무자원을 공급하는 주체와 재무자원을 필요로 하는 주체로 양분된다. 공급자에는 대개 금융기관이, 수요자에는 기술경영을 수행하는 기업이나 비영리조직(대학, 비영리 연구소 등)이 해당된다. 프로세스란 이 각각의 주체 입장에서 기술사업화와 관련된 재무자원을 공급 또는 조달하는 절차, 재무자원을 조직 내부에 대한 투입하고 그 산출을 관리하는 절차, 외부의 적절한 사업 대상에 배분하는 절차의 세 가지로 구분할 수 있다. 각 절차마다 접근해야 할 대상과 지식들이 있다. 그 구조를 요약하면 <표 A-1>과 같다.

표 A-1 기술재무를 구성하는 요소

주 체 / 프로세스	기술재무자원의 공급자	기술재무자원에 대한 수요자
재무자원의 조달	금융상품, 금융수단, 기타 재무자원 공급 또는 지원 수단,	
	–	자본구조 관리
재무자원의 관리 (기업 내부)	재무제표분석	관리회계 또는 활동기반회계
재무자원의 배분(외부의 금융기관 또는 투자자)	기술신용평가, 기술가치평가, 투자타당성평가, 신용평가	–

A.1. 재무자원의 수급 프로세스

먼저 자금의 공급자나 수요자를 막론하고 재무자원의 수급 과정에서 다양한 자금[53)]조달 수단에 대한 지식이 필요하다. 그 수단이 되는 증권이나 계약으로는 주식, 채권, 차입, 집합투자증권(펀드), 구조화 또는 자산유동화증권 등 매우 다양한 형태가 존재한다. 그 외에도 정부 예산으로 편성된 지원금과 같은 기타 공급 수단들도 존재한다. 이 수요와 공급은 대부분 기업 단위로 이루어지지만, 최근에는 기술 관련 자산을 별도로 분리한 법인이나 사업을 분리한 프로젝트회사를 대상으로 하거나, 기업을 대상을 하더라도 특별히 기술에 중점을 두고 이루어지는 경우가 점점 증가하고 있다. 본장에서는 이런 다양한 자금조달 수단의 성격을 개관하고 이 중 기술과 관련하여 특화된 수단으로 어떤 형태가 가능한지를 소개할 것이다.

A.2. 재무자원의 투입과 산출관리 프로세스

재무 자원은 기업의 제반 활동에 투입되면서 거래 기록을 남긴다. 이 기록을 체계적으로 수행하고 관리하는 작업이 회계(accounting)다. 미국회계협회(AAA: The American Accounting Association)에 따르면 회계란 "경제실체의 경제활동에 대한 유용한 정보를 인식·측정하여 회계정보이용자가 합리적인 경제적 의사결정을 할 수 있도록 도와주는 정보시스템"이다. 이 기록은 기업이 창출하는 하나의 정보(information)로서 기업 내부 및 외부의 이해관계자들과 의사소통을 하는 중요한 수단이 된다.

(1) 내부 이해관계자로는 경영자가 대표적이다. 중간관리자와 실무자들도 역시 내부의 이해관계자로서 업무의 필요에 따라 관련된 회계 정보에 접근하면서 각종 의사결정에 필요한 정보를 얻는다.
(2) 외부 이해관계자에는 주주, 채권자, 노동조합, 정부기관(특히 세무당국) 등이 포함된다. 기존 주주는 경영 성과와 배당 정보에 대한 파악, 처분 의사결정, 잠재적 투자자는 투자의사결정, 채권자는 대출 의사결정, 세무당국은 과세의 목적으로 재무정보를 필요로 한다.

이렇게 정보를 이용하는 사람의 목적에 따라, 회계 정보를 작성하고 제공하는 형식은 달라지게 된다.

이 중에서 기술재무의 관점에서 활용도가 높은 수단은 관리회계(management accounting)

53) 맥락 상 특별히 구분해야 할 경우를 제외하고, 이하 '재무자원'과 '자금'을 동일한 의미로 사용하기로 한다. 물론 재무자원이 반드시 현금일 필요는 없다. 부동산이나 기계장치 등 실물 자산 이외에, 현금으로 전환 가능한 다양한 종류의 증권이나 계약 일체를 재무자원, 즉 자금을 내포한 자원으로 보아도 무방할 것이다.

다. 왜냐하면 제조 공정에서 인력, 원재료, 시설, 기타 다양한 자원에 투입되는 비용을 어떻게 측정할 것이며, 또 그로부터 귀결되는 재무적 성과를 어떻게 측정할 것인가의 문제는 엔지니어 입장에서도 중요한 관심사가 되기 때문이다.

관리회계는 재무자원이 조직 내부의 다양한 자원에 투입되는 과정을 관리하는 데에 목적이 있다. 관리회계에서는 제조원가명세서, CVP(원가/조업도/이익) 분석보고서, 각종 투자안 평가보고서 등이 작성된다. 이 보고서들은 회사별로, 부서별로 자신의 목적에 맞게 고유한 방식으로 작성하도록 허용한다. 관리회계는 본질적으로 제반 비용이 다양한 생산 자원에 어떻게 배분되면서 경제적 성과로 연결되는지 체계적으로 파악하는 데에 목적을 둔다. 그에 대한 정보가 있어야만 경영자들은 비생산적인 자원의 투입을 축소 또는 중단하고 보다 생산적인 높은 자원의 투입을 증가시킴으로서 생산성을 제고할 수 있게 된다.

한편 일반적인 외부 이해관계자를 대상으로 정보를 제공할 목적으로 수행하는 회계를 관리회계와 구분하여 재무회계(financial accounting)라고 한다. 그 결과물은 재무보고(financial report)라 할 수 있는 감사보고서다.

재무회계는 성격이 상이한 여러 외부 이해관계자들을 대상으로 전반적 경영 성과를 통일적인 원리에 따라 작성함으로써 제반 정보를 비교가능하도록 제공하는 것이 목적이다. 그래서 기업들이 일반적으로 준수해야 할 규칙으로서 GAAP(일반적으로 인정된 회계원칙: Generally Accepted Accounting Principle) 또는 IFRS(국제회계기준: International Financial Reporting System)[54]을 따르게 된다. 그렇게 함으로서 동일한 거래를 동일한 원리에 따라 측정하고 보고할 수 있으며, 정보 이용자들은 상이한 기업들을 비교하면서 합리적인 의사결정을 할 수 있게 된다.

외부이해관계자 중에서도 세무당국에 제공하는 회계 정보는 특별히 세무회계(tax accounting)라고 한다. 새무회계는 대개 재무회계와 많은 부분에서 유사하지만 과세 목적상 특별히 처리해야 하는 항목과 형식이 추가된다는 차이가 있다.

기술개발 또는 사업화 담당자는 관리회계와 재무회계의 기본적인 성격에 대하여 최소한 이해할 필요가 있다. 엔지니어나 마케터는 흔히 회계가 자신의 업무와 무관하다고 생각하기 쉽다. 물론 회계 정보가 담긴 문서를 작성하는 일은 전문적인 영역으로서 회계 담당자의 몫이다. 그러나 엔지니어나 마케터는 이렇게 생성된 정보를 이해해야 한다. 왜냐하면 그 정보는 그들의 일을 재무의 측면에서 표현하고 있기 때문이다. 반대로 회계 담당자 역시 엔지니어나 마케터가 하는 일의 성격을 이해하지 못하고 단지 경제적 사건을 기계적으로 기록하기만 해서는 안 된다. 회계담당자는 엔지니어나 마케터들이 올바른 의사결정을 내릴 수 있는 형태로

54) IASB(International Accounting Standards Board)에서 공표하고 관리한다.

정보를 생성하고 관리하려는 노력을 기울여야 한다. 연구개발 담당자가 자신이 수행하는 연구개발활동이 과연 어떤 방식으로 비용을 소모하는지 전혀 알지 못하고 있다면 그것은 연구자의 잘못이라기보다는 회계담당자의 잘못이거나 아니면 연구개발과 회계 기능 간 의사소통을 총괄하는 경영자의 잘못일 가능성이 크다.

관리용이거나 보고용이거나를 막론하고, 기술경영의 성과는 궁극적으로 기업의 성과에 녹아 들어가기 때문에, 기술의 재무성과만을 분리해서 표현하는 것은 사실상 불가능하며, 그 기술이 성과를 내기 위해 동시에 결합된 인력의 노동, 시설의 효용, 기타 다양한 자원들이 함께 창출한 성과가 종합적으로 보고용 재무제표에 표현된다. 그런 의미에서 누구나 기술재무의 성과를 해석하려고 하는 순간 불가피하게 그로부터 창출된 기업재무의 성과를 해석하는 데에 이르게 된다. 그런 의미에서 특정 단일 기술사업에 대해 동시에 결합된 여러 요소들의 기여를 배제한 채 오직 그 기술만이 단독으로 이룩한 재무성과를 분리한다는 것은 불가능할 뿐만 아니라 무의미한 일이기도 하다. 그러므로 기업의 성과를 표현하는 재무상태표(대차대조표), 손익계산서, 현금흐름표를 이해함으로써 기술의 재무성과를 아울러 이해하는 일이 가능해지게 된다.

한편 단일 기업이 복수의 기술사업을 영위하는 것은 재무 관점에서 여러 어려운 문제들을 야기한다. 특정 기술사업에 투입된 제반 비용과 생성되는 성과를 그 기업 내 여타 기술사업의 그것으로부터 분리해내는 작업은 생각처럼 간단할 일이 아니다. 19세기까지 회사들은 주로 단일 품목에 치중하였지만, 20세기에 접어들면서, 듀퐁(DuPont), GM 등 거대기업들이 복수의 사업들을 한 조직 안에서 병행시키는 현상이 일반화되었다. 여러 인력의 노동과 시설의 효용이 이질적인 기술사업들 사이에 혼장(混藏, intermingled)되어 버리면, 특정 기술사업의 투입 대비 성과를 계측하는 일이 원천적으로 불가능해지기 때문이다. 이종(異種) 기술사업 간에 명확히 조직 분리가 이루어져 있지 않은 한, 전통적으로 관리회계에서는 투입 비용과 산출 성과를 보다 합리적으로 배분하는 방식들을 개발해 왔다. 예를 들어서 사업부별로 매출과 같은 규모의 비율대로 간접비를 배분하거나, 고정비와 변동비를 구분하는 방식 등이 그것이다. 그러나 이런 배분 방식은 편리하다는 장점이 있었지만 개별요소의 기여분을 왜곡하기 쉽다는 단점도 무시할 수 없었다. 이런 단점을 극복하는 대안으로서 활동기반회계(activity-based costing)가 등장했다. 기업의 성과는 본질적으로 수많은 요소들이 잘 보이지 않는 곳에서조차 유기적인 관계를 이루며 종합된 결과이기 때문에 이 개별 요소들을 모두 명쾌히 분리해서 측정하는 완벽한 방법을 찾아내기란 사실상 불가능하다. 그럼에도 불구하고, 비록 차선의 방법이라 해도 기술경영에서 기술사업의 투입요소와 성과요소를 분리해내려는 작업은 반드시 필요하다. 그래야만 성과에 대한 공정한 평가와 보상, 그리고 사업 계획의 피이드백이 정상적으로 이루어질 수 있기 때문이다.

A.3. 재무자원의 배분 프로세스

자금 공급자의 입장에서는 자금 수요자의 신용위험과 공급자금의 회수 가능성을 분석할 필요가 있다. 자금 공급자 입장에서나 수요자 입장에서나 투자 위험은 항상 중요한 문제가 된다. 상당히 많은 투자가 재무적 성과를 낳지 못하고 실패로 돌아가는 경우는 매우 많다. 이를 위해서 재무자원의 배분 과정에서 포트폴리오 이론을 이해할 필요가 있다.

최적의 포트폴리오를 설계하기 위해서는 포트폴리오를 구성하는 개별 투자 대상들의 가치를 추정해야 한다. 그럼으로써 포트폴리오 전체의 가치평가도 가능하게 된다. 이때 가치평가 지식이 필요하다. 또한 가치평가와 유사하지만, 신사업 투자 여부에 대해 의사결정할 수 있는 합리적 판단기준을 도출하는 일이 필요한데, 이를 위해서 사업타당성 평가 지식이 필요하다.

한편 신용평가는 대출을 실시하는 자금공급자 입장에서 매우 중요한 행동이다. 물론 자금수요자 입장에서도 자신에 대한 신용평가 결과는 금융기관 거래 조건에 큰 영향을 미치므로 매우 중요하다. 자금수요자는 신용평가를 수행하는 주체는 아니지만 그 메커니즘에 대한 충분한 이해를 갖춘 상태에서 사업을 관리해야만 자금공급자를 상대로 효과적인 관계를 유지해나갈 수 있게 된다.

그림 A-1 전체 경영 활동 내 재무자원의 흐름

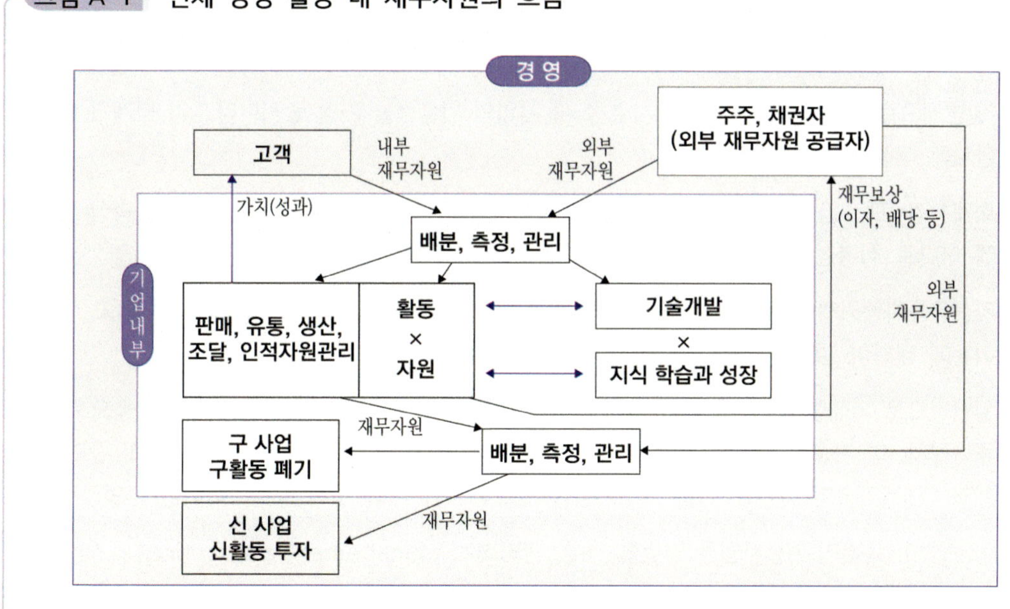

연습문제

1) 기업 금융(corporate finance)과 프로젝트 금융(project finance)은 어떻게 다른가?

2) 지식재산금융은 오직 기업금융의 형태로 한정되는가?

3) 다음 중 신기술 개발에 소요되는 자금의 원천으로서 가장 효과성이 높은 순서대로 나열하고, 그 이유를 설명하시오.

   (1) 신주 발행자금 (2) 내부 영업창출 자금
   (3) 은행 단기차입금 (4) 은행 장기차입금

4) "일반적으로 벤처캐피탈은 투자의사결정 시 기업의 기술력을 가장 중시한다." 이 명제가 타당한지에 대해서 논평하시오.

5) 회계처리 또는 금융담보 대상으로서 무형자산 또는 지식재산이 지녀야 할 중요한 속성 가운데 하나로 식별성(identifiability)이란 무엇을 의미하는가?

6) 자산유동화증권의 투자 대상으로서 기술관련 무형자산이 상대적으로 활성화되지 않고 있는 이유에 대하여 설명하시오.

7) 일반적으로 미래현금흐름에 대한 할인율은 자기자본비용과 타인자본비용의 가중평균으로 이루어진다. 이 가운데 자기자본비용에 상장기업 수준의 자본비용 외에 비상장 기업의 규모 위험과 대상 기술의 사업화 위험 프리미엄을 별도로 가산해야 한다면, 그 이유는 무엇인가?

8) 한 기업이 복수의 기술사업을 영위할 경우, 관리회계(management accounting)의 역할이 왜 중요한가?

9) 기술 경영자 입장에서 재무회계(financial accounting)는 어떤 중요성과 한계를 지니는가?

제7장

기술인사조직

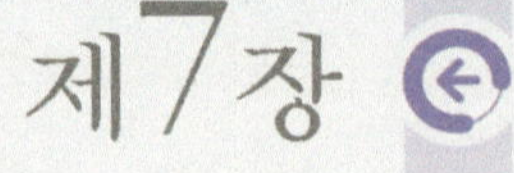
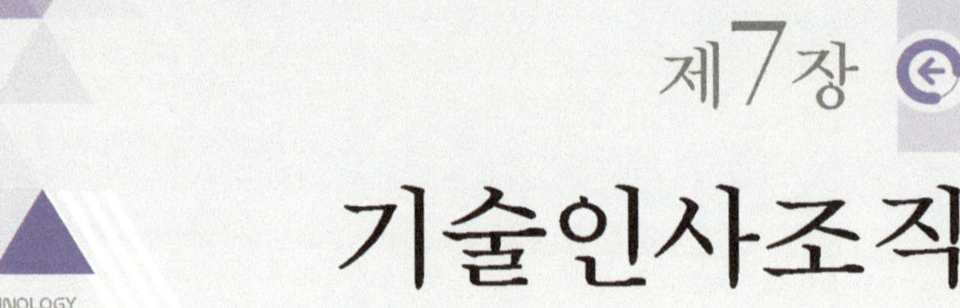

제7장 기술인사조직

학습목표

- 기술인사조직의 개념을 파악하고, 왜 기업 활동에서 인사 및 조직 관리가 중요한지 이해한다.
- 기술인사조직의 여러 조직구조를 이해하고, 조직구조 유형을 결정짓는 여러 요인에 대해 파악한다.
- 연구개발 조직의 구조와 조직문화의 특성을 파악하고, 연구개발 조직에 대한 동기유발 및 갈등관리의 필요성에 대해서 알아본다.
- 혁신적인 조직을 구성하기 위한 내용을 파악하고, 올바른 혁신 기업 구축을 위한 방법을 고찰한다.

1. 기술인사조직의 개념

인사조직(personnel and organization management)은 조직의 목표달성이라는 공통된 목표를 위하여 조직의 구성원들이 스스로 최선을 다하여 일하도록 동기부여 함으로써 조직의 성장과 함께 개인의 발전도 아울러 달성하도록 하는 분야이다. 인사조직 관리는 기업의 목표와 그 구성원들의 개인적인 목표를 동일선상에 놓아 함께 실현하게 하는 중요한 수단이 됨과 동시에 그 주체와 객체가 사람이라는 점에서 기업의 소중한 전략적 자산이라고 할 수 있다. 왜냐하면 기업 활동의 성과를 좌우하는 활동이 결국은 기업의 리더 및 여러 구성원들로 표방되는 사람에게 달려있고 인사조직의 주체와 관리의 대상은 바로 그 사람이기 때문이다. 따라서 인사조직 관리는 조직의 핵심 자원인 사람을 다루는 시스템 및 테크닉의 총체라고 말할 수 있으며 이러한 인사조직 관리의 중요성은 지속적으로 강조되고 있다.

인사조직 관리자의 역할은 대내적으로는 최고경영자에 대한 전략 수립 지원역할과 조직 구성원에 대한 서비스 역할 및 조직의 각 부문의 조정자로서 역할을 수행하고, 대외적으로는 조직이 속해 있는 경제적, 사회, 문화적, 그리고 법적 외부환경과의 연결단위로서 사회와 조직 대내외 간에 원활한 조화를 추구하는 역할을 수행한다.

동서고금을 막론하고 많은 기업들은 연간 보고서 및 각종 발표 자료에서 기업에 속해 있는 사람이 경영활동에 있어 중요한 자산이라는 인식을 강조해왔다. 특히 오늘날 많은 기업들이 새로운 기술을 받아들여 신사업을 육성하고 개척되지 않은 분야에 진출이 활발한 시점에서도 많은 기업들은 기술을 개발하고 새로운 지식을 받아들이는 사람이 기술 혁신의 중심이고 그 결과 기업의 지속적인 성장을 창출하는 가장 중요한 요소임을 강조하고 있다.

지속적으로 신기술과 지식을 창조하여 조직에 혁신을 불어넣는 것을 목표로 하는 기술인사조직을 구성하기 위해서는 조직의 구성원들이 혁신의 중심으로서 역할을 효과적으로 수행하는 것이 중요하다. 혁신적인 기술인사조직을 구성하는데 있어 조 티드(Joe Tidd)와 존 베산트(John Bessant)는 다음과 같은 일곱 가지 주요 구성요소가 필요하다고 하였다.

(1) 조직구조: 기업은 조직 구성원들 상호간의 의사소통, 교류와 학습을 통해 아이디어를 공유 및 구체화 작용이 가능한 조직을 설계해야 한다.

(2) 핵심 인재: 기업은 조직 내 아이디어 발굴 및 혁신하는데 있어서 활기를 불어넣을 수 있는 여러 핵심 인재를 발굴 및 계발하여야 한다.

(3) 효과적인 팀워크: 기업이 직면한 문제를 해결하는 데 부서 간, 기능 간에 여러 팀원들을 적절하게 배치하고 기존의 조직과 새로운 프로젝트 팀의 선택과 구축에 주의를 기울여야 한다.

(4) 조직 내에 공유된 비전과 혁신적인 리더십: 조직의 리더는 조직의 비전과 목표가 구성원들에게 분명하게 전달되고 공유될 수 있어야 하고, 이를 위해 확고한 의지로 비전과 목표의 공유를 전사적으로 확산시켜야 한다.

(5) 창조적 분위기: 혁신적인 아이디어는 기존 조직이 접해보지 못했을 가능성이 크므로 마찰과 갈등이 발생할 수 있다. 따라서 새로운 것에 대한 마찰과 갈등을 최소

화하여 긍정적으로 받아들이고 구성원들에 대한 지속적인 동기부여를 통해 새로운 아이디어를 지원한다.

(6) 혁신에 대한 높은 참여도: 지속적인 혁신 및 개선 활동에 조직 구성원 전체가 적극적으로 참여할 수 있도록 하여야한다.

(7) 외부혁신수용: 조직 내, 외부와 끊임없는 교류를 통해 창조적인 혁신을 지향하고 광범위한 네트워킹을 구축한다.

혁신적인 조직을 구축하는 데 위의 일곱 가지 요소들 중에서, 여기서는 기술인사조직 관리를 수행하는 데 있어 가장 기본이 되고 중요한 조직구조에 대해서 집중적으로 다루고자 한다.

2. 기술인사조직의 구조

2.1. 기업의 규모

기업의 규모는 크게 보면 전체 조직 구성원 수나 매출과 같은 외형적인 지표에 따라 대기업이나 중소기업으로 나눌 수 있다. 우선적으로 대기업과 중소기업 중 어느 쪽이 더 혁신 성공률이 높을 지에 대해 알아보는 것은 기술인사조직이 지속적으로 혁신하고 성장하기 위해 필요한 구조를 파악하는데 의의가 있을 것이다.

조직이 보유하고 있는 가용 자원과 인재의 수적인 측면에서 보면 대기업이 중소기업보다 상대적으로 많은 혁신을 창출할 수 있을 것 같이 여겨진다. 하지만 대기업은 이미 고착화된 위계질서에 의해 조직 내 의사소통이 느릴 수 있고 오랜 시기동안 정형화된 업무 규제나 지침으로 인해 창조성 발현 가능성이 적으며 기존 제품과 서비스가 제공해주는 안정된 수익은 혁신 창출에 걸림돌이 될 수도 있다.

이와 같이 혁신이 발생할 가능성에 기업규모가 어떻게 영향을 미치는지에 대해 조셉 슘페터(Joseph A. Schumpeter)는 대기업이 중소기업보다 좀 더 유리한 위치에 있다고 주장하였다. 슘페터의 주장에 따르면 그 이유로 우선 대기업은 자본시장에서 새로운 혁신을 위한 연구개발(R&D) 프로젝트에 자금조달이 용이하고, 연구개발에 필요한 고정비용을 분산시킬 수 있는 규모의 경제 등에 의한 사업규모가 되며, 마케팅 및 경영정보시스템과 같은 경영 지원 활동이 구축되어있고, 보다 광범위한 정보와 자원 획득이 가능하기 때문에 대기업이 혁신 활동에 있어서 중소기업보다 좀 더 효과적일 수 있다고 하였다.

슘페터가 주장한 것 외에 대기업이 갖는 또 다른 이점을 살펴보면 대기업의 연구개발 투자금액의 절대규모가 크니까 규모의 경제(economies of scale)를 달성할 수 있고, 시간이 지나면서 실패를 통해서 잘못된 점을 배우고 성공을 통해 지속적인 개선을 하는 등 학습효과가 중소기업보다 상대적으로 높을 수 있다. 제약업계를 예로 들면 규모가 큰 제약회사만이 장기간 동안 많은 투자를 통하여 연구하여 블록버스터 급 신약 개발에 성공할 수 있는 여건이 되므로 아래 사례와 같이 제약업계는 M&A 등의 방법을 통해 규모를 키우기 위해 노력하고 있다. 대기업은 중소기업보다 장기간 자본투자가 많이 필요하고 연구 결과의 불확실성이 높은 프로젝트에 투자할 여력을 중소기업보다 상대적으로 많이 가지고 있다고 볼 수 있다.

사 례 제약업계에 부는 M&A 바람

"연초부터 제약업계에 인수합병(M&A) 바람이 불고 있다.

제약업계에 따르면 일동제약은 경영권을 두고 녹십자와 대립각을 세우고 있고, 동아쏘시오홀딩스 등 일부 제약사는 사업 다각화를 위한 M&A를 최근 진행했다.

녹십자, 일동제약 M&A 하나=녹십자와 일동제약이 일동제약의 등기이사 선임을 두고 팽팽히 맞서며 기업 간 M&A 논란이 재 점화되고 있다.

사건의 발단은 녹십자가 지난 6일 일동제약에 내달 주주총회에서 자사가 추천하는 인사를 이사로 선임할 것을 요구하는 내용의 주주제안서를 발송하면서 부터다. 이에 대해 일동제약이 '적대적 인수합병과 관련한 입장 표시'를 요구했지만 녹십자가 '주주제안서를 검토해 달라'는 원론적 입장을 밝히며 대립각을 세우고 있다. 이에 대해 업계에서는 녹십자가 사실상 일동제약에 대한 M&A에 나섰다고 보고 있다. 이에 따라 3월에 있을 일동제약의 주주총회에서 녹십자가 어떤 권리를 행사할지 관심이 집중되고 있다.

동아쏘시오 · 광동제약 사업다각화=동아쏘시오홀딩스와 광동제약은 사업다각화를 위해 M&A를 성사시켰다. 동아쏘시오홀딩스는 지난 17일 진단바이오업체 인포피아의 주식 183만주(지분율 21.06%)를 340억원에 인수했다. 동아쏘시오홀딩스는 진단부문의 성장동력을 확보해 헬스케어사업으로 영역을 확대한다는 계획이다. 특히 인포피아는 매출의 80%가 수출인 회사로, 동아에스티 당뇨병치

료제와의 공동 마케팅과 인포피아 수출국 네트워크를 활용한 수출 활성화가 가능해 시너지효과가 클 것이라는 것이 회사측의 설명이다.

광동제약은 코오롱그룹 계열사인 코리아이플랫폼의 주식 56%(410만6759주)를 약 470억원에 인수하고, 소모성자재 구매대행(MRO) 사업에 본격 진출했다. 광동제약 관계자는 "안정적인 성장이 가능한 B2B유통사업 인수로 사업포트폴리오를 다각화하고, B2B기반의 유통사업을 기반으로 양사간 내부역량 및 브랜드가치를 포함한 총괄적인 기업가치를 제고하기 위해 이뤄졌다"고 배경을 설명했다.

삼성제약은 화장품 개발 및 판매업체인 신화아이엠을 인수하고 화장품 사업에 본격 진출할 예정이다. 신화아이엠은 2009년 7월 설립된 이후 자체 브랜드 화장품을 중국 및 국내 유통을 추진하고 있으며 국내 · 외 브랜드 제조업체를 대상으로 화장품 제조사개발생산(ODM) 사업을 진행하고 있다. 특히 신화아이엠은 마스크 부분에서 차별화 기술, 컨셉의 제품에 있어 비교우위에 있는 분야로, 제품 출시 후 대량거래선을 확보할 수 있을 것으로 기대된다.

M&A 제약산업 글로벌화 지름길＝그동안 국내 제약기업들은 '규모의 경제'를 달성하지 못하고 있으며, 이에 따라 중 · 장기적으로 경쟁에 취약하다는 지적을 받아 왔다. 또한 M&A처럼 규모의 경제를 단시일내 효과적으로 키울 수 있는 방법은 없다는 시각도 존재한다. 더욱이 최근 글로벌에서 M&A가 활성화되고 있는 상황이기에 국내에서의 M&A 필요성이 제기돼 왔다.

하지만 글로벌 시장과 달리 국내는 오너 가족 중심의 지배 구조라는 점, 대부분 제약사들이 비슷한 사업 구조와 제품군을 가지고 있어 시너지효과가 적다는 점 때문에 M&A가 활성화되지 못한 측면이 있었다.

이에 최근 국내에서 부는 M&A 바람이 장기적으로 제약업계의 산업 재편에 촉매제 역할을 할 것이라는 전망이 나오고 있다. 특히 신약개발의 화두인 최소 1조원 매출시대가 국내 제약기업이 글로벌화를 실현하는 지름길이 될 수 있다는 분석이다. 한국보건산업진흥원 윤건호 연구개발 진흥본부장은 "국내 제약사들은 규모가 작기 때문에 과감한 R&D 투자에 한계가 있다"면서 "제약업계의 규모의 경제 실현은 제약 R&D 발전에도 긍정적으로 작용할 수 있다"고 설명했다."

〈출처: 파이낸셜 뉴스, (2015.2.23.)〉

반면 기업의 규모가 커서 혁신 활동에 방해되는 단점도 있다. 우선, 기업의 규모가 커지면 커질수록 리더가 직원들과 개별적으로 교류하며 동기를 부여하는 것이 힘들어지기 때문에 연구개발의 효율성이 떨어질 수 있다. 왜냐하면 기업이 커질수록 혁신 창출에 직접 공헌한 사람들이 누릴 수 있는 수익 분배액수가 줄어들기 때문에 동기부여 결과가 기업 규모가 작았을 때보다 떨어지기 때문이다. 그리고 기업규모가 커지면 조직의 전반적인 구조가 경직되면서 관료적 관성(bureaucratic inertia)에 젖어들게 되고 고착화되는 규정과 많은 절차들로 인해 변화에 반응이 느려지게 되어 결국 조직 전반에 걸쳐서 혁신성이 떨어지게 된다. 아울러, 대기업은 성공한 기존 기술을 통해 창출되는 매출에 안주하려는 경향, 안정적인 수익을 주는 기존 고객기반 또는 기존 제품 및 서비스에 의존하려는 경향 때문에 새로운 변화와 도전을 예측하지 못하거나 거부하여 혁신성이 떨어진다. 또한, 대기업은 또한 이미 기존에 상당한 투입이 이루어진 고정자산과 많은 인력들로 인해서 새로운 변화를 받아들이기에는 많은 고민과 갈등이 발생하고 이에 따라 변화하는 시대흐름에 민첩하게 반응할 수가 없게 된다. 이로 인해 중소기업보다 혁신성이 급격히 떨어질 수 있다.

반면 중소기업은 대기업에 비해 속도와 융통성, 그리고 도전적인 기업가 정신(entrepreneurial orientation)이 높다. 왜냐면 그들은 투자된 고정자산과 인력이 많은 것도 아니고 기존에 보유하고 있는 탄탄한 고객기반이나 안정적인 매출과 수익을 주는 제품과 서비스가 존재하는 것도 아니기 때문에 비록 손실을 보게 되더라도 비교적 적은 손실로 환경변화에 능동적으로 대처할 수 있다. 규모가 작은 중소기업일수록 조직 내 구성원 모두 위험을 감수하고 도전하는 높은 기업가 정신을 보유하는 경우가 많다. 그리고 성공 후에는 참여했던 적은 수의 구성원들에게 개별적으로 큰 성과를 나눌 수 있음으로 직원들의 사기도 높아진다. 또한 조직계층 구조가 단순해서 의사결정이 빠르고, 직원 수 또한 적어서 동기부여하기도 상대적으로 용이하다. 하지만, 중소기업은 자원이 상대적으로 빈약하여 투자의사결정 시 성공확률이 높은 최소의 프로젝트에 집중 투자해야만하기 때문에 투자위험이 높고, 소규모로 인해 이러한 위험을 분산하는 것도 어려운 단점도 존재한다.

위에서 살펴본 바와 같이 대기업과 중소기업 모두 규모 때문에 혁신에 장점과 단점이 모두 존재한다. 따라서 대기업의 경우 큰 규모에서 나오는 장점을 유지하면서 자신의 단점을 보완하거나 중소기업의 장점을 활용할 방법을 찾아야 하고, 중소기업 역시 자신의 장점을 유지하면서 단점을 보완하도록 노력하여야한다. 특히 중소기업의 경우 경영활동이 순조롭게 진행되어 성장하면 시간이 흐름에 따라 기업의 규모는 자연스레 커질 것이다. 결국 규모가 커지면서 발생되는 혁신 장애를 극복해야 하는데 이 현상에 어떻게 대처하고 해결할 것인지 미리 계획하고 준비하면 좋을 것이다.

구체적인 대기업으로 성장한 이후 대처방안으로는, 실제 규모는 크지만 기업경영 측면에서는 작은 기업처럼 느껴질 수 있도록 조치를 취해야 하는데 이는 조직을 하부조직(sub-unit)으로 분할(disaggregate)시킴으로써 가능할 것이다.

이는 슘페터가 "자본주의, 사회주의, 민주주의(1950)"에서 주장한 산업의 발전은 Mark I과 Mark II의 사이클이 반복되는 것이라는 점과 맥락을 같이 한다. 앞서 살펴본 바와 같이 슘페터는 기본적으로 중소기업보다는 대기업이 혁신을 좀 더 쉽게 달성할 것이라고 주장했다. 물론 이 주장이 그릇된 것은 아니지만 슘페터는 경제 및 산업의 진화 관점에서 보면 발달 초기에는 창조적 파괴성(creative destruction)을 지닌 신생 중소기업에 의해 혁신이 주도된다는 사실을 알게 되었다. 그래서 슘페터는 이 시기를 Mark I이라 칭했으며, 이 기간에 무수히 많은 신생 중소기업들이 진입하고 다양한 기술들이 공존하는 특성을 갖게 된다고 하였다. 이후 산업이 어느 정도 성장하게 되면 수많은 신생 중소기업들은 사라지게 되고 성공한 몇몇 중소기업들이 대기업으로 성장하여 이들로 인해 시장이 과점 경쟁화 되면서 산업이 초기 발달할 시기보다는 덜 창조적이지만 개선된 기술력을 가진 대기업에 의해 혁신이 주도된다고 하였다. 슘페터는 이 시기를 Mark II라 칭했으며, 이 기간에는 진입장벽이 Mark I보다 높아짐을 발견하였다. 하지만 시장이 성숙하여 쇠퇴기에 접어들 무렵 새롭게 산업을 재편하는 혁신적인 기술을 가진 신생 중소기업들이 다시 도래하여 Mark I 상태로 바뀌어 간다. 결국 산업의 발달은 Mark I과 Mark II가 순환되는 과정인 것처럼 기업 역시 신생 중소기업으로 탄생하여 살아남고 번성하게 되면 대기업으로 변화하고, 산업이 재편되는 과정에서 여러 소규모의 신생기업들이 새로운 기술로 무장한 채 진입하며 대기업은 또 다른 생존을 위해서 소규모로 분할하는 작업을 해야만 한다는 것이다.

사 례 기업가 정신의 개념

기업가를 뜻하는 entrepreneur라는 용어는 프랑스어에서 유래했다. 원래 뜻은 '시도하다' '모험하다'의 의미를 담고 있다. 18세기 초 프랑스 경제학자 리샤르 깡티옹(Richard Cantillon, 1680s－1734)을 비롯해 프랑스 정치경제학자들이 처음 사용했다. 깡티옹은 상인이나 제조업자와 구분해서 이 말을 썼다. 위험 부담을 꺼리는 이들과 구분하기 위한 언어였다. 기업가는 위험을 무릅쓰고 시장에서 교환행위를 주도하고 이끄는 사람으로 깡티옹은 해석했다. 이후 역시 프랑스의 경제학자 쎄(Jean－Baptiste Say, 1767－1832)가 이 용어를 적극적으로 사용하여 수 많은 경제학자들 사이에 확산되기 시작했다. 수요량과 공급량의 차이를 만들어내는 이윤 기회를 쉼 없이 찾아내는 사람이 기업가다. 여기에는 늘 이익과 손실이 동시에 도사리고 있다. 기업가는 시장을 바라보는 본능적 감각을 가져야 생존할 수 있다.

슘페터가 본 기업가 정신

슘페터는 기업가 정신을 학문적으로, 체계적으로 접근한 최초의 학자로 평가받는다. 기업가 정신의 핵심은 혁신이다. 숨어있는 이윤을 찾아내기 위해 기업가는 끊임없이 새로운 상품과 서비스를 개발한다. 그 바탕은 기술혁신이다. 이 기술은 현 상태를 인정하지 않고 깨뜨린다. 그가 말한 창조적 파괴는 바로 이것이다. 혁신과 창조적 파괴를 가져오는 정신, 그것이 기업가 정신이다.

좀 더 학문적으로 정리하면 이렇다. 신제품의 발명이나 개발, 새로운 생산방법을 도입하거나 신기술을 발명해내는 것, 새로운 시장을 개척하는 일, 새로운 원료나 부품을 찾아내 사용하거나 공급하는 것, 조직을 새롭게 형성해 생산성을 올리는 것을 기술혁신의 종류로 봤다. 이런 기업가 정신은 늘 기존 시장을 흔든다. 이들에게 시장포화란 없다. 스티브 잡스가 기존 휴대폰 시장을 단번에 뒤엎은 것도 '시장포화란 없다'는 것을 입증한 기업가 정신의 발로였다. 노키아는 기존 휴대폰 시장에서 이룩한 성과에 도취해 있었고, 아침에 깨어나 보니 세상이 뒤바뀌어 있음을 발견했다. 그리고 노키아의 휴대폰 사업 운명은 한여름밤의 꿈처럼 사라졌다.

슘페터의 시각에서 이윤은 도덕적이고 정당하다. 마르크스는 이윤을 착취의 결과라고 해석해서 부도덕하고 불공정한 현상이라고 보았지만 슘페터는 오히려 혁신으로부터 이윤의 도덕성을 발견했는데 이 점은 드러커(P. F. Drucker)가 특히 강조하기도 했다. 이윤은 기업가 정신을 발휘하고 모험을 무릅쓰고, 창조적 파괴를 성공적으로 수행한 기업가에게 주어지는 정당한 대가로 해석된다. 기업가의 혁신은 문명을 이끈다. 혁신은 지식시장을 타고 빠르게 번져 공급자와 소비자를 한 단계 올려놓는다. 혁신이 이뤄낸 시장은 넓어지고 시장 플레이어들도 늘어나 가격은 하락한다. 상품과 서비스는 향상되지만 결국 가격은 떨어지는 구조다. 창조적 파괴가 사회 전체로 번진 결과다.

슘페터는 경기순환을 바로 혁신의 관점에서 해석한다. 창조적 파괴가 주기적으로 나타나고 사라지면서 호경기와 불경기가 온다는 설명이다. 결국 기업가 정신이 쇠퇴하면 한 나라의 경제가 성장하기 어렵다는 의미다. 지금 대한민국이 그런 상황이다.

드러커가 본 기업가 정신

슘페터와 친분이 있던 '현대경영학의 아버지' 피터 드러커도 기업가 정신을 늘 강조했다.

그가 정의한 기업가 정신도 슘페터의 그것과 다르지 않다. '위험을 무릅쓰고 포착한 기회를 사업화하려는 모험과 도전의 정신이다.' 드러커 역시 기업가 정신과 혁신을 하나의 몸통으로 생각했다. 다만 드러커는 과거에는 창업을 통해 기업을 일구고 성공할 수 있었으나 지금은 기업의 규모가 거대해져 관리가 중요한 측면이 있다고 했다. 이런 점에서 현대에선 기업가 정신이 많이 약해졌다는 것이 드러커의 진단이다.

드러커는 이런 탓에 경영관리에서 혁신이 중요해졌다고 본다. 성장을 위한 혁신이 중요한 만큼 매니지먼트에서 관리혁신도 불가피해졌다는 뜻이다. 심지어 드러커는 기업가 정신이 대기업 외에 중소기업, 공공기관, 비영리단체에도 필요하다고 강조한다. 슘페터의 기업가 정신과 사뭇 다른 점이다. 한발 더 나아가 기업가 정신은 기업 단위에만 필요한 것이 아니라 사회에 사는 개인들이 가져야 할 자기혁신 도구로 봤다. 개인이 기업가 정신을 바탕으로 끊임없이 혁신을 추구할 때 한 사회가 다음 사회로 진화해나갈 수 있다. 드러커에 따르면 기업가 정신은 오늘을 살아가는 이들의 기본정신이 된다.

2002년 드러커는 자신의 저서 '넥스트 소사이어티'에서 기업가 정신이 가장 높은 나라로 한국을 꼽았다. 식민지와 6 · 25전쟁을 겪은 한국이 최고의 기업들을 길러낼 수 있었던 것도 높은 교육열을 통해 지식 노동자가 양성되고 기업과 개인들이 치열한 기업가 정신을 발휘했기 때문이라고 그는 봤다.

〈출처: 한국경제, (2015.11.27.)에서 저자 일부 수정보완〉

다음은 조직구조 유형을 구별 짓는 구조적 차원과 다양한 조직구조가 가지고 있는 장점 및 단점에 대해서 살펴보고자 한다.

2.2. 조직구조 유형을 결정짓는 구조적 차원

구조적 차원(structural dimensions)은 기업의 혁신 행위 특성과 성과에 영향을 미치며 이에 따라 기업의 조직구조 유형이 달라진다. 구조적 차원에는 크게 공식화(formalization), 표준화(standardization), 그리고 집중화(centralization)가 있다.

공식화는 기업 내 개인과 집단들의 행동을 조직화하기 위해 규칙(rules), 절차(procedures), 문서(documentation)를 활용하는 정도를 의미한다. 즉, 규칙, 절차, 문서가 많을수록 공식화가 강화된 조직 구조라고 할 수 있다. 공식화를 통해 리더는 조직 구성원에 대한 관리감독을 용이하게 할 수 있고 특히 대기업의 경우는 적은 수의 관리자로도 기업을 수월하게 운영할 수 있도록 도와준다. 그러나 기업이 조직 구성원들의 모든 행동을 아주 상세한 절차들로 공식화하고자 한다면 직원들의 창의력과 자율성은 억압될 수밖에 없다.

표준화란 기업 내 구성원들의 활동이 동일한 방식으로 실행되는 정도를 의미하며, 표준화가 많이 진행 될수록 기업 내 행위가 원활하게 진행되게 하고 예측 가능한 결과를 얻을 수 있게 해준다. 공식화와의 차이점으로 표준화는 주로 기업 제품의 품질관리 활동과 원자재 공급업체 관리 활동에 적용된다. 하지만 공식화와 마찬가지로 표준화 역시 다양성이 배제됨으로 인해 혁신적인 아이디어를 이끌어낼 수 있는 창조성과 실험정신을 제한시킬 수도 있다는 단점이 존재한다.

집중화란 의사결정의 힘과 권한이 소수의 최고경영층에 집중된 정도를 의미하며, 집중화될수록 기업의 중요한 사안에 대한 결정권이 소수의 최고경영층에 달려있다고 볼 수 있다. 집중화의 반대 개념인 탈집중화(decentralization)는 의사결정권한이 하위계층까지 분산된 정도를 의미한다. 집중화는 활동이 지리적으로 어디에 집중되어 있느냐와 활동의 통제에 대한 힘과 권한이 어느 곳에 집중되어 있느냐 둘 다 고려할 필요가 있다. 예를 들어, 본사로부터 멀리 떨어진 곳에서 활동이 일어났다고 하더라도 그 활동의 힘과 권한이 여전히 본사에 있다고 한다면 그 조직은 집중화 정도가 높다고 판단되어질 것이다. 하지만 본사로부터 멀리 떨어진 지역에서 활동이 발생했을 뿐만 아니라 힘과 권한 또한 그 지역에 주어졌다고 한다면 그 조직은 충분히 탈집중화되었다고 말할 수 있을 것이다.

앞에서 살펴본 구조적 차원 중에서 공식화와 표준화를 결합한 형태를 기계적(mechanistic) 조직구조라 부른다. 기계적 구조는 주로 대량생산 시스템 상에서 운영 효율성을 높이고자 할 때 적합한 형태로 여겨진다. 그 이유는 대부분의 활동이 표준화되어 있고, 역할(roles), 책임(responsibilities), 정책(policies), 그리고 절차(procedures)를 철저히 체계화함으로써 확실하고도 일관성 있는 결과가 예측되며 운영되는 것이 마치 조건만 맞다면 특별한 고장 없이 일을 잘 수행하는 기계와 같기 때문이다.

기계적 조직구조는 힘과 권한이 중앙에 집중되어있는 형태를 띠는 것이 일반적이지만 직접적인 관리감독 대신 상세한 규칙, 절차, 표준, 최고경영자의 의사결정권한의 위양, 즉 공식화를 통해서 탈집중화 구조의 모양도 가질 수 있다. 그러나 탈집중화되어있더라도 모든 의사결정은 여전히 최고경영자의 목적에 부합되는 것이어야 기계적 조직구조에 있어서 기업의 전체적인 목표를 달성하는 데 합리적인 조직 구조라고 할 수 있을 것이다.

기계적 조직구조는 엄격한 표준들을 지킴으로써 조직의 효율성을 달성할 수 있겠지만 태생적으로는 변화와 새로운 것을 쉽게 받아들이지 않기 때문에 기업 내 창의력이 억압될 수 있다. 이러한 문제점을 해결하기 위해 기계적 조직구조에서 벗어나 유기적(organic) 조직구조를 취할 수도 있다. 유기적 조직구조는 기업 내 활동들이 좀 더 자유롭게 진행되도록 조장하고 공식화와 표준화의 정도가 기계적 조직구조보다 상대적으로 낮아서 혁신과 변화를 받아들이는데 좀 더 적합한 구조로 여겨진다. 이러한 유기적 조직 구조의 직원들은 업무에 대한 책임감이나 업무 운영절차로부터 비교적 자유롭다. 따라서 유기적 조직구조는 운영의 효율성이 떨어질 수 있는데 그럼에도 불구하고 혁신에 좀 더 적합한 조직 형태로 간주되는 이유는 혁신이 변화를 받아들이고 위험을 감수하는 실험 정신에서 발생되기 쉽기 때문이다.

2.3. 집중화와 탈집중화

기술인사조직이 연구개발을 추구하는데 있어 집중화(centralized)의 정도에 따라 존재할 수 있는 두 가지 대표적인 조직구조 형태를 알아보고자 한다. 여러 개의 연구개발 프로젝트를 동시에 진행하는 기업의 경우 연구개발 활동을 집중화시킬지 탈집중화(decentralized) 시킬지에 대한 문제는 기업 입장에서 매우 중요하다. 집중화의 경우는 본사에 하나의 연구개발 조직을 두고 다른 모든 부서의 프로젝트와 연구개발 인력을 본사에서 관리, 통제하기 때문에 기업의 자원을 효율적으로 사용하고 조직 전체의 학습효과를 얻는 등의 이점을 얻을 수 있다. 또한 신제품개발에 대한 노력이 조직 전체적으로 일관성 있게 진행될 수 있고, 신기술개발에 있어서도 전사적으로 관리가 가능하며, 좀 더 가치 있는 부서의 기술이 다른 부서로 이전 활용되는데 용이한 점이 있다. 하지만 각 부서가 가지고 있는 독특한 특성(예: 제품 별 시장 상황, 필요로 하는 기술 특성, 특정 소비자 취향)을 반영한 세부적인 연구개발 수행에는 어려움이 따를 것이다.

탈집중화의 경우는 각 부서마다 연구개발 조직이 따로 있어서 각 부서의 세부적인 조직 특성에 맞게 연구개발 조직이 설치 및 운영되고 각 부서가 필요로 하고 담당하는 제품, 소비자 및 시장 특성에 맞게 연구개발이 이루어진다. 하지만 부서별 연구개발 조직을 두기 위해서는 기업 전체의 자원이 불가피하게 중복될 가능성이 높고, 한 부서에서 다른 부서로 기술이 이전될 때 다른 부서에서 더 높은 가치를 보유한 혁신을 창출할 수 있음에도 불구하고 부서별 이기심 때문에 이러한 가능성이 무시될 수 있다. 또한 규모의 경제나 학습효과를 통한 이점을 얻을 수 없다는 단점이 있다.

위에서 살펴본 바와 같이 상반된 성격의 집중화와 탈집중화 조직구조는 어떻게 각 산업 및 기업에 실제 적용될 수 있는 것일까? 이에 대해 연구한 학자들에 따르면 기업 및 산업의 형태에 따라 결정될 수 있다고 한다. 피터 골더(Peter Golder)의 연구에 따르면 전자와 조선 산업같이 장치산업 및 규모의 경제를 달성해야하는 업체들은 특정 경쟁력을 집중적으로 키우고 활용해야하기 때문에 집중화된 연구개발 조직을 갖는 경향이 높다고 하였고, 소비재를 생산하는 기업은 각 제품 및 지역시장 특성에 맞는 프로젝트를 수행하는 것이 중요하기 때문에 탈집중화된 조직구조를 활용하는 경향이 있다고 하였다. 한편 로라 카디날(Laura Cardinal)과 팀 오플러(Tim Opler)는 사업의 다각화 정도가 높은 기업의 경우 기술 혁신의 이전이 원활하게 이루어지는 것이 중요하기 때문에 탈집중화된 구조를 보이는 경향이 있다고 하였다.

이와 같이 기술과 산업의 형태에 따라 연구개발의 특성, 핵심목표, 성공을 위한 결정요소들이 다르기 때문에 그에 따라 조직구조 역시 달라져야 한다. 비슷한 논리로 마켓트렌드가 바뀌거나 기술변화를 포함한 급격한 환경변화가 발생했을 때는 위의 두 가지 중 어떤 조직 구조가 더 유연하게 대처할 수 있을 것인가에 대해 일관성 있는 답을 얻기 힘들 것이다.

집중화된 혹은 탈집중화된 조직 구조가 각각 상반되는 이유로 더 유연할 수도 덜 유연할 수도 있다. 예를 들면, 집중화된 기업은 일관되고 통일화된 명령과 통제구조를 가지고 있기 때문에 결단력 있게 기업의 상부부터 하부까지 과감한 변화를 이끌어 나갈 수가 있다. 그러나 탈집중화된 기업은 권한이 모든 부서에 분산되어 있기 때문에 의사결정에 있어 각 부서로부터 일일이 협력을 끌어내기가 어렵다는 단점이 있다. 반면 탈집중화된 기업은 기업 의사결정 권한이 하부까지 이미 내려가 있기 때문에 상부까지 의사결정 결제 절차를 거치지 않고도 변화가 필요하다면 하부에서 즉각적으로 처리가 가능하다는 장점이 있다. 결국 이러한 모호성이 의미하는 바는 환경 변화에 대응하는 조직 변화를 집중화된 기업의 상부에서 이끌든 기업의 각 하부 부서에서 이끌든 힘과 권한이 어느 곳에 있느냐보다는 기업 내부 특성과 외부 환경을 고려한 가장 바람직한 조치를 시기적절하게 취할 수 있는 권한이 조직구성원들에게 적합하게 주어졌느냐가 좀 더 중요하다고 볼 수 있다. 강력한 리더십과 기업 상부에 집중된 힘과 권한으로 조직구성원 모두를 변화로 인도할 수 있다고 생각할 수도 있겠지만 현장에서 일어나는 변화를 제대로 인식하지 못한 채 조직 변화를 꾀하려 한다면 그것은 기업의 소중한 자원의 낭비를 초래하고 조직에 갈등과 혼란을 야기할 수 있기 때문이다.

2.4. 양면성 조직구조와 느슨한 결합 조직구조

앞에서 조직차원에 따라 기계적과 유기적, 집중화와 탈집중화와 같이 상반되는 조직구조 형태를 살펴보았고 각각의 장점과 단점을 살펴보았다. 일반적으로 기업의 규모가 커지면 조직은 유기적에서 기계적으로, 그리고 탈집중화에서 집중화로 변화되는 경향이 있다. 하지만 획일화된 구조보다는 변화하는 환경과 성장하는 규모에 따라 각각의 상황에서 현재의 조직구조와 반대되는 조직구조가 가지는 장점을 항상 고려하고 적절히 적용하는 게 중요하다.

구체적으로 살펴보면, 일정한 규모의 기업들은 기존 제품라인의 높은 생산 효율성과 고품질을 일관되게 유지함과 동시에 급격한 혁신에 능동적으로 대응할 수 있는 신제품개발을 원하기도 한다. 이러한 경우 비록 실행하는데 어려움이 있더라도 양면성(ambidextrous) 조직구조를 가지는 것이 권장된다. 양면성 조직구조는 기업 내부에 여러 개의 특성을 가진 하부 조직구조를 가지고 있어 한편으로는 다소 복잡하고 일관성이 없어 보일지 모르지만 조직이 다른 상황에 따라 각기 다른 전략적 구조를 사용하여 여러 목적을 모두 달성할 수 있다는 장점이 있다. 양면성 조직구조 하에서는 부서별 서로 다른 조직 구조가 동시에 운영되고, 부서별로 다른 조직 통제시스템을 가지고 있기 때문에 조직의 문화와 운영 행태 또한 부서마다 달라 질 수 있다. 예를 들면, 연구개발 부서는 기술, 소비자 변화가 즉각적으로 반영된 신제품개발이 주요 목적이기 때문에 공식화나 표준화를 거의 사용하지 않고 독립적인 다수의 벤처기업들이 존재하는 것처럼 만들 수 있다. 아울러 기업이 기존의 제품과 별개로 혁신적인 신제품 개발을 원한다면 기존 조직에 있는 부서들로부터 완전히 독립시켜서 어떤 권한이나 책임으로부터 벗어날 수 있도록 하는 신상품 개발부서를 만드는 것이 좋다. 이러한 독립된 신상품개발부서는 권한이 탈집중화되어 있어 관료적이지 않으며, 의사결정이 자율적이기 때문에 기존의 조직 및 제품의 매출 상황에서도 규제 및 간섭받지 않고 자유롭게 새로운 시장 및 기술을 탐구하고 제품 개발에 매진할 수 있게 된다. 반면 생산과 유통부서의 주요 목표는 규모의 경제, 고효율성, 체계적이고 빠른 유통망 구성 등을 달성하는 것이기 때문에 표준화, 공식화의 정도가 매우 높고 권한을 집중화시키고 구성원을 기계적으로 조직화시킴으로써 모든 부서가 마치 한 조직이 움직이는 것처럼 만들 수 있다.

위에서 살펴본 양면성 조직구조 외에 유연한 조직구조로는 제품을 모듈화시켜서 단위성 조직 또는 느슨하게 결합된(loosely coupled) 조직구조를 만드는 것이다. 모듈화란 시스템의 구성단위(components)들이 분리되고 재결합될 수 있는 정도를 의미하는데 제품을 모듈화 시키면 투입물은 동일해도 결합될 수 있는 경우의 수가 늘어나게 된다. 따라서 구성부품 측면에서 보면 표준화를 극대화시킴으로써 효율성을 높일 수 있고, 최종제품 측면에서 보면 구성부품의 다양한 조합을 통해서 제품의 옵션이 많아지게 되는 유연성 증대 효과를 누릴 수 있다.

대표적인 모듈화 제품으로는 모듈러 건축을 들 수 있는데 원하는 모양에 따라 컴포넌트를 끼우고 결합할 수 있다. 이는 완성된 건축물을 구성하는 각 컴포넌트의 사이즈와 컴포넌트 간 연결 부속품들은 모두 표준화 되어 있어서 조립하기가 매우 쉽게 되어있기 때문이다.

사 례 모듈러 건축 다시 주목받는 까닭

"2003년부터 틈새시장으로 성장한 모듈러(modular) 건축이 또다시 주거모델의 대안으로 떠오르고 있다. 저출산 고령화 시대가 도래함에 따라 1~2인 가구 및 소형 임대 주택 마련에 대한 목소리가 높아지고 있기 때문이다. 모듈러 건축 시스템은 건물을 부품화하는 것이 핵심이어서 다양한 수요자 요구에 신속하게 대응할 수 있다.

이러한 장점을 바탕으로 학회나 연구원은 각종 보고서를 통해 모듈러 공법으로 얻는 이점을 수차례 언급해왔다. 내용을 종합해보면 3D업종으로 알려진 건설산업 현장 인력부족 현상 때문에 공장에서 사전제작하는 모듈러 건축 시스템이 필요하고, 모듈러 공법을 적용하면 약 2분의 1의 공기로 건축 가능하다. 더욱이 건설현장의 과다한 시공비를 줄일 수 있다.

또 레고블록 형태의 유니트에 창호와 외벽체 전기배선 및 배관, 욕실 주방기구 등 50%이상 부품을 공장에서 미리 시공되고, 일정기간 사용 후 역순으로 이를 해체하여 구조체를 신축 주택에 재사용할 수 있다. 자원투입량도 적다. 다양한 건축자재 투입량이 많은 기존 건축물과 대조된다. 환경부 환경백서에 따르면 건설폐기물은 일일 평균 2020년 1억 톤 이상이 발생한다. 모듈러 건물은 공장에서 생산하여 현장에서 블록을 쌓듯 조립하는 건축공법이 적용돼 현장에서 먼지와 소음 발생도 줄인다."

〈출처: 이코노믹 리뷰, (2016.3.22.)〉

위의 사례에서 보듯이 소비자들의 요구가 다양한 제품을 모듈화 할수록 좋다. 왜냐하면 모듈화는 투입물의 여러 다양한 조합으로 최종 결합물이 생산될 수 있기 때문에 소비자가 원하는 방식과 결과 형태 별로 다양한 요구를 충족시킬 수 있기 때문이다.

제품이 모듈화 되기 위해서는 생산 시스템도 전체적으로 같이 모듈화 되어야 한다. 뿐만 아니라 부품 간의 연결역할을 해주는 인터페이스 역시 표준화되어야지만 컴포넌트 개발자들 사이의 조정 작업에 발생할 수 있는 마찰과 갈등 또한 최소화시킬 수 있다. 이렇게 최종제품 개발 및 생산부서와 컴포넌트 개발부서 간에 유연하게 형성된 조직을 느슨하게 결합된 조직구조라고 부른다.

느슨하게 결합된 조직구조에서는 개발과 생산 활동이 단단하게 고정적으로 존재한다기보다는 공통의 목적과 표준에 맞춰서 일련의 활동들이 일어난다. 여기서 표준화된 인터페이스가 모든 개발과 생산참여자 사이에 최소한의 조정 과정의 토대를 제공한다. 즉, 개발그룹이 개발한 컴포넌트를 효과적으로 연결하고 상호작용을 가능하게 하는 공통의 개발계획과 표준화된 인터페이스에 모두 동의를 하게 되면 별도의 그룹 간의 긴밀한 조정은 필요하지 않는 것이다.

이러한 느슨한 결합구조는 전체 조직에의 통합에 대한 요구가 적기 때문에 연구개발 부서와 생산 부서와의 결합의 유연성을 높일 수 있다. 따라서 기업은 핵심역량이 있는 특정 기술개발에 집중하고 나머지 활동은 아웃소싱이나 제휴를 통해서 해결할 수 있다. 그래서 느슨하게 결합된 조직구조에서는 아웃소싱 및 제휴 기업들의 네트워크가 형성되기 용이하다. 반면 긴밀한 조정 작업이 많이 요구되는 제품을 생산하는 기업이나 또는 조직 간 충동 가능성이 많은 조직에는 느슨하게 결합된 조직구조는 적합하지 않을 것이다.

2.5. 연구개발 조직의 구조

앞장에서는 기술인사조직의 다양한 구조와 이를 결정짓는 구조적차원에 대해서 알아보았다. 본 장에서는 보다 세부적으로 연구개발 조직의 구조와 그 구성형태에 대해서 살펴보도록 한다.

2.5.1. 연구개발 조직 구성 형태

연구개발 조직은 기업입장에서 기존의 기술 및 운영 형태와는 다른 혁신적인 아이디어를 검토하고 실험 및 설계하므로 일반적인 기업 조직 구조와는 다른 접근 방식이 필요하다. 아래의 아홉 가지의 대표적인 연구개발 조직구조에 대해서 살펴보자.

(1) 집중형 연구개발 조직

집중형 연구개발 조직은 기업 전체의 연구개발을 집중적으로 추진하는 중앙 집중 연구소가 설치되어, 기업 운영에 있어 모든 분야의 연구개발 인력과 프로그램을 중심적으로 운영하는 방식으로서 의사결정이 주로 최고경영자에게 주어져 있는 조직구조이다. 집중형 연구개발 조직은 기업 전체의 통일된 연구개발 정책수립과 감독이 쉽고 각종 연구개발 과제를 중앙연구소로 집중화시켜 대규모로 운영하여 효율적인 업무처리가 가능하다. 단, 업무처리방식이 관료주의적이고 권위주의적일 수 있다는 단점이 있다.

그림 1 집중형 연구개발 조직

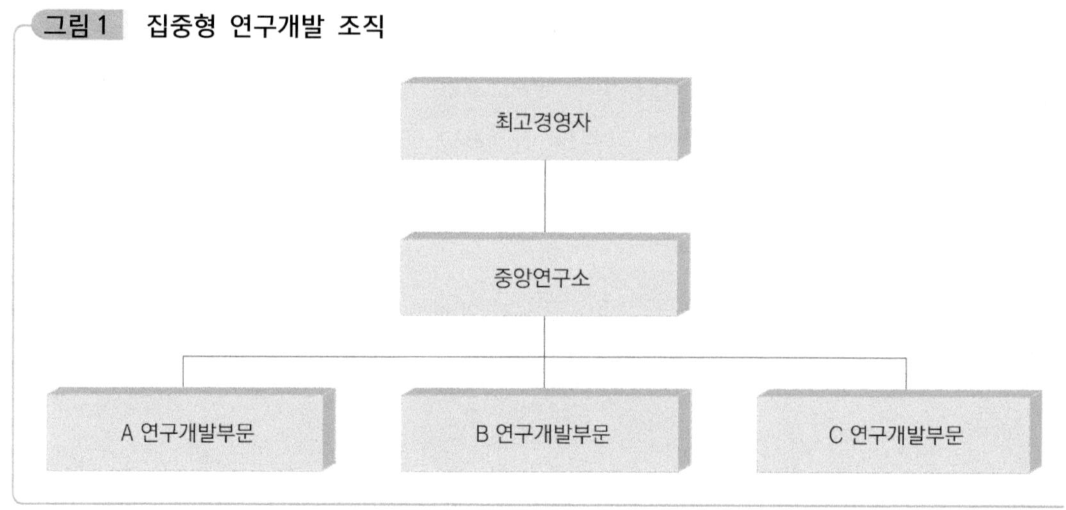

(2) 분산형 연구개발 조직

집중형 연구개발 조직에 반대되는 개념인 분산형 연구개발 조직은 연구개발에 대한 의사결정이 하급기관 또는 하위직급으로 권한 이양이 되어 있는 조직구조이다. 사업부문별로 특화된 연구개발 조직을 분산시켜 운영하는 방식으로 신속한 의사결정을 필요로 하는 산업에 적합한 운영방식으로 분권화 기술조직을 구축하여 지역 및 제품 특성에 맞는 맞춤형 개발을 목적으로 하고 있다.

그림 2 분산형 연구개발 조직

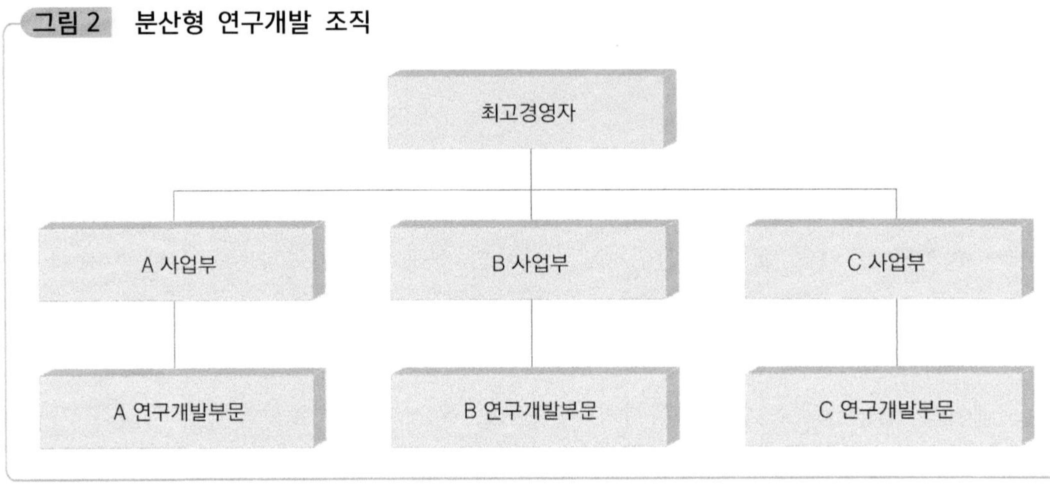

(3) 연계형 연구개발 조직

연계형 연구개발 조직은 개별적인 연구 분야 또는 연구 주제별로 특성화된 연구개발 조직을 기업 내에 여러 개 설립하여 각각의 연구개발 조직이 어떤 특정 사업부에 전적으로 속해있지 않고 해당 개발된 기술을 필요로 하는 모든 사업부와 연계하여 기술을 공급하는 방식이다.

그림 3 연계형 연구개발 조직

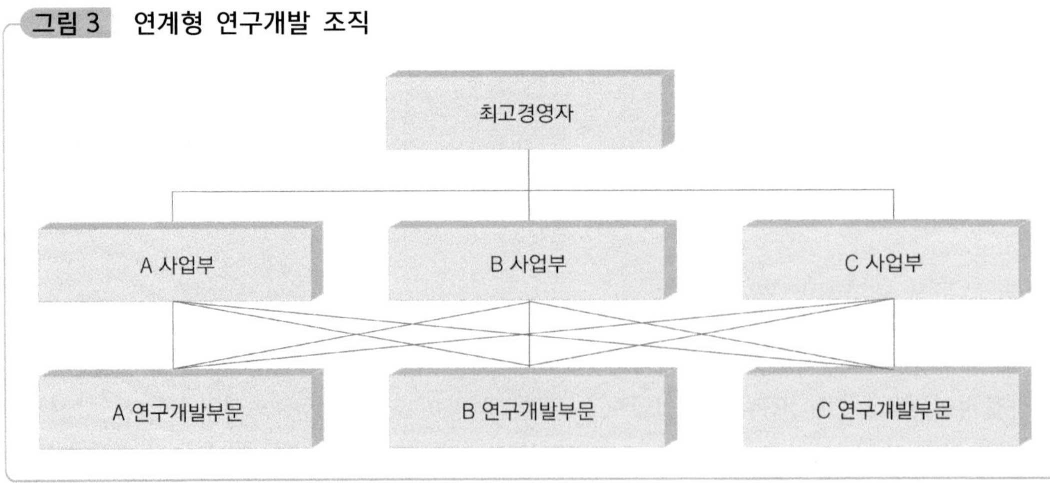

(4) 종합연구소 중점형 연구개발 조직

종합연구소 중점형 연구개발 조직은 최고경영자 하에 종합연구소를 중심으로 각 사업부별로 단기적으로 개발할 수 있는 기술개발을 특화하여 특성화한 조직이다. 이는 기업 전체가 필요로 하는 기초 및 기반 기술을 제공하는 종합연구소가 여러 사업부와 연구개발 조직을 운영하는 방식이다.

그림 4 **종합연구소 중점형 연구개발 조직**

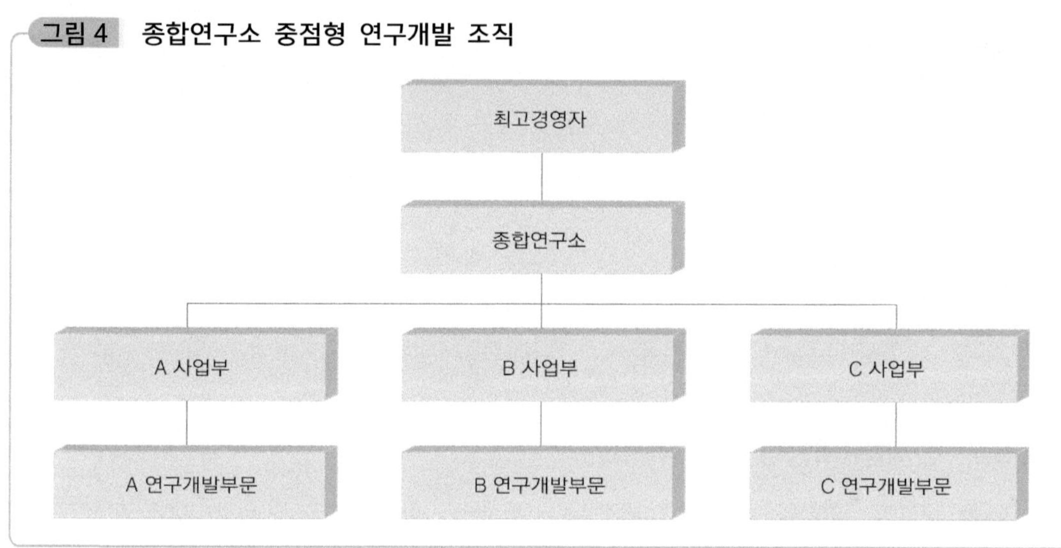

(5) 기술개발 조직과 사업부 조직 이원화

전통적인 조직 형태로서 최고경영자 아래 기술개발 조직과 사업부 조직으로 구성하는 조직체계로 새로운 기술개발 조직을 만들거나 기술변화가 심한 산업의 경우 흔히 운영되는 방식이다.

그림 5 **기술개발 조직과 사업부 조직 이원화**

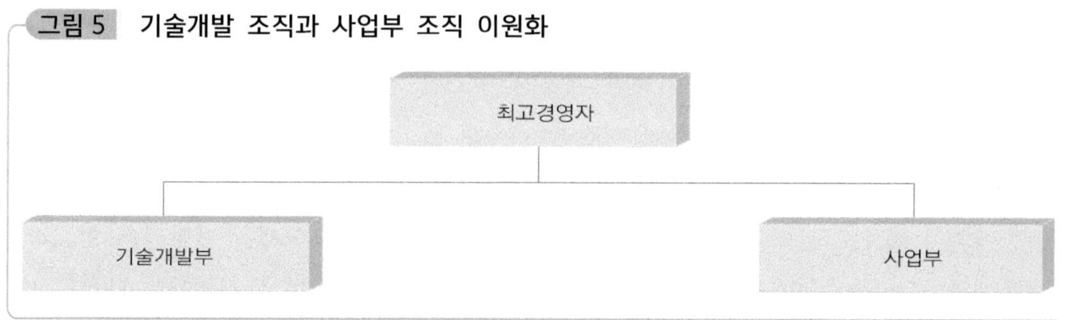

(6) 기술중심 심화 조직

기술중심 심화 조직은 기술 개발과 응용, 혁신을 세분화하여 각 부서별로 경험이 많은 기술 전문가를 선별하여 차세대 주력 기술에 대한 기본적 아이디어와 설계를 창출하고 선별, 응용하는 조직으로 기술적 전문성과 시장에 대한 이해를 모두 갖춘 전문 인력을 배치하여 새로운 아이디어에 대한 검증을 하는 조직 구조를 말한다.

그림 6 기술중심 심화 조직

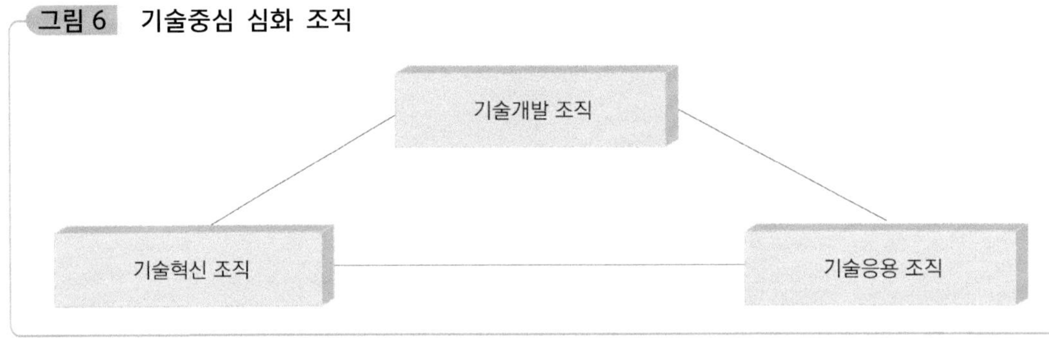

2.5.2. 신제품 개발팀의 조직구조

기업이 새로운 제품을 개발하기 위해서는 신제품 개발팀의 조직을 어떻게 구성하느냐가 매우 중요하다. 왜냐하면 신제품 개발팀의 조직 구조가 신제품이 올바로 출시되고 시장에서 좋은 반응을 일으킬 수 있는 주요한 토대가 되기 때문이다. 신제품 개발팀을 구성하는 방식에는 크게 (1) 기능형(functional) 조직, (2) 자율형(autonomous) 조직, (3) 경량형(light weight) 조직, (4) 중량형(heavy weight) 조직으로 네 가지가 있다. 각 구조의 특성 및 적합한 프로젝트의 유형에 대해 살펴보도록 하자.

(1) 기능형 개발팀 구조

신제품을 개발하는데 있어서 기능형 개발팀 구조란 팀 구성원들이 그들의 마케팅, 생산, 연구개발 등과 같은 기능부서에 여전히 소속해 있고 각 기능부서의 관리자에게 정규적으로 업무보고를 하고 평가를 받지만 신제품개발 프로젝트를 논의하기 위해서는 시간을 할애하여 별도로 모이는 조직구조를 뜻한다. 이러한 기능형 신제품 개발팀은 임시적으로 존재한다고 할 수 있고 팀 구성원은 자신의 시간 중 극히 일부를 신제품 개발팀 프로젝트에 사용한다. 또한 이 구조는 일반적으로 별도의 신제품 개발 프로젝트 관리자 역시 존재하지 않는 경우가 많으며 팀 구성원들 역시 자신이 속한 기능부서의 성과를 바탕으로 보상을 받기 때문에 신제품 개발팀 프로젝트에 그다지 헌신적이지 않을 수 있다.

그림 7 기능형 개발팀 구조

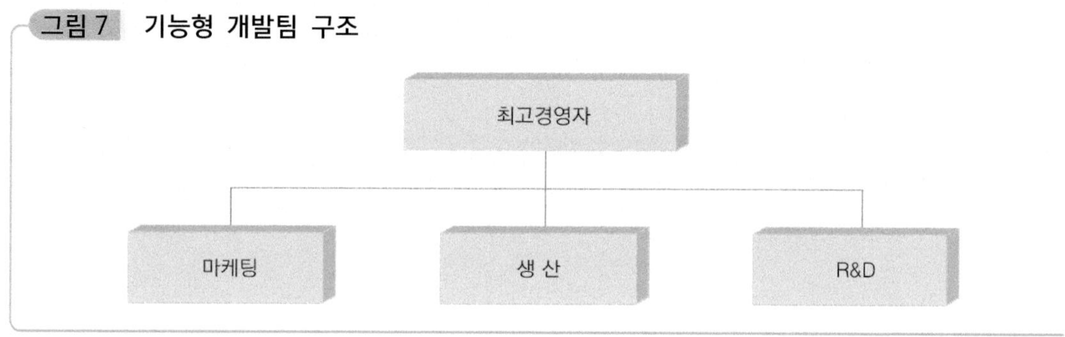

(2) 자율형 개발팀 구조

위의 기능형 개발팀 구조와는 반대로 자율형 개발팀 구조는 구성원들이 각자의 기능부서에서 나와서 영구적으로 신제품 개발팀에 속해서 일하는 조직구조를 뜻한다. [그림 8]의 자율형 신제품 개발팀 구조는 신제품 개발 프로젝트 관리자를 중심으로 구성된 팀원들이 각 기능부서의 장으로부터 완전히 독립되어 있다. 자율형 팀의 신제품 개발 프로젝트 관리자는 프로젝트의 중요성을 인정받아 주로 조직 내에서 매우 높은 상급 관리자가 맡기 때문에 모든 기능 부서로부터 필요한 자원을 요구할 수 있는 힘과 권한을 갖고 있으며 팀원들에 대한 평가와 보상 또한 프로젝트 관리자가 타 기능부서와는 배타적으로 할 수 있다. 자율형 신제품 개발팀은 조직 내에서 통용되는 운영절차를 따르지 않고 종종 신제품 개발팀만의 정책, 규정, 보상 시스템을 만들기 때문에 기업내에 마치 독립적인 부서처럼 간주된다. 이러한 자율형 신제품 개발팀은 주로 빠르고 효율적인 의사결정을 위해 적합하고, 신제품 개발은 기업의 기존 기술과 일상 업무(routine)에서 벗어난 특성을 띄는 경우가 많다. 하지만 이러한 자율형 개발팀 조직은 신제품 개발 프로젝트가 완료된 후 팀 구성원들을 각기 다른 조직 내로 다시 흡수시키기가 힘들 수 있다는 단점이 있다.

그림 8 자율형 개발팀 구조

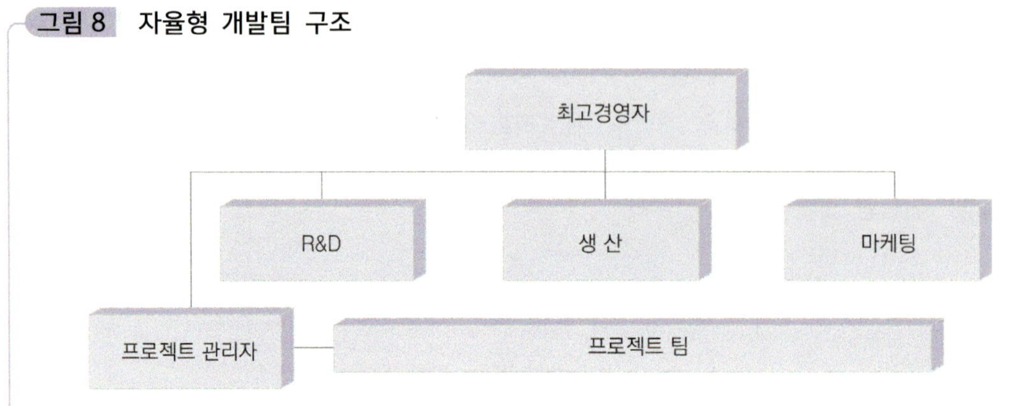

(3) 경량형 개발팀 구조

경량형 개발팀 구조란 팀 구성원들이 기능형 팀 구조처럼 그들의 기능 부서에 속해 있고, 기능부서의 관리자가 팀 구성원에 대한 평가와 보상권한을 여전히 유지하고 있으나 기능부서 간 팀원들의 의사소통과 조정을 쉽게 할 수 있는 프로젝트 관리자를 별도로 두는 조직구조를 의미한다. [그림 9]의 경량형 신제품 개발팀 구조를 보면 프로젝트 관리자와 기능부서별 구성원의 사이에는 가는 점선으로 연결되어 있는 반면 기능부서의 관리자와는 굵은 실선으로 연결되어 있음을 알 수 있다. 이는 구성원은 기능부서의 관리자에게 업무를 보고하고, 평가 및 보상을 받지만 신제품 개발 프로젝트와 관련해서는 프로젝트 관리자를 통해서 다른 기능부서에 속해 있는 팀 구성원과 의사소통을 하고 업무 조정만을 받는 것을 뜻한다. 이러한 경량형 개발팀 구조는 기능형 개발팀 구조처럼 임시적으로 존재하나 기능형 개발팀 구조보다는 팀원들이 자기 업무시간을 좀 더 많이 신제품 개발 프로젝트에 할당한다. 그리고 프로젝트 관리자는 조직 내에서 상급(senior) 관리자보다는 전형적으로 중간급(middle) 관리자가 맡도록 되어 있으므로, 이러한 경량형 개발팀 구조는 기존 조직 내 의사소통과 업무조정이 크게 요구되지 않는 부차적 프로젝트에 적합하다고 볼 수 있다.

그림 9 경량형 개발팀 구조

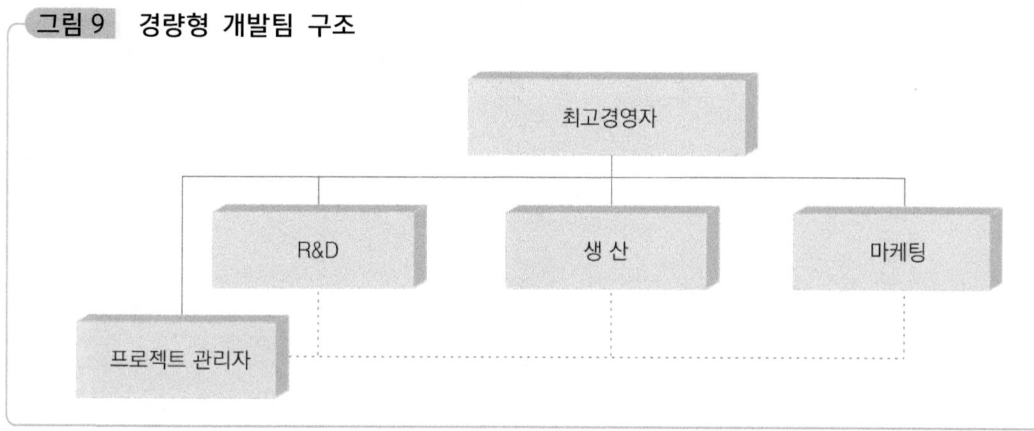

(4) 중량형 개발팀 구조

위의 경량형 개발팀 구조와는 달리 중량형 개발팀 구조는 구성원들이 각자의 기능부서에 여전히 속해있기는 하지만, 좀 더 독립적으로 나와서 신제품 개발 프로젝트 관리자와 함께 일하는 조직구조를 의미한다. [그림 10]의 중량형 신제품 개발팀 구조에서 보듯이 중량형 개발팀 구조는 각 기능부서에서 빠져 나온 구성원들이 모여서 프로젝트 관리자를 중심으로 하나의 팀을 형성하는 것을 알 수 있다. 이러한 중량형 개발팀 구조에서 신제품 개발 프로젝트 관리자는 기능부서의 장보다 직책이 보다 높은 상급(senior) 관리자가 주로 맡기 때문에 필요한 자원을 요구하거나 팀 구성원을 평가 및 보상하는데 보다 많은 권한을 갖고 있다. 이 중량형 개발팀 구조는 전사적인 기능부서를 아우르면서 의사소통과 조정을 하는 데 뛰어나고, 기능형 또는 경량형 팀 구조의 구성원들과 달리 신제품 개발팀의 핵심 구성원들은 때때로 신제품 개발 프로젝트를 위해 헌신할 수 있어 신제품 개발의 속도와 조직 전체의 관심을 부여할 수 있다. 그러나 이러한 중량형 개발팀 구조 역시 각 구성원들이 각 기능부서에서 완전히 독립한 것이 아니고 신제품 개발을 위해 임시적으로만 존재하기 때문에 사실 개발팀 구성원 개개인의 장기적인 경력개발은 팀 프로젝트 관리자보다는 기능부서의 장에게 더 많이 있다고 할 수 있다. 신제품 개발팀 구성원들이 신제품 개발팀 프로젝트에 많은 시간을 할애하지만 업무 평가와 보상에 있어서 신제품 개발팀 관리자보다는 기능부서의 장에게 더 많이 권한이 주어져있다고 할 수 있기 때문에 팀 구성원의 관점에서 보면 신제품 개발팀 프로젝트 관리자를 따르는 것도 중요하지만 프로젝트가 해체되었을 때를 대비해서 기능부서의 장의 의향과 권한을 염두에 두어야 한다.

그림 10 중량형 개발팀 구조

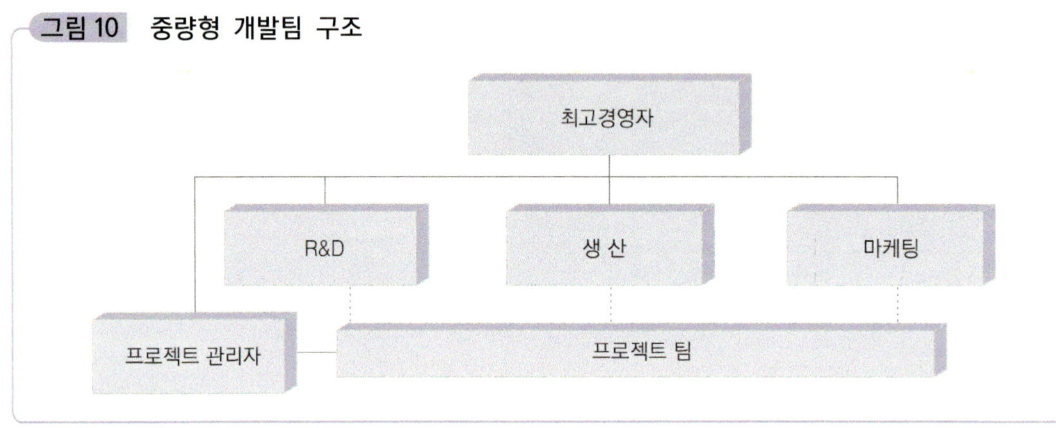

3. 기술인사조직의 조직문화

혁신을 기반으로 한 기술인사조직에서 조직문화(organizational culture)는 기술 연구 및 개발 분야의 특정 업무를 추진하는 조직이 기존 및 새로운 기술에 대해 접근하는 태도와 양식, 기술을 발전시키는 기본 행동양식으로 정의될 수 있다. 조직문화는 일반적으로 조직의 행동양식을 결정짓는 조직의 저변에 흐르고 있는 정신적 배경이다. 즉, 조직문화는 구성원들의 사고와 행동에 영향을 주는 바탕으로서 조직구성원들을 결합시키고 그들의 업무에 의미와 목적을 부여해 주면서 조직구성원들의 생각과 의사결정을 좌우하는 중요한 요소이다.

조직문화는 조직 내 구성원들을 결합시키고 그들의 생각과 의사결정을 좌우하는 중요한 요소이므로 기업을 경영하는데 있어서 많은 기업들은 조직문화 혁신을 통해 새로운 성장의 전환점을 찾고 있다. 하지만 조직문화는 결코 짧은 기간에 만들어 지는 것이 아니며 일부 경영진의 단편적인 노력만으로 정착되는 것도 아니다. 포춘지(Fortune)가 발표하는 세계에서 가장 존경받는 기업(World's most admired companies)들이 가지는 조직문화의 특성에 대한 연구결과는 최근 존경받는 기업으로 선정된 기업들이 조직문화의 관점에서 일반 다른 기업들과 차별적인 모습을 보이고 있다고 주장하였고 그러한 차이점에는 크게 다음과 같은 특성이 있다고 요약하였다.

첫째, 존경받는 기업은 일반적인 기업에 비해 최고 경영진이 생각하는 조직문화와 조직 구성원이 생각하는 조직문화 상호간에 일치도가 높았다. 조직의 모든 구성원들이 동일한 조직문화를 공유하고 있다는 것은 조직의 행동양식이 동일한 특성으로 설정되고 공유되어 조직이 전사적으로 보다 빠르고 효율적으로 운영될 수 있는 기반을 가진다.

둘째, 조직이 지향하는 조직문화와 현재 실제로 발현되고 있는 조직문화 간의 차이가 매우 적었다. 이는 구성원들의 행동과 의사결정의 기준이 되는 가치체계가 단지 목표로만 머물러 있는 것이 아니라 실제 조직의 운영에 행동지침이 되어 있음을 의미한다.

셋째, 조직 간의 유기적인 협력을 통한 조직 전체의 시너지효과 창출을 강조하였다. 존경받는 기업들은 구성원 간의 협력을 강조함으로써 급변하는 사업 환경에 효과적으로 대응하는 협력 문화를 구축하고 있다.

넷째, 리더의 역할 중에 구성원들에 대한 적극적인 동기부여와 권한 위임을 강조하고 있다. 조직문화 전파의 핵심 주체로서 리더가 조직 구성원들에게 업무에 대한 열정을 불어넣고 많은 권한을 위임함으로서 조직 구성원들의 자발적인 의지와 의욕을 불러일으킬 수 있다.

사 례 **기업의 조직문화 변화**

"삼성전자가 최근 자율성과 수평적 구조를 중심으로 한 조직문화 혁신 계획을 발표하면서 해외 정보기술(IT) 업체들의 파격적인 기업문화 실험이 다시 관심을 받고 있다.

기업문화 구축에 공을 들여 성공한 구글, 페이스북 등을 본보기로 삼아 다양한 IT기업들이 의사결정 및 실행, 조직구조, 보상 등 전반에 걸쳐 과감하고 새로운 시도를 하고 있다.

관련 업계에 따르면 대표적인 기업문화 실험 사례로는 미국의 온라인 신발 · 의류 유통업체인 '자포스'가 꼽힌다. 직원 1천500여명 규모인 이 회사의 토니 셰이 최고경영자(CEO)는 관리자급을 없앤 '홀라크라시'(holacracy)라는 새로운 조직체계를 도입했다. 홀라크라시는 각각의 목적에 맞는 역할 수행자들이 자율적으로 모인 '서클'이란 조직 단위로 구성된다. 서클 내에서 개인은 역량에 따라 역할을 맡고 발언권과 의사결정권을 동등하게 가진다. 각 서클은 조직 전체의 목적에 부합하는 선에서 스스로 업무를 처리하거나 중요 사안을 결정할 수 있다. 별도의 보고 체계를 두지 않는 대신 각 서클에서 '링크'(연결) 역할을 맡은 조직원끼리 모이는 거버넌스 미팅을 열어 전체 조직이 유기적으로 어우러지도록 하고 있다. 이는 관리자가 의사결정을 하고 부하 직원이 집행하는 전통적인 피라미드 조직과 상반된다. 이런 체계에서는 관리자가 직위를 내세워 부하 직원의 아이디어를 묵살하거나 사기를 저하하는 일이 발생할 가능성이 적다. 또 실무자의 현장 정보가 복잡한 구조를 거치지 않고 바로 전달되기 때문에 의사결정에 효과적으로 반영되는 장점이 있다.

하지만 일각에서는 이런 시스템이 상당히 파격적이어서 직원들이 적응하기 어렵고 의사결정의 비효율, 낮은 동기부여 같은 부작용을 낳을 것이라는 우려를 제기했다. 실제 토니 셰이가 이런 변화를 받아들일 수 없는 직원에게 퇴직 장려금을 줄 테니 떠나라고 권고하자 올 1월 기준 18%의 직원이 퇴사하는 사태로 이어지기도 했다.

새로운 성과급 지급 방식으로 화제가 된 기업도 있다. 미국의 비디오게임 웹사이트인 IGN엔터테인먼트는 직원들이 동료의 성과급 수준을 직접 결정하는 '바이럴 페이'(Viral Pay)를 도입했다. 관리자보다는 함께 일하는 동료들이 능력 있는 직원이 누구인지를 더 잘 안다고 판단한 것이다. 회사는 직원들에게 동일한 개수의 토큰을 지급하고 해당 토큰을 CEO를 제외한 다른 직원들에게 모두 나눠주게 한다. 동시에 연간 두 차례 직원들이 받은 토큰 개수를 확인해 그에 따른 성과급을 지급하고 있다. 이 시스템은 사내에서 큰 호응을 얻었다. 또 저성과자를 독려하는 효과와 상사의 눈에 띄지 않아도 묵묵히 일하는 성실한 직원의 성과를 제대로 인정하는 효과가 큰 것으로 나타났다.

글로벌 모바일 메신저 기업인 라인은 사용자의 피드백과 반응을 빠르게 서비스에 적용하기 위해 '3-3-3 룰'을 적용하고 있다. 이는 3시간 안에 경영진의 의견이나 중요 안건에 대해 1차 답변을 하고 3일 안에 실행을 위한 기본 계획을 잡아 3개월 이내에 해당 계획을 실행, 결과까지 도출해 내는 방식을 말한다. 빠른 실행을 위해 별도의 보고용 문서를 작성하지 않고 라인 메신저나 메일로 의사소통하는 문화도 함께 자리 잡았다. 3-3-3 룰을 도입한 당시 글로벌 사업전략 담당임원(CGO)은 직원들에게 보낸 이메일에서 "세상에서 제일 변화가 빠른 IT 분야에서 살아남기 위한 가장 중요한 무기는 빠른 실행력"이라고 강조하기도 했다.

국내 IT업계 관계자는 "자포스의 사례처럼 파격적인 실험에 따른 진통도 일부 있지만, 기업문화가 혁신의 원동력이라는 공감대가 깔린 만큼 사내 관료주의 타파를 위한 IT기업들의 실험은 계속될 것"이라고 말했다."

〈출처: 연합뉴스, (2016.4.11.)〉

3.1. 연구개발 조직문화의 특성

기업의 연구개발 조직은 기업의 지속적인 성장을 위한 경쟁력이다. 나날이 치열해지는 경쟁적 환경 속에 기업이 끝없이 생존하고 성장하기 위하여 연구개발을 통해 향후 미래의 먹거리인 신제품 개발에 전력하는 것이다. 따라서 이와 같은 연구개발 조직의 효과를 높이기 위한 연구개발 조직문화에 대하여 살펴보는 것은 의미가 있다고 하겠다. R&D 활동은 일반적으로 자율성과 창의성의 특성을 지니고 있다. 연구개발 조직의 큰 특성은 지속적인 변화와 위험이 따르는 프로젝트형 과제를 수행하는 것이다. 연구개발 활동이 기존의 사업과는 다른 불확실성이 있기 때문에 개개인의 자율성과 창의성을 요구하고 기존 조직의 간섭을 배제하기를 요구한다. 독일의 기초과학 연구기관인 막스 플랑크 연구소(Max Planck Society)는 1948년 설립된 이후 노벨 과학상 수상자를 15명 이상을 배출하였다. 막스 플랑크 연구기관이 이러한 업적을 달성하게 된 데는 연구기관이 강조한 자율적인 연구문화가 큰 역할을 하였다. 독일 정부는 연구회에 예산을 지원하지만 연구 주제와 내용에 일절 간섭하지 않으며, 연구 수행에 관련된 모든 권한을 연구자가 가지기 때문이다. 미국 포춘지(Fortune)가 2007년 선정한 100대 직원들이 일하고 싶어 하는 회사(Fortune 100 best companies to work for 2007)에 구글(Google)에 이어 2위를 차지한 제네테크(Genentech) 역시 직원들의 연구과제 선정 및 운영에 자율성을 부과한 결과, 많은 우수한 직원들이 일하고 싶은 회사에 선정되는 영예를 안았다. 연구개발 조직은 연구개발 인재의 동기부여를 위하여 시의적절한 정보나 자료를 충분히 제공하고 비생산적인 규제를 없애며 자유방임형 문화를 허용해야 한다. 하지만 연구개발에 종사하는 직원들에게 최대한 자율성을 보장하되 시의적절한 자극 역시 주어야 한다. 일반적으로 사람은 필요한 시기에 적절한 자극과 피드백을 주지 않으면 나태해지고 성과를 낼 수 없기 때문이다. 연구개발은 장기적으로 진행되는 경우가 많다. 장기적 연구에 따른 연구자들의 정신적 느슨함을 방지하기 위하여 지속적인 동기부여와 적절한 긴장을 주어야 한다.

그리고 한 기업이 보유한 한정된 기술로는 시장개척에 한계가 있을 때 새로운 기술을 접목하기 위하여 외부 연구개발 조직과 공동체를 형성하여 정보나 기술을 공유하고 신기술 개발에 공동 참여하는 것이 효과적인 경우가 많다. 이와 같이 연구개발 업무는 공동 프로젝트로 진행되는 경우가 많아서 팀 구성원 간의 올바른 지식과 정보의 공유가 요구된다. 연구 공동 프로젝트 내에서 정보의 자유로운 공유와 소통을 이룰 수 있도록 지원 체제를 구축해야 한다. 특히 국내외 우수 연구기관이나 연구자와 네트워크를 구축하면 연구의 다양성을 높일 수 있고 새로운 분위기가 조성될 수 있다. 이에 기본적으로 연구개발 조직간 그리고 구성원간의 신뢰와 배려의 문화가 연구개발의 성공 요인이 된다.

한편 연구개발 조직은 수행하고 있는 프로젝트 과제가 대개 위험성이 높고 실패를 극복해야하며 시행착오를 극복해야 하므로 일반관리 조직과는 차이가 있다. 구체적으로 장기적이고 위험이 높은 연구개발을 위한 연구개발 조직에는 항상 적절한 수준의 여유 자원을 보유하는 것이 연구개발 생산성을 높이는 효과적인 방법 중의 하나다. 대체적으로 일반 조직의 경우 인력이 많으면 1인당 노동 생산성이 감소하여 생산성에 악영향을 줄 수 있지만, 연구개발 조직의 경우 적정 인원 이상의 인재를 보유하는 것이 필요 인재의 부족으로 기술 개발의 단절을 겪는 것보다 장기적인 관점에서 기업에 유리하고 향후 새로운 기술 개발에도 도움이 되는 경우가 많다. 보다 장기적인 관점에서 유연하고 지속적인 연구지원 체제를 만들어 안정된 환경 하에 연구자의 자율성과 창의성을 좀 더 보장하여야 한다. 결과에 집착한 채 경쟁을 통해 효율적이고 신속한 연구만을 추진하는 연구개발 조직 문화에서는 혁신적인 연구를 육성하기 어렵다. 보다 유연하고 지속적이며 여유로운 연구를 활발히 할 수 있도록 조직 문화와 지원 체제를 마련하여야 한다.

3.2. 연구개발 조직의 동기부여

일반적으로 동기부여(motivation)의 기대이론(expectancy theory)에 의하면 높은 수준의 동기부여가 일어나려면 성과와 보상간에 정의 관계(positive relationship)가 있어야 한다. 보상이 성과와는 전혀 관계없이 호봉이나 근무시간의 길이에 따라서 주어진다면 연구원들은 효율적으로 열심히 연구하지 않고 시간만 흐르길 기다릴 것이다. 게다가 연구개발 인력의 동기부여는 인센티브와 같은 금전적 보상의 전통적 방식의 동기부여 방식보다 좀 더 새로운 접근법이 필요하다. 연구개발은 창의적인 사고를 요구하는 업무로서 주로 내적 동기부여에 의한 것인, 즉 “해야만 하는 것”이 아니라 “좋아서 하는 것”인 경우가 많기 때문이다. 따라서 기존의 보상 시스템의 예(例)인 인센티브(incentive)와 같은 방식으로는 동기 부여할 수 없는 경우가 많고 다양한 동기부여 방식으로 연구개발에 몰입할 수 있는 환경과 조직문화를 구축하여야 한다.

구체적으로 살펴보면 연구개발 조직에서 연구원들은 자신의 능력을 발휘하여 개발할 수 있는 자율적인 업무환경이나 과제 그리고 주도적인 재량권을 원한다. 따라서 적절히 도전적인 직무를 부여하여 개인적 직무 만족도를 높여 주어야 한다. 자신의 업무 중 어렵지만 중요한, 즉 도전적인 일을 완성하였을 때 만족도가 높으므로 연구원들이 개인적으로 적합한 주제에 다소 어렵지만 실현 가능한 연구 업무에 몰입해서 참여하도록 하여야 한다. 특히 연구원들이 자신의 업무를 스스로 결정하여 업무목표를 설정하고 스스로 문제를 해결하고 의사결정을 할 수 있도록 권한을 부여받으면 자신의 직무에 몰입할 것이다. 직무몰입은 연구원들이 직무에 흥미를 갖고 그 일에 빠져 들어가는 정도를 의미하며 직무몰입의 정도가 높을수록 연구원들은 자아실현이 높아질 것이다.

한편, 연구개발은 시간이 소요되고 불확실한 경우가 많아 연구원들이 스트레스를 받을 확률이 높다. 스트레스가 전혀 없으면 동기유발이 없어 업무성과가 떨어지지만, 스트레스가 증가하면 일정한 스트레스 수준까지는 성과가 증가하나 그 이후 과도한 스트레스가 발생하여 업무에 지장을 주게 되고 성과는 하락하는 경우가 일반적이다. 따라서 스트레스를 완전히 제거할 필요까지는 없지만 과도한 스트레스에 대응하기 위하여 기업 내 고충처리와 상담 제도를 통하여 스트레스를 줄여 주는 노력을 해야 하며, 능력 부족에 따른 스트레스를 해결하기 위하여 교육 훈련 등과 같이 연구원 능력 배양을 추진하거나 직무 재배치를 하여 능력에 맞는 업무를 찾아주는 방안을 찾아야 한다.

사 례 한국 과학기술에 필요한 공감형 리더십

"한국 과학기술 50년이다. 현대적인 조직과 제도를 갖춘 과학기술이 1966년 한국과학기술연구소(KIST)의 설립에서 시작되었다고 보기 때문이다. 한국 경제의 압축 성장만큼 과학기술 50년의 발전은 놀랍다. 우리나라 연구개발비 총액은 1970년 105억 원에서 2014년 63조 원으로 증가했다. 같은 기간 연구자 수는 1만 명에서 43만 명 규모로 성장했다.

한국 과학기술의 위기를 돌파할 새로운 리더십은 어떠해야 하는가? 과학기술에 대한 위기론은 새로운 리더십의 요건으로서 과학기술 시스템의 자율성을 이해하고 활용하는 능력이 필요함을 암시한다. 시스템의 자율성을 어떻게 활용하느냐에 따라 최고의 성과가 나오기도 하고 변화에 대한 저항과 같이 자기조직화의 함정에 빠지기도 한다.

자율성을 중시하는 시스템의 행위자들은 지시보다는 동기부여에 따라 움직이며, 위계적 조직보다는 수평적 팀워크에서 창의력을 발휘한다. 시스템의 자율성을 활용하기 위해서는 과학기술 활동에 대한 심층적 이해, 광범위하게 신뢰를 구축하고 공감대를 만들어가는 헌신적인 소통 노력, 과학기술자들에게 동기를 부여할 비전의 발명 능력, 한마디로 시스템을 움직일 공감형 리더십이 필요하다."

〈출처: 홍성주(2016.1.27.), 아시아 경제 사이언스 포럼〉

3.3. 연구개발 조직의 갈등관리

연구개발 조직 역시 사람에 의해 구성되고 운영되므로 각종 갈등이 발생할 수 있다. 조직 내 갈등에는 일반적으로 세 가지, 즉 개인 내적인 갈등, 개인 간의 갈등, 그리고 집단 간의 갈등이 있다.

(1) 개인 내적인 갈등

개인 내적인 갈등은 개인에 따라 내재적으로 일어나는 갈등으로 주로 좌절감 혹은 역할이나 목표가 모호할 때 발생한다. 좌절감은 목표를 달성하고자하는 욕구를 이루지 못하거나 방해 받을 때 일어나는 갈등으로서 직원은 이에 대한 반응으로 공격적 행동, 퇴직, 집착 등을 하게 된다. 예로서 장래성이 없는 업무, 융통성 없는 일 처리 방식이나 소통이 안되는 상사 등으로부터 좌절감을 느낄 경우 발생할 수 있고, 이에 대한 반응으로 회사 내에서 폭력, 도난, 업무회피, 퇴직 등이 있을 수 있다. 이러한 좌절감에 따른 갈등은 적성에 맞는 직무 재설계나 상사의 올바르고 공정한 리더십을 통하여 해결하여야 한다. 아울러 다수의 경쟁적 목표를 가진 경우 서로 상반된 목표를 달성하고자 하는 욕구들 사이에서 목표 갈등이 발생 할 수 있고, 직무 역할이 모호하여 역할 갈등이 나타나기도 한다. 상반된 목표나 모호한 역할로 인한 갈등으로 인해 스트레스가 높으면 결근율이나 이직률이 증가한다. 따라서 리더는 연구원들이 명확하고 확실한 업무 목표나 역할을 가질 수 있도록 업무를 설계하는 데 도움을 주어야 한다.

(2) 개인 간의 갈등

직원 둘 이상, 다수 간의 사람들 사이에서 일어나는 갈등으로서 주로 개인 간의 차이나 정보부족, 조직 환경적인 요인으로 인해 발생한다. 직원들은 서로 다른 문화에서 성장하여 회사에 입사하게 된다. 따라서 성장과정에서 서로 다른 문화에서 자란 차이에 따른 개인 간의 의견불일치에서 나타나는 갈등이 발생할 수 있다. 그리고 다른 직원들 사이의 커뮤니케이션 부족으로 서로 다른 정보를 보유함으로써 갈등이 발생할 수 있다. 서로 각기 다름을 인정하고 이해할 수 있도록 조직문화가 구축되어 정보를 시의적절하게 공유할 수 있으면 갈등 해소에 도움이 된다. 한편 직원들 간에도 역할이 모호할 경우 갈등이 발생할 수 있는데 특히 직원들이 수행하는 업무역할이 대립되면 발생하기 쉽다. 한 예로 자재담당자는 비용제고를 위하여 재고 감소를 추진하지만 생산부는 원활한 생산 공정을 위해 재고를 비축하려고 하면 서로 갈등이 발생하게 된다. 직원들 전체가 회사의 목표와 활발한 의사소통을 통해 이를 해결하려는 노력을 보여야 한다.

(3) 집단 간의 갈등

집단 간의 갈등은 한 조직 내의 여러 부서 사이에 발생하는 갈등으로서, 한 부서가 목표를 달성하기 위하여 업무를 추진하는데 있어서 타 부서에 의하여 방해를 받게 되는 경우가 흔히 발생하게 된다. 구체적으로 조직에서 자원이 부족할 경우 자원을 확보하기 위한 부서 간 경쟁에서 갈등이 발생할 수 있다. 그리고 부서간 업무가 중복되거나 책임이 불분명한 경우 중요한 업무는 서로 간섭하려고 하고 어렵고 힘든 업무는 다른 조직으로 떠넘기려고 하는 경우에도 갈등이 발생한다. 특정 부서의 지위를 상승시키려 하거나 또는 그 부서의 지위가 다른 부서의 구성원들에 위협으로 판단되면서 지위경쟁 갈등이 발생하기도 한다. 이러한 집단 간의 갈등은 여러 집단이 상호의존적으로 운영하고 큰 안목으로 조직 전체의 발전을 위해 협력과 상호 이해를 강조하며 협동하는 조직 문화를 창조하여 해결하여야 한다. 조직 내 위상을 특정 집단에만 과도한 힘과 권한이 가지 않도록 재정립하여야 하고 인적자원 구성이 높은 부서와 낮은 부서 간의 도움과 지원이 활용되도록 제도를 마련하여야 한다.

(4) 갈등 해소 방법

앞서 살펴본 여러 갈등을 해소하기 위한 구체적인 방법을 좀 더 구체적으로 살펴보면 무엇보다 조직 전체적으로 상호 협력하는 조직문화를 구축하는 전략이 필요하다. 감정적인 업무 추진보다는 객관적인 정보에 의거한 사실 위주의 의사결정과 직원간 의사소통이 필요하며, 상호 신뢰를 구축하여 조직 구성원 개개인보다는 조직전체가 협력하는 접근이 필요하다. 즉, 조직 구성원 개개인이 개인의 목표 보다는 더 중요한 조직 전체의 목표 달성을 위하여 상호 협력하는 문화가 조직 전체에 형성되어 있어야 한다. 이러한 조직 상위 목표는 갈등을 일으키는 개인들이 모두 동의 할 수 있어야 하고 이러한 상위 목표에 의해 조직 구성원 개인적 갈등은 해소되는데 도움이 될 것이다. 조직 내 갈등이 자원이 부족하여 생기는 갈등이라면 자원을 확충해줘야 한다. 예산을 시의 적절하게 확충하고 승진 기회를 부여하는 방법 등이 있다. 이러한 노력에도 불구하고 갈등이 해소되지 않으면 조직구성원의 인사이동을 통하여 구성원을 변경시켜주거나 아예 조직 구조를 변경하여 갈등을 해소하도록 해야 한다.

4. 조직혁신

조직혁신(organizational innovation)은 조직이 성장해 나가야할 목표를 설정하고 그 목표를 향하여 나아가도록 계획적인 변화를 추구하여 조직을 보다 바람직한 상태로 변화시켜 급변하는 환경에서 살아남고 경쟁에 앞서도록 조직을 변화시키는 것이다. 즉, 조직을 어떤 하나의 상태에서 그보다 더 나은 상태로 전환시키는 것을 조직혁신이라고 한다. 성공적인 조직혁신을 위해서는 끊임없이 변화하여야 하며, 좀 더 바람직한 방향으로 변화시켜야 한다.

4.1. 조직혁신의 종류

조직혁신이 종류에는 크게 두 가지가 있는데, 첫째는 행태적인 조직혁신이고 둘째는 구조적인 조직혁신이다. 행태적인 조직혁신은 조직 혁신의 결과론적인 조직 발전을 의미하는데 조직구성원의 만족도를 높여주며 구성원 각자의 발전을 통하여 조직의 전체 능률성과 효과성을 높이는 혁신을 말한다. 반면 구조적인 조직혁신은 조직 혁신의 과정적인 측면에서 개선을 의미하는데 구체적으로 불합리한 업무와 중복된 과정을 제거하고 하부조직 간의 업무를 재조정하여 조직의 생산성을 높이는데 목적을 두고 있다.

4.2. 조직혁신의 방법

4.2.1. 구조조정과 리엔지니어링

구조조정(restructuring)은 기존 조직구조를 보다 효율성을 높이기 위하여 개혁하는 방법으로서 조직 내 부실한 부문이나 비능률적인 부문을 미래지향적인 사업구조로 개편하는데 주목적이 있다.

구조조정과 유사한 방식으로 여겨지는 경영혁신기법으로 리엔지니어링이 있다. 리엔지니어링(reengineering)은 기존에 해오던 기업의 경영활동에서 탈피하고 기업의 새로운 부가가치를 산출하는 활동을 완전히 새롭게 구성하는 경영혁신기법이다. 리엔지니어링은 오늘날과 같이 시장성장이 둔화됨에 따라 경쟁이 격화되는 시대에서 과거와 같은 위계 조직으로는 제품의 품질, 서비스 속도 등이 까다로워진 고객의 니즈(needs)를 만족시킬 수 없다는 사고 하에 등장한 기법이다. 구체적으로 기존 기업에서의 계층의 복잡성으로 인해 의사결정이 지연되고 조직구조가 수직적 사고였던 것에서 벗어나, 고객의 니즈에 신속히 반응하는 프로세스 중심의 수평적 사고로 전환하여 부가가치를 새롭게 창출하는 고객 만족 중심으로 실행방법을 바꾸는 기법으로 주목받게 되었다.

리엔지니어링은 그 적용대상에 따라 세 가지 유형으로 분류할 수 있다. 예컨대 생산공정과 같은 기능부문에 적용되는 비용 절감형 리엔지니어링과 경쟁기업의 특정 사업부의 운영 프로세스에서 경쟁기업과 동등한 수준을 유지하는 운영 개선형 리엔지니어링, 그리고 마지막으로 기업 전체의 업무 프로세스를 새롭게 구성하는 이른바 전사형 리엔지니어링으로 구분할 수 있다.

4.2.2. 벤치마킹

벤치마킹(benchmarking)은 한 기업의 입장에서 타 기업들 중에 최상을 대표하는 기업을 선정해 그 회사의 강점을 조사하고 분석하여 해당 기업에 시사점을 찾고 적용하는 과정이다. 최상의 기업은 경쟁업체들 중에 최고의 성과를 보이고 있는 기업일 수 있지만 동종 산업에서 경쟁하는 기업이 아니어도 분석하여 얻고 배울 수 있는 기업이라면 벤치마킹 대상으로 선정할 수도 있다. 그리고 벤치마킹을 하는 구체적인 사안은 완성된 제품이나 최종 서비스에 국한되지 않는다. 오히려 벤치마킹 대상 조직 내 업무 실행이나 작업 프로세스, 운영 방식, 조직 기능 등 다양한 분야에서 시행될 수 있다.

벤치마킹에 있어 무엇보다 중요한 점은 지속적이고 순환적인 학습과정이 되어야 한다는 점이다. 끊임없이 변화하는 경영환경과 경쟁 상황을 이해하기 위해서는 단편적인 현상 파악 및 대응이 아닌 지속적인 벤치마킹 활동에 따른 학습과 계획 및 실천이 필요하다. 과거를 기반으로 현재 상황과 미래에 전개될 경쟁과 시장의 구도를 이해하기 위한 것이다. 이와 같은 벤치마킹의 유형은 관점에 따라 크게 다음과 같이 일곱 가지로 나눌 수 있다.

(1) 내부 벤치마킹

내부 벤치마킹(internal benchmarking)이란 동일 기업 내에서 서로 다른 부서나 사업부 사이에서 일어나는 벤치마킹 활동을 말한다. 내부 벤치마킹은 한 기업내에서 일어나기 때문에 정보를 수집하기에 용이하다는 장점이 있으며 반면에 자사 내에서의 활동이기 때문에 편향적인 조사와 분석 활동이 될 수 있다는 한계를 가지고 있다.

(2) 경쟁적 벤치마킹

경쟁적 벤치마킹(competitive benchmarking)이란 동일한 고객을 대상으로 제품 또는 서비스를 판매하는 직접적인 경쟁자 사이의 벤치마킹 활동을 말한다. 동종업종이기 때문에 해당 기업과 관련 있는 정보를 얻을 수 있고 직접적 비교도 가능하다는 장점이 있다. 반면에 경쟁 상대이기 때문에 정보를 수집하기 어렵고 서로 적대적인 관계라면 벤치마킹이 사실상 불가능한 단점이 있다.

(3) 직접적 벤치마킹

직접적 벤치마킹(direct benchmarking)이란 벤치마킹 대상을 직접적으로 방문하여 수행하는 방식을 말한다. 이 방법은 필요로 하는 정확한 자료의 입수 및 조사가 가능하며 관계가 구축되면 첫 번째 벤치마킹 이후에도 계속적으로 자료의 입수 및 조사가 가능한 장점이 있다. 반면 벤치마킹 수행과 관련된 비용 및 시간이 많이 소요되며 기업이 보유하고 있는 네트워킹 대상의 유무에 따라 적절한 벤치마킹 대상 선정에 한계가 있다는 단점이 있다.

(4) 간접적 벤치마킹

간접적 벤치마킹(indirect benchmarking)이란 인터넷 및 문서형태로 된 공공적으로 활용 가능한 자료를 통해서 수행하는 방법을 말한다. 이 방법은 벤치마킹 대상의 수에 제한이 없고 다양하며, 비용 또는 시간적 측면에서 상대적으로 많이 절감할 수 있다는 장점이 있다. 반면 벤치마킹 결과가 피상적이며 보다 구체적이고 정확한 자료의 확보가 어렵고, 특히 핵심자료의 수집이 상대적으로 어렵다는 단점이 있다.

(5) 전략적 벤치마킹

전략적 벤치마킹(strategic benchmarking)이란 대상 기업의 핵심 목표와 비전, 그리고 운영 프로세스를 벤치마킹하여 기업의 근본적이고 전사적인 프로세스 변화를 일으키는 것을 목표로 한다.

(6) 기능적 벤치마킹

기능적 벤치마킹(functional benchmarking)이란 업종과 상관없이 최상의 제품, 서비스, 생산 혹은 마케팅 등 특정 기능부서의 노하우를 가지고 있는 것으로 인식되는 조직을 대상으로 한 벤치마킹을 말한다. 새롭고 혁신적인 기법을 발견할 수 있다는 장점이 있지만 서로 다른 업종이기 때문에 직접적 비교를 하거나 해당되는 방법을 바로 이전해 올 수 없는 한계가 있다. 이런 문제들로 인해 벤치마킹 활동에 많은 시간이 걸린다는 단점도 있다.

(7) 비용적 벤치마킹

비용적 벤치마킹(cost benchmarking)이란 중장기적인 경쟁우위를 확보하기 위하여 기업의 가치 및 경쟁력 향상을 위하여 동종 또는 이종 업계의 비용절감에 관한 모범사례(Best Practice)를 대상으로 수행한다. 일례로 기업은 비용적 벤치마킹을 통해 생산성 및 직접 비용에 초점을 맞춰 서로 다른 기업간에 다른 시점별로 누적원가 및 생산성을 비교하며, 조직 능력 및 인력 충원의 효율성 등의 원천을 밝혀 비용을 비교할 수 있다. 이때 동종 및 이종 산업을 대상으로 비용절감 프로세스에 대한 최선의 프로세스를 정의함으로써 기업 운영의 비용적 측면을 고려한 재설계 노력에 대한 목표를 분명히 하고 필요한 변화 과정을 설계 및 관리 감독할 수 있다.

사 례 **현대카드와 이마트의 벤치마킹 Case study**

"#1. 서울 영등포구 여의도동 현대카드 본사의 카페테리아 '더 박스(The Box)'. 회사가 운영하는 이 카페의 벽에는 작은 액정표시장치(LCD) 화면 60개가 일렬로 있다. 일명 '통곡의 벽'. 스크린에는 'ㅇㅇ지점 담당자는 전화만 돌린다. 마음에 안 든다', '현대카드, 그만 식으로 영업할 거냐' 등 험악한 문장만 나온다.

이는 현대카드 임원들이 뉴욕타임스 본사에 갔을 때 본 독자 댓글 모니터에서 빌려온 아이디어다. 뉴욕타임스는 독자들의 반응을 실시간으로 직원들에게 공개하고 있었다. 현대카드 정태영

사장은 "자만하지 말고 고객 목소리에 귀에 기울이자는 뜻으로 스크린을 설치했다"고 설명한다. 카드회사지만 신문사에서도 배울 점을 찾는 개방적인 자세는 한때 카드업계 꼴찌였던 현대카드를 우량 기업으로 변모시킨 원동력이 됐다.

#2. 최근 신세계 이마트는 백화점 패션 매장을 압축해 옮겨놓은 새 공간을 선보였다. 이마트 성남점에 개설된 '스타일 마켓(Style Market)'이 대표적이다. 아디다스, 리바이스 등 40여 개의 브랜드가 이곳에 입점했다. 동시에 제조 직매형 의류(SPA)인 '데이즈(daiz)'를 자체 브랜드(PL)로 내놓았다. 패스트패션 브랜드인 자라(ZARA)나 유니클로처럼 한 달에 한 번씩 신상품을 선보인다.

이마트는 이 과정에서 미국의 대형 할인점인 타깃(Target)을 벤치마킹했다. 타깃은 '칩 시크(Cheap Chic · 싸고 세련되게)'라는 구호를 내걸고, 뉴욕 출신의 아이작 미즈라히(Issac Mizrahi)가 디자인한 의류 제품을 판매한다. 합리적 가격에 명품을 소비하고 싶어 하는 소비자의 욕망을 자극해 다른 할인점과 차별화된 가치를 전달하는 것. 이마트도 벤치마킹을 통해 '대형 할인점 의류=촌스러운 브랜드'라는 인식을 바꾸기 위한 전략을 짤 수 있었다.

잘나가는 글로벌 기업을 무조건 베끼는 방식의 벤치마킹이 더는 통하지 않는 시대가 왔다. 무비판적인 베끼기는 조직 갈등 등 예기치 못한 문제를 낳을 수 있기 때문이다. 세계적 기업과 어깨를 나란히 할 정도로 성장한 한국 기업들은 다른 업종 벤치마킹을 통해 혁신 아이디어를 도출하거나, 한국적 상황에 맞게 외부 아이디어를 변형하고 있다.

현대카드

현대카드는 기존 신용카드사가 시도하지 않았던 새로운 분야를 개척하며 성장했다. 다른 카드사와 다른 느낌의 광고를 내보내고, 포인트를 선지급하는 방식이 대표적이다. 또 신용카드에 디자인 개념을 도입했고 대형 콘서트 등을 열었다. 현대카드만의 독특한 문화와 경영방식 중 상당 부분은 회사 바깥에서 얻었다. '하늘 아래 새로운 것이 없다. 다만 새로운 시각에서 혁신적인 것을 관찰하고, 이를 현대카드의 문화에 맞게 이식한다'는 게 현대카드 측 설명이다.

이런 작업의 기폭제가 바로 '인사이트 투어(Insight Tour)'다. 정태영 사장과 주요 임원들은 업종을 불문하고 새로운 마케팅으로 주목받는 곳을 찾는다. 혁신적인 미술관이나 자동차 회사까지 간다. 금융회사는 가급적 가지 않는다. 현대카드는 카드회사라는 업(業)에 대한 정의를 다르게 내렸기 때문이다. 카드사는 고객이 결제하는 카드만 취급하는 회사가 아니라 고객 라이프스타일까지 디자인하는 곳이라는 게 현대카드의 시각이다. 이미영 현대카드 마케팅본부 브랜드실장(이사)은 "카드사는 생활과 밀접한 분야에서 통찰을 얻어야 한다. 인사이트 투어는 고객의 삶을 업그레이드시키는 데 역점을 둔다"고 강조했다.

인사이트 투어 중 머무르는 숙소마저도 벤치마킹 대상이 된다. 숙소를 고를 때는 별이 몇 개인지가 아니라 누가 디자인했는지부터 살핀다. 판박이 디자인의 글로벌 호텔 체인에 묶지 않는 것은 이 때문이다. 최근 인사이트 투어에서는 산업 디자인계의 거장 필리프 스타르크가 설계한 미국 뉴욕의 '더 스탠더드 호텔'에 묵었다.

글로벌 제휴사도 벤치마킹 대상이다. 현대카드는 '살림의 여왕' 마사 스튜어트와 제휴해 잡지 '마사 스튜어트 리빙'을 판매하는데, 이 잡지사도 인사이트 투어의 방문 대상이었다. 가정주부의 일로 치부되던 살림조차도 TV쇼로 만들어 가치를 창출하는 역발상이 인상적이었다는 것. 이런 노력들이 모여서 고객들에게 더 큰 가치를 주고 브랜드 이미지도 끌어올릴 수 있었다.

이마트

이마트는 성장 단계에 따라 각각 다른 전략을 택했다. 1996년 1호점을 열 때는 해외 벤치마킹에 의존할 수밖에 없었다. 당시 국내에 대형 마트라는 업태가 없었기 때문이다. 대상은 선반이 높은 창고형 매장을 운영한 월마트였다. 하지만 한국 문화에 맞지 않았다. 3년 만인 1996년 일본 할인점인 이토요카도로 벤치마킹 대상을 바꿨다. 이후 이토요카도처럼 신선식품에 주력하고 시식 행사도 마련했다. 결과는 성공이었다. 1998년 월마트가 한국에 진출했지만 오히려 이마트에 밀려 실패했다. 현재 이마트는 분야별로 잘하는 대형 할인점들을 골라 혼합하는 '하이브리드형 벤치마킹' 전략을 쓰고 있다. 2000년대 들어 소비자 기호가 고급화하는 동시에 다양화하고 있는 데다 국내 할인점 수도 많아져 경쟁 강도가 높아졌기 때문이다.

자체 브랜드(PL · Private Label) 전략도 벤치마킹을 통해 가다듬었다. 기존 이마트 PL은 저가 이미지가 강했다. 이마트는 'PL 종주국' 유럽을 벤치마킹했다. 영국 테스코나 세인즈베리에서는 PL 제품이 매출의 절반 이상을 차지한다. 특히 이들 회사는 포장 디자인을 단순화해서 가격을 낮췄는데도 프리미엄 이미지를 유지했다. 특히 테스코는 PL 브랜드를 세분화해서 프리미엄급에는 '테스코 파이니스트'란 이름을 붙였다. 중간 제품은 '테스코 노멀', 가장 저렴한 제품에는 '테스코 밸류'란 브랜드를 달았다. 이와 유사하게 이마트도 PL 브랜드를 베스트-이마트-세이브 등 3개로 재편했다. 간결한 브랜드로 상품 인지도를 끌어올리면서 다양한 고객들의 욕구도 충족시킬 수 있었다. 현재 이마트의 PL 제품은 19개 브랜드 1만8000개로 늘었다.

벤치마킹 성공 비결은 최적화와 실행

현대카드와 이마트 벤치마케팅의 공통점은 회사가 놓인 상황에 알맞은 최적화 전략(optimization alignment)을 선택했다는 점이다.

이마트는 월마트 방식이 한국에 맞지 않는다는 결론을 내리고 곧바로 월마트 모델을 폐기했다. 현대카드도 사장실을 개방하는 기업을 벤치마킹하려 했다. 하지만 즉각적인 사장실 개방이 어렵다고 판단해 모든 임원이 특정 시간에 함께 근무하는 형태의 자체 대안을 마련했다. 최고경영자(CEO)가 강한 의지를 갖고 있으며 벤치마킹 이전에 사전 학습을 철저히 한다는 점도 비슷하다. 정태영 현대카드 사장이나 정용진 신세계 부회장 모두 매년 한 차례 이상씩 벤치마킹 출장을 떠난다. 벤치마킹 출장을 떠나기 전 자료를 꼼꼼히 준비해서 읽는다. 아는 만큼 보이기 때문이다. 보고 배우는 것에 그치지 않고 실행을 강조한다는 점도 두 회사가 닮았다. 이마트는 고위임원 벤치마킹 출장 이후 실무자가 똑같은 곳으로 벤치마킹 출장을 떠난다. 실무자 선에서 벤치마킹을 왜 해야 하는 지에 대한 공감대가 형성돼야 실행력이 높아지기 때문이다."

〈출처: 동아비즈니스리뷰, (2010.10.1.)〉

4.3. 혁신적인 기업의 조직 구성

기업은 개인이 모여서 구성되고, 내부의 여러 조직의 역할에 의해 운영되는 유기체라고 볼 수 있다. 따라서 변화와 혁신의 과정은 사람들이 모여 이루어진 조직의 특성에 의해 성패가 좌우된다고 볼 수 있다. 즉, 기업 조직을 어떻게 구성하느냐에 따라 변화와 혁신을 어떻게 이끌어나가는지가 결정되는 것이다. 기업이 끊임없는 변화와 혁신에 성공하기 위해선 내부적으로 창의조직, 실행조직, 개선조직, 충고조직의 면모가 필요하며 각각의 조직은 세부적으로 중요한 역할을 수행하게 된다.

창의조직은 새로운 비즈니스 아이디어로 세상에 없던 신상품이나 서비스를 창조해 세상을 새로운 가치를 제공하는 조직을 말한다. 급변하는 경영환경에서 기업에게 창의란 무엇을 의미하는 것일까? 인터넷을 기반으로 정보의 습득과 이동이 용이해지고 글로벌 무한 경쟁으로 무수히 많은 경쟁자들이 등장하는 오늘날의 경쟁환경에서, 소비자의 인식 속에 처음으로 자리잡는 선점 효과의 중요성은 점점 커지고 있다. 선점효과란 소비자들의 인식 속에 처음으로 포지셔닝하면 이러한 인식은 좀처럼 변하지 않는 현상으로서 기업에게 있어 소비자의 충성도를 형성하는데 있어 아주 중요한 개념이다. 기업이 선점효과를 누리기 위해서는 다른 경쟁자보다 앞서 획기적인 제품, 서비스를 제공하는 창의적인 아이디어가 필요하다. 세계적인 기업인 3M과 Google의 공통점은 두 기업 모두 직원들의 창의성을 중요시한다는 것이다. 두 기업은 자기 업무와 관련이 없는 일이라 할지라도 업무시간의 상당량을 창의적인 아이디어 개발에 쓰도록 하고 있다. 일정한 시간을 업무와 무관한 곳에 쓰게 함으로써 직원들의 창의적인 사고를 증진시키고 이렇게 창출된 아이디어로 새로운 비즈니스 아이템을 구상하고 개발하는 창의 조직을 구축하는 것이다.

실행조직은 창의조직에서 시작된 창의적인 사업 아이디어에 구체적인 시장성과 비전을 더해 본격적인 기업으로 발전시키는 역할을 하는 조직을 일컫는다. 혁신 제품 하나만으로 시장을 장악하는 기업은 그리 많지 않다. 왜냐하면 어떠한 훌륭한 제품이 있다하더라도 그 제품이 시장에서 반응이 없다면 성공하기 어렵기 때문이다. 실행 조직은 시장의 특성과 분위기, 시장이 원하는 바를 제대로 파악하고 사업화를 실행하는 역할을 맡는다. 로마제국 시대의 네로황제는 이미 동전을 이용하여 슬롯머신 개념을 설립하였고, 도르레를 이용한 원리로 로마제국의 궁전에는 엘리베이터가 3대가 구축되어있었다고 한다. 이러한 제품들은 역사상으로 비록 오래전에 처음 발명되었지만 실행조직을 만나지 못해 그 후 오랫동안 시장에 나오지 못한 것이다. 혁신적인 창의조직은 실행조직을 만나야 마침내 아이디어가 상업화되는 꽃을 피우게 되는 것이다. 즉, 창의조직은 제품과 서비스의 기회를, 실행조직은 시장의 기회를 발견하고 사업화한다고 할 수 있다. 우리나라는 판도라TV라는 동영상 사이트를 창의적으로 만들고도 세계시장에선 Youtube에 시장 선두의 자리를 내줬다. 이외에 싸이월드, 아이러브스쿨 등의 소셜네트워크서비스는 페이스북보다 먼저 만들어졌지만 올바른 실행조직의 부재로 시장 선두자리를 확보하지 못한 채 시장에서 도태되었다고도 볼 수 있다.

개선조직은 실행조직에 의해 시장 사업화에 성공한 기업이, 체계적이고 성과 지향적인 경영 능력으로 안정된 성장을 할 수 있도록 하는 조직을 말한다. 시간이 흐름에 따라 시장에 경쟁자는 출현하기 마련이고, 소비자의 니즈는 지속해서 변하므로 보다 나은 서비스와 제품을 소비자에게 끊임없이 제공하기 위해 기업을 지속적으로 개선해 나가야 하는데 있어 개선조직의 역할이 크다. 기업 내 개선조직의 역할로 성공한 기업에는 삼성전자의 핸드폰사업조직, 토요타의 비용절감 노력을 담당하는 구매 및 공정조직, 스와치(Swatch)의 패션시계 사업조직 등을 들 수 있다. 기업이 지속 성장을 하는데 있어서는 많은 기회를 발견하고 장애물을 제거하는 개선조직의 역할이 중요하다.

한편, 기업의 내부에는 항상 회사의 미래를 걱정하며 위기의 순간에도 포기하지 않고 충고하는 조직이 필요하다. 충고조직은 회사에 대한 애정을 가지고 그 회사가 변화와 혁신의 순간을 포착할 수 있게 해주는 촉매 역할을 담당한다. 직원들에게 단순히 업무사항을 지시하기보다는 필요한 조언과 충고를 통해 훌륭한 기업으로 성장하게 이끄는 CEO가 최근 늘고 있다. 적재적소의 올바른 충고가 기업이 발전하는데 밑거름이 되고 결정적인 단서와 조언의 중요성이 커지는 것이다. 대개의 경우 창의조직, 실행조직, 개선조직에 비해 충고조직의 중요성은 인정받지 못하는 경우가 많다. 그렇지만 기업 운영에는 매순간 위기가 오기 때문에 이러한 위기를 빨리 감지하고 대처하는 것이 중요하고, 정확한 상황판단을 위해 실시간 정보를 수집하고 이러한 정보를 주저 없이 기업 운영 과정에 알릴 수 있는 조직문화를 조성하는 것이 중요하다. 받아들이기에 때때로 쓰고 마찰이 발생할 수도 있지만 기업의 미래를 생각하는 따끔한 충고는 그 기업의 미래에 막대한 영향력을 끼친다. 자칫 인정받지 못하는 충고조직의 조언이 기업의 운명을 좌우할 수 있는 만큼 기업의 경영자는 항상 주의를 기울여 변화와 혁신을 위해 반드시 충고조직을 구축해야 하고 기업의 상황에 대해 정확히 파악하고, 충고의 진의와 필요성 여부를 판단한 후, 향후 기업운영에 올바른 방향을 잡아야 한다.

이렇게 창의조직, 실행조직, 개선조직, 충고조직의 특성을 띄어야 하는 혁신기업은 어떻게 성공적으로 구축해야하는 것인가?

첫째는 그 기업에 창의, 실행, 개선, 충고의 4가지 조직이 함께 존재해야 한다. 아서 앤더슨 컨설팅 기업은 한 연구를 통해 조직 변화를 시도한 기업들의 70% 정도는 성공하지 못한다고 발표하였다. 그만큼 변화에 대한 갈망과 노력이 실제로 성공하는 사례는 흔치 않다고 알 수 있다. 변화의 실패에는 많은 요인이 있겠지만 혁신 조직을 구축하는데 실패한 이유가 크다고 할 수 있다. 오늘날같이 급변하는 경영환경에는 경쟁사의 동향, 가격, 고객 특성, 노하우 등 모든 정보의 이동 속도가 빠르게 증가하였고, 대규모의 자본 조달 및 자본 이동 속도가 상승되었다. 또한 기업 임원진의 활발한 이직으로 인해 경영 장벽이 완화되었고, 기술혁신의 가속화로 인해 상품 사이클과 기업전략의 수명이 단축되었다. 따라서 4가지 조직 특성을 동시에 구축하여야 지속성장이 가능하다.

둘째는 동시에 구축된 4가지 조직 특성이 시너지를 발휘해야 한다. 창의, 실행, 개선, 충고 각각의 4가지 조직이 독립되어 각자의 역할에만 충실하다면 시너지를 발휘할 수 없다. 자연스럽게 서로 유기적으로 연결되어 하나의 팀으로 형성되었을 때 비로써 가치를 발휘하게 된다. 창의적인 아이디어를 발굴해 내는 창의조직, 신사업기회를 계속해서 실현하는 실행조직, 사업화된 비즈니스 모델을 세계적인 규모로 키워내는 개선조직, 그리고 기업을 끊임없이 걱정하며 필요한 정보와 아이디어를 관심과 조언으로서 제공하는 충고조직, 이 네 가지 조직이 함께 유기적으로 성공적인 팀을 이루어 시너지를 발휘해야 기업이 변화와 혁신을 올바로 수행하고 지속적인 성장을 가능하게 한다. 기업의 성공과 발전에는 한 개인이나 한 조직의 힘이 아닌, 시너지를 발휘하는 여러 조직의 힘이 필요한 것이다.

사 례 맥도날드를 통해서 본 창의조직, 실행조직, 개선조직, 충고조직

맥도날드 형제는 창의적인 아이디어로 지금의 맥도날드의 발판을 마련한 토대를 이루었다. 맥도날드 형제는 1937년 핫도그 식당을 창업하고 1940년 레스토랑을 열었다. 그 당시 메뉴는 총 25가지로서 거의 바비큐 음식이 주였지만, 거의 모든 수익이 햄버거 판매로부터 발생하자 창의적인 아이디어를 실현시키기 위한 준비를 하였다. 이후 레스토랑을 잠시 문닫고 구체적인 실행계획을 구상한 후, 1948년 다시 레스토랑을 오픈하며 스피드 서비스 시스템을 도입하였다. 당시 다른 레스토랑의 반값으로 햄버거를 고객에게 즉시 제공했고, 이로 인해 큰 성공을 이루게 되었다. 이러한 스피드 서비스 시스템이 창의적인 아이디어로서 맥도날드 성공의 핵심인 패스트푸드라는 새로운 개념을 창조하게 된 것이다. 성공적인 기업은 이렇게 창의적인 조직의 창조적인 아이디어로 시작하여야 한다.

물론 맥도날드 형제가 햄버거를 처음 만든 것도 아니고 햄버거 비즈니스를 처음으로 성공시킨 것도 아니다. 레이 크록은 맥도날드 형제의 패스트푸드라는 신개념의 비즈니스 모델을 대규모 프렌차이즈 사업으로 발전시킨 장본인이다. 레이 크록은 1955년 맥도날드 시스템즈라는 기업을 창업했으며, 1961년 맥도날드 형제로부터 맥도날드사를 220만 달러에 인수하였다. 이후 레이크록에 의해 맥도날드의 패스트푸드 사업의 아이디어가 본격 사업화되고 시장성을 보이자 경쟁자로 타코벨, 하디스, 버거킹 등의 기업이 등장하고 경쟁이 심화되었고 패스트푸드는 한 사업이 아닌 산업화가 되었다.

레이 크록에 의해 사업화된 패스트푸드 아이이디어는 프레드 터너에 의해 본격적으로 프렌차이즈 대기업으로 성장하게 되었다. 치열해진 경쟁에서 살아남기 위해 프레드 터너는 개선조직의 역할을 담당하였다. 맥모닝과 같은 아침메뉴를 개발하였고, 햄버거 대학을 통한 인재를 양성하였으며, 경쟁업체 보다 한발 앞서 외국 분점을 개설하였다. 프레드 터너의 맥도날드는 1971년 아시아 최초로 일본에 분점을 개설한 이후, 독일과 네덜란드 등 유럽시장에도 진출하였다. 1975년 미국 아리조나에서 첫 번째 드라이브스루 시설을 구축하였고, 1990년 모스크바에 분점을 오픈하므로써 공산주의 국가에 자본주의 상징이자 미국의 상징인 맥도날드 분점이 개설되는 역사적인 사건으로 기록되었다. 이후 1992년에는 당시 세계에서 가장 큰 맥도날드 분점을 중국 베이징에 개설하였다. 이렇게 세계 어디를 가더라도 맥도날드 햄버거를 먹을 수 있게 된 것에는 프레드 터너의 공이 크다고 할 수 있다.

한편, 레이 크록의 아내는 맥도날드 성공신화의 숨겨진 인물 중의 하나로서 조언조직의 역할을 담당하였다. 레이 크록은 한때 전재산을 투여하여 밀크쉐이크 믹서기사업을 벌였지만 고전하는 남편을 위해 매일 고민하고 기도하였다. 그러던 어느 날, 맥도날드 형제의 레스토랑이 한 곳에서 밀크쉐이크 믹서기 여러 대를 쓸 만큼 성공했다는 소식을 듣고 남편에게 맥도날드 형제를 찾아가 보도록 적극 권유하였다. 오늘날 맥도날드의 성공에는 레이 크록의 아내의 이 조언이 결정적인 역할을 하였다는 평도 있다.

이러한 네 가지 조직의 유기적인 연결과 힘을 바탕으로 오늘날의 맥도날드는 2015년 기준 254억 달러에 달하는 매출과 71억 달러가 넘는 영업이익, 110개가 넘는 전 세계에 약 3만 6천개에 달하는 점포를 가지고 있는 거대 기업이자 미국을 대표하는 기업이 되었다.

〈출처: 맥도날드 홈페이지(https://www.mcdonalds.com)〉

연습문제

1) 기술인사조직의 개념을 논하고, 왜 기업 활동에서 인사 및 조직 관리가 중요한지 서술하시오.
2) 기술인사조직의 조직구조를 결정짓는 조직 규모에 대해서 논하고, 조직구조 유형을 결정짓는 여러 구조적 차원에 대해 설명하시오.
3) 연구개발 조직의 구조와 조직문화의 특성에 대해 서술하고, 연구개발 조직에 대한 동기유발 및 갈등관리의 필요성에 대해서 설명하시오.
4) 조직혁신의 구체적인 방법인 구조조정, 리엔지니어링, 그리고 벤치마킹에 대해 논하고 혁신적인 기업을 구성하기 위한 네 가지 조직 면모인 창의, 실행, 개선, 충고 조직의 개념을 설명한 후 올바른 혁신 기업 구축을 위한 방법에 대해 논하시오.

INTRODUCTION TO MANAGEMENT OF TECHNOLOGY

참고문헌

"1인자에서 추락한 글로벌 IT 기업", (2014.10.8.), 중앙일보.

"1200만병 팔린 콜드브루, 참기름 짜다 고안", (2016.11.7.), 조선일보.

"가전 공룡 뛰어드니 정수기시장 지각변동?", (2014.4.4.), 머니위크.

구경철, 유왕진 (2008), "벤처캐피탈 산업 현황 및 향후 과제", 한국창업학회, 3권 1호, 139-158.

권재열 (2004), "지적재산권 증권화를 통한 자금조달", 한국증권법학회 학술행사 제101회.

기술과 경영, (2012.2), 기술경영논단, 중소기업의 신제품 개발 전략.

기업생태계와 플랫폼 전략, (2012.2), SERI 연구보고서, 삼성경제연구소.

"기획-한국 반도체의 뿌리 256Kb D램 20년 국산설계 1호-D램산업 세계 1위로 꽃피웠다", (2004.10.18.), 디지털타임스.

김국태 (2005), 생태계경영 시대의 동반 성공 전략. LG주간경제.

김기찬 (2011.3) 길게 보고 파트너 키우는 젊은 생태계를, 동아비즈니스리뷰.

김상훈 (2004), 하이테크 마케팅, 박영사.

김영수, 송경모, 신인화, 황유진, 유문재 (2016), 기술금융의 이해와 실무, 영화조세통람.

김영준 (2015.1.12.), "창조경제시대 일자리 창출 위한 기업의 역할", 동아일보.

김영준 (2015.4.29.), "사람도 산업도 뭉쳐야 산다", 서울경제.

김영준 (2016.7.5.), "황금알 낳는 표준특허에 주목할 때", 동아일보.

김정남 (2010), 애플, 성공 신화의 비밀.

"꾸준히 오래가는 명가의 비밀", (2014.11.7.), 한국경제신문.

네이버 금융 국고채 수익률(3년), (2016.2.6.), info.finance.naver.com.

노키아의 성공요인과 미래전략, (2008.6.20.), KDB산업은행 경제연구소.

"로열티에 멍드는 한국 IT산업", (2007.11.2.), 한국경제신문.

리차드 포스터(Richard Foster), 사라 캐플런(Sarah Kaplan) (2010), 창조적 파괴, 21세기북스.

"모뎀 칩 시장 퀄컴 독주 막내리나", (2015.5.11.), 디지털 타임스.

미니밀, 하이밀, (2011.12.31.), EBN.

박서기 (2016), 차세대 파괴적 혁신 기업, 강의교재.

박유리 (2012.2), 스마트 환경에서 IT 생태계의 시사점, IT-R&D 정책동향, 정보통신정책연구원.

박정희, 여인국, 문종범 (2011), 중소기업의 연구개발집중도와 특허가 주가수익률에 미치는 영향 연구, 한국기술혁신학회지, 제14권 제3호, 466-487.

박종복, 조윤애, 이상규, 성열용, 권영관 (2011), 민간부문의 기술사업화 활성화 방안, 한국산업연구원.

박준우 (2005), "한 · 일 기업간 기술제휴 이후 주가의 장기성과", 한일경상논집, 제30권, 159-179.

반성식, Andrew Zacharakis, 송경모 (2002), "벤처캐피탈리스트의 투자의사결정모형 : 한국과 미국의 비교연구", 재무관리연구, 제19권 제2호, 271~297.

백승철, 염규옥, 임진윤, 이인숙 (2002), 의사결정을 위한 관리회계, 휴넷, 서울.

백원선 (2003), "정보통신기술 기업과 비금융제조업 기업간 차별적 주가결정요인", 회계학연구 제28권 제2호, 49-74.

"비즈니스 모델 혁신으로 제조업의 위기를 극복한 기업들, (2014.12), LG경제연구원.

산업은행, (2014.11), 산은의 특허관리회사(NPE) 역할 추진 방안, 금융위원회 기술금융 TF 회의자료.

산업자원부, (2004), 기술자원의 성장동력화 촉진 국가계획수립.

산업통상자원부, (2014), 기술가치평가 실무가이드.

"삼성 LCD 세계인의 눈을 점령하다!", (2005.7), www.economychosun.com.

"삼성, 왜 플래시메모리인가", (2003.10.30.), 주간경향 뉴스메이커 546호.

"삼성반도체 40년, (2014.12.5.), 마흔해, 결단과 영광의 기억들 上", 아시아경제.

"삼성은 못해", (2009.10.29.), 냉소 일 기업들 어디갔나, 머니투데이.

"삼성전자 AST 매각 배경과 의미", (1999년, 1.12.), 전자신문.

"삼성페이, 애플 압도했다－미국서 기선제압", (2015.10.5.), 한국경제신문.

"새로운 기술패러다임의 키워드: 제한적 개방혁신, 기술생태계, 역혁신", (2013), 동아비즈니스리뷰.

"생각도 못했다, 석유개발 기술을 헬리콥터에 쓸 수 있다니…|9개 자회사가 서로 기술 공유하는 'GE 스토어'의 힘", (2015.11.18.), 조선일보(ChosunBiz).

성장사다리펀드 보도자료, (2015.11.24.), 기술신용평가기관(TCB)-운용사(GP), 기술가치펀드 투자활성화를 위한 업무협약 체결.

성장사다리펀드 사무국, (2014.11), 기술가치평가 투자펀드 조성방안, 금융위원회 기술금융 TF 회의자료.

세계 휴대폰 시장 점유율 추이, IDC.

송경모 (2015.11), "IoT · 핀테크 최후의 승자를 예측하는 법", TECH M, vol.31, 머니투데이.

송경모 (2015.2.28.), "기계적 목표 관리제는 또 다른 관료주의", 조선일보 Weekly Biz.

송경모 (2015.1), "벤처캐피탈의 역사를 통해 본 혁신의 방향", TECH&Beyound, vol.21, 머니투데이.

송경모 (2015.8), "엔젤의 진화 '크라우드 펀딩', 지원인가, 투자인가?", TECH M, 머니투데이.

송경모 (2015), "연구개발의 위험과 연구개발비의 성과", 월간조세, 영화조세통람.

송경모 (2013), 사업타당성 평가실무, 영화조세통람.

송경모 (2016), 피터 드러커로 본 경영의 착각과 함정들, 을유문화사.

송성수 (2015.11.9.), D램 반도체 개발, 국가기록원.

"스타가전 제습기 시장 1위, 윤희종 위닉스 회장 성공스토리...한 우물을 파라", (2013.7.10.), 한국경제.

신장섭, 장성원 (2016), 삼성 반도체 세계 일등 비결의 해부, 삼성경제연구소.

애덤 라신스키 (2012), Inside Apple: 비밀 제국 애플 내부를 파헤치다, 청림출판사.

"연결하고, 통찰하고, 최적화하라", (2015.10.8.), GE리포트 코리아-상상을 현실로 만들다, www.gereports.kr.

"올해 TV 성장률 1% 미만 – PDP.CRT멸종", (2014.4.22.), www.zdnet.co.kr.

유지상 (2010.2), "한국 벤처캐피탈펀드의 수익률과 위험 측정", 한양대학교 대학원 경제금융학과 석사학위 논문.

윤정문, 민경섭, 박상규, 송경모, 유석원, 이상현, 정형민, 지정준, 채병권 (2015), 기업자금관리실무(전면개정판), 영화조세통람.

이내주 (2011), 근대 엔지니어의 탄생: 영국 근대 토목 엔지니어의 탄생, 1760s~1860s – 토목공학 초기 중요 엔지니어들의 활동을 중심으로, 공학교육연구, Vol.14(5), 53-60.

이승현 (2007), 기술금융 선진화를 위한 기술유동화 도입방안, KISTEP.

이주성 (2013.8), 새로운 기술패러다임의 키워드: 제한적 개방혁신 · 기술생태계 · 역혁신, 동아비즈니스리뷰.

이철원 (2008), "개방형 혁신 활성화를 위한 새로운 기술중계 조직의 모색", 과학기술정책, 34-40.

임원기 (2016.10.26.), '제2의 창업' 나선 이해진 네이버 의장, http://limwonki.com/m/759.

"전기차 혁명 진원지" 테슬라 프레몬트 공장 르포, (2013.11.), 한경매거진.

정동, 김형준 (2010), "지적재산권 유동화", Issue Report, 한국기업평가, 2010-04014.

정찬우 외 3인 (2010), "기술금융의 수요예측과 적정 위험분담 방안(기술보증기금 연구용역 보고서)", 한국금융연구원.

조기현 (2015), 한국 주식시장의 기술기업 가치평가 분석, 한남대학교 박사학위 논문.

조준일 (2013), 오픈 이노베이션, 혁신의 동력이 되려면, LG경제연구원.

존속적 혁신과 파괴적 혁신, 신한 FSB 리뷰 – 창조경영 3.

지태홍 외 (1999), 기술이전 및 실용화 추진체 설계연구.

"진격의 삼성페이, 그 뒤엔 '핵심기술 수혈' M&A 전략 있었다", (2015.10.2.), 한국경제신문.

짐 콜린스 (2010), 위대한 기업은 다 어디로 갔을까, 김영사.

차명수 (2009), "벤처캐피탈의 투자의사결정 연구: 판단분석의 활용", 벤처경영 연구, 제12권 제4호, 19-43.

"추격자(Fast Follower)와 선도자(First Mover)사이, '병행자(Parallel Mover)전략'으로 돌파하라", (2014.10.31.), 조선 Biz.

"치고 빠지고 또 도전하는 디지털 노마드족", (2003.10.16.), 인터넷한겨레.

"퀄컴 특허남용 급제동. 삼성 로열티 부담 덜 듯", (2015.3.30.), 매일경제신문.

크리스토퍼 샤를과 쟈크 베르제르 (1999), 김정인 옮김, 대학의 역사, 한길사.

"키우고 빌리고 사는. 세 가지 전략 다 가졌는가", (2015.8.21.), 조선일보 Weekly Biz.

"특허 많은 기업 株價 수익률(올해 24.8%), 코스피 상승률(2.2%)의 11배", (2013.10.28.), 조선일보.

펜타노바 (2012), "지식재산금융 국내외 실태 조사 및 활성화 방안 연구(연구용역 보고서)", 지식재산위원회.

한국기술거래소, (2003), 대학기술이전매뉴얼.

한국기술거래소, (2004), 기술이전사업화 백서.

한국기업데이터 은행배포용 견본, (2014.6.20.).

한국산업기술진흥원, (2011), "지식재산 비즈니스의 현황 및 활성화를 위한 과제", issue paper 2011-15.

한국산업기술진흥원, (2013), 기술이전 · 사업화 조사분석 자료집.

한국신용정보, (2002.3.11.), ."AHP 벤처기업평가 모형의 의의와 발전방향", NICE Credit.

한국신용평가, (2006.7), Corporate 신용평가 일반론.

한국은행, (2015.12), 한국의 금융시장.

"한방 노린 회생방안은 결국 독약", (2009.5.17.), 한국경제신문.
홍성주 (2016.1.27.), 아시아경제사이언스 포럼.
히노 사토시 (2003), Toyota 무한성장의 비밀, 동양문고.
Best CEO 열전 (1) 이윤우 삼성전자 부회장, (2008.9.2.), 서울신문.
GE & Samsung의 Brand 가치, www.interbrand.com.
GE의 경영혁신, (1993), 삼성경제연구소.
KISTEP, (2011), 주요국의 기술혁신지원제도 비교분석 연구.
M&A 이론과 실제, (2004), 한국기술거래소.
NICE 평가정보, (2014.9.1.), 기술신용평가(TCB) 업무안내.

Anderson, J. R. (1983), The architecture of cognition, Cambridge, Harvard University Press.

Anderson, P. and Tushman, M. L. (1990), "Technological discontinuities and dominant designs: A cyclical model of technological change", Administrative Science Quarterly, 604-633.

Ansoff, H. Igor (1957), "Strategies for Diversification", Harvard Business Review, Vol. 35(5), 113-124.

Apple's Phone: From 1980's Sketches to iPhone. Part 1, Part 2, Part 3, www.mobile-review.com, Jun16~20, 2010.

Arzac, Enrique R. (2008), Valuation for Mergers, Buyouts, and Restructuring, 2nd ed., John Wiley & Sons.

Beninga, S. (2000), Financial Modelling, 2nd ed., MIT Press.

Bessant, J. and Rush, H. (1995), "Building Bridges for Innovation: The Role of Consultants in Technology Transfer", Research Policy 24(1), 97-114.

BlackBerry, - www.wikipedia.com.

Boudreau, K., & Lakhani, K. (2009), "How to manage outside innovation", MIT Sloan Management Review, 50(4), 69-75.

Brenner, T. (2004), Local industrial clusters: existence, emergence and evolution. Routledge.

Brooks, H. (1966), National science policy and technology transfer, In Proceedings of a Conference on Technology Transfer and Innovation, 53-75.

Burgelman, R. A., Maidigue, M. A. and Wheelwright, S. S. (1996), Strategic Management of Technology and Innovation, Irwin, Chicago, USA, 2nd ed.

Bygrave, W. D. and Zacharakis, A. (2010), The Portable MBA in Entrepreneurship(4th ed.), John Wiley & Sons.

Bygrave, W. D. and Timmons, J. A. (1992), Venture Capital at the Crossroad, Harvard Business Press.

Cardinal, L. and Opler, T. (1995), "Corporate diversification and innovative efficiency: An empirical study", Journal of Accounting & Economics, 19, 365-382.

Casadesus-Masanell, R. and Ricart, J. E. (2009), From Strategy to Business Models and to Tactics, Harvard Business School, Working Paper 10-036.

CB Insight (2014), The Top 20 Reasons Startups Fail, www.cbinsights.com.

Chandler; A. (1962), Strategy and Structure: Chapters in the History of the Industrial Enterprise, MIT Press, Cambridge, MA.

Chesbrough, Henry. W. (2006), Open innovation: The new imperative for creating and profiting from technology. Harvard Business Press.

Chesbrough, Henry W. (2003), "The Era of Open Innovation", edited by David Mayle, MIT Sloan Management Review 44(3), 35-42.

Chesbrough, Henry W., Everything You Need to Know About Open Innovation, www.forbes.com. Mar. 2011.

Christensen, Clayton. M. (1997), The Innovator's Dilemma: The Revolutionary Book that Will Change the Way You Do Business (Collins Business Essentials).

Christensen, Clayton. M., & Johnson, M. W. (2009), What are Business Models, and how are They Built?. Harvard Business School.

Christensen, Clayton M. (2011), "The Big Idea : The New M&A Playback", Harvard Business Review, vol 89, 48 – 57.

Czinkota, M. (1998), Global Business (2nd ed.), Dryden.

Cochrane, J. (2005), "THe Risk and Return of Venture Capital", Journal of Financial Economics 75, 3-52.

Cohen, W. M., and Levinthal, D. A. (1990), "Absorptive capacity: A new perspective on learning and innovation", Administrative Science Quarterly, 128-152.

Cooper, R. G. (1990), "Stage-gate systems: a new tool for managing new products", Business Horizons, 33(3), 44-54.

Damodaran, Ashwath (2002), Investment Valuation: Tools and Techniques for Determining the Value of Any Asset, 2nd ed., John Wiley & Sons.

Davenport, Thomas H. (1993), Process Innovation: reengineering work through information technology, Harvard Business School.

Douglas Cumming ed (2010), Venture Capital: Investment Strategies, Structures, and Policies, John Wiley & Sons.

Downes, L., and Nunes, P. (2013), "Big Bang Disruption", Harvard Business Review, 44-56.

Edosomwan, J. A. (1989), Integrating innovation and technology management, Wiley.

First-Mover Disadvantage-Forbes, www.forbes.com, Jun 18, 2007.

Fulford, B., Unsung Hero, Forbes, March 18, 2008.

Full Text: Nokia CEO Stephen Elop's Burning Platform Memo., TechEurope(The Wall Street Journal, September 28, 2011.

GE McKinsey Matrix, www.marketing91.com.

Gibbons, M., Limoges, C., Nowotny, H., Schwartzman, S., Scott, P. and Trow, M. (1994), The new production of knowledge: The dynamics of science and research in contemporary societies. Sage.

Golder, P. N. (2000), "Insights from senior executives about innovation in international markets," Journal of Product Innovation Management, 17, 326-340.

Golder, P. N. and Tellis, G. (1993), "Pioneer Advantage: Marketing Logic or Marketing Legend?", Journal of Marketing Research, vol. 30(2), 158-170.

Goldhor, R. S. and Lund, R. T. (1983), "University-to-Industry Advanced Technology Transfer", Research Policy 12(3), 121 – 152.

Henderson, R. M. and Clark, K. B. (1990), Architectural innovation: the reconfiguration of existing product technologies and the failure of established firms. Administrative science quarterly, 9-30.

History of Mobile Phones, www.wikipedia.com.

Hossein Bidgoli ed. (2010), The Handbook of Technology Management: Core concepts, Financial Tools and Techniques, Operations and Innovation Management, John -Wiley and Sons.

How Scania achieves success with modularization, www.motorindiaonline.in, 2012.

Iansiti, M. and Roy Levien, R. (2004), "Strategy as Ecology", Harvard Business Review 82(3), 1-10.

Jasimuddin, S. M., Klein, J. H. and Connell, C. (2005), "The paradox of using tacit and explicit knowledge:

strategies to face dilemmas", Management Decision, 43(1), 102-112.

Johnson, M. W., Christensen, C. M. and Kagermann, H. (2008), "Reinventing Your Business Model", Harvard Business Review, 1 – 10.

Jolly, Vijay K. (1997), Commercializing New Technologies: Getting from Mind to Market.

Jonathan M. (2002), Real options analysis : tools and techniques for valuing strategic investments and decisions, John Wiley & Sons.

Kano, N., Nobuhiko, S. Fumio, T. and Shinichi, T. (1984), Attractive Quality and Must-Be Quality, Journal of the Japanese Society for Quality Control, 14(2), 39-48.

Katz, M. L. and Shapiro, C. (1985), "Network Externalities, Competition, and Compatibility", American Economic Review, Vol. 75 (3), 424-440.

Kelly, D. and Kelly, T. (2013), "Three Creativity Challenges from IDEO's Leaders", Harvard Business Review.

Kim, J. Y., Kwak, J. and Lee, K. (2015), "Estimating Tobin's Q for Listed Firms in Korea(1980-2005): Comparing Alternative Approaches and an Experiment with Investment Functions", Seoul Journal of Economics, Vol.28(1), 1-29.

Kim, Linsu (1998), "Crisis Construction and Organizational Learning: Capability Building in Catching-up at Hyundai Motor", Organization Science 9(4), 506 – 521.

Kim, YoungJun (2004), "Market structure and technology licensing: Evidence from US manufacturing", Applied Economics Letters, 11(10), 631-637.

King, A. and Lakhani, K. R. (2013), "Using open innovation to identify the best ideas", MIT Sloan Management Review, 55(1), 41-48.

Kline, S. J. and Rosenberg, N. (1986), "An overview of innovation. The positive sum strategy", Harnessing technology for economic growth, 14, 275-305.

Knox, S. D. and Denison, Y. J. (1990), "R&D Centered Innovation: Extending the Supply Side Paradigm", R&D Management, 20(1), 25-34.

Lam, Alice (2011), "What Motivates Academic Scientists to Engage in Research Commercialization: 'Gold', 'ribbon' or 'puzzle?", Research Policy 40(10), 1354 – 1368.

Lamoreaux, N. R. and Sokoloff, K. L.(2007), Financing Innovation in the United States,1870 to Present, MIT Press.

Lansiti, M. and Levien, R. (2004), Strategy as Ecology, Harvard Business Review, 1-10.

Lashinsky, A. (2012), Inside Apple: How America's Most Admired – and Secretive – Company Really Works, Business Plus, 1st ed.

Lieberman, M. B. and Montgomery, D. B. (1988), "First-Mover Advantages", Strategic Management Journal Vol. 9, 41 – 58.

Lindgardt, Z., et al. (2009), Business Model Innovation, When Gets Tough, Change the Game, BCG.

MacMillan, I. C., R. Siegel, and P. N. Narasimha (1986), "Criteria used by venture capitalists to evaluate new venture proposals", Journal of Business venturing, 1(1), 119 – 128.

Malone, T. W., Weill, P., Lai, R. K., D'Urso, V. T., Herman, G., Apel, T. G. and Woerner, S. (2006), Do some business models perform better than others?, MIT Working Paper 4615-06.

Markman, G. D., Phan, P. H., Balkin, D. B. and Gianiodis, P. T. (2005), "Entrepreneurship and university- based technology transfer", Journal of Business Venturing, 20(2), 241 – 263.

Meenam, W. T. (1925), A new type of hornless loudspeaker, Popular Radio magazine, Popular Radio Inc., New York, Vol. 8(2), 128.

Merton, R. K. (1973), The sociology of science: Theoretical and empirical investigations. University of Chicago press.

Min, Jae-Woong and Kim, YoungJun (2014), "What affects corporate commercialization of public technology transfer in Korea", Asian Journal of Technology Innovation, Issue 2, 302-318.

Mogee, M. E. (1993), Educating innovation managers: Strategic issues for business and higher education, IEEE Transactions on Engineering Management, 40(4), 410-417.

Mohr, J., Sengupta, S. and Slater, S. (2010), Marketing of High-Technology Products and Innovations, Pearson, 3rd edition.

Moore, Geoffrey A. (1991), Crossing the Chasm, Harper Business.

Motorola ROKR E1 iTunes Phone Confirmed, www.mobilegazette.com, Sept. 7, 2005,

Mowery, D. C. and Oxley, J. E. (1995), "Inward Technology Transfer and Competitiveness: The Role of National Innovation Systems", Cambridge Journal of Economics 19(1), 67 – 93.

Napp, J. J. and Minshall, T. (2011), "Corporate venture capital investments for enhancing innovation: challenges and solutions", Research-Technology Management, 54(2), 27-36.

Nijssen, E. J., & Lieshout, K. F. (1995). Awareness, use and effectiveness of models and methods for new product development. European Journal of Marketing, 29(10), 27-44.

Nonaka, I. (1994), "A Dynamic Theory of Organizational Knowledge Creation", Organization Science, 5(1), 14 – 37.

OECD (1999), Trends in University-Industry Research Partnerships, STI Review No.23.

OECD (2002), Benchmarking Industry-Science Relationships.

Osborne, D. (1989), State Technology Programs: A Preliminary Analysis of Lessons Learned, Washington, DC: The Council of State Policy and Planning Agencies.

Osnabrugge, M. V. and Robinson, R. J. (2000), Angel Investing: Matching Start-up Funds with Start-up Companies — The Guide for Entrepreneurs, Individual Investors, and Venture Capitalists, San Francisco: Jossey-Bass.

Osterwalder, A. and Pigneur, Y. (2013), Business model generation: a handbook for visionaries, game changers, and challengers. John Wiley & Sons.

Owen-Smith, Jason, and Walter W. Powell. (2001), "To Patent or Not: Faculty Decisions and Institutional Success at Technology Transfer." The Journal of Technology Transfer 26 (1-2), 99 – 114.

Panzarino, M., This is how Apple's top secret product development process works, www.thenextweb.com.

Patel, P. and D'Souza, R., "Uncovering Knowledge Structures of Venture Capital Investment Decision Making", Working Paper (based on the author's doctoral thesis), Office of Advocacy(www.sba.org/advo), January 2008.

Preston, S. L. (2007), Angel Financing for Entrepreneurs: Early Stage Funding for Long-Term Success, San Francisco:Jossey-Bass.

Rappa, M. (2003), Business models on the web. Available at Managing the Digital Enterprise website: http://digitalenterprise. org.

Reamer, A., Icerman, L. and Youtie, J. (2003), Technology Transfer and Commercialization: their role in economic development, U.S. Department of Commerce, Washington, D.C.

Relecura Inc,"IP backed Financing Overview of Trends", May 2015.

Robert, A. B., Clayton, C. and Steven, W. (1996), "Strategic management of technology and innovation", Research on Group Economy, 147-158.

Rogers, E. M. (1995), Diffusion of innovations, The Free Press, New York, 4th ed..

Rogers, E. M., and Shoemaker, F. F. (1971), Communication of Innovations; A Cross-Cultural Approach.

Samsung and Sony's Win-Win LCD Venture, Businessweek, www.bloomberg.com, Nov. 28, 2006.

Schilling, M. (2016), Strategic Management of Technological Innovation, McGraw-Hill Education, 5th ed.

Schumpeter, J.A. (1950), Capitalism, Socialism and Democracy, 3rd Edition, New York: Harper.

Shrivastava, P. (1986), Postmerger integration. Journal of business strategy, 7(1), 65-76.

Siegel, D. S., Waldman, D. and Link, A. (2003), "Assessing the Impact of Organizational Practices on the Relative Productivity of University Technology Transfer Offices: An Exploratory Study", Research Policy 32, 27 – 48.

Somaya, D., Kim, YoungJun, and Vonortas, N. S. (2011), "Exclusivity in licensing alliances: Using hostages to support technology commercialization", Strategic Management Journal, 32(2), 159-186.

Sony Retires the cassette Walkman after 30years, www.cnn.com, Oct. 25, 2010 16. iPod, www.wikimedia.com

Stephen Elop, www.wikipedia.com.

Steve Blank, Here is why the First-Mover Advantage is extremely Overrated, www.businessinsider.com, Oct 19, 2010.

Stevens, G. and Burley, J. (1997), "3,000 Raw Ideas = 1 Commercial Success!" Research Technology Management, 40(3), 16-27.

Taylor, F. W. (1911), The Principles of Scientific Management, Harper & Brother.

The GE Store for Technology is Open for Business, www.geglobalresearch.com.

The GE Store for Technology, www.gereports.kr, page 3.

The Untold Story: How the iPhone Blew up the Wireless Industry, www.wired.com, Jan. 9, 2008.

Tidd, J. and Bessant, J. (2009), Managing Innovation: Integrating Technological, Market, and Organizational Change, 4th edition, West Sussex: John Wiley & Sons, Ltd.

Timmons, J. A. and Spinelli, S. (2004), New Venture Creation: Entrepreneurship for the 21th Century(6th ed.), Mc-Graw Hill.

Tushman, M. L. and O'Reilly, C. A. (1996), "Ambidextrous organizations: Managing evolutionary and revolutionary change", California Management Review, 38(4), 8-31.

Tyzoon T. and Bruno, A. (1984), "A Model of Venture Capitalist Investment Activity", Management Science, Vol.30(9), 1051-1066.

US Patent 4531203, Fujio Masuoka.

Utterback, J. M. (1994), Mastering the dynamics of innovation, Harvard Business Review, 2nd ed.

Utterback, J. M., and Abernathy, W. J. (1975), "A dynamic model of process and product innovation", Omega, 3(6), 639-656.

Von Hippel, E., Thomke, S. and Sonnack, M. (1999), "Creating breakthroughs at 3M", Harvard Business Review, 77, 47-57.

Wang, M. et al., (2003), Technology Transfer of Federally Funded R&D, Conference Proceedings, Rand Science and Technology Institute.

Weill, P., & Woerner, S. L. (2015), "Thriving in an increasingly digital ecosystem", MIT Sloan Management Review, 56(4), 26-34.

Wells, W. A. (1973), "Venture capital decision-making", Doctoral dissertation, Carnegie-Mellon University.

Weston, J. F. and Weaver, S. C. (2004), Mergers & Acquisitions. McGraw-Hill Professional.

Zacharakis, A. L. and Meyer, G. D. (1998), "A Lack of Insight: Do Venture Capitalists Really Understand Their Own Decision Process?", Journal of Business Venturing, Vol. 13(1), 57-76.

Zacharakis, A. L. and Meyer, G. D. (2000), "The Potential of Actuarial Decision Models: Can They Improve the Venture Capital Investment Decision?", Journal of Business Venturing, Vol. 15(4), 323-346.

Zahra, Shaker A, and George, G. (2002), "Absorptive Capacity: A Review, Reconceptualization, and Extension", Academy of Management Review 27(2), 185 – 203.

Zander, U. and Kogut, B. (1995), "Knowledge and the Speed of the Transfer and Imitation of Organizational Capabilities: An Empirical Test", Organization Science, 6(1), 76 – 92.

찾아보기

INTRODUCTION TO MANAGEMENT OF TECHNOLOGY

ㄱ

ㅈ

ㅍ

ㅎ

A

H

I

J

K

L

M

저자소개

김영준

고려대학교 기술경영전문대학원 교수, 부원장(현)
서울대학교 기술경영경제정책대학원 초빙교수
미국 Texas A&M International University 교수
국가과학기술자문회의 전문위원

고려대학교 경영대학 경영학과, 학사
미국 Columbia University, 학사
미국 The George Washington University 경제학과, 박사

송경모

고려대학교 기술경영전문대학원 겸임교수(현)
미라위즈 대표
뿌브아르경제연구소 소장
이밸류투자금융사업부 상무이사
한국신용정보(NICE) 평가사업본부 평가실장

서울대학교 사회과학대학 경제학과, 학 · 석사
서울대학교 사회과학대학 경제학부, 박사

민재웅

고려대학교 기술경영전문대학원 교수(현)
한국산업기술진흥원(KIAT) 책임연구원
한국산업기술평가원(ITEP) 연구원

고려대학교 공과대학 기계공학과, 학 · 석사
한국과학기술원(KAIST) 테크노경영대학원, MBA 석사
고려대학교 기술경영전문대학원 기술경영학과, 박사

윤지환

고려대학교 기술경영전문대학원 교수(현)
미국 California State University, Los Angeles, 경영학과 조교수
미국 McKinsey & Company, Consultant

고려대학교 경영대학 경영학과, 학사
미국 The University of Michigan, Ann Arbor 경영학과, 석사
미국 The George Washington University 경영학과, 박사

조용덕

고려대학교 기술경영전문대학원 겸임교수
경희대학교 테크노경영대학원 교수
미국 Iona College 조교수
삼성전자 상무
삼성정밀화학 전무

서울대학교 공과대학 산업공학과, 학사
미국 Columbia University 산업공학과, 석 · 박사

Introduction to Management of Technology

기술경영학개론

지 은 이 | 김영준 · 송경모 · 민재웅 · 윤지환 · 조용덕

펴 낸 이 | 최 재 범

펴 낸 곳 | 도서출판 탐진

등록 1-996호(倫). 1990. 1. 12.
서울시 마포구 신수로 27-1
Tel. 02) 715-1092 ~ 3
Fax. 02) 701-6391
E-mail. tamjin1990@hanmail.net
Homepage. www.tamjin.co.kr

저자와의 협의하에 인지 생략

2017. 2. 24. 초 판 발행
2023. 12. 26. 초 판 3쇄 발행

ISBN 978-89-5540-478-4 93320

정가 38,000원